成都工业职业技术学院教师论文集
（2017）

成都工业职业技术学院　编

西南交通大学出版社
·成都·

图书在版编目（CIP）数据

成都工业职业技术学院教师论文集. 2017 / 成都工业职业技术学院编. —成都：西南交通大学出版社，2018.2

ISBN 978-7-5643-6027-6

Ⅰ. ①成… Ⅱ. ①成… Ⅲ. ①高等职业教育－文集 Ⅳ. ①G718.5-53

中国版本图书馆 CIP 数据核字（2018）第 019035 号

Chengdu Gongye Zhiye Jishu Xueyuan Jiaoshi Lunwenji (2017)

成都工业职业技术学院教师论文集（2017）

成都工业职业技术学院　编

责任编辑	穆　丰
特邀编辑	傅莉萍
封面设计	何东琳设计工作室
出版发行	西南交通大学出版社 （四川省成都市二环路北一段 111 号 西南交通大学创新大厦 21 楼）
发行部电话	028-87600564　028-87600533
邮政编码	610031
网　　址	http://www.xnjdcbs.com
印　　刷	成都中永印务有限责任公司
成品尺寸	185 mm × 260 mm
印　　张	21.5
字　　数	534 千
版　　次	2018 年 2 月第 1 版
印　　次	2018 年 2 月第 1 次
书　　号	ISBN 978-7-5643-6027-6
定　　价	48.00 元

编委会

前言

为深入贯彻落实《国家教育改革和发展规划纲要（2010—2020）》《国务院关于加快发展现代职业教育的决定》《关于深化职业教育教学改革全面提高人才培养质量的若干意见》和《高等学校"十三五"科学和技术发展规划》等精神，学院党委和行政高度重视科技工作，通过广大教职员工共同努力，科技工作紧紧围绕学院总体发展目标，以服务于人才培养、社会发展与地方经济建设为主要任务，按照学院发展规划和产业集群建设思路，努力构建应用技术研究与职业教育研究并举的格局。学院在完善科研管理机制、搭建科研技术平台、提升科研项目层次、加强科研团队建设、深化学术交流合作、提高科技成果质量等方面取得了显著成效，为推动学院转型升级发展、提升教育教学质量发挥了积极作用。

为进一步探索高职院校人才培养模式、推动教育教学改革，提高科技创新能力，促进教师专业成长，学院于 2017 年 1 月启动了围绕高职建设与转型发展、课程开发与教学改革、校企合作与技术创新等为主题的学术论文征集工作。2017 年 4 月，学院学报编辑部对征集的 300 余篇论文进行了初审，并组织校外专家和校内学术委员择优推荐，将优秀学术论文汇编成册，以利于交流学习、成果共享、推广运用。

衷心期望学院广大教职员工站在更新更高的起点上，勇于创新、探索实践，谱写高等职业教育事业新篇章。

编　者

2017 年 12 月

目 录

课程建设

学术探索

技术应用

“成都制造 2025”与高端技术技能人才培养创新*

姚　凯，王士星

【摘　要】　以新一代信息技术为主导的科技革命正在引领制造业向智能化方向发展。“成都制造 2025”，为成都制造业未来十年乃至更长时间的发展描绘出“三步走”的宏伟蓝图，也为我市职业教育指明了新的方向，提供了新的发展动力。面对制造业转型升级对技能人才培养提出的新要求，在对所在单位装备制造学院、轨道交通学院两个二级学院专业集群建设调研的基础上，提出了“以产业链为导向的集群式技术技能人才培养模式”并应用于实践，通过全方位开放办学、深度产学对接、全力实施四大人才培养行动计划，在创新高端技术技能人才培养模式上不断探索，培养符合产业需求的多样化技术技能人才。

【关键词】　“157”总体发展思路；成都制造 2025；人才培养

市委十二届七次全会确立了“一元统领、五位支撑、七大任务”的“157”总体发展思路。其中，工业作为经济的基础，是实体经济的核心，是现代经济的脊梁，是城市强盛的根基。良智书记多次在讲话中提出，工业“一业定乾坤”，要采取工业强基行动。做大做强工业是现代城市崛起的必由之路，也是成都现阶段发展的必然选择。在这一重大的战略决策面前，高职教育如何适应新要求，抢抓新机遇，应对新挑战，已成为我们必须迫切需要解决的问题。

一、深刻认识“成都制造 2025”对人才培养提出的新要求

《成都制造 2025 规划》提出，成都必须紧抓机遇，站在“新常态、万亿级、再出发”的新起点上，更加主动融入国际、国内区域和产业分工体系，更加主动适应经济新常态，更加主动瞄准中国制造的发展方向，找准在中国制造新一轮战略布局中的定位，抢占新一轮发展制高点，全面提升制造业竞争力。在战略目标上，坚持“一业定乾坤”，按照“发展大产业，打造大园区，实施大智造，推进大融合，融入大循环”的发展路径，经过 10 年努力，综合实力进入全国制造业强市行列，成为中西部先进制造业领军城市；步骤安排上，实施“三步走”战略，力争十年实现总产值翻 2 番，到 2025 年，全产业主营业务收入达到 4 万亿元以上，规上工业增加值总量进入副省级城市前 3 位，年均增速 9. 0%；产业梯次发展上，三个层级推进，构建“大创造”“大智造”“大车城”3 大工业板块和 N 个县域工业园区的“3+N”工业空间布局体系，形成多点支撑发展格局。[1]

可见，在“成都制造 2025”时代，成都工业生产将呈现前所未有的特征：一是新一代信

* 作者简介：姚凯，王士星，部门：党委办公室，类别：人文社科，通信方式：13628004786，电子邮箱：906077742@qq. com。

息技术与制造业深度融合，形成新的生产方式，产业形态、商业模式和经济增长点；二是传统制造业的转型升级将裂变式发展，真正实现工业生产的灵活性，极大提高生产效率和资源利用率，重新定义技术、生产与人的关系。因而，对通用型、复合型、创新性高素质技术技能人才的需求比以往任何时候都更为迫切，技能人才尤其是高技能人才将成为“成都制造2025”的核心力量。

二、学院在转型升级发展上亟须实现同步转型

在对我院装备制造学院、轨道交通学院的专业集群建设等情况进行调研后，比对“成都制造 2025”对人才的新需求，深感我院在办学机制体制、教育教学、人才培养等方面还不能完全适应经济社会发展的要求，尤其是存在专业设置与结构不尽合理、专业人才规格单一、人才培养模式陈旧、人才培养质量有待提高、体制机制不畅等问题。

一是专业设置过于细化，不利于创新型与复合型人才的培养。制造业从“自动化”向“数字化”和“智能化”的转型，迫切需要具有创新思维和跨专业协作的复合型人才。而我院仍然以传统的专业发展思路培养人才。这一基于传统工业生产的专业分工与岗位分工，很难适应“中国制造 2025”提出的新要求，[2]亟须打破专业界限，真正实现跨学科、跨专业的复合型人才培养，以大类专业集群为平台，嵌入各灵活的专业模块，积极启动“专业+”人才培养模式。[3]

二是专业人才规格重“硬技能”的培养，轻隐性技能“软技能”的培养，难以适应生产方式的变革。[4]制造业的转型发展将更加重视专业技能基础上的职业素养的培养，人才的能力结构将从“知识—技能—素质”的培育过程转变为“素质—技能—知识”的倒三角培育过程[5]。而我院在人才培养上更重视操作技能的培养，而轻视对学生持续发展至关重要的职业素养、职业精神等的培养，毕业生能力差、发展潜力不足，无法满足制造业转型发展的时代要求。因此要以工业精神为引领，大力弘扬精益求精的工匠精神，重视合作精神、契约精神、效率观念、质量意识的培养，重视科学与创新，促进学生人文素养、专业技术、职业品质、创业能力等和谐、充分的发展，

三是校企合作还没有实现真正融合，难以提供制造业转型升级所需要的人力支撑。“校企合作、产教融合”提出多年，但很多的合作还停留在比较浅的层次。究其原因，一方面国家政策支持力度不够，现有政策支持仅仅停留在税收减免层面上，没有针对职业院校和企业双方在合作办学中的权责义务形成政策及法规上的刚性要求；另一方面大多数企业对职业教育认识不够，重当前、轻长远，没有形成长效机制；再者，职业院校人才培养的质量、规格等与企业的岗位实际需求之间仍存在着一定差距，无法把握企业的真正需要，使得培养出来的人才与企业实际脱节，高端技术技能人才的短缺，已成为“成都制造 2025”的瓶颈。因此，为服务“成都制造 2025”，我们一定要以技术创新为根本，形成与“成都制造 2025”相匹配的新形态，形成政府、社会、学校、企业之间的合力，把校企合作、产教融合落实、落细。

三、学院在创新高端技术技能人才培养模式上的探索与实践

成都工业职业技术学院，是由成都市人民政府重点打造的以工科为主的公办全日制高等

职业技术学院。近年来，面对职业教育创新发展的新常态和“成都制造 2025”对技术技能人才的新需求，学院以立德树人为根本，以服务发展、促进就业创业为宗旨，遵循“以人为本、铸造未来”的办学理念和“以德润身、技臻至善”的校训，按照“办一流高职、育大国工匠”的办学定位，实施“依法治校、改革兴校、质量立校、人才强校”四大发展战略，在创新高端技术技能人才培养模式上不断探索，提出“以产业链为导向的集群式技术技能人才培养模式”并应用于实践，通过全方位开放办学、深度产学对接和全力实施四大人才培养行动计划，全面推进学院特色化、集团化、现代化、国际化发展，培养符合产业需求的高端技术技能人才。

（一）全方位开放办学

（1）探索开放的合作办学模式。深化校地、校企、校校联系与合作，扎实做好协同创新、协同培养、协同项目等工作，提高与省市经济建设的契合度。积极探索混合所有制合作办学模式，走进产业园区，促进学院的人才培养和科技转化，实现与省市社会经济发展的深度融合。同时建立理事会制度，搭建“政、行、企、校”联系合作桥梁，实现多元参与、民主决策。

（2）构建开放的“办评分离”治理体系。通过第三方评估机构，从“外部”对学院内部治理进行针对性、系统性的评价，为学院自我研究、自我把脉提供客观佐证，保证决策系统运行的科学公正。

（3）搭建开放的终身教育平台。搭建教育培训“立交桥”，使学历教育和非学历教育、职前教育和职后教育之间开放兼容，构建并逐步完善终身教育体系，为学生、企业员工、社会人员提供更多的教育培训机会。建设轨道交通、装备制造等公共实训基地并对外开放，为高端技术技能人才培训提供硬件平台。

（4）树立开放的国际化办学理念。坚持开门、开放办学，加强国际合作与交流，引进英国现代学徒制、澳大利亚 TAFE 模式、德国双元制等，通过国际资格认证、课程体系引进、合作办学等方式，创新人才培养模式。

（5）打造开放的工业文化传承基地。学院结合以工业为主的办学特色，开展以工业文化传承为主线的校园文化建设，建设开放的“三馆一区”（工业博物馆、校史馆、工业图书馆与工业文明体验区）和“四川省工业文化科普基地”，使学院成为传承工业文化的重要载体以及学习、传播工业文化的重要场所。

（二）深度产学对接

1. 坚持集团化办学理念，创新“职教集团+行业协会”形式

学院作为“3+N”集团化办学的牵头学校，领办了成都市财经商贸、汽车、现代物流和建筑 4 个专业职教集团，托管了蒲江、金堂 2 所中职学校，充分发挥牵头学校在职业教育发展中的龙头、辐射和示范作用，调动行业、企业和学校成员单位的积极性，以校企合作为基础，以项目研究为纽带，以高端技术技能人才培养为核心，卓有成效地开展了人才培养模式改革、教改课程研究、实训基地建设等工作，实现了职业教育与市场需求的有效对接。同时，学院作为“成都市工业人才促进会”的执行会长单位，主动对接工业人才培养与“成都制造 2025”，促进高端人才的引进培养，推动高端人才交流和政产学研合作，为工业高端人才创新创业提

供服务，在政府和高端人才、用人单位之间发挥桥梁纽带作用，实现政行企校共育人才。

2. 坚持产教城融合理念，创新“产业+专业集群”形式

围绕四川省、成都市经济发展规划和重点发展产业规划，结合自身办学特色，明确重点服务产业，调整优化现有专业，对接产业链构建专业集群，明确了轨道交通、装备制造、汽车工程、信息工程、物流工程、建筑工程、经济管理等七个专业集群，形成“以产业链为导向的集群式人才培养模式”，并走进园区办学，依托七个专业集群分别在蒲江工业园区、金堂工业集中区、龙泉经济开发区、新津工业园区等七个产业园区规划创建特色分院，实施“一园一院”工程，与行业、企业共同制定人才培养方案，现实人才培养与市场需求的无缝对接，推动新型城镇化的快速发展。

3. 坚持国际化办学理念，创新“国际合作平台+国际标准”形式

学院作为中德创新产业合作促进会副会长单位，坚持国际化办学理念，积极与德国、奥地利的政府组织、协会、企业、教育机构等合作，创建“中德创新平台”，建设中德（成都）AHK 职教培训中心、中德（成都）BASF 汽车涂装培训中心、中德（成都）戴姆勒-奔驰培训中心、奥地利成都国际标准焊接培训中心、中德（成都）威斯巴登职业教育培训中心、中德（成都）DMG 现代制造中心等中德跨企业培训中心，本土化国外先进人才培养模式，引进国际相关专业标准，培养具有国际竞争力的高端技术技能型人才。

4. 坚持文化育人，大力弘扬工匠精神

学院围绕“文化育人”，将思想品德、职业道德、工业素养等内容融入课程，贯穿学院专业集群建设和教育教学内容之中。立足学院工业文化特色，坚持工业文化进校园、行业文化进院系、企业文化进班级，通过艺术与人文社会通识教育，培养学生的职业素养和职业精神，增强学生文化自信和价值观自信，形成兼具职业素养与工业文明的“工匠精神”培育体系。

（三）全力实施四大人才培养行动计划

1. “大车都”人才培养行动计划

围绕“大车都”，与龙泉驿区人民政府、同济大学、一汽大众等，共建成都工业职业技术学院汽车产业分院。一是制订汽车产业分院建设方案，成立分院理事会，建立运行体制机制；二是组建教学团队，制定人才培养标准，招收“大车都”英才班；三是探索实践以“双主体、双目标、双身份、双师资、双场所、双证书”为特色的现代学徒制人才培养模式，实现校、企、生三方共赢的目标，为“大车都”建设培养高端技术技能人才。

2. “大智造”人才培养行动计划

围绕“大智造”，一是加快推进成都工业职业技术学院装备制造分院建设，为我市重点装备制造业提供高端技术技能人才支撑；二是加快推进与金堂县人民政府、成都海特高新等的合作，在共同打造成都工业职业技术学院航空产业分院上实现突破，为航空产业提供高端人才支撑；三是实施双元制本土化人才培养，建立“技术理论培训、技能技术培训、德企实习培训”三者交互的培训体系，在打造国内双元制本土化实践模式上取得新经验；四是紧盯成都航空产业发展的新趋势和航空产业链的构成，在开设无人机制造、机器人、3D 智能制造等

新专业上打开新局面。

3. “大创造”人才培养行动计划

围绕“大创造”，与省市商务委、市经信委、天府新区、同济大学等，共同构建中德（成都）创新产业职业教育合作平台，建设中德跨企业人才培训中心，打造人才培养“新引擎”。一是加快硬件建设，完成戴姆勒-奔驰、德玛吉、巴斯夫、威斯巴登实训基地的升级改造；二是加快研制人才培养培训标准体系；三是办好“同济创新人才”班；四是推进平台资源建设。

4. “轨道产业”人才培养行动计划

围绕“轨道产业之都”，与成都铁路局、成都地铁公司、成都公交公司、西南交通大学合作，为我市轨道产业提供高端技术技能人才支撑。一是瞄准轨道产业全产业链，新开办机车车辆等专业，形成完善的铁道交通、城市轨道交通专业集群；二是大力开展订单式人才培养，校企共育人才；三是加快建设校内轨道交通实训基地和校外生产型公共实训基地建设，开展“学历教育+企业实训”；四是积极开展协同创新，与西南交大合作，加快建设轨道交通新材料研究应用转化中心，不断增强服务轨道产业的能力。

作为成都市重点打造的工科高职院校，我院倍感使命光荣，责任重大。下一步，学院将深入学习贯彻十八届六中全会精神，坚定地与以习近平同志为核心的党中央保持高度一致，在市委、市政府的坚强领导下，紧紧围绕国家中心城市建设目标和成都“157”总体发展思路，不断创新人才培养模式，构筑高端技术技能人才培养高地，为成都建设国家中心城市做出新贡献。

参考文献

[1] 成都市政府新闻办公室. 《成都制造2025规划》. 2016.

[2] 曹雨平. 职业教育如何应对“中国制造2025”[N]. 中国教育报，2015-7-16（11）.

[3] 刘洪一. “专业+”：人才培养模式新变革[N]. 2016-01-27（02版）

[4] 石伟平. 加强面向“中国制造2025”的职业教育改革与发展,《中国职业技术教育》(2016年第1期).

[5] 陶宇，来建良. 制造业高技能人才关键能力与真实性评价[J]. 黑龙江高教研究，2008(7): 105-107.

国际职业教育人才培养模式的本土化思考*

柯 玲

【摘 要】 “工业 4.0”时代，产业竞争归根究底是人才的竞争。以德国、荷兰、瑞士为代表的职业教育发达国家，在工业类、农业类、服务业类技术技能人才培养方面成为世界典范。职业教育人才培养应借鉴其经验，开展本土化实践。成都工业职业技术学院定位工业特色，借鉴拓展“德国模式”，进行了对应产业集群构建专业集群、实施“一园一院”工程、建设“中德（四川成都）跨企业培训中心”等卓有成效的探索，具有重要的实践借鉴价值。

【关键词】 职业教育；人才培养模式；国际化；本土化

在全球产业转型升级的驱动下，欧美发达国家纷纷实施了为制造业提质增速的战略，德国“工业 4.0”、美国“工业复兴计划”、英国“工业 2050 战略”、欧盟“再工业化”等战略相继实施，以数字化制造、互联网技术、新能源为主要标志的新一轮科技革命正在全球兴起，成为重塑世界经济格局的强大力量。当前，世界 500 强企业进驻成都 278 家，其中境外世界 500 强 200 余家，中国的工业、成都的产业，既面临挑战又拥有机遇。在“中国制造 2025”全面实施的背景下，如何本土化国际职业教育人才培养模式，开拓人才培养的国际化道路，增强服务先进制造业和新兴产业的能力，是职业教育迫切需要解决的问题[1]。

一、经验范式：国际职业技术技能人才培养典范

（一）工业类技术技能人才培养典范：德国

德国素有“工匠王国”的美誉，拥有奔驰、宝马等一大批世界顶尖的品牌，依靠占本国经济 99.6%的中小企业的支撑，“德国制造”成为全世界高质量产品的代名词。作为目前全球最大贸易顺差国，源源不断的海外订单为德国创造了数量众多的就业岗位[2]，德国联邦劳工局数据表明，2015 年德国失业人数为 279.5 万人，创下 1992 年以来的最低值。2015 年，人口不到 9 000 万的德国国民生产总值 3.358 万亿美元，人均 4.15 万美元，是我国的 5.23 倍。德国经济竞争力的最主要构成要素以及德国经济成功的最重要因素之一，就在于其被誉为经济腾飞秘密武器的职业教育，在于职业教育培养的大量高端技术技能人才。

德国职业教育强调贴合市场实际，高度对接产业需求，既重视职业综合能力提升，也注重职业发展能力培养[3]，围绕市场需求开设专业，实施“双元制”人才培养模式，创新

* 作者简介：柯玲（1971—），女，成都工业职业技术学院院长，四川省教育厅人文社会科学重点研究基地、统筹城乡教育发展研究中心主任，教授，博士后，主要研究方向为教育经济与管理。

产学合作机制，施以持续性的职业教育，充分发掘人的潜能，使人能尽其才，培养了大量适应市场需求的高端技术技能人才。德国职业教育的高质量以及远低于欧盟平均值 21.9%、仅为 7.4%的青年失业率，都是德国职业教育与培训享誉国内外的基石。国际社会对德国职业教育培训愈加高度重视，欧盟和经合组织将引进其学徒制体系和工作导向学习作为政策优先事项。

（二）农业类技术技能人才培养典范：荷兰

荷兰有着世界现代农业典范的美称，是多项世界农业“金牌”得主，是继美国之后的世界上最大的农产品出口国，农产品年均出口额 650 亿欧元，占荷兰总出口额的 17%，是农产品净出口额的“世界冠军”。其设施农业和温室农业世界一流，其农业的集约化、产业化、机械化发展，离不开政府的宏观调控和政策支撑，更离不开对职业教育的重视。

荷兰以“培养有技能的劳动者”为价值追求，始终将“农民教育”摆在优先地位，通过覆盖预备农业职业教育、中等农业教育、高等农业教育和成人农业教育的农业职业教育体系，坚持理论教学和实践教学相结合并以实践教学为主导，以灵活的教学方式调动学习兴趣，依托各类实训基地固化农业实用技术技能，培育了大批适应现代农业发展需求的专业技术技能人才。

（三）服务业类技术技能人才培养典范：瑞士

瑞士经济总量和人均国民生产总值均位居世界前列，世界银行官方网站资料显示，2014 年瑞士 GDP 总量 7 082 亿美元，人均 GDP 为 86 542 美元，而同年中国人均 GDP 仅为 7 575 美元。高质量现代服务业是瑞士重要支柱产业，如银行业、保险业、旅游业等服务行业，不仅创造了大量经济效益，还提升了瑞士的国际知名度，银行业每年为国内经济创造了超过 10%的经济增加值，集中了超过 35%的从业人员[4]；保险公司以其基础牢固、实力雄厚和可靠度高而闻名全球；旅游业收益约占国民生产总值的 6.2%，从业人员占全国就业总人数的 6%以上。

瑞士现代服务业如此发达，得益于始终把重视和发展职业教育放在首位。瑞士大多数学校以市场为导向，通过体制改革和调整专业设置，满足经济社会发展需要。瑞士很早就开始从改革中等教育入手，力求克服教育和现代生产经济相脱节的现象。如旅游、金融、运输等行业均有专门的职业技术学校（如洛桑旅馆学校）培养和训练专门人才，以提高从业人员的基本技能、管理经验和职业道德[5]。九年义务教育之后，约 70%的学生进入职业学校学习，大大增加了技术人才和实用人才的数量，这为其高、精、尖、特、贵的产业发展道路奠定了坚实基础。

二、借鉴反思：职业院校技术技能人才培养的整体思考

德国、荷兰、瑞士的成功经验表明，产业竞争归根究底是人才的竞争，职业教育人才培养对于经济发展具有重要意义。必须承认，德国、荷兰、瑞士三国职业教育具有优越性，集中体现在：一是拥有完善的职业教育与培训体系。无论是德国，还是荷兰和瑞士，都高度重视职业教育在经济腾飞和产业发展中的重要作用，大力推动职业教育改革，经过几十年的努

力建立了完整的、适应本国经济和产业发展的职业教育与培训体系。二是形成了以产业诉求为导向的职业教育人才培养模式。德国“双元制”职业教育人才培养模式享誉全球，成为众多国家借鉴学习的样板；荷兰强调根据行业企业对人才能力的要求开展职业人才培养培训，形成了“以能力为导向”的职业教育人才培养模式；瑞士学习借鉴德国“双元制”职业教育人才培养模式[6]，结合本国实际进行适应性改良，形成了在联邦政府的法律规约、政策引领、经费支持、宏观管理与监督下，职业院校、企业和行业协会协同育人的“三元制”人才培养模式。三是重视产学合作、校企协同育人。德国非常重视职业教育与产业领域的合作，形成了由动力机制、运作机制和保障机制构成的产学合作机制，其中动力机制提供共用培养与选择平台，运作机制提供了产学合作运营与管理的合法性和秩序性，保障机制提供了稳固的制度、法律、经费支撑；荷兰将职业院校当成一种产业来经营，以产业经营的形式办教育，将校企合作渗透职业教育育人全过程，校企“一站式”合作培养培训人才，是荷兰主动连接、服务经济社会和产业发展的重要方式；瑞士按照职业教育开展的单位和地点，将整个育人过程置于职业院校、企业和以行业协会为实施主体的职业培训中心（培训机构/实训车间）进行，“三元合一”、无缝衔接，共同培养高素质技术技能应用型人才。

同时也应该看到，德国、荷兰、瑞士三国的职业教育体系也有不尽如意之处，如职业教育人才培养应对人口变化和高素质技能型人才在某些产业领域缺乏的能力不够，职业教育吸引力后劲不足，过分重视实践培训而导致所培养的人才人文素养不高、综合能力与素质差强人意等问题。

推动工业 4.0 发展，贯彻落实国家“一带一路”倡议和中德合作战略，离不开创新要素投入，离不开具有国际视野的高端技术技能人才支撑。在这一大背景下，职业院校要找准定位、充分发挥优势、主动迎接机遇和挑战，树立国际化理念，学习借鉴优良经验，摒弃过时的、不合乎国情省情市情的做法，结合区域经济社会和产业发展需求，充分发挥政行企校联动效应，建立多元协同育人机制，持续加大人才培养，为产业发展提供源动力，助推产业发展，拉动经济增长。

三、路径探索：成都工业职业技术学院的应对策略

成都工业职业技术学院定位工业特色，坚持“立足成都、服务四川、辐射全国”，围绕成都市面临的职业教育适应“工业 4.0”发展及产业转型升级创新人才不足、实施国家“一带一路”倡议及中德合作战略所需高端技术技能人才缺乏的问题，本土化德国人才培养模式，加大培养具有国际视野的创新人才和高端技术技能人才，为成都发展做好人力资源储备和供给。

（一）德国模式选择的背景解析

1. 国家层面：国家应对“工业 4.0”方案及中德合作背景分析

面对“工业 4.0”，“中国制造 2025”给出了中国方案，实施“制造强国三步走”战略，描绘出了把中国打造成现代化工业强国的清晰路线图，中国制造业综合实力迈入世界制造强国前列急需大量高素质技术技能人才支撑。近年来，随着中欧双边贸易的发展与“一带一路”战略的实施，中德两国双边关系发展进入了加速期，合作保持良好态势，向全方位、多层次、

多领域务实推进。2014 年《中德合作行动纲要：共塑创新》发表，中德两国在平等互访、互利共赢、共塑未来、教育互鉴等方面达成共识，推动两国“工业 4.0”合作，推进工业生产的数字化、建立“工业 4.0”对话、“工业 4.0”中德标准化合作以及两国在移动互联网、物联网、大数据等领域合作。《纲要》为推动“中国制造 2025”与德国“工业 4.0”融合发展提供了契机，双方共建中德合作“全面升级版”创新平台；同时国家商务部联手当地政府，在上海、江苏、四川等地共同建立中德职教合作中心。

2. 省市层面：省市产业发展背景分析

四川省、成都市积极响应国家行动，抓住四川列入国家系统推进全面创新改革试验区和自贸试验区等一系列重大机遇，推动与德国的合作广泛深入发展。加强新能源汽车、航空与燃机、轨道交通等方面合作，推动产业合作迈向更高层次。2015 年，川德双方贸易额占四川与欧洲进出口总额的 1/4，德国已经成为四川在欧盟的第二大贸易伙伴和重要的投资来源地，四川也成为德国在中国西部最重要的经贸伙伴之一[7]。成都颁布实施《成都制造 2025 规划》，提出“工业 2.0”补课、“工业 3.0”普及、“工业 4.0”示范的“并联式”发展道路，打造从“成都制造”到“成都智造”的先进制造业强市。四川省商务厅、成都市政府联合打造中德创新产业合作平台，建设中德创新产业合作核心园区，以成都市作为园区运营中心，整合德阳、绵阳两市作为产业协同基地，构建“一区三园”，即核心园区（天府新区核心区）以及产业创新升级示范园（成都高新区）、汽车产业聚集园（成都经开区）、中小企业聚集园（成都蒲江工业园区），推动“德国工业 4.0”与“成都制造 2025”全面融合。

3. 学院层面：学院定位及办学基础分析

成都工业职业技术学院定位工业特色，设有装备制造、轨道交通、汽车工程、物流工程、信息工程、建筑工程、财经管理等七大专业集群 22 个专业，着力培养省市紧需的高端技术技能型人才和工程应用型人才。学院坚持开门开放办学，深入贯彻成都市“全域开放”战略，推进国际合作与交流，实施中德威斯巴登、中德（成都）AHK、戴姆勒铸星教育计划等“德国合作项目”，在合作办学、课程建设、国际资格认证、评价标准等方面积累了一定的经验。作为四川中德创新平台副会长单位、成都工业人才促进会执行会长单位，学院牵头建设成都市“中德（四川成都）创新产业职业教育合作平台”，打造核心园区（天府新区）职业教育优势，建设国际化、集团化、现代化的教学资源，为中德产业合作发展提供人才支撑。

（二）成都工业职业技术学院人才培养本土化的路径选择

1. 建立专业集群对应产业集群动态调整机制

专业集群建设必须适应经济社会发展趋势及产业结构性变革，紧随产业集群的发展变化而实行动态调整。如图 1 所示，整合政府及教育行政主管部门、行业企业、高校及科研机构、第三方教育评估与数据机构等的资源和力量，搭建专业建设咨议平台，打通信息流通渠道，综合劳动力市场需求、专业设置与区域经济发展耦合、专业建设指导意见、专业建设调整等信息参数，研究、确定学院专业集群建设对于产业集群发展的需求分析、应对策略与调整路径，使产学互动更加紧密，切实提高人才培养的契合性和可用性。

2. 构建基于技术应用的理虚实一体高端技术技能人才教学模式

结合区域实际，试点教育部“现代学徒制”改革，制定本土化的“双元制”人才培养方案，建设本土化的课程体系、质量监控体系、考核体系等，形成基于技术应用的理虚实一体高端技术技能人才教学模式。以技术单元为基本教学单位，搭建基于技术应用的课程体系，建设配备有黑板、互联网设备、实物展示台（展示零部件、工序过程等）等必需教学设施与材料的理虚实一体化教室，借助互联网及虚拟仿真技术衔接理论教学和实践教学，同时配备兼具理论讲授、信息技术使用、实践操作“三重能力”的教师，使教师和学生在一堂课上完成理论讲解、模拟演示、实物展示、动手操作、讨论评估等一系列教与学活动，理虚实一体培养国际化高端技术技能人才。

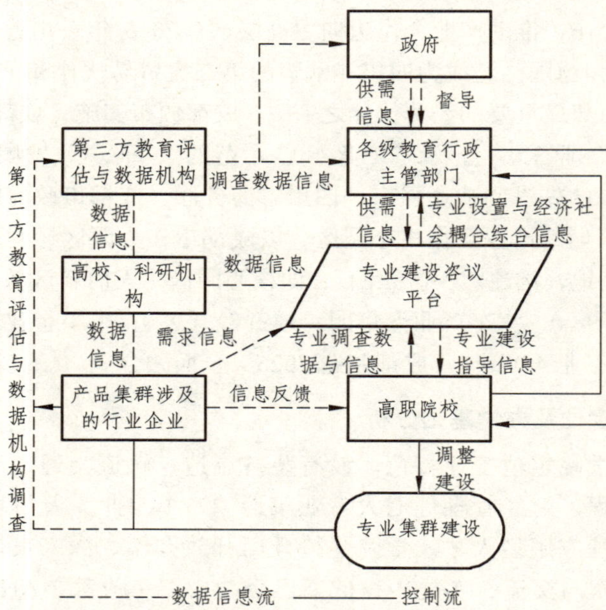

图 1　专业集群建设对应产业集群动态调整机制运作机理图

3. 走进园区实施“一园一院”工程

基于成都产业发展规划，尤其是产业园区的功能布局，整合行业、企业、政府机构、高校及科研院所相关资源力量，成立特色分院，政校行企共育人才。如图 2 所示，学院走进蒲江中小企业聚集园、成都经济开发区、天府新区、金堂工业发展集中区、青白江工业园区，建设装备制造、汽车产业、轨道交通、航空、物流等特色分院。如立足成都蒲江县实际，走进中德（蒲江）中小企业产业合作园（德国五金小镇）建立“装备制造分院”，服务园区产业发展，同时辐射其他具有相同或相似功能的产业园区，如新都工业集中区、新津工业发展集中区、郫都区工业发展集中区等产业园区，对接区域产业发展需求，切实推动区域产业发展。建立理事会制度，政校行企共同参与职业教育办学，协同合作，联合培养人才。企业在学院建立实训基地（工厂），学院走进产业园区建立特色分院。学生一二年级在校内实训基地（工厂）进行理论学习和实训培训；三年级时则走进园区特色分院根据企业需求进行专门学习，以此准确确定培训计划和项目重点，培养与劳动力市场相匹配的技术技能。

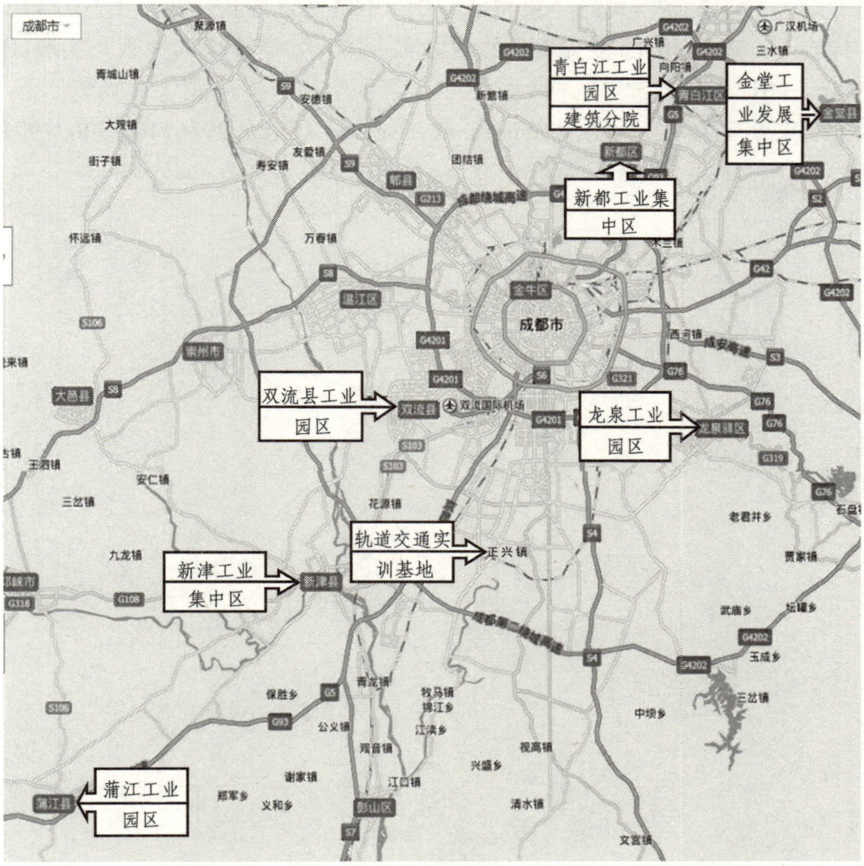

图 2　成都工业职业技术学院“一园一院”工程示意图

4. 建设国际高端产学合作平台

以德国标准建设引领性、开放性的成都市“中德（四川成都）创新产业合作职业教育平台”。通过“平台+园区”、“政府+机构+企业”模式，建立硬件建设标准、技能培训标准、教师能力标准以及学员考核标准，为“一区三园”及功能政策覆盖区域产业结构优化及驻蓉德资企业培养各层次的技术技能人才。借鉴拓展德国跨企业培训中心的标准及模式，与同济大学及西门子、DMG 等德资企业合作共建“中德（四川成都）跨企业培训中心”，建成包含工业 4. 0 技术、精密制造技术、新能源汽车技术等 20 个培训中心，开展职业技能认证培训、职业技能提升培训等培养培训服务，为在蓉中德企业发展提供公共平台和人才支撑[8]。

参考文献

[1] 柯玲. 职业教育人才培养的国际化思考[OL]，http：//edu. gmw. cn/newspaper/2016-11/07/content_117795047. htm.

[2] 蒋敏华. 德国经济为何一枝独秀[OL]. http：//news. sina. com. cn/o/2016-01-07/ doc-ifxnkmaw2097496. shtml.

[3] 崔清源. 德国西门子技术学院：高职人才培养的典范[J]. 职教论坛，2010（3）：92-95.

[4] 范鹏晖. 瑞士产业发展模式的经验与借鉴[J]. 中国经贸导刊，2015（2）：49-51.
[5] 柯玲，周春平. 基于德国“双元制”的理虚实一体人才培养模式探索与实践[J]. 中国职业技术教育，2017（6）：54-57
[6] 中德经济论坛开幕[OL]. http：//scnews. newssc. org/system/20161103/000719715. html

德育天地

构建适应企业与岗位需要的德育体系*

——城市轨道交通运营与管理专业建设典型案例

罗竞笳

【摘　要】 城市轨道交通是新兴的朝阳行业，高新技术、高新设备、高新材料大量使用，其管理既具有铁路系统的半军事化性质，严谨规范，又具有城市公用事业性质，涉及千家万户，需要高水平的技术、管理、服务，对从业人员专业能力和职业道德提出了很高的要求。城市轨道交通运营与管理专业融合了现代管理学科与城市轨道交通行车、客运实务，课程设置体现理论与实践相结合的教学理念，注重提高学生的管理创新意识。交通运输系已有 60 余年的轨道交通专业人才培养历史，毕业生在铁路运输企业和城市轨道交通企业受到了普遍欢迎，他们大多数已成为单位的技术骨干，许多人已走上了技术管理和领导岗位。然而，近年来中等职业学校生源质量普遍下降，中职毕业生不能很快地适应企业和社会的需求，虽然企业需求旺盛，中职毕业生就业率保持在 98%以上，但是在高就业率的背后也反映出来学生在就业过程中存在的一系列问题：如职业素质缺乏，工作责任心淡薄，缺乏吃苦耐劳的精神，自我意识强烈、集体观念薄弱，个性特别强、适应能力比较弱，不能客观地认识自己、认识社会。如何加强对中职学生的职业素质的培养，如何使中职学生更好地适应将来的岗位，实现角色的快速转变，已经成为职业教育中一个不容忽视的现实问题。

“五化”，即班级文化企业化、思想意识员工化、日常行为职业化、专业训练标准化、身体素质适应化。实施“五化”学生培养模式，目的是使学生在进入职业领域成为企业一名正式员工之前，通过有组织、有计划地实施各方面的教育和训练，使学生能按企业的需要，在校园的学习和生活环境与过程中，内化企业所执行的行为规范，掌握企业所需要的职业技能，不断地训练和提高职业素养，成为一名“准职业人”，从而顺利实现由学校学生到企业员工的角色转变，达到企业的用人标准，实现与岗位的“无缝”对接。

【关键词】 德育；五化；岗位

一、实施背景

自 2011 年秋季开始，根据成都市工业职业技术学校关于《国家级改革发展示范学校专业建设实施方案》文件精神，我系结合多年的办学体会及自身的办学条件，提出了在学校常规德育教育的基础上，对城市轨道交通运营与管理专业的学生实施“五化管理”：班级文化企业

* 作者简介：罗竞笳，部门：交通运输，类别：学校管理，通信方式：13980889691，电子邮箱：875403727@qq. com。

化，思想意识员工化，日常行为职业化、专业训练标准化、身体素质适应化，构建适应企业与岗位需要的德育体系。

二、主要目标

通过在城市轨道运营与管理专业实施“五化管理”，努力使中职学生在2-3年的学校生活里，养成良好的学习生活习惯，树立积极的人生观和职业观，学习和掌握岗位必需的专业技能，塑造高尚的职业道德修养，全面提高学生的综合素质，达到“五个目的”：健康的心理，阳光的思维，广博的知识，娴熟的技能，强健的体魄，培养企业适用人才。

三、工作过程

1.“班级文化企业化”

通过安排各具特色的系列活动，加强学生良好行为习惯的培养教育，使学生更好地感受到优秀的企业文化。注意用环境来熏陶富含企业特色的班级文化，在我们的教室里，把有关“行为职业化”“意识员工化”的警句，如学会“三种能力——独立、竞争、合作”，树立“两种意识”，做好“五种准备”写成醒目标语，张贴在墙壁上，让同学们随时都能看到，如图1所示。班级内部模仿企业机构设置实施班组长负责制，每天晨会由班组长总结前日工作情况、布置本日工作、点评存在的问题，仿照企业真实环境，锻炼学生工作能力。在班级内部实施个人绩效考核，将学校统一要求的操行评定与企业的绩效考核有机结合，实行奖勤罚懒，让学生适应企业竞争环境，如图2所示。

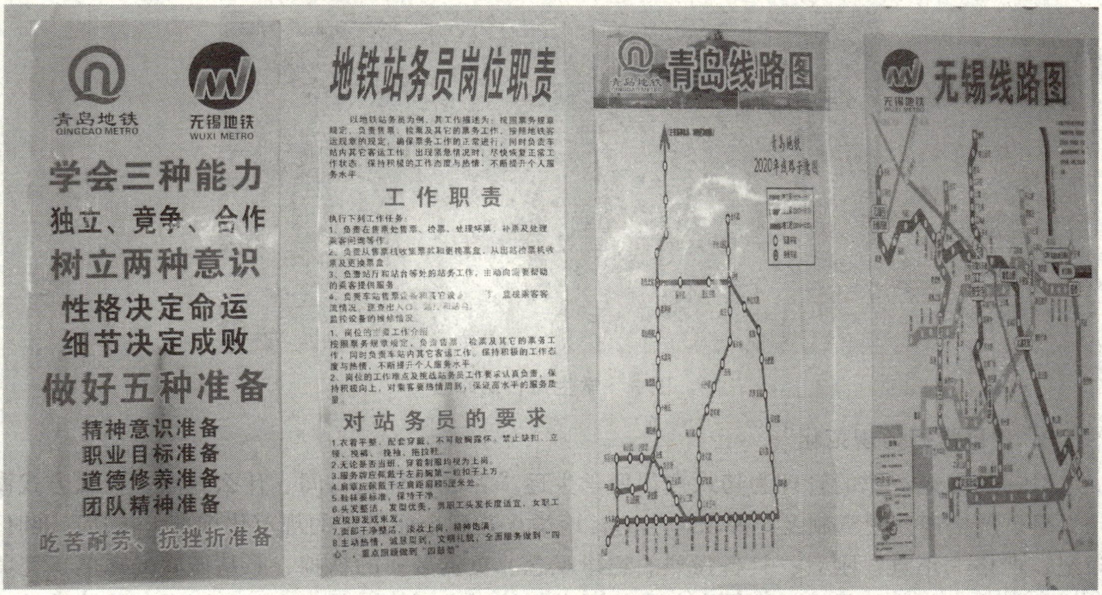

图1　教室环境布置

图 2 操行绩效评比

2. “思想意识员工化”

按照企业对员工的要求，使学生在校期间，逐步树立“二感”“二心”和“四个意识”，即：使命感和危机感，责任心和上进心，成功意识、安全意识、质量意识和服务意识。通过各种途径、方式尽快让学生由长期形成的学生心态，转换成我已是员工或即将成为员工的员工心态。在生活、学习等各个方面，自觉地以企业员工的标准来要求自己。为此，在班级管理中，狠抓思想教育，充分利用班会课这个主阵地，以主题班会的形式，开展老师主讲或师生共讲的专题教育，提升道德认知水平。为了帮助学生树立正确的生活目标和远大理想，进行了“我爱祖国”“树立理想”“规划职业”“展望未来”“廉政文化”“文明风采”等主题班会活动。在潜移默化的教育活动中，学生的道德认识水平、理性观念也就不断内化、升华。同时，为增强学生的员工意识培养职业荣誉感，我们为学生定制了全套行业制服，要求在集会、礼仪训练、站军姿时统一着装，按照企业的标准规范学生的发饰妆容，如图 3 所示。

图 3 学生每日站军姿

3. “日常行为规范化”

以一日常规纪律的管理为切入点，使学生逐步养成在什么时间、什么地点、什么方式做什么事，严格遵守规章制度。要求学生的言谈举止达到企业员工的规范化标准。包括：准时、守纪、严格、正直、刚毅；具备强烈的纪律观念、负责敬业的精神、服从诚实的态度、完美的执行能力。每日的早操、站军姿，全体同学都能谨遵“快、静、齐”的要求，迅速站队；每日的课堂纪律，都能够获得任课老师的好评；晚自习时间，全班也总是安安静静的，或是写作业，或是读课外书籍。在学生会，学生干部的工作也一直是深获同学、老师、领导们的赞赏，能够一丝不苟地完成各项工作，能够严己自律，能够正直无私。我们用现代管理中的“7S”要求严格规范我们的宿舍，如图 4 所示。“用品六条线”“两干净”“两整齐”，每日的常规都能一丝不苟地做好。在每个月的“文明宿舍”评比中，都有很多宿舍获得“文明宿舍”的荣誉称号。

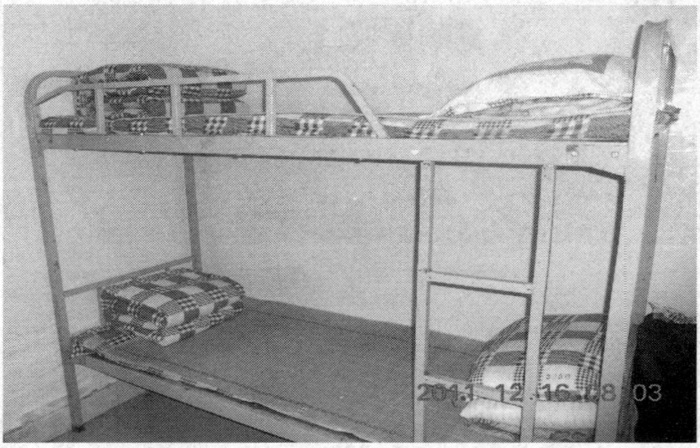

图 4 学生宿舍内务

4. “专业训练标准化”

按照学校的教学安排，引导学生努力学好基础课和专业课，务实理论基础，积极动员鼓励学生深入生产一线实践。充分利用春运、暑运、黄金周、节假日等大客流时段组织学生到车站、车班进行顶岗实习，在真实的工作环境中引导学生明确应该掌握的专业知识和技能，培养学生吃苦耐劳、爱岗敬业的职业品格。严格要求每一位同学的学习成绩必须达标，在每个学期的考评中，订单班的优异成绩在全校都深受赞扬。今年，在成都东客站的认识实习活动中，学生们用在课堂中学习到的知识诚心地服务大众，用自己的专业素养真心地对待每一位旅客，每日早晨的站姿训练没有浪费，挺拔身姿透出的是专业，是标准，成为了成都车站的一道亮丽风景线，如图 5、图 6 所示。

图 5 学生在成都东客站实习

图 6　学生礼仪展示

5. “身体素质适应化”

让学生们都能具有强健的体魄。除了上好体育课外，认真组织学生参加“两操”，动员和鼓励学生利用课余时间，积极参加体育锻炼，增强体质。要求学生每天体育锻炼不少于一小时。结合地铁行业特点，加大学生下肢力量的锻炼，使之能够适应长时间站立的工作要求。同学们在每年的校运动会上，单项中的第一、第二名拿了一半以上，团体总分名列全校第一，如图 7 所示。同时每年秋季开学时我们都安排两周的军训，锻炼学生的身体素质，培养学生吃苦耐劳的意志品质。在每年的军训汇演中，获得“优秀班级”称号最多的总是交通运输系。广播操比赛中，青岛无锡地铁订单 11-1 班全体学子更是用整齐的动作、多变的队形征服了全体评委老师，荣获“一等奖”。

图 7　订单班参加学校运动会入场仪式

四、条件保障

为保障该建设项目的顺利实施，我系成立了以系主任为组长的“创新德育工作小组”，由系学生科、班主任及部分专业课教师组成工作团队，围绕专业培养目标，制定了《交通运输系“城市轨道交通运营与管理”专业构建适应企业和岗位需求的德育体系建设方案》，同时制定了《交通运输系“五化管理”工作流程》《班主任工作手册》《宿舍内务“7S”管理办法》等制度，在系内全面试行。我们根据地铁行业的特点，结合学生的就业方向，提出全面实施“五化”管理——“班级文化企业化、思想意识员工化、日常行为规范化、专业训练标准化、身体素质适应化”，“五化”班级管理的核心，就是紧紧围绕培养目标，努力把学生培养成符合企业与岗位要求的合格员工、卓越骨干。

五、实际成果、成效及推广情况

“五化”班级管理制度极大地提高了学校德育工作的针对性和有效性。在五化管理的有力推动下，学生的学习积极性大大提高，日常行为的自觉性普遍增强，自我塑造自我培养意识得到明显提升，职业素养综合素质有了长足进步。

随着“五化”管理的不断深入，无形中，学生的思想、行为、精神风貌都在逐步发生转化，思想道德、行为规范逐步达到成熟化、职业化。学生中积极要求进步的比例大幅度增加，有52%的学生向党组织递交了入党申请书，近两年来共发展学生党员32名。4个班集体被评为学校“先进班级”，4个团支部被评为“优秀团支部”，一个班集体被评为成都市“先进班级”，一个班集体被评为四川省“先进班级”。学生的考试合格率在90%以上，2013年4月成都市中等职业学校数学科目抽考，我系学生平均成绩达96.4分。学生的推荐就业率在98%以上，每年的招生计划供不应求。在全国中职学校文明风采大赛中，我们学生的表现更是让人刮目相看，共获得全国一等奖10个，二等奖、三等奖28个，居全省第一。学生的宿舍内务、仪容仪表得到了充分肯定，学校被授予“四川省内务管理示范学校”称号。我系学生参加2012年全国模特大赛，获得全场优秀表演奖。

2012年11月，成都地铁公司、青岛地铁公司、无锡地铁公司的领导前来学校考核学生在校的学习、生活情况，订单班同学以蓬勃向上的精神面貌、整洁的内务卫生、娴熟的专业技能、职业化的班级管理赢得了企业领导及来宾的一致好评。他们充分肯定了我们实施“五化”管理所取得的成绩，并表示下一步将更加深度融入校企合作，更好地将优秀企业文化与学校教育相结合，为企业培养更多的优秀人才。

目前，我系培养的成都地铁订单班已经有464人经过企业的考核验收走上了工作岗位，他们以良好的综合素质、扎实的专业素养赢得了企业的好评，经过1-2年的锻炼成长，46%以上的学生在工作岗位上得到了晋升与提拔，学生的综合素质得到了真实的检验。为此，成都地铁今年大幅度增加我系的订单培养名额，共计7个班364名，为历年之最。

2013年4月，广州地铁公司前来我校对2010级订单班进行验收考核，考核成绩在全国所有合作学校中排名第一，个人最高分98分就出自我校。青岛地铁11-1班的学生也将于明年上岗，可以预见，他们一定会在未来的工作岗位上大展身手。

六、体会与思考

通过两年的实践尝试，我们深深感到构建适应企业与岗位需要的德育体系优化了中等职业学校的班级管理，为如何进行班级管理、培养合格人才，指明了科学管理的方向。

中职学校的教育任务，就是用两到三年时间的时间，把学生培养成适应用工单位需求的人才。因此在校期间，学生不仅要掌握必备的专业知识和技能，而且在思想意识、行为规范、身体素质等方面也必须适应企业与岗位的需求。同时要高度重视班集体建设，努力激发学生的集体荣誉感，努力培养学生的集体主义精神。一个没有集体荣誉感的团队是没有希望的团队，一个没有集体荣誉感的员工，不会成为一名优秀的员工。

作为一名准员工，不仅仅要学好专业知识，更要培养自己的职业荣誉感。因此在实施“五化”班级管理中，我们把建设班集体的凝聚力、激发学生的集体荣誉感、培养学生的集体主义精神作为德育工作的重头戏，常抓不懈。在企业顶岗实习期间，我们的同学身上体现出来的强烈的集体主义精神、严密的组织纪律性备受企业领导及现场工作人员的好评。事实证明，有着强大凝聚力的班集体，充满生机、奋发向上的氛围，为同学们优秀思想品质的形成、行为习惯职业化的养成创造了良好的环境。

在实施“五化”班级管理中，推行班主任宏观指导，班委会具体负责，放手让同学们自己管理班级，加强班委会、团支部的建设，努力提高同学们自律意识，培养同学们的自我教育、自我管理的能力。为学生到企业就业上岗后迅速适应企业的管理奠定了基础。为此，我们着重抓了两个方面。一是选好干部，建立一支称职的干部队伍，形成强有力的班委会。二是加强制度至上的观念引导。每一位同学都逐渐养成“以制度为依据，按章办事”的好习惯。这样也有利于培养学生的责任心，为以后更好地工作奠定基础。

参考文献

[1] 魏渝燕. 校企合作培养技能人才的实践与探索——对肇庆市第二技工学校校企业合作经验的思考[J]. 当代职业教育，2010（5）：17-19.

[2] 邓泽民，王宽. 现代四大职教模式[M]. 北京：中国铁道出版社，2006.

[3] 许湘岳，吴强. 自我管理教程[M]. 北京：人民出版社，2011.

从严防死守到放养拉线*

——浅谈班主任与辅导员工作的区别

王　婷

【摘　要】 新世纪时期，社会的发展与进步致使文化的演变越加繁杂，面对飞速进步的世界与其构成的主体——人类，教师所承担的责任与义务也在悄然发生着变化，同一职务因为服务对象的不同，所用的方式也截然不同。

【关键词】 教育方式；严防死守；放养拉线；班主任；辅导员

在中国汉字文化中“主”是“柱”的本字，在古代“主”“柱”通用，而“柱”则有“支柱”的意思；“任”顾名思义就是“责任”，因此“中职班主任”是对中职学生学习和生活管理的引导者，引导学生端正学习目标、规范行为举止、加强学生思想管理，肩负着其思想教育、行为准则等多方面的责任。而“辅导员”是大学生的思想上的人生导师，他们需要在大学生的学习和生活中充当不同的角色，把自己融入学生中，与学生融为一体，从思想上引导学生，从行为上感化学生，从而真正解决学生出现的各种问题。所以二者所承担的责任是不一样的，中职的班主任更多的是起管理作用，而辅导员更多的则是起引导作用。两者之间的转变不仅限于职责方面，思想观念间的转化更为重要，那么一名教师从“中职班主任”到“高校辅导员”需要经历一个什么样的转变呢?

一、教育方式的转变

作为一名中职的班主任，需要引导、帮助学生树立正确的人生观、世界观和价值观；需要负责督促学生遵守、履行《中职学生行为规范准则》和学校制定的各项规章制度；需要精心选拔和培养学生干部，让其成为自己的左膀右臂，辅助自己管理班级；需要经常深入班级和学生宿舍，主动与学生交流谈心，及时的把握学生的思想动态及变化，发现典型性问题，并且有针对性地对其进行思想教育，帮助学生解决问题；需要帮助学生端正学习态度，指导改善学习方法；需要每学期对学生的学习情况做一个全面的调查分析，掌握他们的学习状态；需要加强纪律教育，抓好日常管理工作；需要定期召开班干部会议，了解班级学生的学习和生活情况。

高校辅导员所承担的责任更多的是学生的日常生活管理和思想心理状态的辅导。辅导员

* 作者简介：王婷，部门：物流工程学院，类别：辅导员工作，通信方式：15828590190，电子邮箱：1390184593@qq. com。

主要是对学生起一个辅导作用，帮助学生解决他们日常生活中遇到的困难，引导他们树立正确的价值观。辅导员更多的是作为一位朋友融入学生的生活当中，而非师长。

正因为班主任和辅导员所面对的教育对象不同，所承担的责任也有很大的差别，所以两者在教育方式上也存在着差异。

班主任更多的是对学生进行明确教育，所谓明确教育就是明白地告诉学生这个该怎么做，那个该怎么做，什么应该做，什么不应该做，完全属于“严防死守”的教导。而辅导员则是对学生进行适当的指引，让学生自己去学会理解、自己想办法解决困难，让他们拥有自己的想法，这个阶段，既要放养，又要拉线。

从一名班主任到一名辅导员，教育方式上的转变跨度还是相对较大，但这种转变却是无可避免、必然需要的，虽然两者所接触的群体都是学生，但却存在着年龄层面上的差异。班主任所管理的学生群体是年龄在十五到十八岁的未成年人，处于这一年龄阶段的学生无论是在思想还是行为方面都存在着不成熟，他们的人生观、价值观和世界观都还处于发育形成阶段，所以需要班主任来规范他们的行为、管束他们的思想，“严防死守”让他们成才成人；辅导员所管理的学生群体则是年龄在十八岁到二十岁之间的成年人，这一年龄阶段的学生已经大概树立起了自己的三观的雏形，辅导员需要做的就是加以妥善引导及加以雕琢，使学生的三观得以朝着正确的方向发展，而不是去改变或是为他们重新树立三观。

所以，从班主任到辅导员首先需要的就是转变自身的教育方式。

二、思想行为的转变

因为中职班主任和辅导员所带领的学生群体不一样，所以两者在思想行为方面也存在着差异。

（一）学生情况差异

中职班主任所带领的学生群体在各方面的不成熟和班主任自身所承担的责任致使他们觉得事事都需要亲力亲为，就像是一位母亲一样，什么都需要自己来安排管理，学生发生的一切问题和遇到的困难都需要他们来解决，班主任产生的这种思想导致了他们某些行为的发生。比如上课期间在教室外偷偷观察学生的课堂状态；每学期期末考试之后总会找那么几个人谈话；要求寝室干净整洁并不定期突袭检查……辅导员所带领的大学生属于成年人，很多东西他们都有属于自己的想法和见解，他们知道什么能做什么不能做，因此从根本上来说他们不需要辅导员的管理和约束，辅导员也知道这一点，所以更加不会去干涉，做一些不必要的事情。辅导员更多的是对自己所管理的大学生采取“放养政策”，所谓“放养”就是让学生自己管理自己：班级内部自行管理、各项活动自行开展、各种问题自己解决，辅导员只需要进行适当的引导，在学生迷茫的时候适当提点，在感情或是生活出现问题时给予指点建议，用自己的人生经验让孩子们少走弯路，少吃亏。并且在这样的基础上给孩子们空间，让孩子们自由发挥自己的潜力。

（二）教师思维引导

思想行为的转变，也是对学生个体认同感的提高，不同年龄阶段的学生，对于自我认识，自我控制的力度不用，进入中职的学生本身就是对自己要求不要，行为习惯不好的一群孩子，同时，又处于可塑性非常强烈的时期，这就要求班主任在管理中要“严防死守”，以严格的要求来帮助树立良好的行为习惯；而作为辅导员，大专的学生已经有了初步的人生观、价值观，对自己也有了全面的认识，这个时期，辅导员的严格管理会显得不合时宜，甚至会引起学生的反感，所以，引导在这一时期变得非常重要！辅导员对学生的“放养”会让他们有满足感，认为自己已经是一个各方面发展并得到尊重的人了，这种自我满足感会让他们学会倾听，学会理解，学会勇敢、学会承担责任等一切美好或者不美好的东西，在此基础上，适当的“拉线”教育，就会引起事半功倍的效果！

梁启超先生说过“少年强则国强”，在我国高度发展这个大背景下，各类文化，思潮对学生的冲击无处不在，在这样的背景下，多元化的社会文化价值观迎合了正处于价值观初步形成阶段的当代学生选择的多样化需求。但选择的多样化，也导致了学生主流价值、人生价值、道德价值的迷惑；导致了对自己所处的环境、社会的思维混乱，这对学生的影响是不可估量的！所以，不管是“严防死守，寸步不离”的班主任还是“放养拉线”的辅导员从始至终都是为了让学生有一个更美好的未来。在这个信息高度发展，传播的事情，老师这个词，任重而道远！辅导员，更要拉紧手中的线，松弛有度，宽严相和！

参考文献

[1] 李晓娟. 高校辅导员工作学基本问题研究[D]. 重庆：西南大学，2012.
[2] 王文婷. 高校辅导员工作基本问题研究[J]. 南风，2014（27）：121

浅谈电子竞技对大学生的影响及思考*

杨　冬

【摘　要】 电子竞技已经成为大学生学习生活的重要组成部分，本文对大学生玩电子竞技游戏的原因进行了分析，并且针对电子竞技对大学生造成的影响展开了探讨，同时提出了可行性建议。研究表明：电子竞技对大学生既有积极影响也有消极影响，学校应该对学生进行正确的引导，尽量发挥其积极因素，促进大学生的学习生活。

【关键词】 电子竞技；大学生；原因分析；建议

随着网络的发展和普及，网络游戏已经成为当代大学生生活中不可或缺的组成部分，特别是电子竞技有着较高的可玩性，受到广大玩家的欢迎。随着人们对电子竞技认识和了解更加深入，社会给予了这个新兴项目更强的包容性。早在 2003 年国家体育总局就正式批准电子竞技成为我国第 99 个体育项目，在 2008 年重新更改为第 78 号体育运动。随后在 2013 年，中国正式成立了第一支由 17 人组成的电子竞技国家队，参加多个电子竞技项目的比赛。近几年来中国网络电子竞技的迅猛发展，电竞玩家的数量也急剧增加，根据 2016 年中国电子竞技市场现状调研与发展报告显示，2014 年全球电子竞技玩家数量为 15. 5 亿人，同比增长 3. 4 亿人；而中国电子竞技玩家的数量达到 4 亿人，占全球玩家的 26%，目前青少年特别是在校大学生已经成为玩电子竞技的主流人群。然而电子竞技对于在校大学生是一把双刃剑，既有积极的促进作用，也有消极的阻碍作用。本文着重对大学生玩电子竞技的原因和影响进行了分析，并提出相关解决措施。

一、大学生玩电子竞技的原因分析

当前高校大学生成长阶段正处于网络飞速发展时期，使得他们在较小的年龄就身处于网络信息的环境中，各种网络新鲜事物对他们造成强烈冲击，特别是电子竞技游戏的出现迎合了大学生好奇和喜欢接触新奇事物的心理特点。对于大学生而言，经历了高考，结束了紧张压抑的高中生活，离开父母进入相对宽松的环境进行独立的学习生活，没有了强力的外界约束，有的学生容易开始松懈，而玩电子竞技游戏正是大学生“放松”的快捷有效方式。另外，网络电子竞技游戏的开发普遍以迎合玩家的心理而设计，它有着精美的画面，新奇的道具、奇特的人物技能和较高的可玩性等特点对大学生有着强烈的吸引力。由于大学管理比较宽松，学生的自由程度相对较高，有更多的自主时间，这也为大学生沉迷网络电子竞技游戏提供了

* 作者简介：杨冬，部门：汽车工程学院，类别：教育教学研究，通信方式：13882132207，电子邮箱：362534157@qq. com。

前提条件。

普遍大专学生的学习动机相对较低，文化课成绩不算理想，有些大专学生在老师和家长眼里被看作“学习上差生”，这种学习上的“不成功”心理会被学生放大，进而长期迁移到自身的成长过程当中，认为自己是失败者。这种消极心理会对成长中的大专学生会造成困扰，许多学生不能正确有效地解决这个问题，因此造成了部分大专学生对现实的学习生活选择了逃避的态度，他们大多数学习不好的主要原因之一是因为沉迷于网络游戏的缘故，因此许多大专学生通过在电子竞技游戏的世界里来实现自我价值，在电子竞技游戏中的胜利弥补了他们现实生活中的所缺乏的成功和成就感，从而这部分学生能够得到精神上的满足感。

当代大学生许多是独生子女，普遍以自我为中心，人际交往技能薄弱，但同时又渴望与人交往，希望得到同龄人的关注和认可。通过学生之间电子竞技的交流，能够快速地让他们拥有共同的爱好和话题，缩短同学之间的距离。同时，寝室作为大学生重要的学习生活场所，室友之间的行为习惯和爱好相互影响，除了日常的学习生活交往外，共同玩电子竞技游戏成为当今大学生之间相互了解的另外一种主要方式，在大多数学生的眼中，更成为了一种年轻的潮流，引领着年轻人竞相追逐。此外，一些学生并不擅长人际交往，而虚拟的游戏世界并不需要他们与人面对面的相处，这部分学生不需要太多的交际压力，就能够在游戏的世界里尽情地与其他玩家互动，这样的交往使他们感觉到放松和自由。

二、电子竞技对大学生成长影响

（一）积极影响

（1）国家体育总局将有组织的电子竞技比赛也称之为电子竞技运动，与传统意义上的多人配合的运动比赛一样，想要获得最终的胜利，参与者必须具备高超的操作水平和技巧，同时还得有合理的战术；同时玩家要根据赛场上的局势进行快速灵活的判断，不断地调整战术来遏制对方；不仅如此，参赛者还需不断揣测对手的心理，预判对方下一步的动向，直到取得比赛。不同于以无休止升级，获取装备为主，耗费时间和精力、甚至是金钱的传统网络游戏（比如风靡一时的“传奇”网游），电子竞技的节奏更快，平均一局游戏 30~50 分钟就能分出胜负。电子竞技主要是以人与人之间的智力对抗运动，可以锻炼和提高参与者的思维能力、反应能力、心眼四肢协调能力和意志力。不仅如此，大学生玩电子竞技游戏可以宣泄学习和生活中的压力等负面情绪，有助于降低青少年犯罪率，有研究表明，电子竞技游戏在一定程度上也能够改善大学生的网络游戏成瘾行为。

（2）电子竞技游戏有着自身特点，大学生在体验游戏的过程中，除了得到娱乐需求外，还可以培养其团队合作意识。由于电子竞技通常是需要多人组队共同完成某一任务，在游戏过程中，每个玩家都有各自的作用和责任，为了获得最终的胜利，不仅需要发挥玩家个人的智慧，而且更需要团队合作、相互配合。一方面，在一定程度上培养了大学生日后在工作中需要的团队合作意识；另一方面游戏对战双方实际上是两个相同数量人数的团队对抗，直到一方赢得比赛为止，这实际上是一些现实生活竞争的现象的“游戏化”。还未完全进入社会的大学生在竞技过程中除了娱乐，还会感受到激烈的竞争，而且是公平竞争，在竞争过程中，培养学生的领导能力、交流沟通能力以及思维策略能力。这对提高大学生日后的工作能力有积极的促进作用。

（3）电子竞技行业已经成为具有良好发展前景的产业，截至2015年，电竞市场产值超过500亿元，预计未来能够达到上千亿元。游戏运营、赛事运营和媒体渠道构成了三大产业链，这为大学生提供了不少的就业机会和创业平台，当前已经有成功的典范。对于大学生玩家来说，他们主要的活动场所是校园，交往对象以同学和老师为主，生活环境相对比较单纯。电子竞技玩家可能来自不同地方或者不同国家，通过网络聚集在同一个平台上竞技，这突破了传统地域空间的限制，扩大了在校大学生的视野范围，让在校大学生能够了解到不同地方的文化，能学习到课堂上不能学到的知识，信息得到快速的传递。

（二）消极影响

（1）电子竞技先是“游戏”，才有“竞技”，无节制的玩电子竞技游戏，这会导致自制力差的大学生容易沉迷在游戏中，长时间的固定坐姿和操作手势对大学生的身体造成较大负担，容易患上肩周炎、颈椎病等；经常面对不断闪烁和切换的屏幕画面容易造成眼睛疲劳和近视；一部分大学生沉迷游戏造成生活不规律，养成了经常熬夜、不按时就餐等不健康的生活方式，这些因素都对青少年大学生的身体造成不好的影响。另外，在校大学生的主要任务还是以学习为主，然而大学生如果沉溺在电子竞技游戏中，分不清主次，花费大把学习时间在上面，长此以往造成学业荒废，不利于大学生未来发展。

（2）目前一部分电子竞技游戏内容涉及暴力等因素，还有部分游戏是从国外直接引进国内，其内容和文化对青少年大学生的身心健康非常不利。而且大多数参加竞技比赛的青年人或者大学生涉世未深，容易冲动，所以一场比赛结果可能会引发双方玩家的不良行为，比如打架或者其他暴力。同时对于部分大学生喜欢进网吧玩游戏，网吧环境并不利于他们的身心健康，而且需要金钱的花销，这对于大学生来说也是一种负担。

（3）媒体的过分渲染和网络对电子竞技发展的推动，容易使得大学生做出不理性的判断和选择。现在许多大学生都将成为电竞选手作为未来职业目标，他们认为既可以玩自己喜欢的电竞游戏，如果在比赛中获得不错的成绩，不仅可以在这个行业为自己带来名气，还能因此而挣钱。但是对大多数大学生来说这并不现实，当前电竞玩家数量已经达到几千万，想成为职业选手的人数和已经在电子竞技行业的数量也有上千万之多，但是最终能够成功的永远只是那少部分人，绝大多数人要么半途放弃，要么迷失方向。其次，电竞职业选手是吃“青春饭”，寿命比较短暂，随着岁数的增大，不得不面对退役的境地。对于放弃学业的大学生这并不是一个好消息，他们往往在结束职业生涯后，如果没有一定的名气，由于缺乏相关工作经历和没有竞争力，很难再从事其他工作。这将会对大学生以后的人生造成极大的困惑。

三、大学生参与电子竞技对策及思考

首先，针对以上问题，社会和学校应当正确理性地看待大学生“电子竞技热”这一现象，这是网络信息发展的必然结果。教育工作者和家长不能武断地将大学生进行电子竞技这一行为“妖魔化”，也不能单纯地将这一现象看作“洪水猛兽”。如果没有去深入的了解，或仅仅简单的禁止大学生接触电子竞技，这不仅不利于有效的教育引导大学生，反而会激发青少年的叛逆心理，使其与“禁令”反其道而行之。加强了解和沟通是解决问题的前提，教育工作者和家长应宽容地对待现代大学生玩电子竞技的行为，加强正面引导，尽量利用电子竞技的积极影响，消除消极影响。与其为了方便而盲目的妄图堵住问题源头，不如直面正视这一问题，从而加以疏导才能正本清源。2016 年，教育部已经将“电子竞技运动与管理”作为新增专业纳入高职院校，其类属于教育与体育大类下的体育类。由此可见，当拥有了正确的认识和规范的制度，电子竞技这一行业也能登上“大雅之堂”。

其次，对于高校方面可以从以下方面着手：第一，加强常规教育教学管理。当前我国高校大学生生活学习自由程度比较高，加之大学压力较小，造成许多大学生缺乏学习兴趣和动力，所以高校应当加强大学生自身专业学习和未来职业规划教育。第二，加强大学生的社会实践活动和丰富学生的课外活动。在课外时间，鼓励学生多参加社会实践和课外活动，不仅能让大学生收获社会活动经验，而且能够防止大学生一味地沉迷于电子竞技游戏。第三，加强心理辅导。对于因沉溺于游戏对学业和生活造成困扰的大学生，学校应该对他们进行心理辅导，通过深入的沟通交流，根据个人特点从根本上寻找原因，从而制定相应的疏导解决方案。另外，可以开展相关课程、系列活动或者讲座，培养大学生对电子竞技正确的观念，做到趋利避害。

最后，引导大学生学会自我管理、自我教育和自我约束。不论是学校老师的教育还是家长的管理，目的都是要促使大学生自身朝着健康的方向发展。大学生只有不断地学习，清楚自己未来职业方向，努力提升自身，才能有追求梦想的基础。同时必须意识到，电子竞技只是调节生活、娱乐身心的工具，是生活中的正常片段，不能让它左右充满多种可能性的大学生活。大学生能够自主管理和约束自身，培养广泛的兴趣爱好，削弱对电子竞技游戏的依赖，才能享受到阳光健康的大学生活，而不是被电子竞技所“游戏”。

参考文献

[1] 中国互联网发展状况统计报告[R]. 中国互联网信息中心. 2007.

[2] 2016 年版中国电子竞技市场现状调研与发展趋势分析报告[R]. 2016.

[3] 国家体育总局文件. 体竞字[2003]129 号. 2009.

[4] 邱秋春,翟德平. 电子竞技运动对改善大学生网络游戏成瘾的实验研究[J]. 沈阳体育学院学报，2011，30（2）：127-129.

[5] 耿密. 电子竞技对青少年的影响探析[J]. 中国青年研究，2009（10）：84-86.

[6] 陈镭. 高校消除网络游戏消极影响的对策[J]. 江苏高教，2008（4）：154-155.

[7] 苏国辉. 网络游戏对大学生的影响及其思考[J]. 武汉大学学报（社会科学版），2004，6（3）：56-60.

[8] 李文攀. 网络游戏对大学生的影响[J]. 现代企业文化，2008（17）：137-138.

论提升大学生的环保意识与行动*

李春梅

【摘　要】 当前环境问题已经成为威胁人类生存的一个焦点问题，是摆在世界各国面前的一件重要工作。如何有效改善当前地球的十大环境问题，除了各国政要高度重视，制定更多的法律法规，还涉及全球公民的环保意识的普遍提升。只有大家都加入爱护环境的行列中，才会使我们的地球家园更加美丽。大学生是国民群体中的生力军，若能通过各种教育、宣传途径唤起这批生力军的环保意识，由他们来感染、呼唤身边的亲朋好友共同加入，这样才能使得环境保护的各项工作开展事半功倍。从对在校大学生进行环保教育，组织他们参加环保活动入手，来分析、研究如何提高他们对人与环境和谐相处的积极认识，提升他们的环境意识，从而转化行动，从身边事做起，从小事做起，带领身边的人共同做好环境维护。

【关键词】 唤起；大学生；环保意识；提升；环保行动

第二次世界大战以后，随着工业化文明的高速发展，人口的剧增，科技力量的高速提升，人类改造自然的力量也极大增强。在进入了工业化文明时期以来，人类做到了上天揽月，潜洋捕鱼，也沉浸在自身力量极大增加，终于当家做主的欢呼声中，从而不断地挑战自然的底线、疯狂地掠夺地球的各项资源。在被称为“环境破坏惨烈的二十世纪”，有着人类历史上惨痛教训的八大公害事件，死伤了无数可怜的人们。美国海洋生物学家蕾切尔·卡尔逊女士以其敏锐的眼光，撰写了一本著作《寂静的春天》，拉开了环境污染带来的严重后果的序幕，却立刻掀起了滔滔大浪，引发了一场又一场对她的口诛笔伐，却也终于引起了政要们、普通人们对于环境恶化的高度重视。

我国在经济高度发展的今天，也非常重视环境保护，环境污染问题的治理已由“谁污染谁治理”“末端治理”转变为“过程控制”“源头治理”。今年的 3 月 11 日，环保部部长答香港卫视记者的问题时，特别指出：宣传教育是环保的核心工作。小行动往往会改变大环境，联合国环境规划署执行主席阿西姆·施泰纳说：“在二氧化碳减排的过程中，普通民众拥有改变未来的力量。”为了强化我们学院大学生的环保意识，提升他们爱护环境的行动，具有良好的环境素养。我们对在校大学生开设了人与环境的选修课。因为只有我们的大学生们都具备了较强的环保意识，才会使自己的行动对环境保护更具有目的，才能更主动地认识、感知、评价行动会带来的良好后果，才能更自觉地去实践，进而控制、调节自己的行为，自觉自愿地加入环境保护的行动中来。由此汇集涓涓细流的力量，把环保的意识和行动带到各个角落。

* 作者简介：李春梅，部门：信息工程学院，类别：环境保护，通信方式：13699455179，电子邮件：825440149@qq. com。

一、通过问卷调查，了解我院大学生的环保意识

通过笔者的学习、借鉴、调研、分析，针对目前大学生对于环保的理念和行动的严重脱节，如对于一些身边的小事视而不见：如人走不关灯、浪费纸张、不节约用水、有人长期使用一次性的餐具等现象，故非常有必要通过教育、活动开展对他们进行环保教育，来帮助大学生意识与行动的协调一致。

为了了解我院大学生的环保意识及环保志愿行动，在全学院八大分院大学生中随机抽出其 120 位学生进行了问卷调查，问卷内容涵盖对环境保护的认识、平时会不会关注一些环保的小行动：比如少用或不用一次性餐具、减少使用塑料袋等；环保知识的来源；对提升全国人民环保意识的建议等。回收调查问卷 120 份，以下是调查问卷的一些情况汇总：

在关注环保问题方面，有 70%以上的同学平时是不怎么关注环境问题的，如图 1 所示。

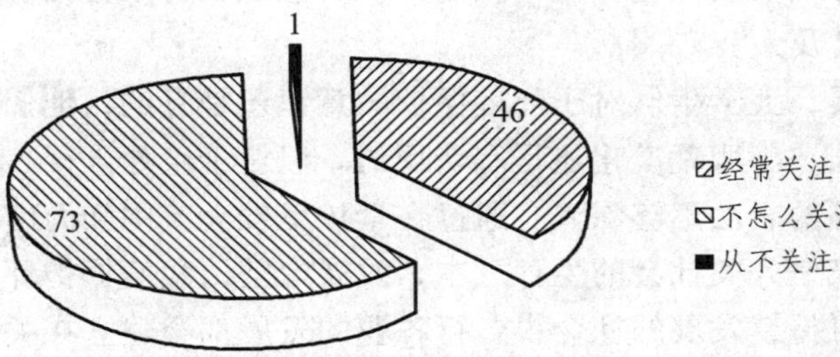

图 1　环保关注度比例图

学生获得环保信息的来源：更多的是通过电视等新闻媒体的方式来知晓的，学校教育只占了 60%左右，如图 2 所示。

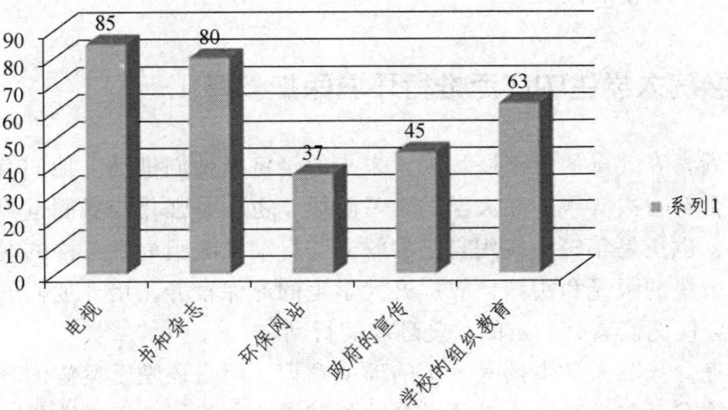

图 2　环保信息来源

在推行环保教育的手段方面：学生们认为可以齐头并进，通过各种途径来展开，如图 3 所示。

目前我们校园还存在着垃圾没有分类，同学叫外卖太多，产生白色垃圾，一次性餐具的使用太多，水、电的浪费，大家不注意校园公共区域的卫生等现象。调查认为：现代大学生存在对环境保护不积极、不自觉、无所谓的态度，需要加大对大学生的环境教育，引领环境保护的自觉性和主动性；在教育的方式方法上可采用案例分析或播放环境破坏后的场景，强

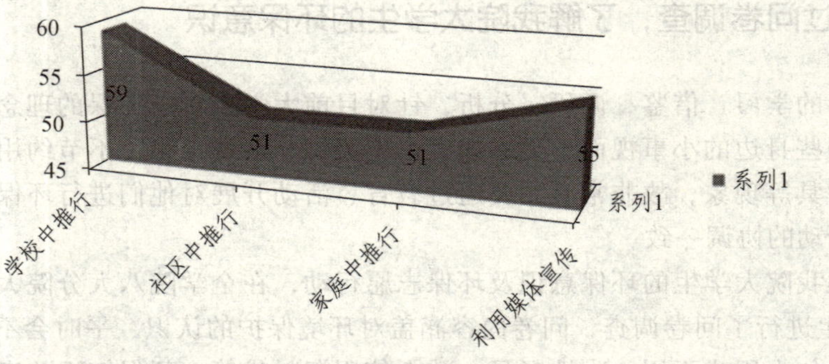

图 3 推行环保教育的途径

烈的视觉冲击来触动，震撼学生们的心灵。有个别学生还谈道：认为大学生没有意识到保护环境的重要性，故一方面需要深化有关环保的知识和意识，另一方面应该大家都应加入环保知识的宣传普及，推己及人。

从问卷的结果来看，大学生们对于环境保护的意识还是有的，他们对目前广泛存在的环境问题：如雾霾、酸雨、土壤荒漠化还是有认识的。但对于生物入侵、资源能源利用、绿色生产、低碳环保等问题的看法不够深入。通过在学校里较大范围和力度的环境宣传：要让学生们深刻地认识到环境是人类社会的生存之本，发展之基，我们保护环境，实则就是保护人类。未来社会绝对是可持续发展的社会，各行各业的发展都会建立在关注环境，节约资源之上。未来社会对人才的要求除了道德方面、知识和技能以外，还会包括是否具有较高的环境素养，关心爱护环境问题，能志愿为环保事业做出一定贡献的人才。只有学生们认识到了自身的环境素养与未来的发展密切相关，学生们的环保意识增强了，他们才会更加自觉自愿地用“小行动来带动大环境的改变”。

二、在全学院大学生中广泛推行环境保护教育

大学生是充满青春气息的未来职场人，未来的经济靠他们推动。他们有活力、有冲劲、有想法，他们也会努力去实践。在大学的学习阶段，也正是强化与巩固世界观、人生观、价值观的黄金时期，也正是年轻一代用自己的眼光与行动来吸引周围关注的时代。他们有号召力、有激情、有敏锐的眼光和头脑，故提升大学生的环保素养，培养他们的生态意识和可持续发展意识，才会使他们具有一定的关爱环境的行动。

通过问卷调查，我院大学生具有一定的环境意识，但是还缺乏良好的环保行为，环保习惯还有待养成。故在全院学生中通过开设公共基础课（选修课）等方式集中为大学生普及人与环境的相关知识。英国亚瑟· 皮耶罗卡斯教授提出了“三个线索”环境教育模式，这对环境教育的理论和实践具有深远影响的意义。这“三个线索”分别为：“关于环境的教育”“为了环境的教育”和“在环境中的教育”。“关注环境的教育”指的是把有关环境的知识给学生们进行讲解，传授一定的环境行动，提升学生们对环境的理解、认知。“为了环境的教育”包含以保护、改善、提升环境质量为目的的教育，也就是对学生们进行爱护环境的价值观、道德情感方面的教育。“在环境中的教育”，则是针对区域性、现实性的环境问题进行具体的分析。这种卢卡斯教育模式，会唤起受教育者的共鸣，因为是围绕具体的环境问题、身边的环

境现象进行的教育，从而使受教育者在情感与价值观上达到了与自然的和谐一致。据调查了解，目前我国高等院校当中，更多是开设环境保护概论的公共基础课或选修课，更加关注的是环境治理专业方面的问题，而对于非环境专业的同学们来讲，治理方面的内容显得枯燥、太深、不贴近于生活，与他们的专业的切合度不够高，故而学生的兴趣不够深厚，学生参加的目的感觉就是为了修学分，没有达到学以致用的目的。故环境保护的教育问题应该科普化、地方化，而不是现行从“环境保护的概论”入手，花很多时间来讲解环境保护的政策及各类污染的来源及治理，毕竟我们大部分的学生不是学环境保护这个专业的。兴趣是最好的老师，只有让同学们深入地掌握了成都、四川乃至全国的水怎么样了、空气怎么样了，在生活的周围有什么样的环境污染的实例，会带来什么样的危害，只有这样才能真正触及他们的心灵，引起他们的共鸣，这种方式的环境教育才是行之有效的。

罗伯特·考克斯指出“环保传播具有实用主义和建设构主义两种维度：前者指环保传播具有教育、预警、动员和解决问题等实用功能；后者指定它可以帮助受众产生对自然、环境和人类自身的认知”。学生们通过了解环境在人类发展史上的重大关系，明了人是环境的产物，与环境是“同呼吸、共命运”的；熟知环境被恶化后将给人类健康带来的巨大的破坏；熟悉赖以生存的自然当中水、空气、土壤、资源在人类社会的发展进程中发生了怎样的变化，以及这些变化与人类的生存与生活质量有着怎么样直接或间接的关系。只有深深地知道环境改变人类历史，我们的天之骄子才会从心底深处自然而然地产生对大自然的敬畏，对环境的尊重，才会懂得我们每人每天的一点正能量的小行动都会产生“蝴蝶效应”，会逐渐使我们的环境产生一个良性循环。通过坚持不懈地对这样有知识、有素养的一代代进行环境的宣传和教育，通过他们一代代的努力进取，未来的山清水秀、蓝天白云才可指日可待。

三、积极开展宣传环保的主题活动

人与环境教育的目的在于让学生们了解人与环境的关系如何协调、如何可持续的发展。环境问题只有大家高度重视，并且身体力行的去关心去维护，才能达成我们国家所提出的低碳经济、绿色产业、可持续发展等，才能让人类社会与自然、与环境和谐相处。因此要变革环境教育的内容和方式方法，要给同学们灌输贴近生活的环境教育。关键之处，在于让学生们能主动地去学习环境保护的相关知识、积极地参与环保的行动、努力改造我们的家园，使之更宜居。所以我们除了抓好第一课堂，即对学生们进行生动、有趣的人与环境知识教育，通过各种数据对比、各种图片展示、各类视频播放，引起同学们的共鸣。还要用好第二课堂，组织大学生参加各类课外活动，在世界水日、地球日、环境日等来临之际，通过举办各类活动，来加强大学生们的认知，转变他们的行动。例如：举办人与环境的辩论会、主题手抄报、宣传单、观看环境警示片等。还要高度重视第三课堂的实践教学，通过学以致用，让学生们参与一些调研，比如成都的水资源及水污染情况、四川的各类资源调查；组织他们参观污水处理厂，了解每天光是成都产生的废水量是怎样的触目惊心，以及废水的处理的复杂流程和所花费的巨大成本；鼓励学生积极参与“变废为宝”的手工制作，让学生们意识到“扔掉的废物只是放错了地方的宝物”等。通过抓好第一课堂、用好第二课堂、重视第三课堂的融合式教育，起到帮助学生们提升对环境认知，强化环保情感，才能让其有所畏才有所为。也让学生们懂得每天从我做起，每天从小事做起，如对垃圾分类，电池的无害化处理，愿意为保护环境而改变自己的生活方式：如坐公共交通工具出行、骑单车减少碳的排放、多吃素食。逐渐他们会提升意识，会发现我们每天都可以做出对环境有益的事情。

四、充分利用学院的人文景观进行潜移默化地环保教育

我国大陆的环境教育在经过一段时间的发展后完成了环境启蒙教育的任务，但环境意识的提升还需加强。笔者去年到我国台湾一所高校考察学习，他们学校的做法非常值得我们借鉴：（1）把全学院各幢大楼的用电情况实时、动态地反映在一块电子板上，若有超负荷运转的，还要报警。一到中午的时候，各幢大楼全部停止供电，在炎热的天气中只有图书馆供电并有冷气，此举有两个目的，一是节约用电，二是促使学生到图书馆乘凉看书。（2）在整个校园里面，看不到地面上的一点垃圾，该校的领导人自豪地介绍，他们从来不请清洁工，都是学生们打扫的，故学生也非常爱惜劳动成果，从不乱扔。台湾也是垃圾分类做得非常好的地区之一，我们到台北、台中的大街小巷，看不到垃圾桶的踪迹，每个人都把自己产生的垃圾收好，分类处理掉。

校园环境文化建设有助于大学生的环境观的形成。良好的人文景观设置、典雅大方的雕塑群、洁净的校园环境，生机勃勃的花鸟虫鱼都在默默地、持续感化学生们对环境的态度，产生的有助于环保的行动。“润物细无声”，美好的校园将给学生们好的学习、生活环境，也是潜移默化进行环境教育最有效的措施和手段。我们应充分利用、改造学院的各类人文景观，如多植树、多种花，在各幢楼、过道里布置一些绿化的小盆景，在墙体上栽种爬山虎、多设置垃圾分类的设施等，呼吁学生们关心关爱环境。让学生们明白“校园似我家，环境靠大家”。今天让校园变得更美，明天为家园更美而努力。

为了增强学生的环境意识，切实改善学生的环保行动，我院也应积极开展各项活动及对环境友好的行为，如在全校师生当中开展节能减排，把节约用水用电提上日程。通过学生会组织检查，对各院系打分评比，让人人知晓“随手关灯，拧紧龙头”。师生共同做好垃圾分类，将可回收、不可回收、厨余垃圾分类投放，并定期联系废物回收公司，所得经费由学生的环保协会作为活动经费，进而作为普及全学院师生的环境教育的各项投入。

在西方发达国家，生态环保教育早已纳入通识教育、素质教育中。如芬兰“生态教育”，美国的“绿色教育”，澳大利亚的“绿色校园文化活动”“不插电教育”，英国的“环境教育”。当今，我国领导人高度重视环境问题，中国共产党第十八次全国代表大会提出：要把生态文明建设放在突出地位，融入经济建设、政治建设、文化建设、社会建设各方面和全过程。随着我国高等教育的快速发展，国民接受高等教育人口大大增加。我国高等教育的目的是要培养一批批“高素质、高技能”专门人才，在21世纪的今天，既具有良好的环保生态保护意识，又能在这种意识的指引下提升环保行为，关心关爱环境问题，又能驰骋在生产、服务、管理一线建设我们祖国美好家园的人才，就是我们高等教育培养出来的高素质的表现。大学生作为高素质的知识分子，进入社会后，绝大多数会成为管理者、实施者，通过提高这个群体的环保意识，就会逐步全面地提升全民的环保素质。“环境”这个词不仅仅代表的是一个专业，更是一种“天人合一”的理念，一种简约生活的态度、一种和谐之美的文化。美丽的环境有益于身心健康，期待在未来的每一天，我们都沐浴在鸟语花香、云淡风轻之中。未来，需要我们每一个人去创造；今天，让我们手拉手，开始每一天的环保小行动。

参考文献

[1] 杨明刚，潘逸青，汤晨凤，等. 上海大学生环保意识与行为及传播接受度的现状分析与提升对策[J]. 中国广告，2012（9）：128-132.

[2] 肖英. 大学生环保素质培养研究[D]. 石家庄：河北师范大学，2011.

[3] 周润娟，胡长新，蔡金平. 大学生环保意识教育现状调查与提升对对策——以安徽工程大学为例[J]. 衡阳师范学院学报，2014，35（6）：134-136.

[4] 谢东宝. 论提升当代大学生生态环保意识的现实意义[J]. 职大学报，2014（05）：82-85.

试论部分社会行为劣象与职业院校学生人文素养提升途径*

万中国

【摘　要】 当今社会人士的种种行为严重脱离了一个文明社会对个体所需的道德规范要求的正常轨道，亟须有所改变。在当今“大众创新，万众创业”的大背景下，要培养“大国工匠”，更应该特别抓紧对特别注重专业技术技能学习的职业院校学生的人文素养教育。试图在对职业院校学生人文素养提升途径方面为相关部门决策时提供些参考。

【关键词】 行为劣象；职院学生；人文素养；提升途径

生活的世界多彩，栖身的社会浮繁，人们的价值判断多元，正义与是非观念模糊混淆。这让许许多多的人感到困惑与无所适从，甚或失去了言行的准绳。面对现实生活中人们的种种行为劣象，有的人敬而远之、有的人嗤之以鼻、有的人听之任之、有的人全力抨击，那么，我们到底应该如何直面这样的现实？对此现实该有怎样的言行才算是坚守了我们的本真之心，或者说保住了我们的正直与自尊？在为人处事时有怎样的言行才算是具备了人文素养？对于将来的“大国工匠”必备的人文素质又应如何培养？

一、行为劣象

我们所处的这个价值多元的 21 世纪的新时期，诚如狄更斯在《双城记》中所言：“那是个最美好的时代，那是个最糟糕的时代；那是个睿智的年月，那是个蒙昧的年月；那是信心百倍的时期，那是疑虑重重的时期”[1]。正因为各种新思想、新思潮层出不穷，使得社会上的部分普通人群形成了一套错误的价值评判的标准：以物质财富的多少而非精神财富的多少来衡量一个人的成功与否。这是一种狭隘、短视的，影响人类社会向更高层级发展的掣肘标准。“一夜暴富”“一唱成名”等成为部分人群的生活梦想，他们“笑贫不笑娼”“宁愿在宝马车里哭，也不愿在自行车上笑”，我们常常看到这样的场景，一些人住着别墅、豪宅，开着宝马、奔驰，衣着光鲜亮丽、满身珠光宝气，可是一开口却是污言秽语，令人大跌眼镜。

人们还不乏看到这样的现象：随意丢弃垃圾，随地吐痰，公共场合肆意吸烟、大声喧哗，公共交通工具上不为老弱病残孕让座……

老人倒地“不敢扶”“扶不起”的报道不绝于耳，面对非正义行为不愿施以援手任由恶势

* 作者简介：万中国，部门：艺术与人文社科学院，类别：公共基础课学科，通信方式：18030438917，电子邮箱：826859341@qq. com。

力嚣张。

新近兴起的“共享单车”为大家提供了大大的方便，解决了许多人出行的“最后 1 千米”困境和麻烦。但是，这种有利于社会大众的新生事物却屡遭厄运：或被扔入沟渠，或被挂于树上，或经改装成为“私车”，或被拆去坐垫，或被扭坏链条，或被毁弃车锁，或被毁坏车胎，或被推倒弃置，更有甚者被集中焚毁……

再来看看现在部分年轻人和部分学生，根据平时的观察和了解，在他们身上发现如下不良的行为习惯与现象。

有些人整日浑浑噩噩，没有生活的目标与追求，丧失了上进努力的动力。他们总认为以后的生活有父母做后盾，自己没有必要担心，更有甚者在大学毕业以后却不去工作，乐于在家“啃老”。我以前单位一个同事的孩子就是这样，现在已经 30 多岁了，大学毕业近 10 年却不去工作。我一个朋友的侄女，读到大学二年级就自动离校回家，整天宅在家里，宁愿吃泡面也不愿再回到学校读书了。

有些人虽然进了大学，但总认为是为父母读书，是迫于父母、家庭的压力和需要而来，自然对学习没有兴趣，整天无所事事。在课堂上不是玩网络游戏，就是看视频；不是睡觉，就是走神；不是闲聊、打闹，就是做些搞怪、搞笑的事。总之，就是热衷于干些与学习无关的事情。

有些人在与同学、朋友相处时，什么话都能出口，动不动就让对方家庭的女性很受伤。有些人没有基本的礼貌常识，对尊长总是直呼其名；有时甚至因为一句话就使用武力，甚或用上棍棒、刀具。

有些人的心理扭曲阴暗，稍不如意就任性戕害别人的性命。从马加爵事件后，大学生杀人事件常常见诸媒体。

有些人精神脆弱，毫无心理承受能力。一遇到挫折和困难就回避、退缩，或者破罐破摔，面对批评教育动辄以死亡威胁，更有甚者，不管不顾直接轻生，给父母与社会留下永久的伤痛和遗憾。这样的报道也不鲜见。

有些人审美能力为零，趣味低下，对那些暴力、情色的东西总是趋之若鹜。

二、人文素养提升途径

对这样的社会现实和种种现象，有必要进行改变了。我认为，当前重点要做的就是要提升人们的人文素养。

对人文，《不列颠百科全书》中这样定义：“人文，指人类社会的各种文化现象”[2]。而文化是人类或者一个民族、一个人群共同具有的符号、价值观及其规范。这里的“人文”是指人类文化中先进的价值观和规范，其核心是对人的重视、尊重、关心及爱护。因此，提升人文素养就是提升如何做人的基本能力。人文素养的教育是生活的教育、生命的教育。

清人的《弟子规》中也曾说：“德有伤，贻亲羞。”“唯德学，唯才艺，不如人，当自砺。”“德才艺”才是人应该矢志不渝追求的。许多人知道儒家所倡导的“仁义礼智信”，也经由自身努力参加培训和学习而拥有了一定的生活、艺术技能，但由于错误的意识导引，做出了不符合家庭、国家、社会等对人的要求和规范的事情来，损害了他人利益，破坏了社会风气，树立了缺乏价值引领的伪示范。我们说这些人仅仅有此人文“知识”，他还没有将此“知识”融入他的身体、血液，没有灌注到他日常的行动中来。我们说，这不能算是有人文素养，只有落实到一个人的具体的言行中的符合社会共同价值观的人文知识的使用，才能叫作是具备了人文素养。

人文素质的培养是一个渐进和艰难的大工程，“人文化成”是所有人必须有的教育，它是一切的基础。在当今“大众创新，万众创业”的大背景下，要培养“大国工匠”，更应该特别抓紧对特别注重专业技术技能学习的职业院校学生的人文素养教育。

2017 年 1 月，中办、国办印发《关于实施中华优秀传统文化传承发展工程的意见》明确提出高等学校须开设中华优秀传统文化必修课，《意见》提出：“要围绕立德树人根本任务，遵循学生认知规律和教育教学规律，按照一体化、分学段、有序推进的原则，把中华优秀传统文化全方位融入思想道德教育、文化知识教育、艺术体育教育、社会实践教育各环节，贯穿于启蒙教育、基础教育、职业教育、高等教育、继续教育各领域。”“推动高校开设中华优秀传统文化必修课，在哲学社会科学及相关学科专业和课程中增加中华优秀传统文化的内容。”[3]这实际上就是从国家层面上指出了祖国优秀传统文化对学生成长的重要性和必要性。优秀传统文化是人文素养不可分割的部分，是部分人文素养的重要载体。

据作者看来，职业院校学生人文素养的提升可以从以下方面入手。

（1）开设“中华优秀传统文化”必修课。具体课程可以根据学院对学生的培养目标和完整课程体系建设的需求来进行。

（2）开展《弟子规》《三字经》《幼学琼林》等人文启蒙读物诵读活动，让学生了解、懂得一个人最基本的言行要求和古代中国人的传统礼仪规范。

当然，在该项工作的开展中，要区分哪些是符合中华优秀传统文化的，哪些是需要传承发展的礼仪要求的，又有哪些是不符合当代社会发展需求的腐朽的、落后的、可笑的规定是必须要剔除的，比如《弟子规》中的“丧三年，常悲咽，居处变，酒肉绝”“不关己，莫闲管”等就必须是批评地继承。

（3）有选择性地阅读学习古今中外经典传世名文，提高学生的人文素养。

我们始终认为，个人的人文素养除了可以通过教化获取外，更能让人接受的是阅读、理解、感悟等方式。前人先贤传之后世的经典名文和完善身心的事迹是重要的人文载体，人们从中可以得到许多的启迪和帮助。因为进入职业院校的学生已经经过小学、初中、高中阶段的学习，接触阅读过一定的优秀文化文本，所以，该类学习与阅读可以选取他们未曾读过的其他优秀文本，以增加吸引力并提高他们的阅读兴趣。如此，不仅可以树立良好品德，确定人生理想，陶冶情操，还可以正确认识自己和社会，以促进身心的全面成长。

在道德修养的砥砺和提高、人生目标的校正与确立、信念的坚守和践行、灵魂栖居地的寻找、对祖国故土的情感、诗意的人生的获取等方面，我们可以阅读学习司马迁的《报任安书》、鲁迅的《非攻》、唐瑜、蓝英的《钱伟长：一片丹心为报国》、屈原的《国殇》、余光中的《听听那冷雨》、柯灵的《乡土情结》、秦光涛的《人是寻求意义的生物》、伯特兰·罗素（英）的《我为什么而活着》、加德纳（美）的《幸福、献身和意义》、冯友兰的《人生的意义及人生中的境界》、雅斯贝尔斯（德）的《大学生的精神升华》、林清玄的《枯叶蝶的最后归宿》等。

在对经典文化与文学的接引与传承方面，可以引导学生阅读《道德经》、《庄子》、《论语》、《孟子》、《楚辞》、《诗经》、《唐诗》、《宋词》、王国维《人间词话》、莎士比亚（英）的戏剧等等里面的相关篇章，以使其得到文学与美的熏陶，增强文化底蕴。

在对亲人、朋友的情感，如何面对困境、挫折，如何认识自我、生命、工作、规则、责任，如何对待世界、自然、科学等等方面，可以指定学生阅读学习以下文本：史铁生的《我与地坛》、张全民的《敬畏生命》、秦文君的《活着的一万零一条理由》、《国语》中的《勾践灭吴》、《后汉书·独行列传》中的《范式字巨卿》、毕淑敏的《斜视》、诸葛亮的前后《出师表》、梁启超的《最苦与最乐》、叶延滨的《想象的原则》、三毛的《不死鸟》、季羡林的《我的老师董秋芳先生》、张有德的《母亲啊，您是我最好的导师》、刘向的《智者乐水，仁者乐山》、范晔的《张衡传》、余秋雨的《都江堰》、加西亚·马尔克斯（哥伦比亚）的《百年孤独》、罗素（英）的《爱在人生中的地位》、莫罗阿（法）的《论父母与子女》、朱光潜的《"慢慢走，欣赏啊!"——人生的艺术化》等。

（4）加强艺术教育，提高学生对艺术和美的鉴赏能力，真正成为一个有品位的人。

首先，可以由学校老师或聘请社会专业人士在校内开展各类乐器演奏技艺、美术、书法等培训，提高艺术技能。

其次，开展多种多样的课外活动，让学生在活动中提高能力。如朗诵、演讲、写作、乐队、演唱、书法、摄影、篮球、足球、排球、羽毛球、乒乓球、田径、体操、戏剧表演等，使其认识什么是生活中的真正的美。

另外，根据《全国普通高等学校公共艺术课程指导方案》[4]的精神要求，开齐开足"艺术导论""影视鉴赏""书法鉴赏""舞蹈鉴赏""戏剧鉴赏""戏曲鉴赏""音乐鉴赏""美术鉴赏"等公共艺术选修课程，让学生掌握一定的艺术理论与鉴赏技巧，辨清美与丑。

（5）充分利用家教家风和乡土精神来提高学生的人文素养。

良好的家教家风对人的成长有不可替代的作用，或书香传家、或与人为善、或勤俭节约、或天不藏私、或合理计划、或踏实奋进、或打铁还需自身硬等等，每一个人坚守了自家的优良传统就可以促进社会的良性发展。

任何人都有自己生长的故乡，在我们这个有悠久历史的国家，许多乡村、城镇形成了独有的文化传统，这也是提升人文素养的重要环境。如中央电视台综艺节目"记住乡愁"所播的古田镇的"公而忘私，勇于担当"、松岭村的"勤俭立业"、屏山村的"孝道传家"、迤沙拉村的"心怀感恩"等等，生活在这些村镇的人们被其中的精神浸润和濡染。

我们宜将优良的家风和乡土精神强化并发扬光大。

学生的人文素养提升了并身体力行了，可以帮助社会建立正确的意识形态，影响普通人群的言行，让社会大众有行为的圭臬。一个正常的社会、一个向着未来进发的文明国度应该有完整的、系统的、正确的、充满正能量的社会导向。个人人文素养得到提升，并按此规范自己的言行，个人的幸福感才能增强，家庭关系才能和睦，社会秩序才能安定，国家才能稳定繁荣。愿聚集千千万万的细微人文溪流，汇合成浩瀚的温暖人间的人文海洋。如此，未来的"大国工匠"势将诞生。

参考文献

[1] 狄更斯[英]. 双城记[M]. 4版. 宋兆霖译，北京：北京燕山出版社，2011.

[2] 不列颠百科全书（国际中文版）. 1版. 北京：中国大百科全书出版社，2007.

[3] 中共中央办公厅，国务院办公厅. 关于实施中华优秀传统文化传承发展工程的意见，2017.

[4] 教育部办公厅，全国普通高等学校公共艺术课程指导方案. 2006.

高职院校辅导员兼任导师制度下大学生综合素质培养研究*

王　凯

【摘　要】　我院积极对接 “中国制造 2025”“一带一路”，积极培养企业需求的高级技术技能型人才。这对于教育者来说是一个巨大的挑战，我院积极探索辅导员兼任导师制的人才培养管理模式，力求探索适合高职高专人才培养的模式。

【关键词】　辅导员兼任导师制；人才培养

我国高校辅导员制度的确立和发展已经半个多世纪，实践工作表明，在全面贯彻党的教育方针、培养对国家和社会有用的人才等方面，长期默默奋斗在学生工作第一线的辅导员队伍起着非常重要的作用。辅导员作为大学生日常思想政治教育管理工作的主要实施者，在全面提高大学生的思想素养、引导学生成长成才等方面发挥着不可替代的作用[1]。导师制最早是14 世纪由英国教育家提出的，17 世纪之后在英国的牛津、剑桥等高校的研究生教育中施行。原本是西方注重学生个性发展的产物，因它符合因材施教和素质教育的高等教育特点，因而在我国得到了持续发展。近年来，高职院校不断深化人才培养模式的改革，开始实施不同形式的导师制，并取得了成效[2]。成都工业职业技术学院机械制造专业根据高职教育人才培养和学院自身特点，企图探索辅导员兼任导师制，从思想、生活、学业引导、技能大赛、创新创业、毕业就业等方面全方位进行培养教育。

一、成都工业职业技术学院机械制造专业辅导员兼任导师制概述

2014 年 4 月，在原成都市工业职业技术学校基础上新建成都工业职业技术学院。2014 年9 月机械制造专业招收 2014 年普通三年高中毕业学生 120 名，设立三个行政班，每个班学生40 名，各配备一名辅导员。

首次招收普通高中毕业大专生，系部为了提高教育教学质量，实行辅导员兼任导师模式对学生进行培养与管理。在辅导员选配方面，系部通过个人申请、系部考核的方式，最终从众多报名者中选择三名教师为第一届大专辅导员，这三名辅导员均为中共党员且同时具备硕士研究生学历、青年骨干教师、双师型教师、高等教育教师资格等条件。

三名辅导员需要负责日常管理、安全教育、危机处理、心理咨询、勤工助学、奖助学金

* 作者简介：王凯，部门：装备制造学院，类别：机械制造与自动化，联系电话：15928001524，电子邮箱：57435843@qq. com。

发放、系部各种资料上报、学业指导、就业指导、技能大赛辅导、创新创业指导、毕业设计指导等。

二、成都工业职业技术学院大学生综合素质培养模式概述

2014 年成都工业职业技术学院首次招收普通三年制大专生，就高校大学生综合素质培养进行探索，在探索过程中综合素质培养模式也存在一些突出的问题。

首先，管理方式没有及时转变，重视日常管理忽视学生能力的培养。2014 年成都工业职业技术学院中职生占多数，高职生占少数。一直以来中职生主要是半军事化管理方式，高职生依旧延续半军事化的封闭式的管理方式。中职时期班主任全面细致的管理，通常事无巨细，对于高职学生的管理却忽视了学生主动性和能力的培养。学生的各项管理制度、管理方式通常还有中职管理的痕迹。另一方面，学生从高中直接进入学校，在思想上也没有转变过来，还没有意识到自己是一名大学生。忽视了学生主动性和能动性的培养。

其次，对学生的培养强调共性，忽视学生个性发展和培养。高职学院大学生综合素质的培养不应该局限于对学生单纯的管理，还要端正学生思想，引领学生实现个人价值和自我追求，通过了解学生的个性指导学生在不同领域的发展，实现每个学生的人生价值。

最后，对大学生的培养缺少顶层设计和高职特色。在大学生培养方面，各项制度有待完善，活动场所急需增加，各项活动的开展没有充分与学院、专业特色相结合。在人才培养过程中软硬件设施亟待加强。

三、成都工业职业技术学院机械制造专业大学生综合素质培养现状分析

以高职机制 1402 班为例，班级总人数为 40 人，从生源分布、文理科比例、高考成绩和年龄等几方面进行分析。

（一）生源分布

成都市区学生比例 7%，省内其他地区占 93%，如图 1 所示。

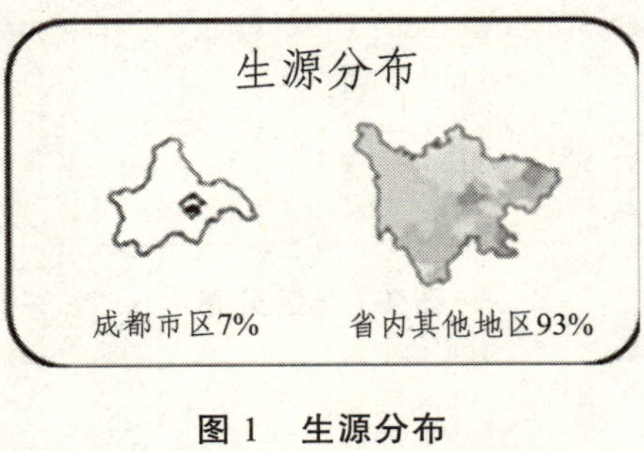

图 1　生源分布

（二）文理科分布

理科生占 55%，文科生占 45%，如图 2 所示。

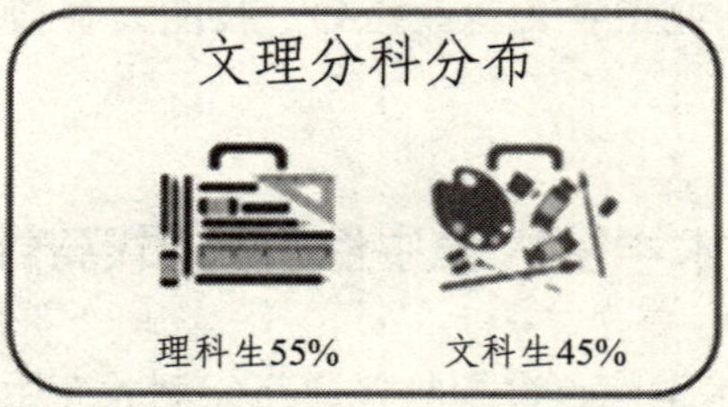

图 2 文理分科分布

（三）高考分数比例

180~299 分占 53%，300~399 分占 35%，400 分及以上占 12%。注：2014 年四川省理科二专录取分数线为 180 分，如图 3 所示。

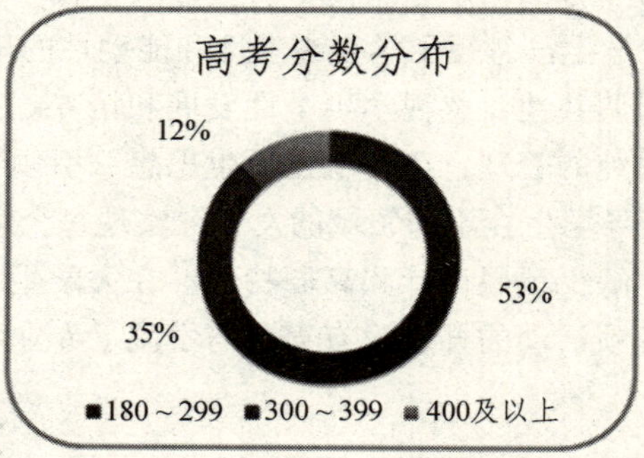

图 3 高考分数分布

（四）年龄分布

18 岁及以下占 60%，20 岁及以上占 13%，具体年龄分布如图 4 所示。

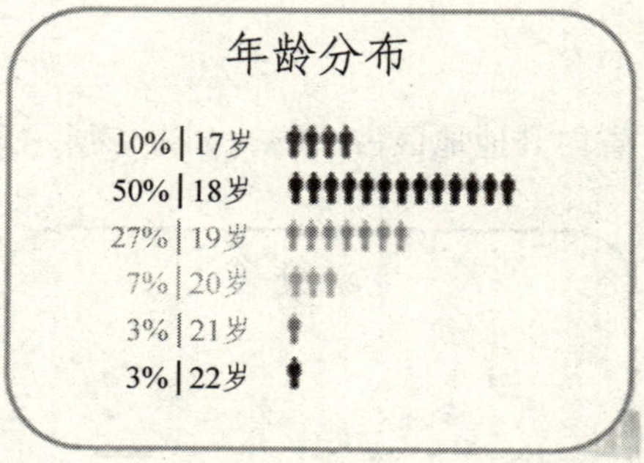

图 4 年龄分布

（五）家庭状况调查

通过问卷调查，60%的学生从小是和祖父母一起生活，长期与父母分居两地，一年能见父母 2~4 次。有离异家庭的、有家人吸毒的、有高中在家中自学的、有从来没有离开过父母的。

（六）心理健康调查

根据心理健康调查，7.5%的学生需要在学习生活中加以重视，这些学生在个人沟通能力、自我约束能力、适应力方面有所欠缺。

（七）对专业和未来认知情况

通过调查我们发现，学生对自己的专业基本上都不太了解，对未来工作没有清晰的定位，对三年的学业没有很好地规划，没有明确的目标。

（八）结果分析

（1）对学生生源地研究表明，大部分学生并非来自成都市区，这些学生基本上都是第一次离开家乡，对陌生的环境和人或多或少有些恐惧和担忧，需要一定的时间去适应环境。

（2）对高考成绩和文理科比例研究表明，学生高中及以前的成绩较差，可能是家庭原因，可能是自身的学习态度、学习方法的原因。另外，机械制造专业所有的专业课是高中数学、物理知识的提升和延续，对于文科学生来说具有一定的难度。

（3）在当今社会上，需要学生具有良好的心理素质和适应环境的能力、规划未来的能力。具有扎实的专业知识和文化知识固然很重要，同时具有良好的心理调节能力也非常重要，做一名身心健康的现代大学生。

四、高职学生辅导员兼任导师制对综合素质能力培养的影响

本文中的辅导员兼任导师制是指，一方面担任辅导员工作；另一方面担任导师，指导学生的学业、参加全国机器人大赛和创新设计大赛、指导就业。本文以作者所带班级高职机制1402班为例，阐述德育、智育、心理、发展等几方面的教育及成果。

（一）德育素质

思想政治素质是最重要的素质，不断增强学生的爱国主义、集体主义、社会主义思想，是素质教育的灵魂。道德素质包含的主要指标有政治表现、集体观念、道德修养等[3]。

全班学生培养方面，加强制度建设，保证学生管理规范化和科学化。制定班级管理制度、班级财务制度、班级台账（包括荣誉台账、参与活动台账、寝室卫生情况台账、出勤情况台账，并且做到一月一公布），让学生充分认识到法治与人治的区别，对学生行为习惯、基本素养的培养打下良好的基础。在日常教育中，始终提倡重视时间观念，大会小会至少提前五分钟进场，一个学期下来，学生养成了良好的习惯，形成了良好的班风。

班委培养方面，在以上制度约束基础上，更加重视大局观、责任感的培养，班委作为辅导员和同学们的连接纽带，同时也是辅导员着重培养和打造的人才。“我觉得班长这一个学期成长得很快，变化很大。开始的时候他有些不太顾大局，只顾自己，军训拿提行李拿了自己的就不管其他人了。经过一个学期的历练与培养，班长现在能够顾大局，辅导员分配的事情能够很好地分配给其他班委并督促其完成，及时向辅导员反馈。分发火车贴少一张，主动把他自己那份分给同学。学院和系部的活动，积极动员班上的同学参加，并且每次活动班长都

亲自到场助威，非常有责任感和集体荣誉感。”（与班上张姓同学谈话记录）

（二）智育素质

智育素质教育是大学生全面素质教育的一个重要组成部分，是智育也是德育的重要内容，同时还是陶冶高尚情操、升化人的境界、培养优良心理素质的重要方面。德育素质包含学业成绩、平时学习情况两个方面的指标[3]。

参加全国创新设计大赛、技能精英班的学生基本上都是班上专业知识过硬、学习态度认真的学生。大一进校就鼓励班上的学生积极参加系部的创新工作室和技能大师工作室，参加创新工作室和技能大师工作室，需要吃苦耐劳的精神、全面的专业知识、学习新知识新方法的能力。通过参加创新工作室，能够有机会参加全国大学生创新设计大赛，这项赛事是与全国各知名高校同台竞技，让学生有机会走出去与“高手”较量，客观认识自己并开阔了眼界。通过参加技能大师工作室，能够有机会近距离向“大国工匠”学习，学生不仅深入了解了自己所学的专业，对涉及相关专业有一定的接触，而且提高了自身的竞争力。

（三）心理素质

世界卫生组织的健康标准指出，健康不仅是指没有疾病和缺陷，而且还指有良好心理状态和社会适应能力，因此，大学生身心素质指标包括身体素质、卫生保健知识与心理素质三个指标[3]。

在日常工作中，本人充分利用晚课、课间、QQ、微信方式与学生交流。充分利用当下各种流行的网络交流平台，及时掌握学生的最新动态，及时发现和处理问题，做到防患于未然。还可利用主题班会的机会，对学生进行团体辅导，鼓励沟通与交流，鼓励学生互帮互助，营造一种和谐奋进的氛围。班会具体安排如图 5 所示。

Z 机制 1402 班主题班会

一、时间：每个周日 19:00-21:00

二、地点：4-213

三、参会人员：机制 1402 班全体同学和辅导员

四、主持人：本学期班委轮流主持、以后的学期每位同学主持一次

五、形式：PPT 投影、歌曲欣赏、同学发言、辩论、文艺表演等

六、具体安排：

日期	时间	主持人	主题
2014.10.26	19:00-21:00	胡荣礼	学风班风建设
2014.11.2	19:00-21:00	张天尧	明礼、团结
2014.11.9	19:00-21:00	杨昌浩	青春飞扬，我的未来不是梦
2014.11.16	19:00-21:00	白雪	爱自己——就让自己强大起来，给力心灵，健康成长
2014.11.23	19:00-21:00	朱从恩	感恩父母
2014.11.30	19:00-21:00	张媒洪	知专业、爱专业
2014.12.7	19:00-21:00	姚兵	与安全通行
2014.12.14	19:00-21:00	杨丽	期末考试考风考纪
2014.12.21	19:00-21:00	仁青邓周	艺术欣赏

七、主持人的要求

1、一份活动策划书（整个班会活动的流程安排）

2、一份活动总结

图 5 班会具体安排

班上一名离异家庭的学生，性格非常孤僻，基本上和同学和老师不讲话，通过与其父亲沟通对该生有了一定的了解，并安排一名班委做联络员及时了解该生的动态，平时与该生多沟通，开始聊天时，这名学生不愿说话，一个学期下来，这名学生能够与我畅快地聊天并且能够帮助我完成一些工作。

另外一名同学，心理不太成熟，网瘾特别大，我坚持与其父母保持联系，只要孩子有网瘾的倾向，立刻与家长联系，让家长了解孩子的近况。安排在他寝室的班委做联络员，便于及时了解这名同学的动态，并且约定每天晚上都要和我通话，经过一年的教育，该生基本上能够自我约束，目前该生已经就业。

（四）发展素质

对于学校资源相对匮乏的情况，学生自信心不强的情况，对学生进行充分的认可、鼓励教育为主，给予充分的支持。班委培养方面，班长负责班级工作的日常管理，所有的班会由班长安排和主持；所有的班会活动的策划、主持、资料准备、简报、总结、相片等都要不同班委分工完成。一个学期下来，同学们适应了这种管理模式，工作的主动性提高了，文字能力增强了，团队协作能力提高了。

班长针对班上同学在公共场合讲话能力欠缺的现状，提出了 “演讲五分钟”的活动，我对此给予了充分的支持，从活动策划、开展、购买奖品、活动改版等都由班长一人负责，其他班委协作下成功完成了。活动过程中，让我发现了很多学生的亮点同时也见证了他们的成长。

（五）总体成果

三年来，学生们从当初青涩的高中毕业生一路学习、成长，纷纷走向了工作岗位。一名杨姓同学，是一名体育特长生，高考成绩不理想，在三年中为着自己的机械工程师的梦想不断地努力奋斗，目前他参加了全国创新设计大赛并荣获二等奖，申请国家专利一项，获得国家奖学金，光荣成为一名中国共产党员，且成为成都铁路局一名员工。一名张姓同学，报到时本想直接放弃入学，被辅导员的工作态度和真诚打动，本着试试的态度留在学校，该生入校担任团支部书记一职，一直承担着那名有网瘾的学生的联络员，利用课余时间创业，目前已经有了自己的公司。

五、结论

辅导员兼任导师制模式下，辅导员一方面对学生整体情况非常了解，从导师角度来说对学生整体了解后，更容易传授专业知识，同时能够为每位学生制定适合自身的职业规划，引导学生，帮助其实现目标，从而实现人才培养目标。

参考文献

[1] 李秀晗. 高校本科生“辅导员—导师制”模式探索研究[J]. 齐齐哈尔大学学报（哲学社会科学版），2015（8）：11-13.

[2] 李月琴. 高职院校施行“辅导员—导师”制探析[J]. 长春教育学院学报，2014（14）：149-149.

[3] 胡迪，邵剑兵，许楠. 导师制与大学生综合素质培养：基于大学生参与挑战杯竞赛的研究[J]. 教育现代化，2016（2）：7-10.

职业教育

职业院校单招学生的问题与对策*

郭　群

【摘　要】 切实把职业教育摆在更加突出的位置，加快培育大批具有专业技能与工匠精神的高素质劳动者和人才。

【关键词】 单招学生；问题；对策

2016年12月2日，推进职业教育现代化座谈会在北京召开。中共中央政治局常委、国务院总理李克强做出重要批示，指出：加快发展现代职业教育，对于发挥我国人力和人才资源巨大优势、提升实体经济综合竞争力具有重要意义。切实把职业教育摆在更加突出的位置，加快构建现代职业教育体系。坚持面向市场、服务发展、促进就业的办学方向，进一步深化改革创新，强化产教融合、校企合作，积极鼓励和支持社会力量参与，努力建成一批高水平的职业学校和骨干专业，加快培育大批具有专业技能与工匠精神的高素质劳动者和人才，深度融入大众创业、万众创新和“中国制造2025”的实践之中，促进新动能发展和产业升级，带动扩大就业和脱贫攻坚，为推动经济保持中高速增长、迈向中高端水平做出新贡献。

中共中央政治局委员、国务院副总理刘延东出席会议并讲话。她强调：要紧跟产业变革创新培养模式，强化思想品德、职业道德教育，强化工匠精神培育。

可见，从2010年中共中央、国务院召开教育工作会，制定《国家中长期教育改革和发展规划纲要（2010-2020）》，提出大力发展职业教育以来，在新的历史时期，职业教育的地位并没有动摇，而是“更加突出”，更加强调专业技能和工匠精神的培养。那么，我们职业院校的学生，又能否不辜负党和政府的关心，掌握过硬的专业技能，修炼成为静心专注、精益求精的大国工匠呢？在此，我想谈谈一个特殊的群体——职业院校的单招学生。以我院为例，谈谈职业院校单招学生的问题及对策。

一、历史背景

单考单招是由教育部单独对中等专业学校应届毕业生高考招生的一种形式，高等职业教育单独招生考试简称单考单招。参加招生录取的学校主要是一些独立设置的全日制普通高职院校，除少量招收本科师资班外，其余的招生计划均为普通专科。单考单招本是为广大中专学校、职业高中和技工学校毕业生（简称三校生）设计的一种招考方式，现在普通高中毕业生也可以报考。

我院是一所新办的高职学院，2014年招收的高职学生是成都工业职业技术学院的第一期

* 作者简介：郭群，部门：汽车工程学院，类别：汽车检测与维修技术，通信方式：13208193490，电子邮箱：305419136@qq.com

学生。在和众多的高职院校争夺生源的激战中，虽然我们拥有地理位置优势、成都双核发展的战略优势，但也不能回避我们的办学历史几乎为零的短板。因此，由于对高考以后的招生情况没底，主观上希望通过“单招”垫底定心。另一方面，虽然我们办学时间短暂，但学院的“汽车检测与维修技术”和“机械制造与自动化”两个专业，已经通过了第二批中国特色“现代学徒制”试点资格审核，因此，这两个专业具备单招的条件。在以上主观愿望和客观条件都具备的前提下，我院在2016年秋迎来了首批单招学生。

二、学生现状

本人有幸担任高职2014级、2015级、2016级学生的教学，所以对三个年级学生的状况比较有发言权。尤其是在2014年，本人担任汽车工程学院全体高职学生的“汽车机械基础”的教学工作。2014级是我院的首批高职学生，学生成绩不理想，以汽车工程学院的学生为例，高考分数如表1所示。

表1 高考分数分布表

分数段	人数
402~441	14
300~395	77
202~299	66
185~198	7

国庆后还补录取了几个 100 分以下的少数民族学生。从以上数据不难看出我们理工类学院招收的学生成绩，只相当于报考艺术类学校的成绩，这些分数学理工科是有一定难度的。虽然这一届学生底子差，但比起2016级的单招学生来说，他们的状态已经算很不错了。总体来说，他们心智比较成熟，多数人有基本的自律性和自主学习的能力。虽不十分主动，但课堂还是严肃的，具有高校课堂的氛围。我们初次站在大学讲台上，既振奋又压力重重。那一年因为有学生的需求，也迫使我学习了很多东西。2015年，我再次承担2015级全体高职学生的《汽车电工电子技术》教学。这一届学生比上一届基础稍好，录取的平均分也更高，汽车工程学院一共5个班，每个班的课堂方方面面都感觉非常良好。

2016年秋，我第三次接手高职班的教学工作。任教科目是“汽车电工电子技术”，三个统招班和一个单招班。三个统招班跟往届的情况不相上下，而这个单招班则让人颇感惊讶。在教学过程中，我跟另一个单招任课老师唐苛老师以及两个单招班班主任，还有在成都的其他几个理工类高职学院的大学同学交流，他们反映出的情况也都如出一辙，主要表现有以下“四差”：

（一）基础差

大学一年级，除了通识课程，基础课程，还会开设专业基础课。比如我们汽车检测与维修、汽车制造、车身修复专业，都会开设诸如“汽车电工电子技术”“汽车机械基础”“工程力学”“机械制图及CAD”等课程，为大学二年级上专业课程铺路搭台阶。图1是“汽车电工电子技术”与其他课程的关系图。这些专业基础课程，是在具备一定的普通高中数学、物理知识的基础上进行，起知识和能力双支撑的作用。而我们的单招学生中相当一部分白于没有上过普通高中，他们高中数、理这一课几乎是空白，更别说给理工类的专业提供知识支撑了。

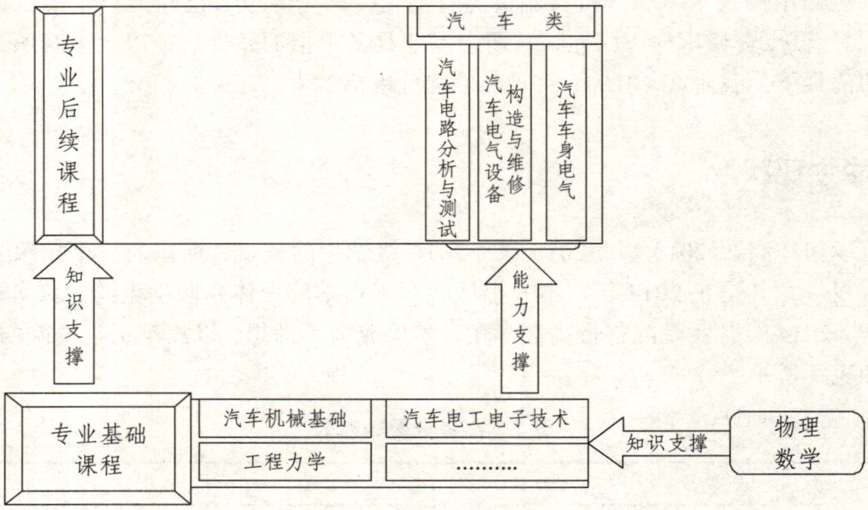

图 1 “汽车电工电子技术”与其他课程的关系图

（二）自律性差

李克强总理在 2016 年 12 月的“推进职业教育现代化座谈会”的讲话精神是切实把职业教育摆在更加突出的位置，加快培育大批具有专业技能与工匠精神的高素质劳动者和人才。要培养专业技能和工匠精神，工匠精神的实质是什么？工匠精神是指工匠对自己的产品精雕细琢、精益求精，就是说要静心、专注，精益求精。自从 2014 年我上高职的课以来，最大的感触就是跟中专不同。大专的教学，功夫多在课外，课堂是愉悦的，不会有学生干扰老师上课，大部分学生也有互动。而当我上单招班的课时，有一种回到中专课堂的感受。他们显得心智不够成熟，上课甚至坐不住 45 分钟，专注力和自律性跟统招学生有很大差距。表现在开课时掐算好刚刚不迟到的时刻进入教室，多数人带着没吃的早餐，女生甚至还有部分没梳头、化妆的，诸如此类的事都计划着在课堂上择机完成。听课的过程中还要说话，甚至还让老师停下讲课制止若干次……这一切一切，仿佛让人又回到了中专生的课堂，他们对大学的课堂缺少尊重和敬畏，连基本的自律性都没有，又谈何专注、静心和工匠精神呢？

（三）目标不明确、定位不清晰

从中学到大学，是人生的重大转折。我把大学生活的重要特点归纳为以下四“自”：生活上要自理，管理上要自治，思想上要自省，学习上要自觉。尤其是学习的内容、方法和要求上，比起中学的学习发生了很大的变化。要想真正学到知识和本领，除了继续发扬勤奋刻苦的学习精神外，还要适应大学的教学规律，掌握大学的学习特点—— 自主学习。要特别注意自学能力的培养，学会独立地支配学习时间，自觉地、主动地、生动活泼地学习。而我们的单招学生，虽然坐进了大学的课堂，身份已经切换，但真正的思想意识并没有转变。他们目标尚不明确，定位不清晰，没有意识到大学里最重要的是自主学习，而认为只是沿用以前中专的模式，再在教室里多坐几年，然后就变成了大学生。因此，在他们心中中专与大专，只是以读书时间长短来界定的，忽略了思想意识和学习方法的根本转变，还停留在被动学习的模式上。

（四）成绩差

没有对比就没有发言权。对比学生的态度和状态，这半年我已经深有感触。同样的教师、同样的环境、甚至更多的苦口婆心，但收成却大相径庭。以下是这次期末考试试卷的卷面分数表（不包含平时成绩），如表 2 所示。

表 2　期末考试成绩分布表

班　级	90分段	80分段	70分段	90分段	50分段	40分段	30分段	20分段	10分段	班平均分
1 班（37 人）	0	2	0	1	2	5	12	10	5	34
2 班（41 人）	2	5	5	9	8	4	7	0	1	60
3 班（41 人）	0	14	16	5	5	0	0	1	0	72
4 班（41 人）	7	7	11	6	6	3	0	0	1	72

显而易见：首先是平均分，单招的 1 班跟其他统招班相差甚远，甚至还不到统招班成绩的一半；其次是人数最多和人数较多的分布段（图中阴影部分），单招班集中在 20~30 分段，其他班则处于 80 分段左右。不只是 1 班，唐苛老师执教的另一单招班 5 班，考试和课堂情况与 1 班如出一辙。如此成绩和对知识、技能的掌握情况，这跟“加快培育大批具有专业技能与工匠精神的高素质劳动者和人才”的说法有些不搭调。

三、原因分析

又到单招考试月，回忆去年 3 月我们正为此忙碌，本人也投身其中。既然我们的单招学生也都是经过选拔来的，为何从习惯到成绩，跟统招学生有那么大的差距？简单梳理一下原因：

（一）选拔方式和手段

单考单招的考试采取 3+X 形式。“3”是指文化课测试，语文、数学、外语三科；“X”是指综合专业课或专业基础课、专业技能课。文化课与综合测试成绩各占录取总分的一半。

1. 文化课”3”的测试

（1）对于普通高中学生的文化课的考试，三科合卷，语、数、英每科 100 分，总分 300 分（每科按 1/3 折算计入录取总分）。文化测试内容和要求比普通高考要简单。选择报考高职院校单招的学生，一般高中阶段在学习上属于中等甚至中等偏下的水平，由于对高考的不自信，才先走为上。所以他们多半学习基础不扎实，成绩不理想，尤其是数学、物理学习困难。

（2）对于中职生的文化课测试，也是语、数、英三科合卷，语文 100 分，数学 100 分，英语不计分，总分 200 分（语、数每科按 1/2 折算计入录取总分）。中职阶段主要精力都放在专业课上，文化基础课的学习相对普通高中要弱得多。况且他们多是初中没学好文化课，或者不喜欢文化课，才选择放弃普通高中来到职业学校的。所以，这些能圆“大学梦”的中职过来的单招生，也只是考生中相对高分者，本身数理不强，又没有经过普高三年的修炼。

综上所述，不难看出我们的单招学生，要么就是学习基础不好，提前就放弃普高三年学习的；或者在普高待了三年，临阵没有经过高考的选拔者。多数人原因只有一个，学习成绩不好。

2. “X”的测试

（1）对于普高生，由于没有实训操作测试，取而代之的是综合素质面试。面试时间不长，因此题目在 10 个以内。由于涉及考试内容需保密，题目的内容不便在此讨论。需要强调的是，无论从问题的内容，还是从考场上那短短十来分钟的角度来分析，要选拔出适合学我们理工类学科的生源，是有相当难度的。首先是学生会伪装，除了特别胆小而怯场的孩子，一般面对考官的提问都能侃侃而谈。会与不会都说会、喜欢与不喜欢都说喜欢、能坚持与不能坚持都说能行……其次就是题目内容本身，偏逻辑思维还是偏形象思维，偏理还是偏文，考察“广”还是“专”的潜质等都需要斟酌，也是对出题老师的挑战。一个面对问题和老师，能侃侃而谈的学生，只能说明他心理素质足够好，不一定就是优秀的学生，甚至功课中还有跟不上的可能。

（2）对于中职生，一般采取实训操作的考试方式，也允许相应级别证书替代技能考核，如：获劳动和社会保障部车工、钳工、电工、烹饪技能鉴定证、秘书职业资格证书和获得教育部考试中心的全国计算机等级考试证书、NIT 计算机应用证书、全国英语水平证书二级以上等等，经招生院校认定，可免试相关专业的技能考核。关于操作，我想说的是，会动手并不等于他的理论基础过硬，恰恰中职生一般都重实操、轻理论。这一点，也是导致他们在今后的学习中困难重重的原因之一。我在上课之前就担心单招班的数理基础会大大影响大学阶段的学习，在绪论课上就给他们提出复习中学数学和物理的要求。结果期末考试下来，甚至科代表（中职生中升上来的）都没有及格，也应验了我在绪论课上谈及的担心。

（二）报名与录取比例

2016 年我们成都工业职业技术学院首次收单招学生，以汽车检测和机械自动化两个专业率先。图 2 是汽车检测与维修技术专业单独招收学生的信息。

专业名称	报考人数	计划招生人数	实际录取人数	实际报道人数	现有人数	中专生	普高生
汽车检测与维修	96	80	80	76	74	51	23

相关比例	报考人数：录取人数 = 1.2 ： 1	中专生：普高生 = 2.2 ： 1

图 2 汽车检测与维修技术专业单招学生信息

1. 录取比例大

报考人数与录取人数的比例为 1.2∶1，传达给我们的信息是但凡报考的人，绝大多数会被录取。我们没有太多选择学生的权力，因为新办高职，保数量都够呛，更谈不上把质量关。

2. 中专生比例大

中专生与普高生的比例为 2.2∶1，这个数据很好地完成了单招的宗旨之一，就是让中职生实现大学梦。但另一方面，又为我们的教学带来了不小的难度。中专生没有经历普高三年的拼搏与洗礼，他们的思想意识与文化基础，甚至行为习惯，都没法跟普高生相比。

综上所述，无论哪种原因，最根本的还是生源争夺战让我们对学生没有太多的选择权。那么，就目前的形势而言，我们应该采取什么措施来解决单招学生出现的问题呢？

四、措施探索

（一）学校方面

1. 限制报考条件，优化生源结构

鉴于我们今年单招生的各种问题，我们汽车工程学院潜心分析，找准原因，拿出相应的对策，宁缺毋滥，确保生源质量。去年我们单招班的很多学生，几乎都是电子商务、物流、计算机等专业来报考的，实践证明他们问题太多，今年放弃了这部分生源。当我咨询主管招生的杨龙武主任今年这类学生还能否报考时，他以为是我的亲友要来报考，而不知我是在进行关于单招的调研，为撰写论文收集素材。他的回答非常果断："不能报！"只允许加工制造类中职生报考我们汽车检测与维修技术专业。我的想法与领导的举措不谋而合。作为有一届实践经验的任课教师，得到杨主任的答案时我心里一阵窃喜，十二万分支持领导这种单招改革举措，限制报考条件，优化生源结构，把好质量关，才能真正响应李总理的号召，才能培养出高素质的人才。我们一年级开设的专业基础课如"工程力学""汽车电工电子技术""汽车机械基础"就足以让他们望而却步，又怎能进一步完成专业课程，成为具有专业技能和工匠精神的高素质人才呢？

从图 3 可以看出，今年我们不仅对学生的报考专业来源进行了限制，而且还缩减了单招生的规模。去年汽检专业计划招生 80 人，今年缩减为 50 人。要成为高素质的劳动者和人才，要的是"精"而不是"多"，为了达到我们的人才培养目标，"限制报考条件，优化生源结构"势在必行。

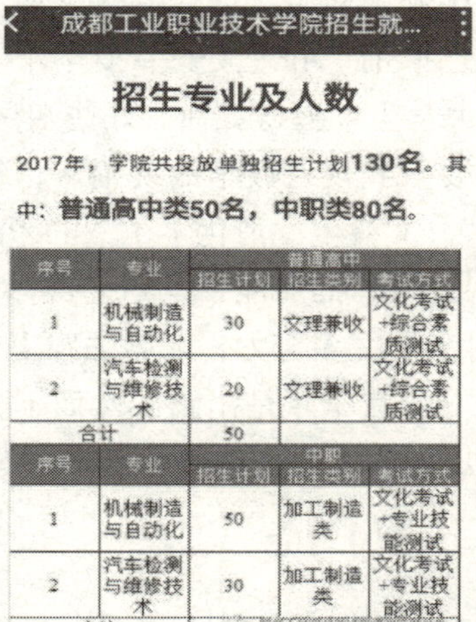

成都工业职业技术学院招生就...

招生专业及人数

2017年，学院共投放单独招生计划**130名**。其中：**普通高中类50名，中职类80名。**

序号	专业	普通高中		
		招生计划	招生类别	考试方式
1	机械制造与自动化	30	文理兼收	文化考试+综合素质测试
2	汽车检测与维修技术	20	文理兼收	文化考试+综合素质测试
合计		50		
序号	专业	中职		
		招生计划	招生类别	考试方式
1	机械制造与自动化	50	加工制造类	文化考试+专业技能测试
2	汽车检测与维修技术	30	加工制造类	文化考试+专业技能测试
合计		80		

图 3　招收专业及要求

2. 精选考试题目，优化考试内容

单招学生的文化考试试题，是由四川省教育考试院统一命题，综合测试则是由各院校自己命题。鉴于各学院的多数专业特点，我认为还是应该如高考一样，把文化课试卷分为几类，尤其是数学试卷。无论是文化课还是综合测试题目，要精心斟酌，从以下几方面去选拔我们的单招学生：

（1）对口知识及理解能力：比如我们理工类的专业，除了与国学有关，不必考太多死记类的知识。我们在专业课甚至工作实践中，涉及的东西只需要去查手册，会用手册即可。而考试题目重心应该偏向理解力的考查。理解力欠缺，对今后的专业基础课、专业课都会形成学习瓶颈。另一方面，比如就数学知识点本身而言，应侧重考查解三角形、三角函数及诱导公式、角度制与弧度制的关系、向量矢量求和等。这些知识点，在“电工电子技术”“机械基础”“工程力学”等专业基础课中，频繁涉及，想回避都难。若学生这些东西过手了，大一的课堂对他们来说，就没有那么煎熬了，能听懂，可以持续听下去的可能性就大了。

（2）价值观和意志品质。我把这两方面的考查归纳在一起，是因为这两个因素都能一定程度地从语文测试中反映出来。如果语文试题出得巧妙，是可以达到这样的目标的。例如考核学生对一种现象的理解，谈自己的看法，甚至应对措施，从中完全可以反映出学生的价值取向。我们要培育具有专业技能的大国工匠，对于急功近利、见异思迁、静不下心来的学生，要提升为大国工匠，恐怕还是有点难。何谓工匠精神的实质？锲而不舍、精益求精。要成为工匠，跟学者做学问一样，须潜心研究、静心专注、拒绝诱惑，凭坚韧的毅力，才能不忘初心，方得始终。

（3）创新理念。从试题的回答上，同时也能考查出一个人的创新理念。总有一些学生，思考问题的角度、回答内容等方面会与众不同，我们希望选拔那些脱颖而出的孩子。他们的不同，会激发我们老师对教学的思考。而我们培育的大国工匠，也不是简单的重复操作，而是在精雕细琢中有创新。“创新”往大里说，就是突破和变革，就是推动生产力。具有创新精神和能力的工匠，又何其不是高素质人才呢？

3. 分类组建班级，优化教学平台

单招学生中有普通高中报考生和中职生，而普高生中又分文科生和理科生；中职生中又有文科类专业学生（今年计划中已取消）和理工类专业学生。学生的来源五花八门，至关重要的数理基础参差不齐，尚且不说学生掌握得如何，好些知识文科生和中职生压根就没学过。所以分类组班，分层教学十分必要。我现在教学的统招班，每个班大概文理各半，在实际教学中难度很大。理科生“吃不饱”，文科生“消化不了”的矛盾异常突出。本学期伊始，我鼓励统招班的学生“跳一跳”，发挥出自己的潜能，计划把目标定得高一点，结果文科生闹得厉害，说：“老师，你不知道我们付出了好多努力，才勉强跟上你的节奏，勉强达到你的要求！”因此，不能搞一刀切，一言堂，分层教学才是出路。然而不分类组建班级，在教师现有工作量的条件下，在同一个班里搞分层教学，只可能停留于形式罢了。

（二）教师与学生方面

在此不谈具体的教学内容及其在教学过程中的处理，我要说的是学生首要的问题是要认清就业形势、转变思想意识，从自己内心做出调整，拿出实际行动，和统招学生一样，做一

名真正意义上的大专生。

但是，单招学生多数自主学习自主思考的意识不强，因此，在教学和育人的过程中，无论是任课教师还是辅导员，我们要尽可能多地给他们进行这方面的影响和熏陶，提醒他们认清形势，激励他们追赶统招学生。否则，虽然和统招生一样暂时圆了“大学梦”，进了大学校园，但是“出不去”，或者一出去就被淘汰，不是一切都白折腾了吗？

那么当前的就业形势是怎样的呢？大专的人才培养目标跟中专有很大不同。拿汽车检测与维修技术专业来说，图 4 分别从岗位和能力两个维度展示出了大专生的发展路径。

中专生可以在 4S 店连续做几年的一线修理工，但是大专生多数不会的。由于接受了更高一级的教育，他们的心理与追求不同，在岗位上及能力上对自己有更高的要求和期望，一旦达不到目标，就跳槽了。那么，这个更高要求能否实现，跟学生的知识基础、知识结构、思维方式等多方面都有关系。说得具体点，比如大专生和中专生都要学“汽车机械基础”，都要认识汽车机械零部件、汽车传动件、汽车连接件等，但是大专生还要求各构件的强度，于是增加了“理论力学”“材料力学”的内容，涉及定量计算，难度成倍增加。这样毕业的学生当然比没有学过的学生高一筹，在岗位上竞争力大得多，胜出中专生不在话下。所以我们的单招学生只有转变观念、理论和实操并重，提升自己的知识结构，将来才有一席之地，才有可能成为李克强总理说的具有专业技能的高素质劳动者和人才。

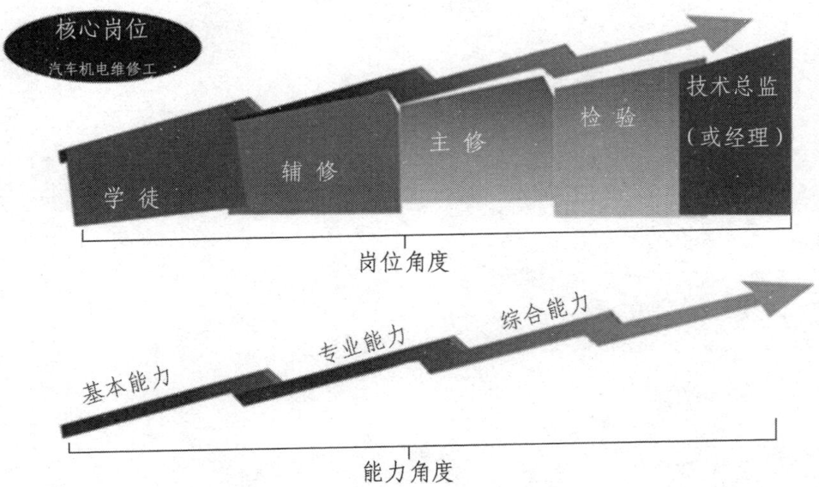

图 4 大专生的发展路径（岗位角度和能力角度）

总之，虽然我们职业院校的单招学生有以上各种问题，但是我们能结合工作实际，找到相应的对策，也能把我们的单招生培养成李总理所述的“具有专业技能与工匠精神的高素质劳动者和人才”，这既响应了国家的“把职为教育摆在了更加突出的位置”的号召，又与时代发展相契合，圆了中职生的大学梦，还完成了我们职业院校“办一流高职、育大国工匠”的历史使命！

参考文献

[1] 张静. 大学生凭什么找份好工作：大学生职业生涯规划[M]. 青岛：中国海洋大学出版社，

2016.

[2] 余飞，张松斌. 中等职业教育课程改革实践与探索优秀论文集[M]. 南京：东南大学出版社，2013.

[3] 金风. 2017年四川单招报名时间及单招简章[EB/OL]. http://www.ccutu.com/34995.html，2017-03-15.

[4] 我省从“职教大省”转向“职教强省”[EB/OL]. http://www.chayougy.com/zhengce/19.html，2017-03-15.

中职与高职教学方法的比较探析*

——以“室内设计课程”为例

肖媛兮

【摘　要】职业教育的培养目的是不断适应和满足社会经济结构调整过程中对高素质劳动者技能型人才的需要。中、高职学生的起点不同，能力不同，教学资源等不尽相同。只有根据教授对象的特点，因材施教，教授法和学习法高度统一配合，才能有效地达到教学目的。

【关键词】　一般技能；策略技能；室内设计

室内设计是中、高职装饰工程专业的一门基础核心课程。教学方法包括老师的教授法和学生的学习法两大方面。教授法必须以学习法为基础，否则缺乏针对性，不能达到预期的教学目的。由于中高职学生无论是在性格，学习习惯，基础技能储备，学习能力等方面都存在巨大差异，因此直接导致了虽然同为室内设计课程，但教授法不尽相同。本文主要对比中高职学生的学习法，并探讨基于自身教学经验的教学方法的选择策略和实际教学中的具体运用策略。

一、中高职学生教学活动中存在的问题

（一）中职学生的被动式学习与高职学生的主动式学习

中职学生由于自身年龄段较小，年龄平行于普通中学学生。选择学校和专业由父母决定，因此本身对专业认识以及自身未来发展等方向不明确。由于中职多采用住校的方式，没有家长管理，缺少了基本的行为习惯和学习习惯的培养。从而导致了部分学生比较自由散漫，上课纪律意识较差，学生主动汲取知识的能力较差，学习方法不正确等问题。总体来说，缺乏学习热情，不明白为什么而学。

高职学生多数已成年，经历了高考和择校择专业，心智比较成熟，对自己的未来有一定规划性。大多在进校前，自己就已经明白自己将来的工作岗位和方向，学习目的明确，执行力较强，在布置教务任务后大多数同学可以迅速执行。并且往往都存在有能力较强，能极高质量完成作业的学生，成为班级的标杆。由于竞争心理的作用，进而激发了其他同学的学习热情和潜能，形成良性竞争和循环。

* 作者简介：肖媛兮，类别：装饰工程技术，通信方式：18328685557，电子邮箱：89515710@qq.com。

（二）中职学生文化基础课程设置较少与高职学生专业课程设置涵盖不足

中职教育的目的意在培养能胜任生产经营第一线工作的高素质劳动者。因此课程设置多为围绕职业需求所展开的技术能力培养。如基础课、专业基础课和专业课。忽略了文化基础课程的学习和健全人格的培养，造成大多数学生不懂事，缺乏自我约束力。并且，大量的专业性课程对于还是青少年阶段的中职学生来说，过于生涩难理解，无法激发他们的学习兴趣。

高职教育的目的是让学生不仅能在生产经营第一线工作，同时还能进行简单的管理和设计，培养的是具有综合能力的高素质技能型人才。课程设置围绕职业需求，包含有高数等基础课程，如制图、识图等专业基础课程，还有设计类、施工类等专业课程。学习要求学生的能力非常综合，既要有艺术特性，又要具有技能特性。特别是艺术类的操作性能力，需要长时间，循序渐进的训练才能满足。而高职学生会在三年级阶段开始实习，所有课程要压缩在两年至两年半内完成就非常仓促了。大多数学生在工作之初，并不具备完全掌握设计工作者所需的全部能力，需要企业再次培养。

上述问题是相互关联，相互并存的，很难单独解决某个问题。通过和其他老师的经验交流，和本校中高职学生调研发现，解决问题的主要途径是教师授课过程中的教学方法的选择和应用等。

二、基于中高职学生不用特性的室内设计课程教学方法探究

（一）基于人才培养方案定制教学方法

中职装饰工程专业的培养目标是：培养必须拥护党的基本路线，具有社会主义核心价值观，面向生产、建设第一线工作的，德、智、体、美、劳全面发展的高素质装饰施工类技术性人才。此外，还要具有良好的职业操守，丰富的装饰知识。因此，在教法选择上，主要以激发学生对装饰专业的兴趣和热爱，培养学生的专业素养，以及围绕职业定向培养学生的基础能力为主。

高职装饰工程专业的培养目标是：培养必须拥护党的基本路线，具有社会主义核心价值观，面向生产、建设、管理、经营、服务第一线工作的，德、智、体、美、劳全面发展的具有一定的职业领域能力与人文科学素养，能从事装饰设计、装饰施工、装饰工程管理等相关工作的高素质复合型人才。

不同层次的培养目标，对学生的职业能力、核心能力等方面的要求有层次型的差异。要借助于适合的教学方法和技术才能达到培养目的。

（二）依据教学对象的不同选择教学方法

职业教育的培养目的是不断适应和满足社会经济结构调整过程中对高素质劳动者技能型人才的需要。中、高职教授学生的起点不同，能力不同，教学资源不同。只有根据教授对象的特点，因材施教，教授法和学习法高度统一配合，才能有效地达到教学目的。中职教育主要任务是培养“高素质劳动者和技能型人才”，高职教育主要是培养“高端综合型技能人才”。一个是一般技能要求，一个是高端（策略）技能。一般性技能即是经验技能，通过感知、思考、理解、记忆获得的技能，即通过经验的形成和累计来学习。策略技能则是目的、条件、

环境等综合因素考量下，思考“如何做更好”的高级技能。要掌握策略技能，就要进行综合学科的学习，以及策略学习，进而培养自己的一套提取问题，思考问题解决问题的能力，即生成策略和积淀策略。一般技能是策略技能的基础，策略技能是一般技能的升华。中职、高职职业能力模型对比如图 1 所示。

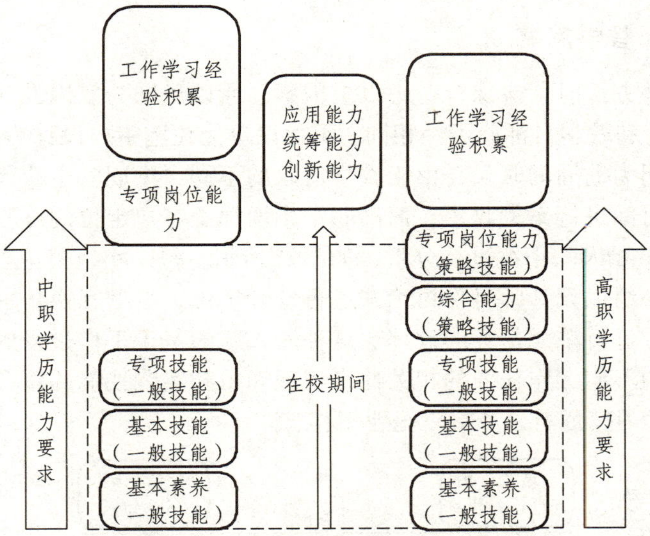

图 1　中职、高职职业能力模型对比

在中职培养阶段，主要培养学生的一般技能。多选择“以语言传递信息为主的方法”，如讲授法、谈话法、读书指导法、讨论发等；“以直接感知为主的方法”，包括演示法、参观法等；“以欣赏活动为主的教学方法”的教授方法，如陶冶法等。老师需要对所有知识点进行详细讲解，并需要大量的课后作业使学生产生经验积累。

策略培养主要是在高职阶段来进行。在教法选择上，以培养学生的独立思考能力，解决问题能力，学习能力，专业能力，职业素养，综合素质为主。教授方法多选择“以语言传递信息为主的方法”，如讲授法、讨论法等；“以实际训练为主的方法” 包括练习法、实验法等；“以引导探究为主的方法”，如发现法、探究法等。

（三）根据教学环境和条件选择教学法

中职学生一般为固定教室，场地设备比较局限。不适宜小班或者分组教学活动。但设计师是需要具备表达、沟通和协作能力的职业。因此，我会采用同桌小组任务和个人任务相结合的模式。例如，前期案例搜集，会以两人一组开展，同时要求同学整理完成 ppt，以小组为单位上讲台和同学分享。这样，多媒体不仅仅是老师教学工具，同时也是同学们分享交流的媒介。而随后的设计任务，就是以个人为单位开展了。

高职学生多为走班制教学，场地较灵活。可开展小组讨论，小组教学活动。在选择教学方法上，只有考虑了教学环境和条件，才能最大程度地发挥教学功效。

（四）根据教师的自身素质选择教学方法

教学方法有很多，并不是所有老师都擅长每一种教学方法。由于之前有在香港的求学经历，对比内地以讲授法为主的传统方法，我比较主张一些以激发学生学习动机和形成动机的方法。适当的设置课堂讨论和小组任务、场地调研、小组汇报，使得学生可以自己去探索、感知。自己去挖掘的知识点往往会比老师直接课堂讲授让人印象更深刻，同时也避免了由于我年纪较轻，资历尚浅，语言组织较干涩的缺点。

（五）综合选择教学策略

我们在选择教学方法时，应综合考虑以上因素。所以虽同为室内设计专业课程 课程单元名称相同，但内容和教学目标确不经相同。下面以单元住宅室内设计为例做教学方法对比。

整个设计单位同为七周的时长。由于教学对象的不同，中职学生执行力不如高职学生，中职学生需要两周时间进行案例收集，而高职学生增加了客户定位的阶段，拿到设计任务书后，通常会全班以 5~6 人一小组进行分组，如图 2 所示。每个小组讨论模拟甲方，对对应小组提出诉求，对应小组以设计师身份讨论并进行设计定位，然后互换角色。之后，再以个人为单位针对客户定位进行单元任务的设计。这种嵌入式的基于工作过程的学习领域课程开发方法，按工作过程的不同工作任务的相关性来实现知识和实践技能的整合的“串行”体系。使学生循序渐进地学习变成符合或接近企业工作。

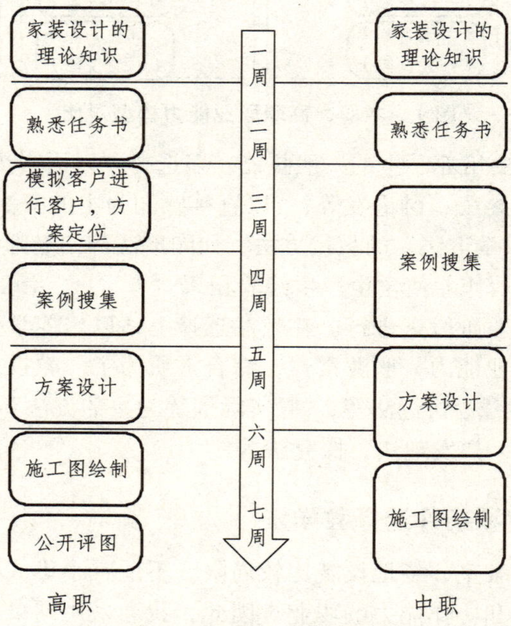

图 2 中职、高职授课安排对比

此外，中职的任务书户型设计难度略小于高职的任务书。从设计条件、个人能力、资源设施等方面考虑，中职设计成果要求为手工模型。用最直观的方式体现设计。同时，手工模型使得同学可以接触、感受材料，并且发挥自己的创造才能，利用现有的材质进行创造。此外，图纸也为手绘图纸，以培养学生的手绘能力。中职学生的成果基本都需要上手操作，以直接感知为主的方法激发学生的设计兴趣。而高职学生自学能力更强，往往告诉他们应该使用的软件，他们就可以自己上手摸索。同时，班级本身也存在个别软件操作能力突出的同学，可以带动其他同学进行软件探索。因此，成果要求为电脑模型和渲染图，并且有完整的施工图图纸。高职学生通过这种工作带入模式，最快地提升工作需要的能力。中高职学生任务书对比如图 3 所示。

	户型	客户定位	成果要求
中职任务书	60平米 一套一户型图	单身青年，爱好旅游，有一只狗	1.手工模型 2.手绘图纸并进行简单排版
高职任务书	90平米 二套二户型图	由模拟甲方的小组制定	1.电脑模型，渲染图 2.施工图文本 3.方案文本

图 3　中高职学生任务书对比

三、总结

总而言之，在室内设计教学中，各种教学方法的运用都是相辅相成的。要培养出能够适应社会经济结构不断调整的高素质劳动者技能型人才，需要我们老师因材施教，针对不同的教学对象选择适宜的教学方法和对应的教学手段，才能达到预期的教学目的。

参考文献

[1] 刘光辉. 建筑类专业“三二分段”中高职衔接职业能力研究[J]. 现代职业教育，2016（7）：104-106.
[2] 张成玉. 中职、高职与本科院校教师专业发展比较研究[J]. 职教论坛，2013（17）：80-82.
[3] 林添旺. 浅谈如何选择教学方法[J]. 中学教学参考，2014（23）：36-36.

新时期职业院校学生信息安全素养浅析*

李　权

【摘　要】 面临国际信息安全事件层出不穷的新时期，信息安全事件已从用户安全上升到国家安全，信息安全的建设已成为世界各国网络空间安全建设的事实基础。“三分技术、七分管理”这是信息安全行业面临的现状，只有做好人员信息安全素养的提升，才有可能增加信息安全的防范能力，防止信息安全事件的发生。职业院校是培养技能人才的主阵地，他们的信息安全素养将会影响到学习、工作和生活，甚至于国家安全。2017年6月1日，我国第一部针对互联网安全的法律《网络空间安全法》将正式实施，信息安全已面向社会走向千家万户，让每位互联网的参与者都有法可依。

【关键词】 职业院校；信息安全；素养

一、相关概念

1. 信息

信息是消息中的新知识或消息中包含的有意义的内容，是消息、通信系统传输和处理的对象。数学家香农在 1948 年的论文“通讯的数学理论”中指出：“信息是用来消除随机不定性的东西”[1]。

2. 信息安全

信息安全就是在信息的获取、加工处理、传输、存储等环节进行保护，防止信息被非法获取、篡改、破坏等。ISO/IEC 27000《信息安全管理体系概述和术语》指出信息安全是指保持信息的可用性、可靠性、保密性、完整性、不可否认性和可控性等[2]。

二、信息安全形势分析

（一）信息安全面临的威胁

1. 外因

外因有来自自然界不可抗拒的导致信息安全面临威胁的因素，如：地震、洪水、雷击、泥石流、火灾等；有来自对手的安全威胁因素，包括：国家信息战士和情报机构的安全威胁、恐怖分子和商业间谍以及犯罪团伙的安全威胁、社会型和个人型黑客的威胁等。

* 作者简介：李权，部门：信息工程学院，类别：信息技术，通信方式：13541379743，电子邮箱：34372110@qq. com

2. 内因

人是导致信息安全事件发生的主要内部因素，包括：人员信息安全素养、信息安全管理制度、信息安全操作流程和规范等。导致信息安全事件的内因也同样包括系统本身的安全漏洞、网络协议漏洞等。

（二）国际信息安全形势

1. 近年来的典型国际信息安全事件

斯诺登“棱镜门”事件、俄罗斯约会网站泄露 2 000 万用户数据、美国第二大医疗保险公司遭黑客攻击致 8 000 万用户资料受影响、漏洞致 140 万 JEEP 被召回、摩根大通银行数据泄露影响 1/4 美国人等。

2. 世界各国纷纷提升信息安全重视程度

面临各种类型和变化多端的信息安全事件和威胁，世界各个国家，包括美国在内的世界强国纷纷提出了自己的安全政策。

美国做出战略调整重新布局网络空间安全，包括发布《关键基础设施网络安全总统令》《美国网络行动政策》《网络空间军事行动战略》《网络空间国际战略》《国家网络空间安全战略》等政策和战略目标；英国的《网络安全战略》、法国的《信息系统防御和安全战略》、德国和欧盟的《网络安全战略》、日本的《国民信息安全战略》等。

（三）国内信息安全形势

1. 近年来的典型信息安全事件

近年来我国已是信息安全事件的重要受害者，因信息安全事件导致的经济损失已无法估量，甚至于威胁到国家安全和基础设施的安全，如支付宝、UC 浏览器、小米论坛、携程网、京东等纷纷爆出的信息安全漏洞和数据泄露事件；12306 用户数据泄露含身份证及密码信息、大型连锁酒店泄露房客信息、海康威视监控设备严重安全漏洞；社保敏感信息遭泄露、高考生信息泄露等。

2. 我国近年来也出台相关政策确定网络空间安全的基础地位

2014 年 2 月 27 日，中央网络安全和信息化领导小组成立，习总书记担任领导小组组长；2015 年我国网络空间安全正式获批为国家一级学科；2016 年 12 月 27 日发布并实施的《国家网络空间安全战略》；2017 年 6 月 1 日将正式实施的《中华人民共和国网络安全法》。

上述出台的相关政策和文件不仅反映出我国在信息安全上存在的问题和不足，也看到了我国对信息安全的重视地位和重要性已无可替代。

三、职业院校学生信息安全素养调研情况分析

面对纷杂的信息安全，世界各国出台各类政策法规文件来确保自己的信息安全。但据不完全统计，我国目前信息安全面临的形势非常严峻：大量的信息化系统的应用和电子商务以及支付平台的使用、安全可控的自主产品缺乏、信息安全人才奇缺、全民信息安全意识淡薄

等，如何提升我国的信息安全能力，必须做好专业技术人才的培养和广大群众的安全意识才可能从整体上做好信息安全的防护。

2015-2016年我们走访了很多安全企业、高校、科研所、党政机关，真正的信息安全意识需要在人的成长过程中不断的完善，特别是职业院校学生更应该在学校期间就应该树立信息安全方面的意识，为自己、为社会、为今后的工作岗位做好铺垫。

因此我们针对职业院校的学生进行了信息安全素养方面的调研，具体的调研情况如下：

1. 调研方法

网络、电话、现场走访、政策研究等。

2. 调研对象

省、市部分职业院校在校生、校外实习生、已就业学生。

3. 调研内容

本次调研内容包括信息安全的相关知识：信息、安全、病毒、木马、黑客、信息战士、泄密、防火墙等，同时也对学生上网安全进行了调研包括：智能终端（包括手机平板等）上网原则、数据备份与恢复、计算机系统安全、用户以及密码安全、安全管理等。

通过调研数据统计分析发现，大部分职业院校学生听说过部分知识性内容，也看过相关报道，但对具体涉及哪些方面，信息安全威胁有哪些？如何做好安全防护等方面存在很多不确定性和不理解。因此如何认识安全威胁和安全防范技术以及安全操作规程将是对职业院校学生信息安全意识培养的出发点和落脚点。

四、培养职业院校学生的信息安全素养培养的几点思考

职业院校的学生在经过各种技能训练和强化后将走上不同的工作岗位，如何让学生在学校就建立起信息安全意识，为今后的智能生活、工作和学习以及智慧家庭打下扎实的基础呢？我认为可以从以下几个方面进行思考：

1. 认识信息安全威胁，融入安全讲座或选修课

通过在校园内开展信息安全讲座或信息安全选修课等，让学生在课堂上体会一下安全技术对信息系统的威胁，比如通过免费 WIFI 对广大手机终端用户构成“钓鱼”威胁，并通过分享的方式让学生去发现自己的安全威胁事件已发生从而更深刻地认识到安全威胁真的就在身边。

2. “一对一”认识信息安全系统防范

有威胁必然应该采取措施来防范，通过项目教学和案例教学以及聘请安全企业相关技术人员，结合威胁源采用不同的防范手段进行操作演示，最终让学生了解应该如何选择安全防范手段，应该怎样做才更有效，比如针对操作系统安全漏洞获取用户权限盗取用户资料，可以通过及时更新操作系统，安装补丁程序或开启系统防火墙和重要数据的加密的方式进行。

3. 信息安全素养融入计算机应用基础课程

目前计算机应用基础课程仍然有很多高职院校在开设，但涉及信息安全内容只讲到病毒和木马等，对信息安全体系和保障基本未提及，如果能够将信息安全相关知识体系融入计算

机基础课程中，相信应该更具有可实施性。

4. 信息安全素养融入专业课程

针对本次调研情况，职业院校学生都是学专业的，往往在专业的学习中都会涉及信息安全方面的知识，比如：数控专业的学生通过 U 盘将其他同学数控程序拷贝到自己的机器上，由于 U 盘病毒的原因可能导致数控设备感染，这时候如果老师在指导过程中及时发现并进行相关教育应该会是一个很好的机会，特别是让学生认识工业控制安全的重要性和相关国际工控事件将为学生在今后的就业道路上提供信息化的保障和指导。

5. 信息安全素养融入学生素质教育课程

思政课、创新创业课、就业指导课等都是高职学生的素质教育课程，如果老师能够结合信息安全大事件、自主创新以及专业技能好信息安全素养高等方面对学生进行教育可以取得好的成效，同时职业院校的辅导员利用各类平台进行宣传，也是一种有效的手段。

最后，引用习近平总书记的话“没有网络安全就没有国家安全，没有信息化就没有现代化。建设网络强国，要有自己的技术，有过硬的技术；要有丰富全面的信息服务，繁荣发展的网络文化；要有良好的信息基础设施，形成实力雄厚的信息经济；要有高素质的网络安全和信息化人才队伍”。

参考文献

[1] 曹敏，刘艳. 信息安全基础[M]. 北京：中国水利水电出版社，2015.
[2] 李拴保. 信息安全基础[M]. 北京：清华大学出版社，2016.

高校信息安全的常态化监测与防范*

陈　颜

【摘　要】 近年来针对高校的信息安全事件层出不穷，高校这一特殊环境以及师生对信息技术应用的普及和热衷程度都无疑增加了高校信息安全的风险，虽然各高校针对信息安全防范进行了相应的安全教育与技术防护，但由于在管理、信息安全素养的培养以及技术防护上缺乏长效机制，同时新型的非法入侵手段又在不断涌现，这导致了高校在信息安全防范上存在一定的纰漏，造成了不必要的损失。本文结合高校信息安全防范现状，思考并研究高校信息安全防范存在的问题，结合高校信息安全的特点提出常态化预防的可行性意见与管理机制，保障高校的信息安全。

【关键词】 信息安全；高校学生；预防；常态化

随着信息技术与网络技术的飞速发展，信息技术的应用已经渗透到人们政治、经济、生活的方方面面，特别是“云计算”“大数据”“移动应用”“互联网+”等技术的应用让人们获取信息与处理信息的方式已经不局限于传统的通信媒介，同时还将信息的应用从实体化更多地引向了虚拟化层面，“方便”“快捷”“智能化”“虚拟化”等词汇已经是信息技术应用的标志，这也使人们的信息交互处理方式彻底往多元化方向发展，引领了当前时代的潮流与趋势。

当信息技术应用发展如火如荼之势，由于在这种多元化信息交互方式下的监管秩序、手段以及相应的法律法规还没有完善，同时信息技术和网络技术本身在机制和应用上还存在一定的缺陷，从而造成了信息遭到泄露、篡改、恶意攻击、网络通信中断、拒绝服务等一系列安全问题，并且由此还演变为盗窃、勒索、诈骗、非法入侵等侵害他人权益的社会问题，特别是“棱镜门”事件反映出信息安全已经不局限于社会层面，而是上升到国家战略安全的层面。因此，从全社会各方面加强信息安全管理对于社会稳定和国家安全有着极其重要的作用。

当前，我国信息技术应用普及的人口数量正在高速增长，以中国互联网络信息中心（CNNIC）2016 年 8 月发布的第 38 次《中国互联网络发展状况统计报告》显示，截至 2016 年 6 月，中国网民规模达 7.10 亿，互联网普及率达到 51.7%，超过全球平均水平 3.1 个百分点。同时，移动互联网塑造的社会生活形态进一步加强，“互联网+”行动计划推动政企服务多元化、移动化发展，我国已经成为名副其实的信息网络大国。但目前国内信息安全形势不容乐观，具有重大影响的信息安全事件层出不穷，除了导致经济损失之外，还严重影响了社会的正常运转，比如：电信网络诈骗事件、社保系统漏洞事件以及支付宝实名认证信息漏洞事件。同时随着移动互联网、云计算、大数据、物联网以及智能化等技术的应用革新以及广泛普及，

* 作者简介：陈颜，部门：信息工程学院，类别：信息安全，通信方式：15928693546，电子邮箱：17845199@qq. com

信息安全风险波及的范围逐步渗向智能设备、工控系统、云端系统、移动设备及支付、泄露窃密型攻击、黑客及网络恐怖组织等方面，而且新增漏洞数量、PC 端和移动端病毒数量也在持续增长。此外，“棱镜门”事件促使诸多国家开始了新一轮网络空间的“军备竞赛”，这些都印证了当前国内信息安全的严峻形势。

2014 年 2 月 27 日，中央网络安全和信息化领导小组成立，并由习近平总书记亲任组长，将信息网络安全提升到国家安全战略的高度，习总书记指出：“网络安全和信息化是相辅相成的。安全是发展的前提，发展是安全的保障，安全和发展要同步推进。”由此可见，中央已经意识到无论从保证群众的人身财产安全和维护社会稳定秩序上，还是从保障国家安全不受侵害的角度上都必须从各级政府部门以及全社会各方面重视信息安全，不仅要尽快建设和完善信息安全基础设备设施，组织完善信息安全相关的法律法规，并在各级组织或部门成立专门的信息安全机构，构建信息安全管理体系，而且要面向全社会培养人们的信息安全意识和良好的信息安全行为习惯，持续不断地监测和感知信息网络的安全态势，及时发布安全预警及防范信息，从而增强国家及社会的信息安全防御能力和威慑能力。

一、高校信息安全风险分析

（一）高校信息安全的现状

当前，针对高校的信息安全风险主要包括高校的网络系统安全以及高校学生的信息素养安全两个方面。随着信息网络技术的更新换代，特别是移动终端技术和智能化技术的兴起，使人们的学习、生活以及工作都进入了可视化、便捷化的快车道。高校作为人才培养的基地与信息网络技术的应用非常紧密，其中包括数字化校园建设、信息化教育教学管理与应用等方面，而且高校信息化建设还随着信息网络技术的更新而不断推进，并始终与信息化技术的发展相适应。此外，高校学生从思想、生活、学习以及工作方式都赋予了信息化时代的特色，相对更容易接受新事物和新技术的思维与应用，这些使高校与信息技术应用已经密不可分。

基于信息网络技术的新技术诞生与兴起在改变人们生活方式的同时，其在技术研发阶段对安全风险的估计和重视程度不够以及技术原理本身存在的缺陷导致了技术应用中存在大量的安全漏洞和风险，而更重要的是相应管理机制和防范措施以及人们信息安全素养的缺失使原本可以减小甚至是避免的漏洞和风险变得毫无遮拦，进而造成严重的财产损失甚至侵害人身安全。

就目前高校而言，从校园信息化建设、信息化教学以及学生信息化应用上涉及信息网络技术应用的层面比较广，而当前针对高校的信息安全入侵方式也呈现多样化态势，涉及技术攻击、社会工程学、信息诈骗等方面，因此高校存在的信息安全问题也比较多，造成的社会影响和损失也比较严重，其主要表现在高校网页篡改和仿冒、拒绝服务攻击、内网病毒风暴、手机病毒、垃圾短信、恶意二维码、钓鱼网站、钓鱼 WIFI、电信诈骗、伪基站、社交网络导致个人信息泄露、校园贷等形式，并且随着信息技术应用层面越来越广、入侵技术的不断发展、管理机制尚待完善以及学生信息安全素养尚需提高，从而导致了针对高校信息安全入侵方式还在不断更新和增加。根据相关机构针对 2016 年高校信息安全事件调查显示，涉及高校网站篡改和仿冒、校园网病毒风暴以及采用技术或社工等非法手段获取他人信息或授权并实施犯罪和盗取财物案件的总数相较 2015 年增长了约 40%，特别是利用高校管理漏洞以及学生安全意识不强的弱点通过扫描恶意二维码、登录钓鱼网站置入手机病毒或直接获取个人账户信息、通过社工方式盗取他人身份信息或授权来实施诈骗或犯罪以及通过钓鱼 WIFI 来获取他人手机权限来盗取个人信息等一系列非法获取他人信息或授权来达到侵害个人权益的事件层出不穷，并且出现愈演愈烈之势。由于入侵手段的不断变化和增加，高校学生对信息安全态势的信息不对称以及相关防范手段和意识的宣传不到位则使高校对信息安全非法入侵的防范比较困难。同时，从前期针对高校学生信息安全素养的问卷调查来看，高校学生的信息安全意识令人担忧，因此形成常态化的信息安全意识和行为习惯的培养对于当前严峻的信息安全形势非常必要。其中部分问卷调查情况整理后如表 1 所示。

表 1 《高校学生信息安全素养问卷调查》部分问卷整理（样本数量：612 份）

问卷类型	是	否
是否在公共场合随意连接过未知的免费 WIFI	73%	27%
是否随意借用过他人移动充电宝为手机充电	92%	8%
是否对快递单未经处理就丢弃包裹	76%	24%
是否将 QQ、微信以及邮箱设置相同的密码	31%	69%
是否在公共场合的电脑上登录过涉及金额交易的网站	57%	43%
是否经常在公共场合扫描感兴趣却安全未知的二维码	91%	9%
是否将淘汰的手机卖给二手手机商家	26%	74%
是否曾将学生证、身份证等重要证件和信息随意放置或告知他人	31%	69%
是否曾将个人重要信息在社交网络上公布	62%	38%
是否使用过一些无线暴力破解软件来“蹭网”	86%	14%
是否曾用 U 盘等存储设备随意借给他人使用	36%	64%
是否在公共场合填写过需要提供个人信息的问卷表或意向表	38%	62%

（二）针对高校的入侵方式分析

当前高校的信息安全入侵方式主要以针对高校网络系统平台的攻击和对高校学生实施非法或不正当的信息技术手段来获取他人重要信息并且侵害他人权益为主。其中，以针对高校学生的信息安全侵害方式和事件数量居多，这主要是因为高校学生相对更容易接受新生事物和新思维方式，特别是对当前移动端和智能化等新技术的应用非常青睐，但同时学生不安全的信息应用行为习惯和薄弱的信息安全素养为非法入侵提供了可乘之机，其中常见的入侵方式有以下几种：

1. 校园网攻击

校园网攻击主要包括高校网站的篡改和仿冒、系统后台数据库的篡改和破坏以及针对网络通信的攻击三个方面。通常针对高校网站和后台数据库的信息篡改和破坏主要是入侵者通过技术手段结合系统本身和管理存在的漏洞来实施攻击从而达到自我价值体现或者其他恶意目的，由于各高校大多在外部网关部署了相应的安全设备和策略以保障系统的相对安全，因此从校园内网对系统实施的渗透攻击往往危害极大。而高校网站的仿冒主要是入侵者通过假冒网站的形式来冒充高校或者高校的二级学院，同时通过与部分搜索引擎服务商和网络运营商非法勾结后向网络进行推广来实施经济诈骗，这种方式的受害人群大多是即将就读大学的高中毕业生和需要进行学历或学位提升的学生。此外，针对网络通信的攻击则分为无意和恶意两种，无意的网络攻击主要是学生或老师使用带有病毒的移动存储设备、将其他未经测试的网络设备接入校园网以及通过登录互联网感染到病毒来造成的局部甚至整个校园网的通信瘫痪。恶意攻击则是通过一些攻击软件造成的网络泛洪和拥塞，并且还可能直接攻击服务器，从而影响服务器系统的正常运行和服务。而这些网络攻击主要是针对部分高校在网络底层和核心层的设备上没有部署相应的安全防控功能或者安全设备而导致的，以至于造成校园网的部分区域或整个区域的网络瘫痪。

针对校园网的攻击，不仅会影响学校正常的网络通信和服务，而且会造成学校运行管理相关数据的丢失或者篡改，导致学校网站以及教务、学生、成教、后勤等管理系统的混乱，对学校的声誉造成极其恶劣的影响。

2. 电信诈骗

电信诈骗是近年来比较普遍的一种新型网络犯罪行为。这种犯罪手法不仅针对社会人群实施侵害，而且对高校学生也有相应的诈骗方式。这种犯罪方式主要是不法分子使用任意显号软件、网络电话等技术手段，通过电话、短信、QQ以及公众号等网络社交工具，冒充政府教育、民政部门或者知名大学以教育金资助、国家贫困补助以及“专升本”、“出国留学”、“学术交流”等学历提升或涉外交流的方式来进行诈骗。受害人群通常是刚毕业的高中生和急需学历提升以及想要出国留学的高校学生，这些学生由于需求急迫，辨别信息真假能力和方式欠缺，容易落到不法分子编织的虚假圈套中，从而造成经济损失，例如山东徐玉玉事件就是典型案例。针对此种侵害方式，只要学生加强信息获取和辨识的能力，并且摆正心态，摒除投机取巧的思想按照正规的渠道来满足需求就能尽可能地避免。

3. 钓鱼 WIFI

钓鱼 WIFI 的攻击方式是目前比较普遍的一种窃取他人重要信息实施侵害权益的方式。在高校中，通常入侵者通过在公共场合设置钓鱼 WIFI 同时利用学生“蹭网”心态来实施攻击，入侵者与接入 WIFI 的学生手机或电脑在同一局域网内并通过地址欺骗等技术手段来截获受害者的所有数据信息，从而盗取 QQ、微信以及游戏账号和密码，甚至是涉及网上交易的银行卡信息和密码等个人隐私信息，从而导致个人财产损失。因此需要学生在手机或电脑上不要设置自动连接 WIFI、不要连接安全未知的 WIFI 以及尽量不要在 WIFI 信号下使用相关软件的网上交易功能。

4. 二维码攻击

当前，二维码在人们的生活中扮演着相当重要的角色，它的应用使人们的衣、食、住、行更加便捷。而对于高校学生来讲，学生更容易接纳二维码这种虚拟化应用所带来的生活方式改变和流行。但二维码同时也存在着严重的风险，不法分子通过虚拟一个带有木马程序的网站，并将其生成二维码，同时在二维码的宣传上进行美化和修饰来诱骗受害学生来扫描，从而通过云端软件来截获受害学生的身份证号、银行账号、手机号以及交易平台发送的验证码等重要信息，从而轻松转走受害人账户上的钱，并且还可以将受害者资料转售他人从中二次获利。这就要求学生在一定程度上克制自己的好奇、兴趣以及占便宜的心态，不要轻易扫描未经确认安全的二维码，同时要对打开链接后的网站进行辨识，对网站中需要提供用户名和交易密码保持谨慎的态度。

5. 移动存储介质的攻击

在高校中，老师和学生经常使用 U 盘、移动硬盘、内存卡等移动存储介质来存放学习、工作等个人资料，并且同学之间、老师之间借用移动存储介质也比较常见，但这种交叉使用移动存储介质却为网络安全及个人信息安全带来了极大的风险。借助 U 盘等移动存储介质传播病毒早已成为病毒传播的主要方式，它通常利用 windows 系统自动播放功能进行传播，并在用户打开 U 盘时自动运行恶意病毒，造成系统感染病毒，而且这种病毒通过 U 盘的交叉使用会迅速地传播到其他电脑上，造成病毒的扩散。这种 U 盘病毒通常会导致个人主机系统的崩溃、网络的拥塞以及个人资料的丢失、损坏以及泄露，并且扩散迅速，从而造成难以挽回的损失。此外，目前市面上仍有许多品种的移动存储介质没有安全认证功能，这样容易导致移动存储介质的遗失后造成的资料泄露。针对移动存储介质造成信息泄露和攻击的防范方法主要是保管好或者使用带有认证功能的移动存储设备，以免信息泄露。同时尽量对学习用、工作用和生活用的移动存储介质进行区分，避免在多台电脑上交叉使用。此外，关闭移动存储设备的自动播放功能，定期对移动存储设备进行病毒查杀。

6. 充电宝的“陷阱”

通过充电宝为手机充电来置入木马程序盗取手机中信息和资料是当前一种新型的攻击手段，它的隐蔽性强，不容易被受害者察觉，同时易扩散。它主要是在充电宝中置入木马程序，当手机或平板电脑等设备接入它时，通过授权病毒就会通过 USB 接口自动读取手机中的资料，如果充电宝自带 WIFI 功能，不法分子还能实时盗取受害者的信息。由于学生对手机的使用率较高，因此需要随时备用移动充电宝来为手机等设备续航是常见的现象，而且相互借用充电宝也比较普遍，况且许多学生甚至没有意识到随意使用他人充电宝会泄露个人隐私，因此一旦有不法分子在学生群体中采用这种入侵方式会很容易达到非法意图，给受害者带来损失。因此，在防范充电宝“陷阱”时须尽可能不借用他人充电设备，并且通过正规渠道购买移动充电设备，同时不要轻易对“问题”充电宝的授权请求点击“信任”，此外还要谨慎对待公共场所提供的免费充电接口。

7. “校园贷”现象

“校园贷”对大部分高校学生而言已经不是一个陌生的词汇，它原本是一项积极的助学项目，但现在则因为一些不法分子的介入而成了其实施诈骗的“幌子”。它主要利用了高校学生涉世未深、防范意识薄弱、鉴别力不够、自制力不强等弱点，以“同门师兄师姐”或者校友的身份来博取受害学生的信任，然后假借可以帮助其找工作或者无息贷款为由，同时诱以高额回报实施下套，骗取受害人的身份证等证件，利用其身份信息在网络信贷平台上进行贷款，待贷款成功后便“人间蒸发”，待到还款期时，网络信贷公司却找受害人还款，从而影响受害人的信用记录并且给受害人造成巨大的经济损失和精神压力，例如 2016 年 8 月在四川内江市就发生了 3 起高校校园贷诈骗案，受害学生多达 30 余人。因此防范“校园贷”的诈骗需要加强对学生的信息安全教育，提高学生风险意识，掌握基本的金融知识，培养学生树立正确的人生观、价值观，倡导大学生消费应量入而出、量力而行。

8. 其他常见的入侵方式

除上述方式外，其他常见的高校信息安全入侵方式还包括通过钓鱼网站、社交网络软件、收购淘汰手机、未处理的废弃快递单以及在商家活动中申请会员或问卷调查时填写个人资料等形式来盗取学生的个人隐私、重要数据和身份信息，并利用其达到恶意或者非法的目的。这些侵害方式主要是利用了学生信息安全意识薄弱，涉世未深以及对一些新型的盗取个人信息手段的辨识能力不强的弱点，因此需要结合新形势下的信息特征及其应用来加强学生的信息安全教育。

（三）高校信息安全防范存在的问题

当前，信息安全的防范除了攻击技术与防范技术的博弈，更重要的是机制的完善和人的管理，虽然近年来随着国家对信息安全的重视和要求，各高校都加强了信息安全防范的力度和措施，但是由于信息安全入侵技术更新频繁、手段多样，同时各高校在信息安全防范管理机制上尚未完善，防范工作仍然存在漏洞。因此，针对高校或学生的信息安全入侵事件屡屡发生。目前，高校信息安全防范存在的问题主要有：

1. 高校信息安全管理机制不健全

当前，各高校在各级政府以及教育行政部门的指示和要求下成立了相应的针对信息网络安全的领导组织机构，但在信息安全管理上却缺乏健全的制度和实际的机构实施部门和相应的工作人员。而已有的管理制度则大多流于形式，缺少具体的实施办法和细则以及相应的监督机制，对于突发信息安全事件的应急处理预案也准备不足。同时，由于没有成立专门的实施机构，高校通常将校园网络系统平台的技术性防范工作交予相应的信息网络中心进行处理，而对于信息安全预防和教育则由学生管理部门来负责，相互之间比较独立，也没有工作上的交叉。但信息安全是一个集技术与管理的统一范畴，相互之间联系紧密，但由于部门之间没有联动，因此在信息安全预防上既缺少了技术上的优势，也少了管理上的便利，从而造成信息安全防范脚痛医脚、头痛医头、治标不治本的困境，也使高校在信息安全管理上存在着漏洞。

2. 高校信息安全教育滞后

从高校信息安全事件案例以及前期高校学生问卷调查数据反映，高校学生的信息安全意识还比较薄弱。学生不仅对信息安全的风险和应用知之甚少，而且对信息安全相关的法律法规还缺乏了解，容易给不法分子以可乘之机。但更重要的是，高校对信息安全教育还没有引起足够的重视和采取有效的措施，这严重滞后于信息安全技术的发展。高校虽然也开展一些安全教育活动或者讲座，但大多以消防安全、心理健康、防灾减灾等主题的形式开展，而针对信息安全教育则主要靠学生自己通过一些公共信息平台来了解，而大部分学生不愿意花费更多时间和精力去主动了解这些信息和知识，同时他们获取相关信息安全资讯的渠道和方法也有限，了解到的知识和信息也比较少，因此这种自我信息安全意识提高的效果也比较差。

除此之外，高校信息安全教育则是偶尔开设信息安全讲座，或者部分开设有信息安全相关专业的学校通过采取信息安全选修课程的方式来进行信息安全普识型教育，但这些方式流于表面，既不系统，也没有连贯性，内容千篇一律，实时性不强，而学生更多是以完成学分或者课程任务来被动接受教育，效果也可想而知。

此外，相关管理人员由于缺乏信息安全技术与管理的专业培训，忽视了信息安全侵害在高校中具有隐蔽性强、手段多样、容易触发、连锁反应大、危害深的特点，而且对信息安全防范方法的应用和实施了解不够，这些都使高校信息安全教育工作处于被动和推进困难的状况。

3. 缺乏监测与预警的管理办法和长效机制

当前，信息化犯罪方式与信息技术是同步发展的，因此针对信息安全的预防需要实时监控并且及时分析预警，从而将新型的信息化犯罪扼杀在摇篮里。目前，大多数高校的信息安全防范主要以学校网络系统平台的稳定与安全为基础。同时高校的网络系统平台相对独立，缺少与政府、企业的信息安全监测与预警平台的合作和联动，更多是采用独立的周期性的方式来授权安全企业对系统平台进行评估和加固，但由于周期时间跨度较长，无法及时有效地遏制一些突发性或新型攻击，因此一旦出现新的攻击技术和系统漏洞，则系统将面临极大的安全风险。

针对学生的信息化犯罪监测与预警对于高校来讲几乎是一片真空，由于高校在信息安全教育方面缺少足够的重视，造成了没有具体的部门来直接实施或者协调其他部门或联动相关公共安全平台来组织信息安全防范的实时和常态化监测与预警，也没有定期与不定期相结合地进行信息安全宣传和教育，同时也没有组织专门的平台来发布预警信息和防治手段。由于缺乏这种常态化、实时的监测与预警长效机制，学生在自我信息安全意识不强，安全辨识能力较弱的情况下极易遭受不法分子的攻击和欺诈，造成个人隐私的泄露和经济损失，给学生个人带来巨大的精神和经济压力。

4. 技术防范存在漏洞

目前，高校网络系统平台的安全防护主要是依靠信息安全企业进行的等级保护和自身日常的安全管理相结合来实施的，并且针对平台的核心网络设备、服务器以及后台数据大多都做了相应的安全加固，同时还部署了相应的安全管控设备，因此，高校网络系统平台核心层环境是相对安全的。但一些高校在底层环境上则缺乏有效的安全部署，造成这种现象主要是因为底层设备数量多，用户量大，设备比较分散，管理相对比较复杂，更重要的是由于直接面向学生用户，而针对每一个用户以及每一台接入级网络设备都要部署相应的安全策略和功能需要投入大量的管理成本，因此高校大多会选择部署基本的通信策略用以保障底层通信即可，但高校中出现的网络攻击行为大多发生在内网中，并且正是因为这些底层环境中没有部署相应的安全设备和策略导致入侵者可以轻松发起攻击行为同时让攻击造成的影响迅速扩散到网络中的其他环境。由此可见，高校信息安全防范除了加强教育和监管外，从技术角度上也不应该留有死角。

二、开展高校信息安全常态化监测与防范

（一）开展常态化监测与防范的必要性

从信息化犯罪的发展趋势和高校面临的安全态势来看，在高校仅凭偶尔开展信息安全教育和技术防范已经不能满足校园信息安全的需要了，特别是在没有专门的部门负责校园信息

安全预防具体事务的情况下，高校信息安全的漏洞和风险会越来越大，出现校园信息安全侵害事件的机率也会被放大，从而给学生造成巨大的损失，同时对学校的管理和声誉也有极大的负面影响。

高校开展信息安全常态化监测与防范不仅可以促进高校信息安全相关的组织机构和管理机制、日常管理制度的完善和落实，更重要的是通过这种长效的实时监测与预警机制可以尽早地发现新型的入侵手段和可能存在的信息安全隐患，然后可以由学校同其他高校、安全企业或者政府安全平台针对信息安全入侵方式和风险进行评估和分析，提出处理办法和预防措施，并且在第一时间通过各种渠道来实施信息安全教育和技术安全加固。此外，通过在高校开展定期的信息安全教育课程或讲座，将信息安全素养纳入学生学分考核机制中，让信息安全教育贯穿于学生大学生活的始终，从而有效提高学生的信息安全素养和保障校园网平台安全而稳定的运行，尽可能地减少高校信息安全事件的发生。

（二）开展常态化监测与防范的措施

从信息安全入侵方式的特点和来看，建立常态化监测与防范的长效机制是高校信息安全的重要保障，如何建立这一机制需要高校从组织机构、管理模式、工作内容等方面进行统一构建和协调，如图 1 所示。

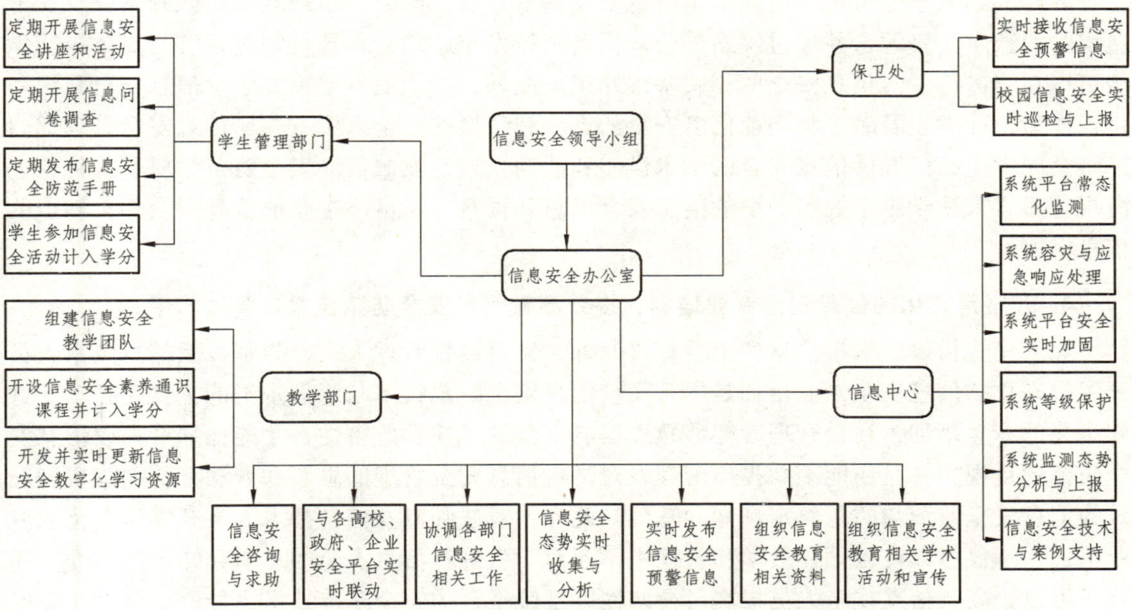

图 2 高校信息安全组织机构及工作任务关系图

1. 构建并完善信息安全管理机制

在高校开展常态化的信息安全监测与防范的必要前提是在高校内部构建并完善信息安全管理的组织机构和相关的工作机制。因此需要设置专门的信息安全管理部门，该部门受学校信息安全领导小组领导决策并接受监督，并且由一名中层干部分管该部门的工作，部门基层各自负责技术、情报、宣传、外联、咨询等具体的信息安全工作，同时该部门负责在信息安全工作实施过程中其他部门之间的协调和对接，而部门内部则需要制定具体的工作职责。此外，该部门要按照“预防为主、软硬兼顾”的指导原则构建并完善学校信息安全的常规管理制度、日常监测制度、应急响应制度、事故报告制度、预警发布制度以及信息安全工作考核办法等相关管理机制，这样使高校信息安全管理的相关工作得到落实，职责分明。

2. 结合各部门职能特点开展常态化的信息安全监测，并且联动其他安全平台及时进行信息安全态势分析和处理，实时发布安全预警信息

高校信息安全管理部门可以结合信息中心、学生管理部门、保卫部门的工作职能和工作对象来针对校园网络系统平台、高校学生日常学习和生活来开展常态化的信息安全监测，同时借助系统平台安全监测工具和设备、学生日常管理、信息安全问卷调查、校园日常安全巡查、其他安全平台预警发布等形式收集安全态势信息，并且结合学校自身情况联动学生管理部门、信息中心等其他部门及时对收集的情报进行安全风险评估和分析，同时对各职能部门和学生提出预防措施和应急处理办法，然后通过校园网站、微信公众号、宣传栏、海报等途径来实时发布预警信息和防范措施。此外，还将面向全校提供信息安全咨询和法律援助服务。

3. 通过各部门协作开展常态化的信息安全教育和学术活动

开展常态化的信息安全教育是提高学生信息安全素养的基础。信息安全管理部门可以协同教学部门结合学校的自身条件组建信息安全教学团队，针对所有学生开设信息安全通识课程，并将其纳入学分考核，培养学生信息安全基本素质。同时，组织教师团队开发信息安全通识学习数字化资源，并通过网站等公众平台进行发布，结合预警机制进行实时更新，让学生可以在线进行学习信息安全的相关基础知识。此外，为了更好地提升学生信息安全意识和辨识能力，让学生及时了解当前信息安全的态势和新型的安全入侵方式，信息安全管理部门还将会同学生部门开展信息安全的学术讲座和活动，通过发放信息安全防范手册、宣传栏、海报等形式来让学生掌握第一手的信息安全讯息和资料，丰富学生获取信息安全相关知识的信息渠道。

4. 开展常态化的信息安全专业培训，提升高校信息安全防范技术与管理水平

除了建立长效的学生信息安全教育机制外，针对高校管理人员、教师以及信息技术人员开展常态化的信息安全专业培训是提升高校信息安全防范技术与管理水平的重要途径。通过常态化的专业培训，高校管理者能够熟悉信息安全的风险和危害性，才能加强对高校信息安全防范的重视，并且还能不断提高管理者对高校信息安全管理的思路和方法，从而为贯彻长效的信息安全监测与防范奠定良好的基础。此外，对教师以及信息技术人员开展常态化的专业培训，不仅可以使教师在教学和管理中不断对学生进行信息安全的意识和知识的培养，而且还可以让高校信息技术人员提高对校园网络系统平台的安全防范技术，能够更好对校园网进行系统平台加固和管理，同时教师和信息技术人员还可以加强对信息安全风险与安全事件的判断、收集以及评估分析能力，从而促进高校信息安全常态化监测与防范的有效执行。

三、结语

当前高校信息安全的形势比较严峻，这不仅关系到高校信息化建设能否得到有效的保障，而且也关系到高校办学和管理秩序能否良好的运行，同时也是事关高校声誉影响和学生切身利益的问题。随着信息化发展的进程，新的信息安全隐患不断涌现，高校学生信息安全素养也令人担忧。因此，开展信息安全的常态化监测与防范，逐步建立高校信息安全管理与预防的安全保障体系和长效机制势在必行。

参考文献

[1] 王延明，许宁. 高校信息安全风险分析与保障策略研究[J]. 情报科学，2014(10)：134-138.

[2] 陆松. 浅析院校信息安全风险及保障策略[J]. 教育界：高等教育研究，2016（4）：11-12.

[3] 吉岚，辛欣. 高校网络信息安全风险分析及对策探讨--以赤峰学院为例[J]. 赤峰学院学报（自然版），2016，32（20）：200-202.

探究职业院校教师在评定学生成绩中的“异常”行为*

张廷招

【摘　要】 评价学生的重要方面是教师通过量化的成绩来评定，通过量化研究学生的学习成绩，来选拔优秀学生，是常见的手段。如果教师在评定一个班的学生成绩时，都给定特别高的分数、特别低的分数或者非常集中的分数，就无法显示学生之间的差异，差异不明显或许会有不良的效果。

【关键词】 成绩；SPSS；正态分布

一、问题背景

对高职学生评价普遍采用的方法是测验，它的形式主要是笔试，通过定量研究手段，可以分析学生在学习过程中出现的问题，不仅对学生的提高有很大帮助，也对教师改善教学有重要帮助，然而在平常的教学过程发现往往这种测验流于形式。研究教师在评定学生成绩方面的行为，是评价学生的重要方面，通过量化研究学生的学习成绩，来选拔优秀学生，是常见的手段。如果教师在评定一个班的学生成绩时，都给定特别高的分数、特别低的分数或者非常集中的分数，就无法显示学生之间的差异，差异不明显或许会有不良的效果，比如学生之间形成不了竞争态势，无法形成争先恐后的氛围，这样对班级发展和学校发展是不利的。如何研究教师在评定学生成绩方面是否显示差异，即区分度，这是本文主要研究的目的。

二、解决方法

我们从现代统计学中最核心的思想和方法得到启示，在评定学生成绩时，给定以下假设：（1）成绩是随机得到的，也就是无系统性误差，这种随机并不是任意的，因为学生的差异，学生的成绩也有差异；（2）学生的成绩之间是相互独立的，即对一个学生成绩的评定不会影响另一个学生的评定；（3）成绩来源于同一个总体，即成绩的评定是集中在一个班级。满足上述三条的数据模型，称为误差模型。在 1809 年，高斯出版了名著《绕日天体运动理论》，在文章最后给出了误差模型的总体分布，即满足上述三个条件的数据的取值规律，高斯得到：

$$f(x-\mu)=\frac{1}{\sqrt{2}\pi\sigma}e^{\frac{(x-\mu)^2}{2\sigma^2}}$$

* 作者简介：张廷招，部门：信息工程学院，类别：公共基础，通信方式：15281086315，电子邮箱：2814547080@qq. com

这就是统计学中最重要的正态分布，上述三条是简洁自然，几乎所有的随机变量标准化以后都满足。也就是教师评定成绩时应遵循上述三条原则。

我们以高职院校某班为例研究学生成绩的差异（某班成绩见附件），学生的成绩按照假设应该是符合上述三个条件的。运用 SPSS 工具对该班成绩进行探索分析并作服从正态分布检验，得到如下结果。

（一）M 均值估计表

从表 1 中可以看出，根据权重系数的不同，提供了四种估计方法，下方注释了 4 种方法的加权常量，对于有异常或极端的数据，M 均值估计有很好的稳定性，通过分析无法计算药事管理和食品检验两门课成绩的 M-估计器，原因是成绩存在高度集中，这说明教师在评分的时候打分方式过于单一，无法突出学生的差异性。

表 1 M-估计器 e

	Huber 的 M-估计器 [a]	Tukey 的双权重 [b]	Hampel 的 M-估计器 [c]	Andrews 波 [d]
药事管理	—	—	—	—
工业生产过程	77.10	77.10	76.93	77.10
食品检验	—	—	—	—
工业分析	79.52	79.56	79.70	79.56
食品加工	80.62	80.77	80.38	80.77
仪器分析 1	71.34	71.23	71.40	71.23

a. 加权常量为 1.339。

b. 加权常量为 4.685。

c. 加权常量为 1.700、3.400 和 8.500。

d. 加权常量为 1.340*π。

（二）正态性检验

利用 Kolmogorov-Smirnov 和 Shapiro-Wilk 检验两种方法来确定变量是否服从正态分布，如表 2 所示，其中 df 是代表自由度，Sig.是显著性水平，按一般情况来讲，Sig.>0.05 表示接受原假设，即接受变量服从正态分布假设，大样本（样本数>30）采用 Kolmogorov-Smirnov 检验方法，通过分析发现几个科目检验结果 Sig.<0.05，即无法接受变量服从正态分布假设。

表 2 正态性检验

	Kolmogorov-Smirnov [a]			Shapiro-Wilk		
	统计量	df	Sig.	统计量	df	Sig.
药事管理	.480	46	.000	.391	46	0.000
工业生产过程	.179	46	.001	.910	46	0.002
食品检验	.512	46	.000	.385	46	0.000
工业分析	.234	46	.000	.854	46	0.000
食品加工	.175	46	.001	.937	46	0.015
仪器分析 1	.162	46	.004	.966	46	0.201

a. Lilliefors 显著水平修正

（三）探索性分析的标准 Q–Q 图和趋降标准 Q–Q 图

我们以药事管理这一科目成绩为例研究标准 Q-Q 图和趋降标准 Q-Q 图，如图 1 所示。在检验数据是否较好地服从给定分布的标准有两个，即标准 Q-Q 图和趋降标准 Q-Q 图，分析发现标准 Q-Q 图上的数据点与直线地重合度并不是很好，趋降标准 Q-Q 图上的点关于直线 Y=0 在较大范围内上下波动。说明不能很好服从正态分布，其他科目成绩也有类似的情况。

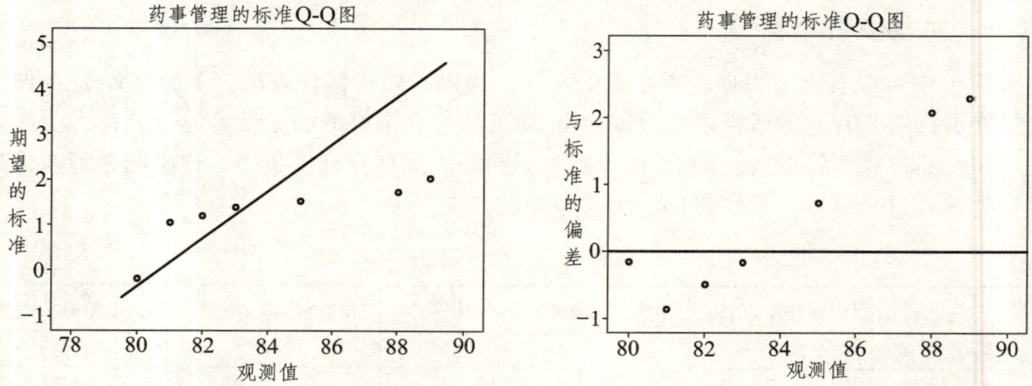

图 1　准 Q-Q 图和趋降标准 Q-Q 图

三、建议与意见

我们以一个班为例，通过 M 均值估计表、Kolmogorov-Smirnov 和 Shapiro-Wilk 检验、标准 Q-Q 图和趋降标准 Q-Q 图来分析学生的学习成绩并不能很好的服从假设的正态分布，分析其他几个班的成绩也有类似情况，这不是偶然的，这可能有以下原因，一是由于职业院校学生水平参差不齐，为使学生通过考试，可能是教师出题时降低难度，从而使学生的成绩普遍过于集中，无法体现差异性；二是有可能出现学生作弊情况，或者大量的题目泄露。从结果来看与高斯的假设是矛盾的，可以认为学生的成绩不能很好地反映学生的水平，不便于选出更为优秀的学生。

鉴于上述分析，建议一是出题难度要有更好的区分性，这样对学生发展有更好的促进作用，即允许出现不及格的现象或更高成绩的情况；二是考前防止泄露大量试题题目，真正做到还原考试本真面目，即考试是为检查知识掌握情况，这样也会改善教师的教学水平。我们分析了本校的几个班，发现问题是有共性的，这就要求我们去思考这个问题，解决这个问题。正确合理评价学生也是对教师的评价，测验当中不合理的结果，会对学生产生一些影响，对学生评价的关键在于帮助学生明确自己的优劣和可能给自己带来的影响，引导学生进行反思，促使他们主动把握自己成长的方向，完善自己，这是评价的目的。学生清楚了解自己的问题，看到自己的不足，才能明确自己努力的方向，因此我们教师要正确运用评价。

参考文献

[1] 邓维斌，唐兴艳. SPSS19 统计分析实用教程[M]. 北京：电子工业出版社，2013.

[2] 史宁中. 数学思想概论[M]. 长春：东北师范大学出版社，2015.
[3] 贾俊平. 统计学[M]. 北京：中国人民大学出版社，2015.

附件：某班的部分学生成绩

序号	姓名	药事管理	工业生产过程	食品检验	工业分析	食品加工	仪器分析1
1	高×霞	80	70	80	75	65	70
2	甘×	80	70	90	82	75	70
3	王×	80	90	90	86	91	80
4	刘×	80	73	80	75	78	68
5	张×映	80	80	80	84	85	72
6	陈×琪	80	88	90	75	85	75
7	赖×琳	80	88	90	83	85	75
8	雷×	80	68	70	78	65	67
9	陈×伦	80	73	90	82	70	70
10	杨×洁	80	80	90	75	90	72
11	李×亚	80	70	90	75	65	68
12	唐×晰	80	70	90	78	85	70
13	熊×	80	79	90	76	70	67
14	邓×健	80	70	90	75	75	70
15	陈×楠	80	80	90	81	75	75
16	宋×利	80	75	90	75	80	72
17	魏×聪	80	79	90	79	75	67
18	刘×	80	78	90	75	85	66
19	曾×	80	80	90	75	85	75
20	耿×	80	73	90	75	75	70
21	王×鹏	81	80	90	87	90	80
22	曾×	80	80	90	83	80	70
23	易×香	80	78	90	84	80	73
24	张×	80	68	90	75	80	68
25	陈×静	89	80	90	90	90	75
26	付×	82	78	90	86	90	73
27	付×	82	78	90	82	85	74
28	覃×玲	88	90	90	87	95	75
29	陈×	80	73	90	80	80	68
30	李×芬	80	80	90	82	85	76
31	陈×敏	80	77	90	75	70	75
32	骆×双	80	80	90	84	80	75

续表

序号	姓名	药事管理	工业生产过程	食品检验	工业分析	食品加工	仪器分析 1
33	黄×梅	80	70	90	76	85	62
34	郑×霞	80	80	90	75	80	70
35	王×露	80	80	90	87	80	65
36	舒×洪	80	70	90	75	80	66
37	李×	80	80	90	85	90	65
38	杨×	80	73	90	81	65	76
39	张×	80	80	90	75	85	68
40	李×莲	80	73	90	82	80	70
41	岳×旭	85	90	90	89	85	80
42	钟×良	80	70	90	75	80	76
43	杨×	80	83	90	85	70	78
44	何×	80	83	90	75	80	73
45	张×丽	80	80	90	82	70	70
46	寇×	83	70	95	75	85	70

专本融合的高职课程体系建设探讨*

——以铁道交通运营管理专业为例

蔡登飞

【摘　要】 没有创新的教育只是模仿。随着高等职业教育的吸引力逐渐改善，越来越多的学生进入职业院校进行深造，如何在教育中满足不同基础、不同层次学生的需要，在培养学生职业技能，形成职业素养的同时，让学生具备创新的基础和能力，是当前职业教育要考虑的深层问题。以高职以铁道交通运营管理专业为例，基于学生的终身发展，对如何进行专本融合的课程体系建设进行了探讨。

【关键词】 专本融合；课程体系；高职教育

《国家中长期教育改革和发展规划纲要（2010—2020 年）》指出，“职业教育要面向人人、面向社会，着力培养学生的职业道德、职业技能和就业创业能力。到 2020 年，形成适应经济发展方式转变和产业结构调整要求、体现终身教育理念、中等和高等职业教育协调发展的现代职业教育体系。”

教育要为经济社会服务，并始终以学生的需求为核心，学生的可持续发展是“终身教育理念”的重要体现，如何满足学生发展的需求，是高职教育首先解决的问题。同时，创新是经济社会发展的重要基石，如何科学构建课程体系，让学生在高职教育中具备创新的基础和能力，既是社会经济发展的需要，也是学生发展的需要。

一、当前高职课程体系建设存在的问题

（一）学生定位单一

绝大多数的高职院校将学生定位于“高素质技术技能型人才”，这一定位，是在高职教育未受社会认可，吸引力不够，且招生的学生“高考分数低，基础差”的背景下提出的，虽然比较符合社会对人才培养的需求，但仍存在“高考一考定终身”的思想，将所有学生定位于这一层次，不符合“因材施教”的教育理念。

（二）忽视创新创业

在就业压力日益增大的今天，重视就业是必须的，在课程体系建设中，就业能力的培养

* 作者简介：蔡登飞，部门：轨道交通学院，类别：铁道交通运营管理，通信方式：13880065505，电子邮箱：767532365@qq. com

也必须放在首位。但是，在当前的经济形势下，“大众创新，万众创业”成为国家战略，创新创业能力是国家和社会发展对人才的新需要。当前，有很多专业也开设了创新创业类课程，而这些课程，往往仅是“创新创业”理论课程，没有和学生所学专业内容相融合。

（三）过度关注于当前“岗位”与“技能”

在高职课程体系建设中，面向岗位，形成职业技能，大大提高了教育的有效性和针对性，学生的操作技能和一线岗位对接，使高职教育更受企业和社会欢迎。但是，在课程体系构建过程中，往往侧重于对当前岗位、工作任务的分析，而容易忽略产业升级、流程革新的因素，使学生的发展受限。

（四）模糊的将理论知识定位于“够用”

在课程体系建设过程中，存在一个矛盾，即“理论教学”和“实践教学”孰轻孰重的问题，甚至不考虑专业特点，硬性将两者固定成一个比例，这个比例，往往是倾向于实践教学，而理论知识被非常模糊的描述成“够用”。对于学生而言，理论知识的学习是智识追求，是思维养成的必经之路，是人生发展的重要基石，对理论知识的定位，必须准确。

二、专本融合课程体系建设的必要性

（一）专本融合的含义

专本融合，即在高职课程体系构建中，充分考虑学生职业发展和人生发展，将学生进一步发展（本科学习、创新创业）所需的基础知识融入课程体系中。

专本融合的课程体系建设，不是单一的增加本科课程，而是在形成课程的过程中，将本科学习基础、创新创业的内容科学导入。

（二）专本融合的必要性

1. 专本融合不是“专升本”

区别于传统的“专升本”，专本融合的理念是学生的发展，而非单一的为了获取本科文凭或学习本科知识。

2. 专本融合有利于学生的分层发展

在专本融合的课程体系构建中，仍然以职业素养的形成为主线，并充分考虑到各个层次学生发展的需要，在形成职业素养的基础上，学生根据自身定位与目标，将岗位发展、行业发展与个人发展等有机融合，因材施教，从而达到系统目标最优。

3. 专本融合有利于教师教学科研水平的提高

专业课程是课程体系建设的中坚力量，在专本融合的课程体系建设中，除了需要教师关注学生职业技能的养成外，更加需要教师关注行业前沿，深入研究现场的发展以及遇到的问题，并且能对现场的问题提出一系列解决方案，在课程体系建设和实施过程中，对教师的要求更高，教师的教学和科研水平也将进一步提高。

4. 专本融合有助于提高高职教育吸引力

专本融合的课程体系实施过程中，一方面，学生不但形成了职业素养，而且对未来行业、企业、岗位的发展变化有了较深的认识，并且对发展变化有了一定的知识技能储备，具备创新的基础和能力；另一方面，学生具备学习本科知识的基础，可以参加本科自考、网络本科等的学习，使得学生的选择更加多元化，让高考不再“一考定终身”，提高了高职教育的吸引力。

三、专本融合课程体系建设原则

（一）学生的可持续发展

信息技术和人工智能的发展，新技术、新工艺、新流程等更新速度加快，在课程体系设计中，不能仅仅局限于当前的工作过程，而是要把握行业发展趋势，如高铁等新技术的发展，要以学生为核心进行设计。

（二）工作过程系统化

运用工作过程系统化的职业教育教学理论，结合工作岗位，提炼典型任务，合理设置学习情境，力求职业素养的科学养成。

（三）知识储备层次化

目前铁路，铁路运输企业，将专科层次的员工，定位于基层操作和管理人员，隶属于“劳资科”进行管理；本科及以上学历，定位于“技术干部”，隶属于“技术干部科”进行管理。针对铁路对不同学历职工定位情况和学生个人发展的需要，设置部分本科内容，为学生更高层次的学习打下基础,并将创新创业能力的培养贯穿始终,为学生将来创造更广阔的职业发展空间。

（四）能力锻炼多元化

课程体系建设过程中，将职业道德的培养，态度、情感的锻炼融为一体，将专业能力、方法能力、社会能力科学引入，鼓励创新，融合发展。

四、专本融合课程体系搭建过程

课程体系搭建过程是一个动态的过程，在搭建过程中，既需要专业课教师基于对铁路一线工作的仔细把握，也需要有教师现场工艺、流程的深入研究，当然，企业的配合与合作更是密不可分。其建设过程如图 1 所示。

（一）课程体系构建准备

在课程体系构建过程中，需首先对学生需求、铁道交通运营管理岗位发展前沿及前沿岗位、现有岗位进行梳理和分析。

学生需求方面，在进入二年级阶段学习时，部分学生已经有意愿报考西南交通大学交通运输专业本科自考，且进入铁路企业工作后，约有 80%的毕业生会选择进行网络本科的学习。

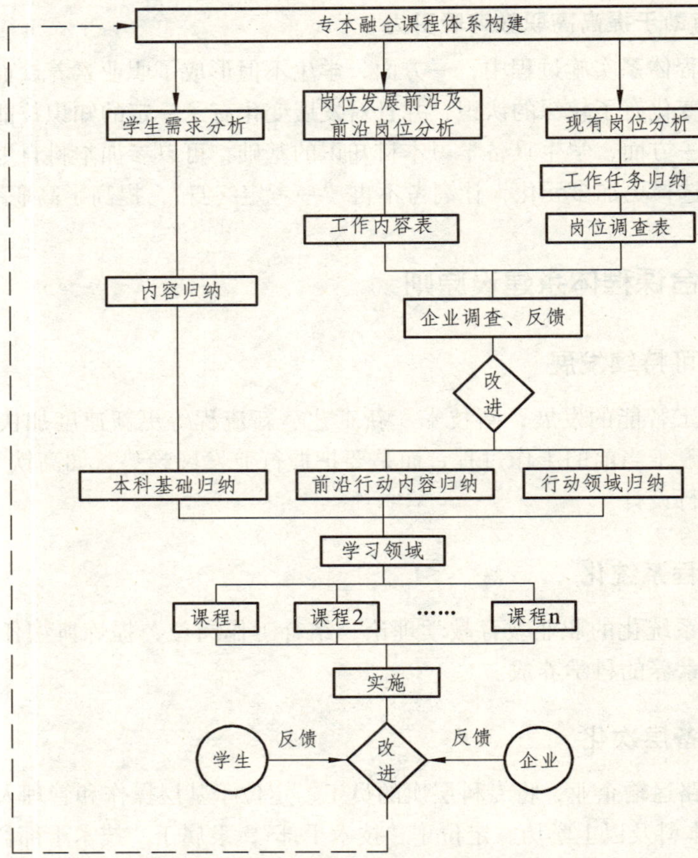

图 1　专本融合课程体系建设流程

现有岗位，主要是通过专科课程教师在教学、现场实践中的积累进行分析，铁道运营类主要有售票员、货运员、调车员等 20 个相关岗位。

对岗位发展前沿及前沿岗位的分析，主要基于教师对铁路运营的研究，结合高速铁路的快速发展展开。经过综合分析，铁道运营一线相关岗位的发展方向主要有：一是行车自动化的方向，特别是高速铁路，随着 CTCS（Chinese Train Control System 的英文缩写，中文意为中国列车运行控制系统）的广泛应用，铁路行车组织将向无人化、自动化方向发展，但是依然需要懂得应急处理的人员；二是货运物流化，需要懂得物流管理知识的营销、管理等人员；三是客运服务精细化，需要懂得礼仪，能够提供精细服务的人员。

（二）工作任务分析

工作任务分析，即根据专业对应的工作岗位及岗位群实施典型工作任务分析，目的是从大量的工作任务之中筛选出典型工作。

在实施工作任务分析时，首先由教师根据国家职业标准和铁路职业技能鉴定规范、以及现场实际，对已有岗位，制作岗位调查表，包含岗位描述表、岗位工作流程、工作任务描述表三个部分，如附件 1、附件 2、附件 3 所示。而对于岗位发展前沿及前沿岗位，采用制定岗位趋势调查问卷（附件 4）的方式进行。

制定完成调查表和调查问卷后，由专业课教师在假期专程赶往运输一线单位进行发放和调研，共向成都铁路局成都站、燕岗站、广元车务段、重庆客运段等发放调查表、问卷 100 余份，并全部回收，根据调研调查情况进行改进。

（三）行动领域归纳

整合典型工作，即根据能力的复杂程度，将典型工作任务整合形成综合能力领域，如附件 5 所示。而对岗位发展前沿及前沿岗位的归纳，主要为学习内容的归纳，此外，根据学生需求的内容归纳，本科基础学习内容也在此步骤完成。

（四）学习领域转换

专本融合的学习领域转换，可能是形成新的课程，也有可能是对课程内容的重构。

即根据职业成长规律及学习认知规律，对行动领域等进行重构后转换为课程体系。专本融合的课程体系中，学习领域的转换，不仅要考虑典型工作任务和综合能力领域，还要考虑本科基础学习以及岗位发展前沿及前沿岗位的内容学习。如铁路客运组织的学习领域转换，如图 2 所示。

序号	岗位	典型工作任务	前沿内容	本科学习基础	学习领域
1	铁路售票员	售票服务	车站综合监控	旅客运输需求理论（交通运输经济）	铁路客运组织
2		退票服务	旅游综合服务	客流波动分析（运筹学）	
3		……	……	……	
4	铁路客运员	候车服务			
5		站台服务			
6		……			

图 2　学习领域转换实例

（五）实施与改进

专本融合课程体系的建设是一个动态的过程，需要学校、行业、社会的有效配合，也需要教师、企业、学生的及时反馈。

五、结论

教师是课程体系建设的核心力量，在进行建设时，需充分发挥教师作用。

努力提高教育质量，是当前各职业院校正在进行的重要课题，作为人才培养质量的核心，课程体系建设是学生人生发展、教师职业发展、专业竞争力提高的重要方面。探索专本融合的高职课程体系，体现了“以人为本”的教育思想，也符合我国教育改革和发展的大潮。

参考文献

[1] 姜大源. 工作过程系统化：中国特色的现代职业教育课程开发[J]. 顺德职业技术学院学

报，2014（3）：1-11.

[2] 彭换新，王文凯. 高职专科与应用本科衔接课程体系建设探讨[J]. 职业教育，2014（10）：26-28.

[3] 郑群英，高职院校课程体系建设策略研究[J]. 湖北广播电视大学学报，2011，31（1）：28-29.

附件1：岗位描述表（样表）

铁道交通运营管理专业岗位（群）调查表

参加人：

（一）岗位描述表

岗位名称：列车员　　　　所属类别：客运类

编制依据：国家职业标准　列车员　劳动和社会保障部

　　　　　铁路职业技能培训规范　列车员　原铁道部

项　目	描　述
岗位等级	初级、中级
职业生涯发展	列车员（初级、中级）—列车值班员（中级、高级、技师）—列车长—专业技术管理人员
具备的知识技能	1. 动车组列车、普速列车车内设备的操作规程与操作方法； 2. 与旅客列车有关线路站场基础知识； 3. 车票的发售规定； 4. 不符合乘车条件的规定； 5. 列车危险品的识别与处理； 6. 列车旅客乘降组织与客流组织方法； 7. 旅客列车作业标准与作业程序； 8. 铁路旅客运输服务质量规范； 9. 铁路乘车证的种类及使用规定； 10. 铁路车票票价、行李、包裹运价规定； 11. 《铁路客运运价里程表》《旅客票价表》《行李、包裹运价表》使用规定及查找方法； 12. 铁路基本信号及显示含义； 13. 重点旅客服务技巧； 14. 急救知识与急救方法； 15. 客运职工礼仪规范； 16. 乘务组的组成及主要工作； 17. 旅客携带品范围和超出范围的处理规定； 18. 有关法律常识； 19. 旅行常识； 20. 有关消防知识。劳动安相关知识

附件 2：岗位工作流程（样表）

（二）岗位工作流程（1）

岗位名称：列车员（普速列车）

标准工作流程		
序号	工作流程	备注
1	出乘作业 1：出乘学习； （1）穿着规定服装、佩戴职务标志，做好个人整容； （2）按规定时间到指定地点列队点名，听取上级指示、工作布置和接受业务提问	
2	出乘作业 2：接受列车； （1）按备品卡办理交接手续并签认； （2）检查客运服务设施设备运用状态和车内安全锤挂放情况	
3	出乘作业 3：车容整备； （1）列车按整备出库标准逐项进行鉴定验收； （2）落放车窗，整理窗帘，茶具消毒； （3）整理车内物品、工具备品及台账资料； （4）接受列车长出库整备鉴定； （5）列车出库前锁闭车门、车窗	
4	始发作业 1：立岗迎接； 广播预告放客后，锁闭端门和乘务间（硬座车不需要锁闭端门），打开车门，悬挂活动顺号牌，卡牢脚踏板（高站台摆放安全渡板，悬挂警示带），抹扶手，面向旅客放行方向，迎接旅客	
5	始发作业 2：组织上车； （1）验票，查堵危险品，协助旅客上车； （2）引导旅客进车厢对号入座（卧），协助旅客安放行李	
6	始发作业 3：车门管理； （1）铃响站线，铃止上车，放下脚踏板（高站台收取安全渡板和警示带），收取活动顺号牌，车动锁门，面向站台行注目礼； （2）列车出站台，自检互检边门，开厕所门、端门。核对水位，填记沿途给水情况登记簿	
7	始发作业 4：整理疏导； （1）整理行李架； （2）重点旅客，做好重点照顾和登记； （3）不符合乘车规定的旅客，及时报告；卧铺车送水，换票、掌握需补票旅客情况	

附件 3：工作任务描述表（样表）

（三）工作任务描述表

任务 1 名称：文明礼貌、规范服务

<table>
<tr><th colspan="2">项 目</th><th>描 述</th></tr>
<tr><td rowspan="3">应具备的素养</td><td>知识</td><td>1. 铁路列车员礼仪规范；
2. 车票种类，颜色、规格、样式；
3. 旅客列车作业标准及作业程序；
★4. 铁路旅客运输服务质量规范（列车部分）；
5. 担当列车的站顺、停车站到、开时刻，途中给水站、垃圾投放站；
6. 重点旅客知识；
7. 法律常识；
8. 心理学基本知识；
9. 少数民族、宗教禁忌知识；
10. 外交常识</td></tr>
<tr><td>技能</td><td>1. 规范的仪容仪表的塑造与保持；
2. 良好姿态（站姿、坐姿、走姿）的塑造与保持；
3. 合理运用服务语言，掌握交谈技巧；
4. 熟练运用各种体态语言；
5. 普通话等级达标；
6. 日常英语交流</td></tr>
<tr><td>情感</td><td>1. 爱岗敬业，具有良好的铁路客运职工职业道德；
2. 具备较强的人际交流能力和沟通技巧；
3. 不卑不亢，文明服务；
4. 换位思考，和谐包容；
5. 具备较强的心理承受能力和应变能力</td></tr>
<tr><td colspan="2">所处工作地点</td><td>1. 铁路普通旅客列车、动车组旅客列车；
2. 铁路普通车站、高铁车站站台、车场</td></tr>
<tr><td colspan="2">涉及设备器材</td><td>对讲机、GSM-R 手机</td></tr>
<tr><td colspan="2">考核考评要点</td><td>1. 仪容仪表自然、语言规范、符合标准；
2. 与旅客沟通有效性强，合理化解纠纷与矛盾；
3. 有理有据的制止违章与不文明行为</td></tr>
</table>

附件 4：岗位趋势调查问卷（样）

铁道交通运营管理专业岗位趋势调查问卷

参加人：

尊敬的师傅、领导：

为了更好地服务于铁路运输企业，提高人才培养质量，特制订本次调查问卷，感谢您在百忙之中参加本次调查。

1. 您认为在未来 5-10 年，最有可能大量减少或消失的岗位有哪些？

2. 您认为在未来 5-10 年，在铁道交通运营管理的哪个领域，最有可能出现新岗位，请列出领域或岗位。

3. 您认为在未来 5-10 年，岗位需要人数不会发生大的波动，但工作内容发生重大变化的岗位是哪些？

附件 5：行动领域归纳（样表）

工作领域	工作任务	售票员		
		知识	技能	素质
	售票作业	1. 交接班作业标准； 2. 车票发售基本规定； 3. 代用票填写规定； 4.《铁路客运运价里程表》、《铁路旅客票价表》相关知识； 5. 乘车证使用规定； 6. 掌握加开车、停运、晚点情况	1. 办理售票设备、资料备品、票据、现金、账目、碳带、岗位卫生交接工作； 2. 正常售票及非正常售票的处理方法； 3. 填写代用票； 4. 查阅《铁路客运运价里程表》《铁路旅客票价表》； 5. 违章使用乘车证的处理； 6. 身份证核验及发售乘意险	1. 具有较强的学习能力、理解指令和原理的能力及推理判断能力； 2. 口头语言表达流利； 3. 严谨、细心、善于发现微小问题，并能及时做出判断并合理解决
	退票作业	1. 正常退票手续办理规定； 2. 非正常退票办理规定； 3. “五字”退票法	1. 办理计算机退票、手工退票，填写退票报告、退票报销凭证、退票费报销凭证；挂失退，退保； 2. 办理应线路中断或铁路责任造成的旅客退票； 3. 办理团体旅客退票	坐姿端庄，语言文明，操作熟练，亲切和蔼，有问必答，答必准确
	改签作业	1. 正常改签手续办理规定； 2. 非正常改签办理规定； 3. 按规定核收相应手续费	1. 根据旅客乘车需求、车次票额计划等情况，安排改签； 2. 办理中转签证手续，核收补价票款（相应手续费）； 3. 办理客车超员、线路中断、旅客因病等特殊情况车票签证	坐姿端庄，语言文明，操作熟练，亲切和蔼，有问必答，答必准确

“互联网+”环境下混合式教学模式在会计教学中的应用初探*

黄剑坤

【摘　要】　“互联网+职业教育”，为职业教育教学改革提供了前所未有的变革力，转变固有的观念，其典型代表产物 MOOCs 给我们提供了与世界顶级课程相遇的难得机遇，但是它不是课堂教学的替代品，让 MOOCs 资源落地，SPOCs 才是在线教育在校园中的真正价值。教师成为真正的设计师，借助教学平台，通过教学活动设计整合教学资源，实现“互联网+”环境下线上线下的混合式教学，实现翻转课堂。

【关键词】　“互联网+职业教育”；MOOCs；SPOCs；混合式教学模式

这是一个变化的世界！

新技术以目不暇接的速度每天刺激着我们的神经：云计算、流计算、全息成像、VR 眼镜、3D 打印……人工智能技术的崛起改变着我们的生活，也猛烈地冲击着传统职业教育的课堂，云计算流计算形成校园数据、小数据、大数据，虚拟课堂、虚拟校园、智能化学习平台……“互联网–职业教育”，为职业教育教学改革提供了前所未有的变革力。世界各国都在大力推进信息技术与教育的融合，推动智慧教育的发展，在线开放式教育似乎成了大势所趋。甚至不少人预言，在未来的多少年，传统大学将会消失。

为切实把教育事业办好，我们要保证投入，花好每一分钱，畅通农村和贫困地区学子纵向流动的渠道，让每个人都有机会通过教育改变自身命运。

2015 年“互联网+”计划写入政府工作报告，总理李克强在报告中对教育的这段论述，让教育迅速成为未来互联网行业最受关注的领域。“互联网+教育”，利用现代信息技术推动教育变革，一场包括教学模式、机制、方式、方法、学习目标、学习评价等方方面面的变革飓风方兴未艾，可以说“互联网+教育”改变了教育原生态。

作为一名职业院校普通教师，笔者认为，在这样巨大的变革推动下，只能积极进行“互联网+职业教育”的理性思考，努力认识“互联网+职业教育”的规律，密切关注新技术对职业教育的推动作用，提升自身对信息化教学的新认识，努力学习，迎接挑战。

一、“互联网+”教学的现状

笔者看来，“互联网+教育”目前的典型代表产物应为 MOOCs。MOOCs 即“Massive Open

---

* 作者简介：黄剑坤，部门：财经商贸系，类别：会计专业，通信方式：13008159876，电子邮箱：840812747@qq. com。

Online Courses”的简称，可直译为“大规模在线开放课程”，常简称“慕课”或“幕课”，是依托大数据、云计算、人工智能等信息技术，集在线学习、社交服务、数据分析等功能为一体，以短小精悍、互动共享、限时开放为基本特征的一种新型教学模式。运用信息技术，随时随地学习。这种积分制网上学习课程个性化程度非常高，从各方面挑战传统学校教育：传统的“课”被重新诠释，上下课时间不需要固定，学科与专业知识体系结构不再需要过于拘泥，学生以问题为中心，以个人需要为中心，打破学科知识体系，构建个性化学习；教师面授不再是教学的主流活动，学校教育形式裂变为“学校+家庭+社会”的教育形式；课堂学习被移动式学习、碎片化学习、混合式学习取代。今天的学生是数字化时代里生活的“原住民”，他们从小使用数字化产品，体验数字化环境带来的种种便利，这种主动高效便捷的个性化学习较之传统课堂更为他们所接受。MOOCs 在中国本土化到现在，中国大学 MOOCs、中国职教 MOOCs，学堂在线等提供了大量优质的教育资源，在任何时间任何地点学习自己想学的任何课程，互联网时代下学习范围和场所发生变化，网络使学习泛在性成为可能。今天的学习，拥有了无限的内涵。

MOOCs 的开放式学习，使学习者在参与过程中产生一种沉浸感和全程参与感，提高了学习的有效性，应该是教育的未来趋势。MOOCs 在开放教育的路上究竟能走多远？这样的学习方式真的可以脱离甚至取代传统的学校教育吗？笔者认为目前 MOOCs 存在几个不可回避的问题：

（一）大规模参与与高退出率并存：自主学习的自律性与可持续性问题

目前参与 MOOCs 学习的学生来源广泛，数量庞大，类型多样，基础不一，学习行为不可控，因此造成退出率高完成度低。虽然通过互联网给学生学习的地点、时间、课程提供了足够的自主性和自由性，但是没有传统课堂的监督，全靠学生自律，往往造成学习难以持续。在 2012 年初注册参加麻省理工学院的一门电路课程的 15. 5 万名学生中，只有 2. 3 万人完成了第一套习题，约 7 千人即 5%通过了这门课程。中途退课的人数比例之高凸显了让线上学生保持专注度和动力的难度之大。笔者曾参与过多门 MOOCs 的学习，有些课程听几节后觉得过于简单，有些课程又觉得不是自己想要的知识，还有些课程挺有意思但工作一忙又没有坚持下去……学习是更加方便了，但要真的坚持学完很不容易。会计是一门比较枯燥的学科，目前职业院校的学生在缺乏监督的情况下要想完全依靠自律完成本专业的学习，难度可想而知。

（二）面授缺失下如何保证课程教学效果的问题

MOOCs 的开放式学习，教师团队提供一种固定的学习方案，学生主动上门自主学习，师生不见面，这种方式影响教育效果。学生通过网络平台学习，至于能学进去多少是无法与线下学习比拟的。“互联网+教育”虽然实现了个性化自由学习，但对学生的学习情况、学习质量却无法做到有效监控。目前的 MOOCs 课程多数的考核都是学习视频后完成一些简单的课后作业，会计在理论学习和操作上都具备一定的难度，学生的学习质量不是几个简单的练习就能体现的。而有效学习很关键的一点就是需要面对面的交流与互动，这正是当前“互联网+教育”最缺失的一点。

（三）课程过于机械化标准化，缺乏因材施教

现有的 MOOCs 课程的设置都是标准化教程，无法做到因材施教。由于学生基础水平相差太大，难以针对性设置课程内容和难度，通识类较多。这种机械化的课程是无法满足所有人的需求的。

（四）系统知识碎片化

MOOCs 短小精悍的课程形式满足了网络移动化学习的需求，也造成了知识的碎片化问题。会计学的系统化理论，用碎片化的方式来学习很容易造成学科知识系统化的丢失，割断各知识点间联系，无法做到知识间的融会贯通。

二、传统高职课堂现状

互联网时代，教师还可以像从前那样进行教学吗？“互联网+教育”对于教师来讲到底意味着什么？刀不磨要生锈，人不学要落后。作为传道授业解惑的教师，任何时候都不能放弃学习。“互联网+教育”意味着，借助互联网，每一位教师都必须是终生学习者。和你的学生一起努力学习，拥抱新技术。

那么，目前的传统高职课堂是怎样的现状呢？

从教学对象来看，高职学生带着高考失利的阴影走入高职课堂，学习动机不足，学习态度不积极，学习能力不强，学习毅力不强，如果不能在课堂上给予引导，很难激发其学习兴趣。面对枯燥的专业理论，学生往往难以保持学习的专注度，甚至干脆放弃学习。

从教学方式来看，仍然是以教师为中心灌输式教学，老师讲得累，多数学生却无反应，学习效率低。笔者有太多这样的感受，学生在课堂上很容易走神，往往一个知识点讲完，考核结果却让老师心碎。

从教学环境来看，不外乎教室 + 实训室，课堂结束学生离开教室实训室便无法继续使用相关软件自主学习，空间局限性太大。

从教学评价来看，仍然是平时成绩+期末考核式，重结果轻过程。

在“互联网+”的冲击下，传统课堂教与学的模式亟待改革，反观我们的高职校园，虽然也有学校在积极探索，比起其他行业的巨变，总体说来还是平静得近乎沉闷。传统教学方式依然占据主导地位，教师仍然是课堂的绝对主角，学生仍然在被动的学习，对知识的死记硬背以及应对考试仍然是他们学习的主要内容，他们的个人兴趣、特长未得到充分尊重，他们的自主化、个性化学习没法发挥……

三、MOOCs 与高职现代课堂的结合 SPOCs

拥有优质教育资源，不等于有效学习行为发生，资源的多少和学习行为并不成比例发生，海量的资源堆积只是给我们提供了更多的学习途径。如何让大量的优质资源真正服务于学习者，提高资源的利用率，实现真正的资源共享，既保持学习的个性化，又发挥传统学校教育面对面教学的优势，最好的方式应该是：让 MOOCs 与教室结合，即 SPOCs（small private online courses），小规模专属在线课程，是互联网与课程的结合。

与 MOOCs 相比，SPOCs 的学生是特定院校特定班级学生组成的学习群体，学习行为可控；SPOCs 的教师（或教师团队）提供相对灵活的学习方案，引导督促学生线上线下学习，与学生见面多；SPOCs 的课程因为教师对学生的情况比较了解，能够有针对性地设计课程和任务，并通过反馈及时进行调整；SPOCs 的效果在教师督导下完成度高，线上线下结合的方式有助于提高效率和效益。

笔者有幸参与了本校会计专业混合式教学模式改革,对SPOCs的建设有了一些粗浅的认识。

（一）选平台

教学改革引发出了庞大的教育产业，很多公司都在开发教学平台，目前可选的平台很多，如智慧职教等，我校选择了与北京络捷斯特公司合作的方式，利用络捷斯特公司的长风网平台搭建课程，并选择 36 名会计专业二年级学生组建了长风试点班，进行线上线下混合式教学模式的应用探究。

（二）构建专属在线课程（SPOCs）

有了教学平台的支持，就可以着手构建自己的专属在线课程（SPOCs），开展自己的 O2O 教学了。在构建 SPOCs 课程的过程中，可以利用现有的 MOOCs 的海量资源及本校的优质课程，也可以管理整合自有课件，这一过程不是照搬别人的课程，而是需要老师针对学生进行系统性的设计。知识点碎片化以后，还需要一棵知识树把所有的知识点串起来，要知道知识点知识树的位置，甚至可以让学生自己构建知识树，形成自己的知识体系，使得碎片化的知识点，碎而不散。可以这样说，MOOCs 给我们提供了与世界顶级课程相遇的难得机遇，但是它不是课堂教学的替代品，让 MOOCs 资源落地，SPOCs 才是在线教育在校园中的真正价值，二者的结合要依靠教师。教师成为真正的设计师，借助教学平台，通过教学活动设计整合教学资源，实现“互联网+”环境下线上线下的混合式教学，实现翻转课堂。

（三）线上线下的混合式教学模式

BYOD（Bring Your Own Device）带来课堂变革。我校为长风试点班建设了智慧教室，每个学生都有平板作为学习终端，云（SPOCs）+网（无线网）+端（移动端 APP）的模式基本成形，建我的课，教我的班，以建构主义学习理论为依据，以“互联网+”的思维方式和大数据、云计算等新一代信息技术打造的智能、高效的课堂构架完成。这时，就可以实施以学生为中心的教与学，实施线上线下的混合式教学，实施翻转课堂了。做翻转课堂的时候，要认识到不是所有知识点都必须在课上完成，只要学生在课上能够收获到最核心的知识点，就可以依托学习平台进行自主学习。基于动态学习数据分析和“云、网、端”的运用，实现教学决策数据化、评价反馈即时化、交流互动立体化、资源推送智能化。

四、混合教学模式的课堂实践

本校会计专业“互联网+”环境下混合式教学模式改革的核心思想便是以学生为中心的教

与学，以学生为学习的起点和终点，形成闭合结构，基本思路如图 1 所示。

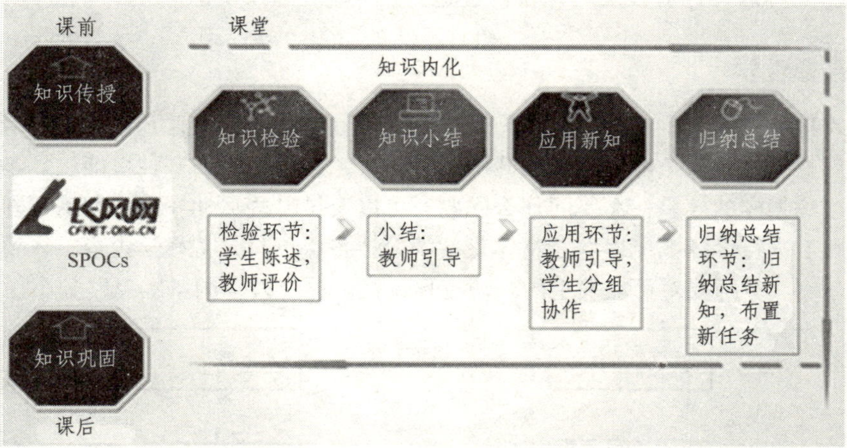

图 1　基本思路图

以笔者实施的“委托代销商品的核算”这一课为例，探讨在“互联网+”环境下如何利用 SPOCs 进行线上线下混合式教学。

（一）课前学习

在混合式教学模式下，课前老师和学生要准备的活动都非常多，可以说一堂课成功与否，功夫基本都在课前。而老师的课程设计思路完整的体现在自己的 SPOCs 里。在搭建 SPOCs 课程时，要从确定学习目标开始，仔细地进行学习目标的分解与规划，对应出各层次学习目标下的学习内容和考核方式，准备好碎片化的学习资料，最后确定实现各分目标的环节及时间序列，用课程设计把碎片化的知识点串起来。而学生则要按 SPOCs 的课程要求进行线下的课前学习。课前准备内容如图 2 所示。

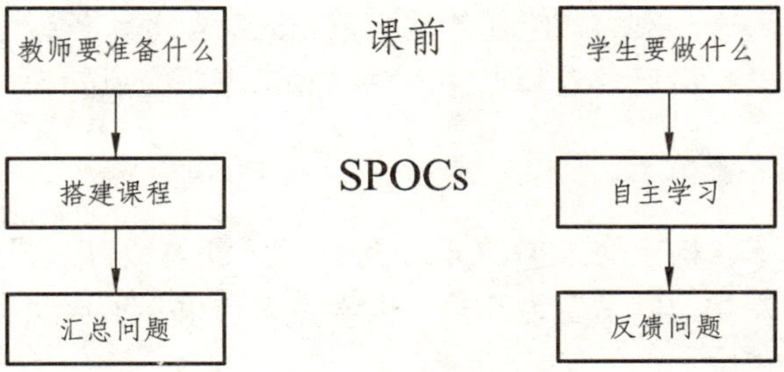

图 2　课前准备内容

本校长风班学生平时学习都是以小组为单位，在“委托代销商品的核算”这一课里，笔者设计学生课前个人自主学习环节掌握委托代销业务的特点，学生通过平台自主学习后完成预习测验并提交，个人自主学习部分便完成。课前小组协作学习环节掌握委托代销业务收取手续费方式的核算，笔者自己录制了微课并设计了各小组课前学习任务，各自完成一笔委托代销收取手续费方式业务的核算。学生分小组讨论学习，完成后由组长提交。学生课前学习的整个过程都可以在平台上进行监测，学习的时长，预习测验的完成质量，错误分析，小组作业的完成情况都是可视可控的。这样，在课堂教学前，老师就基本掌握了学生的学习状况及存在的问题，可以有针对性地对课堂内容进行调整。

（二）课堂教学

在混合式教学模式下，笔者个人认为最难的就是课堂教学的设计和掌控了。老师要考虑活动序列、道具、问题，要考虑每个活动开展的时间，考虑会出现的多种可能性。学生课堂完成什么内容？达到怎样的效果？需要问什么问题？可以安排哪些活动？这些都需要在掌握学生自学情况的基础上进行设计。所以翻转整体化教学设计备课不只是备教学内容，还要备学生，备学生的学习过程。教师要对可能发生的一切有预见性。课堂教学的基本思路如图 3 所示。

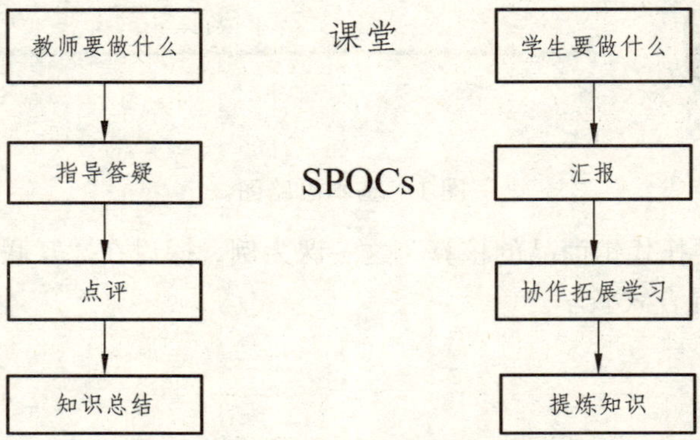

图 3　课堂教学基本思路

在"委托代销商品的核算"这一课里，笔者首先与学生共同分析课前预习的情况，然后分小组汇报各组课前任务的学习成果，阐述本组观点，回答其他小组同学的质疑，然后老师点评。各组汇报结束后，学生对委托代销业务收取手续费方式的核算已经有了清晰的认知，老师进行简单小结后即可形成固有知识。接着提出课堂学习新任务，委托代销业务视同买断方式的核算。学习方式是在现有知识的基础上继续各组讨论，协作完成 SPOCs 课堂学习部分，完成小组课堂学习任务。这一次的各组任务是一笔相同的业务，各组完成后进行阐述、质疑、全班讨论后形成统一意见。最后由老师点评、总结知识点，完成知识的内华。

（三）课后巩固

在混合式教学模式下，构建的 SPOCs 除了可以用于课前预习、课堂学习外，还可以用于课后知识的巩固，翻转课堂，以学生为开始，以学生为结束，形成闭合结构，如图 4 所示。

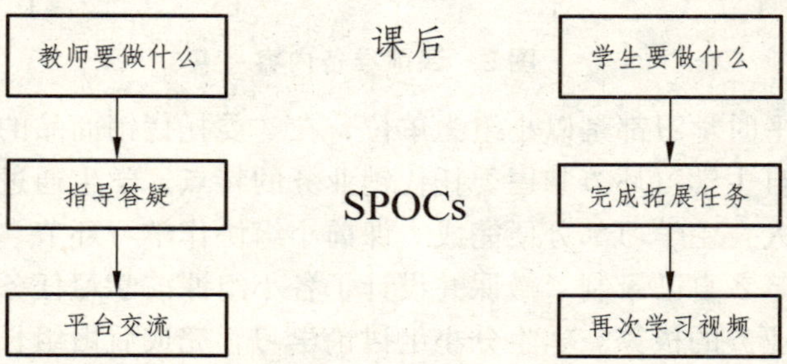

图 4　课后知识巩固方式

“委托代销商品的核算”这一知识点相对来说有一定难度，所以我还布置了一个小组的课后拓展学习任务，对两种方式委托代销商品业务的核算进行对比练习，由学生在课后分组讨论完成。利用 SPOCs 自主学习，完成对知识固化。

（四）混合教学模式实践的效果分析

通过一学期混合教学模式的实践，与传统授课相比，混合教学模式更加被学生认同。通过课内课外、线上线下教学的有机结合，提高了学生的学习热情和教学效果。让学生学会团队协作、合作学习、讨论汇报，能尽可能参与到学习的全过程。学生在课堂上积极表达自己的观点和想法，老师更倾向于通过情感交流、沟通、鼓励、提问等方式对课堂进行控制，课堂氛围更加融洽和谐，师生互动更加有效。教与学，真正实现了以学生为中心。我校长风试点班的同学学习效果提高了，更重要的是学习能力提高了。在参加络捷斯特公司组织的全国“长风学霸赛”中，学生学习能力的提高得到了印证，他们在全国众多参赛学员中脱颖而出，取得了优异的成绩。

五、思考

（1）“互联网+”环境下的混合式教学模式，教师的身份发生了巨大的变化，如图 5 所示。

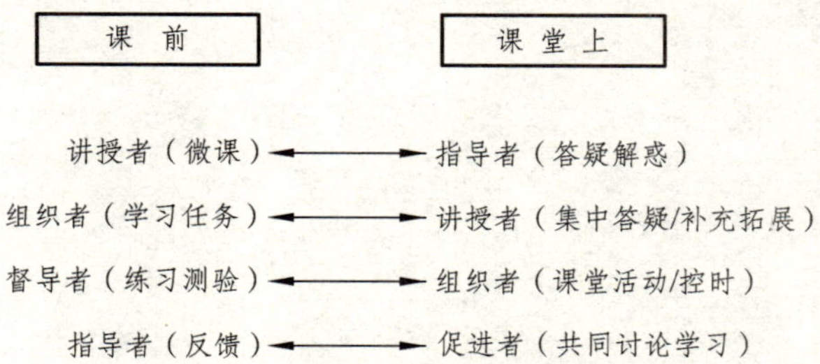

图 5　课前课上教师身份变化

（2）完全翻转课堂的效果非常好，但是师生投入都比较大，师生比要求高。

（3）SPOCs 这种小规模限制性在线课程创造了一种混合教学环境，既融合了大规模开放在线课程的优点，又弥补了传统大学课堂教学之不足。但对教师提出了更高的要求，需要教师投入更多的精力和时间参与全程教学活动。参与的教师除了付出，最大的收获笔者认为是课堂把控能力的显著提高。

（4）搭建 SPOCs 的过程中需要大量的课程资源，这些资源可以利用现有的 MOOCs 资源，但是真正刚好适用的现成资源是很少的，多数的资源要靠老师自己设计制作。自制的微课也许稍嫌粗糙，笔者认为教育信息化发展并不是要求每位老师都去研究信息技术，应该鼓励老师做“化”的工作，而不是一味去研究信息技术。

六、结语

“互联网+”时代，教师应该行走在知识的最前沿，强化信息化教学活动设计能力，强化信息化教学策略设计能力，在实践中不断地锻炼自己，成为工匠大师。让我们以英特尔前主席贝瑞特的这句话共勉：教育技术并不是神奇的魔法，教师才是真正的魔法师。

参考文献

[1] 顾娟，陈力. MOOC 环境下混合式教学模式在基础力学教学中的应用初探[J]. 高等建筑教育，2016，25（5）：169-172.

[2] 金朝贵. MOOC 支撑下的混合式教学模式研究[J]. 中国教育技术装备，2015（2）：8－10.

[3] 苏小红，赵玲玲，叶麟，等. 基于 MOOC+SPOC 的混合式教学的探索与实践[J]. 中国大学教学，2015（7）：60-65.

[4] 杨九民，邵明杰，黄磊. 基于微视频资源的翻转课堂在实验教学中的应用研究—以“现代教育技术”实验课程为例[J]. 现代教育技术，2013（10）：36-40.

职业教育中管理会计教学模式研究*

白 雪

【摘 要】 随着我国供给侧结构性改革的不断深化，为了能够更好地适应经济社会快速发展和提升国际竞争力的要求，复合型、创新型人才的需求量也日益增大。李克强总理明确提出"互联网+"概念后，原有工作模式逐渐向基于网络大平台和新技术的多元化模式转变，而职业教育作为专业技术人才培养的主要途径之一，应尽快适应新常态发展要求，将新技术新理念融入教学过程中，进而激发学生内生动力，形成自主学习意识，学会构建自我知识和技能体系，成为改革发展的中坚力量。

【关键词】 管理会计；内生动力；"互联网+教学"模式

我国目前正处在经济社会转型发展时期，供给侧结构性改革的不断深化带来了产业运行模式的变革，特别是对于财务管理日益严格的规范化、制度化管理对财务工作人员提出了更高的要求。近十年的统计数据显示，会计专业人才的市场需求量稳居前十位，各大专院校和职业教育机构的招生人数也逐年提升，如何保证会计专业教学能够与市场接轨，培养更适合工作单位需求的复合型人才成为教育工作者面临的首要问题。国家和地方政策的扶持和市场环境的变化为中小企业的发展提供了广阔的市场空间，这类企业对于实践能力的认可和需求程度高于毕业院校和学历的要求，为职业院校会计专业毕业生提供了大量的就业机会。随着时代的发展，中小企业为了有效提升市场竞争力，抢占更多市场份额，对于企业财务管理的要求也越来越高，这就要求管理会计在教学和实践中的比重必须有所增加，因此探索如何有效整合教学资源，构建适应"互联网+"新形势的管理会计教学模式，具有十分重要的理论和实践意义。

一、以激发内生动力为基础的"互联网+教学"模式构建

"互联网+"可以被理解成为一种全新的生态环境，通过云计算、大数据技术的实现，移动终端的普及和互联网的日趋完善，用户能够通过移动数据终端实现实时的信息和知识获取，对于存在的疑问或需要解决的问题也可在网络大平台上获得多方位、多角度的解答，这比照单一的课本理论教学和简单的实务操作有着更快捷、更生动的优势，特别是对于理解力、专注力和自觉性相对较弱的职业学校学生来讲，基于网络平台和技术的教学模式能够更吸引学生的注意力，激发他们探索和实践知识的内生动力，让他们自主投入知识的获取和实践中，

* 作者简介：白雪，部门：计划财务处，类别：经济管理类，通信方式：18080126770，电子邮箱：30374397@qq. com。

从而达到更理想的教学效果。基于“互联网+”环境下的会计教学具有较强的开放性，教学的内容不再局限于书本和传统的实践教育，学生只需在规定的时间段内完成学习任务即可，具有更高的自主性和发挥空间，激发学生对学习知识的兴趣，帮助他们构建自己的知识体系，发现适合自身特点的学习、记忆和应用模式，提高学习效率。这种教学模式的构建主要基于建构主义学习理论和掌握学习理论，遵循知识接受者为中心的理念，突出认知的重要作用，教师以知识接受的促进者身份出现，通过信息技术创设个性化的学习环境，学生能够选择适合自身心理特点的方式，开展交互式、协作式学习，教师也可以运用网络平台实时引导、评价学生的学习状况，更加科学地规划学习任务和评价学生学习效果。

二、“互联网+”模式下的管理学会计教学实例

管理学会计不仅是会计专业的核心课程之一，也是财务管理的重要组成部分，职业教育的重点是为社会输送适应性人才，对于技能的掌握程度要优先于理论的掌握，且教育要紧跟市场需求，是典型的就业导向型教育，因此如何学会会计实务处理并灵活运用是教学成功与否的关键标准。本文实际分析在“本量利分析”教学中“互联网+”教学模式的应用，探索如何更好地进行职业学校会计教学。

（一）教学目的分析

管理学会计的学科目标是让学生在掌握基本会计知识和技能的基础上，能够将管理学理念和方法应用到企业生产销售的财务管理过程中，随着管理会计和财务会计的进一步融合，在完成财务记账核算后，能够结合国家政策形势和市场需求情况，对企业未来的成本、销售、利润（值）率、资金运转周期等情况进行分析，得出能够支持预算制定、成本管理、绩效评估和短、中、长期发展规划的数据报表支撑。因此本学科的教学目标即应该明确本量利分析的作用，有效掌握保本、保利、安全边际等分析方法，为企业经营发展提供决策依据。考虑到教学对象普遍知识基础和学习能力较差的实际，简单阐述学科的重要意义很难达到预期的教学效果。职业教育学生对于学习很难激发自主学习的内在动力，自身又缺乏有效的学习方法，很少有良好的学习习惯，但大多数职校生对网络熟悉程度较高，对于计算机等移动数据段的使用较为熟练，对于互联网带来的信息和沟通便利有着深刻的体会，如果在授课过程中引入网络教学方法，能够凝聚学生的注意力和兴趣，又能根据不同学生的特征对教学计划的实施和评价进行调整，实现个性化的教学感官，也为学生创设了交流平台，有效提升专业技能和人际交往技能，最终实现向复合型人才的转变。

（二）教学基础和课外学习任务

实现“互联网+”教学模式需要搭建一个交互式的网络平台，此平台应在收集网络数据的基础上具备学科需求的数据分析处理系统，能够在线提交学习成果和进行测试，能够承载全部学生的移动数据终端，具备学习交流平台或可在线链接学生微信、QQ 群等交流工具，这样能够保证教学效果并实施动态评估，避免了单纯依靠考试成绩的评价体系影响学生建立自信，有条件的学校可为学生配备统一的数据终端（如手机、平板等）。职校学生在学习过程中需要教师更多的引导和规划，需要教师在课前明确章节的教学目标、重点、难点等，还可以通过

交流平台为学生提供学习方法建议或在线答疑，引导学生对疑难问题开展在线讨论和信息共享，利用在线留言和个人定期记录评价学生学习成果。

（三）课堂教学实践

1. 教学导入

贴近生活的教学场景导入能够帮助学生减少课堂焦虑，产生更多学习兴趣，主动提出和思考问题。例如以一段课前准备的微课开场，将学生引入经常出入的快餐店，在完全放松的环境下引导学生思考"如果你是一家快餐店的老板，要把店开在哪里？如何保本赚钱？"等开放式问题。学生的回答肯定是多元化的，这时教师应该进一步引导学生思考业务量与保本和盈利的关系，让学生在营造的情境中实现角色带入，真正从企业经营者或财务管理人员的角度思考如何有效管理企业财务。有条件的学校甚至可以通过大富翁类的游戏进行分组实施，将游戏结果作为评价小项，让学生运用已有的会计知识利用虚拟货币寻找利润最大化的资金分配方式，了解竞争和投资风险，更好地将知识转化为实践。

2. 教学任务布置和实施

当学生产生浓厚的学习兴趣后，教师可以根据教学内容设置模拟场景，例如确定一家具体的快餐店，由学生轮流出任店主、财务人员和顾客，模拟进货、销售、财务核算过程，了解资本的运转规律，分析成本、利润和销售的关系。教师此时要给学生提供明确的任务目标和考评标准，提供必要的资源或案例参考，引导学生完成任务。例如提出"卖掉多少份快餐才能不亏损"或"营业额多少才能收支平衡"等问题，并告知学生可以选择何种方法处理问题，从什么地方可以获得该方法的相关知识。还可以让学生分组实践不同解决方案，待任务完成后通过交互平台展示成果，讨论方法实施过程中遇到的问题和收获的启示，评价不同方法的优势和劣势，逐渐获得综合运用多种方法解决问题的能力。在此过程中切记给学生足够的空间和时间，不可操之过急造成任务失败，影响学生学习兴趣和自信。

3. 学习成果评价

"互联网+"教学模式最大的优势就是开放式的学习环境和评价机制，是实现学习全过程评价的保证，能够帮助学生准确定位自己，访问、提问、解答、成果展示、在线自测、考试结果等信息均能被准确提取，实现了量化、透明式的管理和评价，客观公正地反映了学生的课堂学习、自主学习、合作学习情况，为判断学习目标是否完成提供了依据。在此过程中学生不仅减少了传统课堂带来的压力，提高了学习参与度和自主性，收获了知识和实践能力，更养成了提出问题、解决问题和自我反思的习惯，为未来专业进修或其他知识技能的学习奠定了良好基础。

三、综述

通过教学实践不难看出，"互联网+"模式下的教学能够更大程度地引起学生的兴趣，激发他们主动学习的内生动力，大量信息技术的采用和信息源的有效处理帮助学生建立的模拟公司取得了较好的运营效果，成功地将理论知识转化为生动实践，在增强学生自信心的同时培养了他们构建适合自身特点学习方法的能力，特别是交互式的学习平台和模式提供了宽松的情景，避免了课堂问答式的紧张感，提升了学生学习知识和技能的主观能动性，是打造高效课堂的有益尝试。

参考文献

[1] 李斌. 基于网络技术的自主学习教学模式设计与实施[J]. 宿州学院学报，2011，26（6）：112-115.

[2] 朱再英. MOOC 背景下的 MI-WebQuest 教学法研究[J]. 工业和信息化教育，201（10）：71-74.

提升职业院校学生写作能力的实践探索*

廖永艳

【摘　要】　当前职业院校学生写作能力令人担忧，“写作短板”甚至影响其职业生涯可持续发展。基于此，从教学观念、教学模式、教学载体、教学实践等方面，探索创新职业院校写作课程教学，着力提升职业院校学生写作能力。实践证明，从不会写、不敢写、不愿写到愿写、敢写、会写、喜欢写，需要学生、学校、教师、用人单位“四位一体”综合施策、因材施教、精准发力。

【关键词】　职业教育；写作能力；方法策略

一、课题背景

职业教育是具有中国特色的社会主义教育体系中的重要组成部分。在新的形势和新的任务下，职业院校学生不仅需要技能“过得硬”，更需要素质“顶得起”，其中写作素养必不可少，对于学生职业素养的养成和职业生涯的可持续发展具有重要作用。不少用人单位表示，职业院校学生掌握一技之长固然重要，具备一定的写作能力和写作素养也属基本要求。但从笔者在教学过程以及与用人单位接触中掌握的情况来看，大部分职业院校学生写作表达能力普遍不足，基本的会议通知、请假条等应用文写得“五花八门”，导致“第一印象”打了折扣，“一专多能”美中不足，胜任工作存在局限。加强职业院校学生的写作能力教育，全面提升学生综合素质，意义重大。

二、调研结果

为摸清学生写作能力的真实情况，通过发放调查问卷、座谈讨论等形式，从“学校、学生、用人单位”三个维度进行了深入调研。从学校的角度看，职业院校的性质决定了“重技尚术”定位，从教材开发、课时安排、教研活动、师资培养、专业建设等方面更多关注专业技能。以笔者所在学校为例，至今没有开设专门的写作课程，涉及写作教学的语文课程也被调整为国学课，写作教学边缘化的现状较为突出。从学生的角度看，虽然 80%的学生均认为写作能力是一项基本能力（见图 1），对于一个人的全面发展有着重要的积极意义。但由于文化基础、综合素质、成长环境的差异，90%的学生认为，就读职业院校当务之急是学一门技能，以求自食其力，拥有一个“饭碗”，从而把写作能力的培养锻炼放到了次之。从用人单位的角

* 作者简介：廖永艳，部门：人事处，类别：大学语文，通信方式：13550158933，电子邮箱：479449417@qq. com，

度看，92%的用人单位认为新一代劳动者应当具备一定的写作能力（见图 2），尤其应当掌握日常的应用文写作技能。

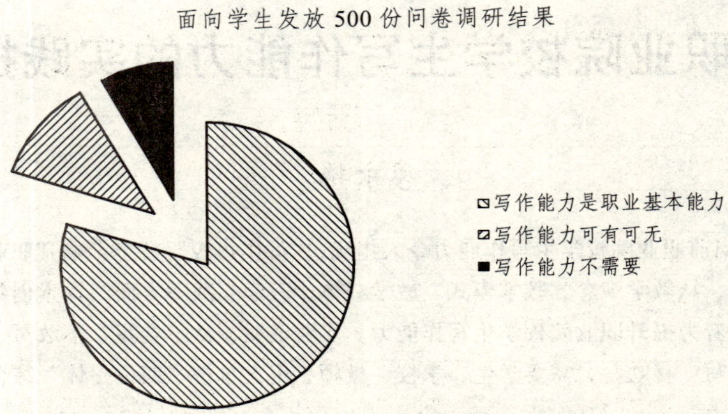

图 1　面相学生的关于写作能力的问卷调研

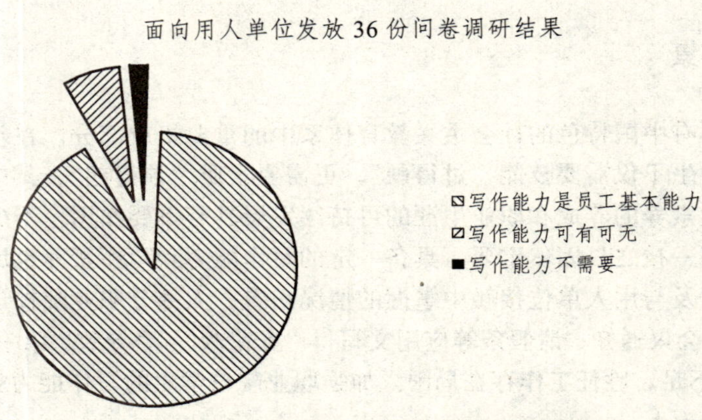

图 2　面相用人单位的关于写作能力的问卷调研

综合以上三个维度的调研情况，可以得出一个基本结论：在技能成才导向驱动下，职业院校轻视写作教学实践，职业院校学生忽略写作能力培养，而用人单位期盼具有一定写作能力的劳动者。具体而言，表现在职业院校学生这个教育教学的主体上，就是“三不”：一是不会写。缺乏对写作尤其是对应用文写作基本格式和要求的了解掌握。虽然他们有的也写写微博、刷刷朋友圈，但更多的是一种碎片化，“字写不对、句写不通、段写不清”的情况不同程度存在，缺乏基本的写作基础。二是不敢写。在调研中，89%的学生“谈写色变”，缺乏写作的自信心，有的认为，写作“高大上”，自己压根儿就不是握笔杆子“料”。三是不愿写。认为写作务虚枯燥，就业找工作关键还是看是否具有一技之长。虽然在调研中，我们也发现有一些职业院校学生对写作具有一定兴趣，同时也具备一定写作基础，但大部分学生对写作能力的认识是肤浅和模糊的。在笔者看来，以上情况和现象的存在，主要是没有意识到写作是最能集中表达专业学习成绩、集中展示学习效果的方法，也没有意识到写作是以书面方式传播生产实践经验成果的最有效途径。

三、对策分析与实践探索

如果说，“一技之长”教给学生的是“饭碗”，那么“人文素养”则决定着“饭碗”里“饭菜”的品质。基于此，结合调研结果，笔者在具体的教育教学中，重点从以下几个方面，对职业院校学生写作能力的培养提升进行了探索。概括起来，就是“五抓五坚持”（见表1）。

表1 五抓五坚持

坚持从转变观念入手	狠抓职业院校学生的写作观念重塑
坚持从创新手段入手	狠抓职业院校学生的写作兴趣培养
坚持从把握重点入手	狠抓职业院校学生的写作技能提升
坚持从搭建平台入手	狠抓职业院校学生的写作实践锻炼
坚持从夯实基础入手	狠抓职业院校学生的写作内功建设

（一）坚持从转变观念入手，狠抓职业院校学生的写作观念重塑

在日常教育教学中，通过解读大国工匠、优秀校友成长经历等多种形式，引导学生从职业生涯的角度，破除写作无用论、写作枯燥论，逐步树立健康向上的写作观念，从思想认识层面变“要我学”为“我要学”，“要我写”为“我要写”。

（二）坚持从创新手段入手，狠抓职业院校学生的写作兴趣培养

针对90后、00后学生的共性特点，突出因材施教，从过去那种“我讲你听”、“你写我看”的单一传统教学中走出来，创新教学手段和教学模式，探索搭建以激发和培养写作兴趣为导向的开放式写作教学模式。比如，采取渐进式教学，一开始适当降低写作标准，只要能够做到文从字顺，文章有开头、有经过、有结尾即可。再如，采取情景式教学，针对不少学生喜欢看小说、看电视剧的实际，坚持从这些小说、电视剧中去挖掘学生们的写作兴奋点，设置写作情景，提倡笔随心动，努力让写作生活化、生活写作化。又如，采取案例式教学，遴选具有代表性的文章进行分析解剖，对照写作规范和要求，让学生从不同角度析案例、说优点、找问题、谈认识，在好差对比中逐步提高写作能力。

（三）坚持从把握重点入手，狠抓职业院校学生的写作技能提升

坚持把应用文写作技能作为职业院校学生的基本能力加以重视。一方面，注重一般的记叙文、说明文、议论文以及文学创造的写作教学，以培养学生基本的听说读写能力。另一方面，根据职业院校人才培养目标，突出通知、计划、总结、请示、报告等应用文写作的教学比重，并且以学生的就业需求为导向，适当增设一些诸如调查报告、说明书、广告词、策划书、求职信、应聘书等实用文体教学，确保职业院校学生能够基本掌握常用的应用文体写作技能。尤其是在应用文教学中，基于应用文写作的性质特点，始终坚持“写”与“用”紧密结合，注重引导学生弄清应用文具有特定的行文目的、行文对象。

（四）坚持从搭建平台入手，狠抓职业院校学生的写作实践锻炼

结合泛媒体时代的形势与特点，尝试搭建“互联网+写作”的教育教学平台。一方面，鼓

励学生通过网络平台，共享互联网信息资源，自主学习相关写作知识和技能，进一步拓展和丰富写作教学课堂。另一方面，注重引导学生通过博客、微信、QQ 等网络平台进行写作实践锻炼并分享个人作品，着力培养其写作成就感。比如，通过微信公众号，开展“仿写比拼”“写作大家谈”“为你读首诗”等活动，不少学生都主动参与其中，在一定程度上实现了写作教育教学“线上线下”的无缝对接。与此同时，还注重鼓励学生向校报、系刊投稿，并对部分优秀作品汇编成册以供相互交流学习。不少学生谈到，自己写的东西能在网上得到点赞，或者见诸报刊，深感自豪。

（五）坚持从夯实基础入手，狠抓职业院校学生的写作内功建设

在教育教学实践中，着力从“听、说、读、看、写”五个方面夯实写作基础、练好写作内功。“听”，即要求学生做到“三听”：听课、听讲座、听广播，并对相关录音进行整理，做好记录；“说”，即要求学生针对某一个话题或某一种现象，以无领导小组的形式，畅谈自己的认识理解、观点看法，务求言之有物、言之有理、言之有情、言之有序；“读”，即要求学生读经典、读范文，广泛涉猎各类书籍，以开阔视野、丰富知识、活跃思维，努力做到“读书破万卷，下笔如有神”；“看”，即要求学生培养和提高观察能力，由表及里、由点及面，留心生活，注重比较、对比和积累，以解决“无米下锅”，随意拼凑，内容空洞，矫揉造作，语言干瘪等问题；“写”，即要求学生勤于动手，多思、多写、多改，静得下心来，耐得住寂寞，努力把写作培养成一种习惯，把写作视为一种修炼。

四、实践收获与启示建议

通过近两年时间的“五抓五坚持”教育教学实践，不少学生的写作水平得到了明显提升，具体表现就是：愿写、敢写、会写、喜欢写。尤其是部分顶岗实习的学生，由于在校期间掌握了基本的日常应用文写作技能，普遍受到用人单位的青睐，被称为“蓝领中的秀才”。实践证明，对于职业院校而言，写作教学并非可有可无，必须站在“培养可持续发展的技能人才”的高度上加以重视；对于职业院校学生而言，写作能力也并非无关紧要，而是技能成才、全面发展、彰显价值的重要基础。在肯定成绩、看到进步的同时，笔者也深刻感到，要改变职业院校语文课尤其是写作课“豆芽科”的现状，任务还相当艰巨，职业院校学生写作能力的培养还亟待加强，尤其需要学院从顶层设计和体制机制层面给予支撑保障。概括起来，有以下几个方面的改进启示和深化建议：

（一）加大写作教学的重视力度是基础

把写作能力作为职业院校学生的基本能力加以培养，开设应用文写作课程，在教学课时、教学资源、教学考核等方面给予专业课同等重视，强化写作课的“基础意识”和“基础作用”。

（二）做好写作课程的教材开发是保障

紧密结合职业院校教育教学的特点、任务和规律，探索开发具有职业院校特色，能够满足职业院校学生就业需求的写作课教材，务求人文性和应用性兼顾，专业课和基础课互补。

（三）丰富网络时代的教学手段是抓手

主动适应泛媒体时代下写作教育教学的新趋势，进一步丰富和完善“互联网+写作”的平台建设，整合要素，优化资源，探索建立写作教学实训基地，不断拓展写作教学的内涵与外延、广度与深度。

（四）创新师生互动的教学模式是关键

完善开放式写作，深化教学互动，让教师、学生“各归其位”。切实搭建互动、交流、共享平台，为学生创造更多走上讲台“讲”、坐在一起“谈”、七嘴八舌“议”的机会，把课堂交还给学生，通过思想火花的碰撞、提升写作能力。

（五）加强写作教师的队伍建设是支撑

通过队伍建设，让写作课教师既有过硬的理论知识又有丰富的实践能力。尤其是在参与培训、订阅教辅、外出采风实践等方面应给予必要保障。

总之，写作课对于职业院校而言是一门基础课，也是一门工具课，培养和提高学生的写作能力和人文素养是其重要任务。从“中国制造”到“中国创造”，迫切需要一大批“大国工匠”和“能工巧匠”。但“大国工匠”和“能工巧匠”除了身怀绝技、技艺超群，还应当具备勇于实践、善于创新，精益求精、德才兼修的“工匠精神”。为了培养“工匠精神”，营造“劳动光荣、技能宝贵、创造伟大”的职业氛围，职业院校的基础课不应缺位，尤其是培养和提升劳动者综合素质的写作课，实应进一步巩固和强化。

参考文献

[1] 黄高峰. 当前高校写作教学的“边缘化”倾向及原因探析[J]. 语文学刊，2012（6）：75-76.
[2] 杨骊，姚茜. 解析“互联网+写作”的“锦城模式”[J]. 写作，2016（1）：29-34.
[3] 何元. 关于中职语文写作教学改革的几点思考[J]. 成功：教育，2013（24）：210.
[4] 王冬云. 基础写作教学应强化学生的读者意识[J]. 考试周刊，2012（64）：38-39.

我国高职体育教育的现实困境和几点思考*

邱存舟

【摘　要】 1996年，全国人大通过了《中华人民共和国职业教育法》，从立法上确定了高职教育在我国教育体系的地位，也拉开了高职教育在我国的发展序幕。高职教育的目标主要是培养技能型、职业型、复合型人才，而体育教育作为高职教育的重要组成部分，尚处在教育改革深水区，理应革新弊旧，去除诟病，在高职整体教育中发挥其应有的成效。采用文献检索和归纳分析的方法，结合自身多年的体育教学经验，总结出高职教育中体育教学的现实困境，并探索相应对策，以期对我国高职体育教学事业有所裨益。

【关键词】 高职；体育教学；现实困境；对策

高职教育作为高等教育的重要补充形式，在我国教育发展初期扮演着不可替代的角色。1980年，我国开始建立职业教育体系，至今，已经走过27年，虽然从规模上来看已经是世界第一，但就其质量和取得的效果来看还远不如西方。如培养理念、教学质量、就业去向等都和西方有着较大差距。体育作为学校教育课程的重要组成部分，其兴衰更替和教育整体质量密切相关，为此，国内外相关专家做了大量的研究。如有国外学者对体育教师教育、青少年体质和体育教学适应性、游戏教学法、体育教学评估体系等做了大量的研究。国内也有学者对体育教学对高职学生心理素质的关联性、赏识教育、ISO质量管理体系等方面进行了大量研究，得出一些结论，并使用到高职教育的实践中。归结起来，国外的学者大多采用实证研究的方式，以事实证明事实，相比国内的纯理论研究，更具有说服力，大多数能经得起循证的检验。但中国和西方国情相差太大，西方的先进做法往往不能直接引入国内，加之中国高职教育起步较晚，因此造成高职体育教学陷入现实困境。

一、我国高职体育教学存在的现实困境

（一）对高职学生体育教学缺乏系统规划

体育教育作为高职教育的重要组成部分，不同于知识和技能的教育，体育教育缺乏系统的规划。在观念上，高职体育教师无论针对中专还是大专学生，都没能对体育充分重视，大多数学生认为体育课就是休闲课，是休息的时间。造成这种现象，体育教师具有不可推卸的责任，因为其对于体育课缺乏系统规划。从具体教学来看，无论学生的年龄和专业，都使用

* 作者简介：邱存舟，部门：人文与艺术，类别：体育教育，通信方式：13088087571，电子邮箱：395722327@qq.com，

几乎相同的教学方法，而缺乏个性化教学机制，应根据学生的年龄、兴趣、身体实际状况等合理规划其体育训练内容，达到事半功倍的效果。

（二）教学器材及设施相对落后

高职学校的办学宗旨培养技能型兼职业型的人才，其实质是一种专业教育。学校一般偏重于对学生的专业知识和技能进行培训，而往往忽略如体育、艺术等方面的教学，但基于教学课程的完整性，而不得不将体育等纳入教学范围，因此，基础体育教学的经费保障基本空缺。大到体育专业的科研经费，小到必要场地或器材等都能省则省，体育课堂常常出现“无米之炊”的窘况。器材和教学设施的严重匮乏和落后使得体育教学停留在最基础的层面，体育课上，老师只能带领同学们做做准备活动、热身操等简单肢体性活动，然后放任同学们自由安排，这无疑会让本该高水准完成的体育教育大打折扣。

（三）体育师资力量严重匮乏

我国现存高职院校在最初大多是由一些高中、培训机构、企业等合并而成，体育教师的水平参差不齐。受体育不重要的传统观念的影响，在学校后期发展中，着重注意理论知识和技能培训方面师资的积累和提升，而对于体育等“豆芽科”几乎忽视。专职的体育老师水平不高，几乎没有接受过高等的体育专业学习，有的学校甚至让年轻的文化课老师兼任体育老师，没有必备的体育教学基础，由此可知，我国体育教学方面师资的匮乏程度。

二、针对困境提出的几点对策

（一）系统规划高职学生的体育教育培养方案

以学分制完成对学生的考核。受传统体育教育模式的影响，高职学生体育成绩一般来源于学期末的一次性考核，包括短跑、中长跑、跳高、跳远等项目，但这种模式存在相当大的弊端。高职学生一般年龄较小，且身体素质之间存在差异性，若在体育中使用同一教学方法和考核方式，势必造成教学与接收的不对等性，达不到体育训练的目的。将各类体育运动量化为具体的分数，学生可以根据自己的身体状况自由选择学期学习内容，最终只要学生选择的科目达到学分要求，则判以体育合格，这样更加具有科学性。一方面可以提高学生的学习兴趣，给予其充分的自由选择权；另外可以因材施教，根据学生的身体状况不同选择不同的训练科目，有助于学生体育素质的提升；除此之外，通过分类训练，可以发掘具有体育潜质的学生，表现优秀的，可以推荐其向专业运动方向发展。

由体能到技能的层级过渡。在对高职学生体育训练的规划中，应充分考虑在教学中按层级分级过渡，不能“一锅混”。根据笔者的文献检索分析，我国目前除警察、消防等行业院校在体育这方面实行层级过渡训练外，其他高校、高职、中学等都无此概念。警察、消防等由于其职业特色，对身体素质和职业技能要求都很高，因此，这类院校在开展教学之前都有诸如体能、基本抗击等方面的训练，最终均取得较好的训练效果。这种方式可以引入到高职体育教学中，在入学初期可以对学生进行必要的体能训练，然后再进行其他方面的教学。

（二）加强体育教师的继续教育

继续教育是一种特殊形式的教育，主要是对专业技术人员的知识和技能进行更新、补充、拓展和提高，进一步完善知识结构，提高创造力和专业技术水平，在整个高职教学团队中，知识和技能型的教师一般能在一定期限内获得继续教育的机会，但体育教学团队却几乎没有机会。笔者通过文献检索和走访调查，发现大部分高职体育教师都有意向接受继续教育，但迫于经费保障不足、教学任务太重、与继续教育机构联系缺失等因素，绝大多数的体育教师都没有接受过继续教育，以至于对体育教学前沿信息的认知不足。固存的知识无法得到更新，只能凭借以往的知识和经验教学，大大影响到体育教学的质量。高职教育机构应当重视体育教师的继续教育，定期委派体育教师去高校晋升学习，鼓励体育教师升学和参加相关学术交流活动，从本质上提升高职体育教学团队的实力，以期更好的服务高职教育。

（三）培养学生的胜任感和自信心

胜任感也称自我价值感，是一种认为自己值得珍惜保护的真实感觉，借着胜任的经验，适当发挥能力的经验，自我价值感才能不断成长，发展下去。高职教育作为中学教育和高校教育之间的跳板，其招录的学生具有某种意义上的特殊性。大部分学生的文化知识基础较差，对自己的学业严重缺乏信心。体育教育作为高职教育的重要组成部分，在教学方式上也应充分考虑如何重新树立学生的自信心，为整体教育服务。以培养学生胜任感为基石，提升学生对自我价值的认识，建立学生的自信心。在体育教学中，多采用赏识教育和游戏教育的方式，采用多种形式对学生取得的成绩和进步及时奖励，让学生对体育产生兴趣，感觉到自身在体育方面的成就感，激发他们通过自身的训练和努力获得他人的认可。长此以往，学生的被认可欲就能获得满足，自信心也会随之建立起来，这些自信心将会队学生平日的学习、生活产生积极影响。

三、结语

高职教育任重而道远，如何办好高职教育，更好地为学生服务是学校的终极宗旨。体育教学作为学生室外课程的重要组成部分，其教学质量将直接影响学生的身体素质和心理健康发展。笔者作为一名在一线教学多年的体育教师，结合自身的实际状况和相关文献检索，分析出我国高职体育教育的现实困境，并提出几点对策，但受本人知识水平和物质条件的限制，所提出的对策仅为理论分析结果，未经循证，希望对该领域的研究有所帮助。

参考文献

[1] 杜志锋. 基于高职学生素质教育视角探讨高职体育教育[J]. 科技资讯，2016，14（34）：136-137.

[2] 晏能谊. 游戏教学方法在高职体育教育中的应用[J]. 才智，2016（32）：19.

[3] 李伟. 高职院校体育教育教学现状分析与对策探究[J]. 学代体育科技，2016，6（24）：48.

[4] 王海燕. 高职体育教学中素质教育的思考[J]. 佳木斯职业学院学报，2016（4）：329.

[5] 崔莹. 浅析由国外体育教育引发的思考[J]. 科技风，2013（23）：188.
[6] 颜鸿填. 高职体育教育 ISO 质量管理的实施原则[J]. 南昌教育学院学院，2012（8）：195-197.
[7] 刘洋，王家宏，陶玉流. 融合与策略：未来体育教师对“融合体育教育”意愿态度的研究[J]. 北京体育大学学报，2012，35（8）：88-94.
[8] 廖建媚. 高校体育教师职后教育研究—福建省高校体育教师继续教育现状与对策[D]. 福州：福建师范大学，2005.
[9] 何元春，王爱萍. 国外体育课程理论的发展方向给我国体育教育专业课程设置的启示.
[10] 南京体育学院学报（社会科学版），2000（3）：40-43.
[11] 赵进，周武. 国外体育教师教育的启示[J]. 体育成人教育学刊，2016，32（6）：21-25.
[12] 于海峰，倪维广. 国外青少年身体活动动机理论及其对体育教育的启示[J]. 心理科学，2008（6）：1443-1445.
[13] 毕力格. 赏识教育在高职体育教学中的应用[J]. 高教探索，2016（51）：140-141.
[14] 万国华，杨小勇，王碧怡. 生命—体育教育的本真回归[J]. 南京体育学院学报（社会科学版），2011，25（3）：96-99.
[15] 陈炜，杨蕾. 论素质教育下的高职体育教育改革[J]. 亚太教育，2016（24）：156.

化整为零考试方式的研究*

——5年来在IMI教学中的感受

薛　兰

【摘　要】 考试，作为检测学生学习情况的平台，应该成为促进学生学习的利器，而不应停留在例行公事的层面，不能只是一件形而上的事。考试不是可有可无的东西，它必须存在，而且必须存在得有意义。

【关键词】 化整为零；考试；促学；利器

我已在讲台上已“摸爬滚打”了22年，对于我而言，考试是一件司空见惯的事，是一件例行公事的事，是一件形而上学的事。但最近的五年，我才真正认识到，考试，这个检测学生学习情况的平台，应该成为促进学生学习的利器，用好它，让它发挥作用，在教学过程中起到真正效果。

一、曾经的困惑

曾经见识过多少次中职或高职生的期中和期终考试，曾经亲自设计过多少张恨不得把重要的、基本的、必须掌握的许多知识点都涵盖进去的考卷，也曾经极不情愿地为了让学生有信心考试合格愿意花时间去复习而制作出的高命中率的练习题，但这些考试，都是属于普通中学或高职的模式，是指学生经过很长一段时间（有时会长达半年）的多门功课的学习后，在放假前的一周内进行批发式、总结式考试。学生如果平时不好好学习，没有及时温故而知新，面对复习题囫囵吞枣，强迫记忆的学生（这在学生中所占比例相当大），就算他们能写出答案，得到及格甚至高分，但这并没有真正检测到学生的学习情况，考完就丢完的现实让我们不得不面对学生对于当前学期学习一片空白的残酷现实。我曾经这样安慰自己，出考前复习题虽不心甘情愿，但考试前总要让学生们花些力气复习吧，他们总会学一点点吧，但这样的安慰恐怕也只能安慰自己，因为在这种极短时间内极快复习多门学科的情形下，勉强能学一点的知识确实太少，也太脆弱，这样的考试实在没有什么意义（除了在填写学生成绩和档案不会出现空白），这样卷面合格而顺利实习甚至毕业的学生，也就是我们的“产品”，质量上如何得到保证，他们到社会上会得到承认吗？我们不能也不敢保证，但也不能因为考试的这些高期望、低收获状况，就减少考试，甚至放弃考试。在近五年的教学实践中深深感受到，

* 作者简介：薛兰，部门：汽车工程学院，类别：汽车检测专业，通信方式：13808218121，电子邮箱：451030585@qq.com。

考试这一载体，不是没用，而是非常有用，只是要看如何去运用。这几年中，本人一直担任学院国际项目之一的 IMI 教学任务，从已参加实习的学生和现正在学习的学生教学实践中，觉得科学运用考试，是促进学生学习及其学习质量的保证。

二、化整为零，赋予考试生命

要让考试真正有意义，有成效，考试就要改革，要具有及时性和实效性，要做到以上两点，以专业课考试为例，应从以下四个方面入手。

1. 考试的节点

考试不要只放在期末，这有着太多的弊端。因为整个一学期所学的内容，一张试卷如何能尽之，哪怕只包括重点，考试内容也只能是片面检测到学生对知识的掌握情况，这是其一；其二，学生会因为面对整本书众多的内容而无从下手，大多数的学生会选择部分看看甚至于干脆不下手，不复习，那么考试成绩合格率低下是完全意料中的，而老师面对这种情况，会违心出一些高吻合度甚至于全吻合的复习题，个别的试卷与复习题甚至连编号都是一模一样。这样得出的成绩和成绩分析毫无意义，学生到单位实习后一问三不知这样的尴尬事不能每次都用苦笑遮掩，那么，为了不让这种事持续下去，要改变这一现象，就要改变考试的时间节点。以本人这五年教授过的或正在教授的班级为例，每学期所学内容大概 6 个单元，每个单元包括理论和技能两个部分，其中技能部分包括一个或几个实作点，比如在 U2（基本操作技能单元）单元，有 13 个技能点，那么我要对他们进行的考试，就是采用化整为零的办法，不在期末统一进行，而是分散到每一个单元。在每一单元完成时，我们会对理论和技能进行考试，这就是节点。这个节点上，考试是及时的，检测学生学习情况也是及时的。

2. 考试的形式

因为学习有理论和技能教学两个部分，那么考试的形式也有不同。在每一次理论教学开始时，我会先提纲式地告诉同学们即将学习的重要知识点，由于之后不会有其他的复习资料，所以，在上课时，同学们会认真听或记那些重点的内容，在教学完的时候，会让学生进行提问或反馈。理论教学完的第二周，就对本单元的理论知识进行考试，题量不大，但本单元的重点都在其中。试卷批阅完了，及时给予反馈，对于考试没合格的同学，会指出他在哪些知识点的缺陷，让其复习，在一周后进行补考，对于第一次补考没过的同学，会再进行第二次补考。经过这样的高密集高强度的考试，一般来说，同学最终都能合格，并且能够掌握该单元的内容。

在技能教学中，学生要对每一个技能点进行学习、练习，然后考试。动手能力稍微困难的学生，他可以申请多一些的练习，考试前，制定考评计划，经过学生签字同意后，确定考试时间和内容。考试时，先发给学生一张工单，上面打印了他需要完成的任务，在每一个技能点对每一个学生进行一对一全程观察、记录，然后对其好的和差的方面对学生进行反馈，再综合他在工单上的描述和对数据的查阅，对其给出考评结果。同样，对于不合格的学生，将会给其补考机会。经过了一个单元学习后的理论和技能考试，对于其中经过认真学习、真实练习才能考试合格的学生，老师很放心，学生也很自信。

3. 考试的进度追踪

为每个班级的学生制定进度追踪表，上面罗列出每个同学在每个单元的完成情况，对于理论部分用分数记录，技能部分用是否通过记录，同时也罗列出本门课程每个单元的计划完成和实际完成日期，这样，每位同学的学习情况就能清晰展现，同学能知道自己的课程完成情况，任何一位老师也能随时掌握到每一位同学的一手资料，在一学期教学任务完成后，不需要再进行期终的考试，都能准确给出学生的成绩，真实而准确，如图 1 所示。

CENTRE 中心　CIVTC　GROUP 组　2016 - 1401

IMI LEVEL 2 PRACTICAL TASKS　IMI 二级实操任务

Family Name 姓	Given Name 名	*Status 状态	IMI Reg No IMI注册号码	G3 JOB ROLES 工作角色	G4 TOOLS 工具			LV02 ENGINE 发动机			LV04 CHASSIS 底盘			LV03 ELECTRICS 电气				LV12 TRANSMISSION 传动		LV0506 INSPECTION 检查	LV01 MAINTENANCE 维护
				AR 考试记录	AR 考试记录	1	2	1	2	3	1	2	3	1	2	9	10	1	3	1	1
Hu	Wei	1				✓	✓	✓	✓	✓											
Hu	Gang	1				✓	✓	✓	✓	✓											
le	Peng	1				✓	✓	✓	✓	✓											
Li	Chuandong	1				✓	✓	✓	✓	✓											
Lin	Yujie	1				✓	✓	✓													
iu	Xiaotian	1				✓	✓	✓	✓	✓											
Mei	Haojie	1				✓	✓	✓	✓	✓											
Ni	Min	1				✓	✓	✓	✓	✓											
Qiao	Haoran	1				✓	✓	✓	✓	✓											
Wang	Qingchun	1				✓	✓	✓	✓	✓											
lang	Hongliang	1				✓	✓	✓	✓	✓											
Xu	Shaojun	1				✓	✓	✓	✓	✓											
Yang	Zhi	1				✓	✓	✓	✓	✓											
Yang	Huan	1				✓	✓	✓	✓	✓											
hao	Qirui	1				✓	✓	✓	✓	✓											
hang	Xiao	1				✓	✓	✓	✓	✓											
ou	Zhongheng	1				✓	✓	✓	✓	✓											
			Due date: 应完成日期	x	x	01/2017	01/2017	11/2016	12/2016	12/2016	04/2017	05/2017	05/2017	10/2017	11/2017	11/2017	11/2017	06/2017	06/2017	03/2017	03/2017

CENTRE 中心：　CIVTC　GROUP 组：　2016 - 1601

IMI LEVEL 2 THEORY TESTS - Pass = 60%　IMI 二级理论考试--及格=60%

Family Name 姓	Given Name 名	*Status 状态	IMI Reg No IMI 注册号码	G0102 H & S 健康与安全	G3 JOB ROLES 工作角色	G4 TOOLS 工具	LV02.1 ENGINE 发动机	LV02.2 ENGINE 发动机	LV04 CHASSIS 底盘	LV03 ELECTRICS 电气	LV12 TRANSMISSION 传动	LV0506 INSPE 检查
				WA 书面考评	WA 书面考评	WA 书面考评	WA 书面考评	WA 书面考评	WA 书面考评	WA 书面考评	WA 书面考评	WA 书面考
Li	Chuandong	1		81	62	82	73	69				
Lin	Yujie	1		88	67	82	66	84				
Liu	Xiaotian	1		85	63	90	70	70				
Mei	Haojie	1		78	67	69	78	60				
Ni	Min	1		70	61	79	67	62				
Qiao	Haoran	1		64	78	91	67	74				
Wang	Qingchun	1		63	66	83	65	66				
Wang	Hongliang	1		72	63	75	73	62				
Xu	Shaojun	1		60	61	94	84	90				
Yang	Zhi	1		61	73	79	73	62				
Yang	Huan	1		64	66	82	74	65				
Zhao	Qirui	1		90	68	64	61	77				
Zhang	Xiao	1		86	62	78	66	68				
Zou	Zhongheng	1		76	61	84	63	60				
			Due date: 应完成日期	09/2016	10/2016	09/2016	10/2016	11/2016	04/2017	10/2017	05/2017	01/2017

图 1　课程完成情况

4. 考试的效果

通过这五年的教学情况来看，采用这种考试节点和考试形式的学生，大多数质量是不错的。

短期效果：学生要经历这样的考试，无论他们是主动还是被动，都会用一些时间对当天或当周所学知识进行复习和拓展学习，会用到书籍或网络，他们或多或少都会掌握到理论知识，并养成良好的实操规范和习惯，同时也能借助资料进行自主学习，几个单元下来，他们基本能自己查阅维修手册，按照上面的步骤进行操作，也能根据理论知识对操作的要点有所理解。每次考试时，学生第一次合格率一般在 50%到 80%，没合格的同学会对本次考试的内容进行再次的复习，以期待第二次考试的合格，这时，他们会花更多的时间进行知识的巩固，曾经有同学在同一个单元的理论考试中，前后经过 4 次才合格，虽然他并不优秀，但是通过知识的复习和理解，相信在成绩合格的同时，他对知识的掌握也是合格的。

长期效果：毕业实习的学生，大多数能完全胜任单位对实习生要求的工作，并将其所学用到其所用。

案例 1：2015 年 3 月份成都金牛保时捷中心对 9 名来自不同学校的实习生进行转正前的考核，来自 I M I 班的两名学生，李忠源和王金岚，在理论和技能两项考核的总分排名为第 1 和第 3，完败其余 7 名来自川内外的大专生（要知道，他俩仅仅为中职生）。李忠源同学考后说到一件事，给我启发很大，他说在技能考试时，预置式扭力扳手如果不归零，要被扣分。9 名实习生中，估计有被扣分的，但对于他们两个，我相信是不会的，因为早在学校学习的若干次练习和考试中都会用到这种扳手，都会有归零的要求，如果他们没按要求做，那么早在学校他们就被扣过分而已经养成归零的习惯了。所以，当学生们在校学习的时候，及时的考试，让他们能逐渐变得规范，并且也让规范变成一种习惯。

案例 2：2015 年毕业的在港宏宏羽公司机电岗位工作的田××同学，在 2016 年 1 月港宏举办的斯巴鲁（包括成都和绵阳等地共 7 家 4S 店）系列全体员工（100 多名）参加的维修技能考核中，战胜很多老员工，取得机电组理论和技能总分第 3 名的好成绩。

案例 3：2016 年 7 月在成都运通博恩汽车销售有限公司机电实习岗位的熊××同学，因工作成绩突出，于 2017 年 1 月被评为该公司“2016 年度最佳新秀”。

以上成绩的获得，跟他们在学校时所受到的 IMI 教学密不可分，更主要是受益于从考试中千锤百炼修得的真本事、好习惯、优意识。

看来，要让学生好好学习，虽是一件棘手的事，但也不是办不到的，他们在进入到学校前，可能在学习上具有方法不好，习惯不好的毛病，但我们也要根据其特点，因事制宜、量体裁衣地想办法让其不再荒废光阴，让他们能真正学到一技之长，授之以渔，毕业后能在社会上找到自己的坐标。所以，职业教学改革，我觉得，化整为零，分期考试，是一把促进学生学习的利器，用好它，让学生学有所成，让我们也能为他们而自豪！

参考文献

[1] 何云鹏. 素质教育背景下高校考试制度改革刍议[J]. 教育教学论坛，2013（52）：253-254.

[2] 韩宗，姜兰兰. 浅析高职高专教育考核方法的改革[J]. 考试周刊，2007（11）：12-13.

[3] 李建伟. 浅谈职业院校的考试方式方法改革[M]. 科教文汇旬刊. 2009：2

[4] 陈静. 加大高职高专院校考试制度改革的思路[J]. 中原文化研究. 2008，16（8）：170.

[5] 蓝昌裕. 高校考试改革与应用型人才培养——以丽水学院为例[J]. 丽水学院学报，2011，33（1）：125-128.

浅谈汽车类对口高职学生学情与积极性调动研究*

陶沙沙

【摘　要】 从2015年开始全国实行了高职综合评价招生政策以来，普通高中和中等职业院校毕业生通过单招学校组织的基本考试即可进入高职院校学习。该政策让学生对高等教育享有更多的选择的同时，也带了新的问题。在同一班级中由于学生的教育背景不同，对教师的教学方式提出了更高的要求。教师需要对学情进行更深入的分析，从而有的放矢，选择合适的教学方法调动学生积极性，将传统教育的“要你学”转化为学生自身的“我要学”。

【关键词】 对口高职学生；学情分析；积极性调动

现阶段，在经济结构调整时期，高等教育的方式和生源都发生着巨大的变化。以往学生能获取高等教育只能通过高考这一普通模式，而现在高等教育正朝着大众化和多元化模式发展。从2007年开始我国教育部批准了浙江、湖南等四省的示范性高等职业院校试行单独招生，这种模式的推行大大解决了三校生（中等职业学校毕业生、职业高中和技术学校毕业生）的升学和就业问题。[1]

以汽车工程学院汽车检测与维修技术专业在2016年首次通过单招的方式录取了74名新生为例。在74人中，50名同学具有中职教育背景；24名同学具有普通高中教育背景。

生源的多元化造成了一个教学班级一部分是普通高职统招生，一部分是对口高职的中专毕业生，学习基础差距较大。普通高中背景的学生，在学习方面具有较强的主动性和自觉性，有自己的学习方法，但是在解决具体问题方面思想准备不够充分。中职教育背景的学生已经在企业工作和实习过，学习主动性较普通高职学生较差。所以如何调动对口高职学生的学习积极性，让其从被动学习转化为主动学习是授课教师需要解决的难题。

一、对口高职学生学情分析

以汽车检测与维修专业16级1班为例，全班37名学生全部为单招方式录取，中职教育背景24人，其比例为67.6%。通过与学生的交流，我们发现在录取的中职学生群体中存在着另一个问题：有的学生在中职阶段所学专业几乎和汽车专业无关，这部分学生在该班中有14名，占全部人数的38.9%。为了更好地研究此班级的学生学情，本次特选取了《汽车发动机

* 作者简介：陶沙沙，部门：汽车工程学院，类别：汽车检测与维修技术，通信方式：138803_4725，电子邮箱：470332554@qq.com。

拆装实训专周》和《工程力学》两门专业课作为研究例证。

《汽车发动机拆装实训专周》是汽车检测与维修专业第二学期的专业课，本课程主要是认识发动机结构以及常见工具、量具的使用。课程共计28学时，其中理论教学围绕发动机的工作工程和组成为主，共计6课时；而拆装和工具、量具的使用占到22课时。

通过随堂听课的方式观察该班级学生的课堂发现，普通高中学生学习的主动性在理论教学过程中表现突出；在课堂互动中他们参与的积极性较高、并且反馈速度较快，对问题的思考能力及理解力很强；而从课堂笔记以及随堂作业反映来看学生对于理论掌握情况好于中职毕业的学生。

从在中职阶段学习汽修专业的学生的课堂学习反映来看，他们认为理论学习很无聊，对实际工作的指导意义不大；所以这部分同学在理论课堂中表现散漫、注意力难以集中的情况，课堂互动参与度不高，较为消极。

其他非汽车类中职毕业生，虽然对汽车专业不具备任何基础，但由于早期的学习散漫性决定其在课堂中表现出对问题理解力较差，同时难以举一反三和较差的知识迁移能力，课堂互动方面显得有心无力；经过一段时间的学习之后部分学生显现出了消极状态。

而在实训教学阶段中职汽修专业的学生由于参与过企业实践，动手能力在实训初期明显优于本班级的其他学生。但是通过反复的拆装练习，在实训专周的后期普通高中的学生拆装能力也会明显提高，中职学生实践能力强的优势不再明显。相反，在后期“电控发动机故障诊断与排除”等知识迁移类课程中，由于先期基础理论知识不牢靠，而造成中职类学生在知识实际运用和问题分析能力上，与来自普高的学生存在差距。

“工程力学”课程是汽车检测与维修专业类的专业基础课，在学习过程中需要运用到物理和数学等知识，中职毕业的同学虽然在中专阶段的学习中也接受过此类知识，但由于练习和运用的频率低于普高类的高职学生，掌握和运用程度往往不够熟练，相关理论知识的运用能力欠缺。通过对该课程的成绩统计发现，合格率为 78%，不合格的学生除一名来源于普高，其他均为中职毕业学生。而针对整个分数段分析，低分学生均来源于中职毕业学生。

从以上两门课程分析来看中职毕业的学生存在动手能力强、学习动机弱和动机不明确等特点。由此带来了学习迁移能力缺乏、知识应用能力不强，不重视理论知识学习，而在后期理论知识运用时由于忽视了基础理论的学习，让课程纵向和深度延展性难以实施。如果在教学中不加以区分地对同一班级两类学生实施同一套教学方法，教学质量将难以得到保障。

二、基于构建积极心理学视野下积极性调动理论的提出

积极心理学又称正向心理学，是20世纪末西方心理学界兴起的一股新的研究思潮，由美国当代著名的心理学家马丁·塞里格曼、谢尔顿和劳拉·金创立。该理论是研究人类积极的品质，充分挖掘人固有的潜在的具有建设性的力量，促进个人和社会的发展。运用该理论培养学生的积极性为了力求让其在学习过程中保持快乐情绪，让学习主体在整个学习过程中具备个体自主能力、自我导向，个体具备积极性、高唤醒性和可习得性等特点。

学生是学习活动的主体，教学活动是否能有效开展前提就是要带动学生积极主动参与。如果课堂让其缺乏最为基本的积极性，就不能算是有效的快乐学习。积极心理学认为积极的情绪会给学习者带来正面的情绪体验，使得个体处于在体力、智力和社会适应等方面表现出

拓延能力。[2]

三、对口高职学生积极性调动策略

中职毕业学生相对于普通高职类学生而言，其往往是他人所认为的学习上的后进者，在生活当中通常会受到家长的训斥和社会的轻视，具体表现为班级当中的不自信。同时此类学生由于在中职阶段学习过程中年龄多为十五、六岁，学习主动性和积极性不强，班级大环境中缺乏家长的监督和不良气息侵蚀。造就了此类学生学习积极性弱，研究如何调动对口高职学生积极性势在必行。[3]具体提高对口高职类学习积极性策略包括以下方面：

（一）教学与生产实践相结合

传统教学还停留在“大包大揽”的教学方式，但是由于中职毕业学生对每个知识点的掌握和知识的迁移能力都达不到最初的授课目的。传统教学都是先上课再实操最后在企业实践中去检验知识掌握能力，这样会造成学生学习目的不明确；但是在实际教学中可以将整个过程倒推，先让学生在企业中参观实习并且和企业管理人员沟通，让学生明确从事具体的工作岗位在前期必须有哪些知识和技能方面的储备，再让学生带着目的性去学习。将学生的被动接受知识的“要我学”模式转化为“我要学”的自主积极模式。

（二）合理分配理论和实践教学

理论和实践授课都是教学当中的重要环节，过多的理论教学会让原本理论知识薄弱的中职毕业学生压力较大，由此让学生消极对待知识点。对于一个班级当中的不同生源，教师在授课过程中需要将学生分层次进行教学活动。例如中职毕业学生优势在于具体实践操作，教师在授课中可以在中职毕业学生已经具备的专业知识进行加深并配以实物展示。以《汽车构造》一个知识点为例，在中职的学习中学生已经明确了配气机构的组成和工作原理；而在具体的授课安排上教师可以将知识点深入，引入 vvt-i 等类型的可变气门正时系统。先让大家去观察台架上发动机配气机构的区别，肯定对口高职已经具备的基本知识，让学生从问题入手从而调动学生自主学习的积极性，进而产生理论知识与生产实践的联系，促进知识的迁移。

（三）教学方法多样化和教师队伍优化

在如何调动学生的积极性方面，我们不能只是将注意力锁定在学生层次，教学活动中教师作为知识传授者也不容忽视，所以调动学生积极性还可以从优化教师队伍入手。企业一线员工具备丰富的工作经验，可以选取较多的具体案例来强化知识的重要性，而这些来源于企业的老师往往在课堂组织能力和语言表达能力方面存在不足。来自企业和学校教师都具备各自的优势和不足，在实际教学中可以加大两者的融合，利用各自优势合理组织课堂。例如针对这种情况我系在学生的学习过程中定期聘请优秀毕业生和企业员工以讲座的形式，让学生明确学习任务，提高学习积极性。

四、小结

高等职业院校在实施综合评价招生政策以来，学生来源和以往相比朝着多元化和大众化方向发展，中职毕业学生不同于普通高职学生，作为教育工作第一线的职业院校必须根据学生的个性特点调整教学方式。通过调动中职毕业学生的学习积极性，将学生“理论知识薄弱、动手操作执行能力强”的学习特点转化为积极主动接受并运用知识。

参考文献

[1] 黄文伟. 议程、备选方案与公共政策：我国高职院校单独招生政策的制定机制——基于“三流交汇”的政策制定模型[J]. 现代教育管理，2011（9）：39-42.

[2] 杜宏静. 基于积极心理学理念的高职学生“快乐学业”研究[J]. 长春教育学院学报，2014，30（16）：143-144.

[3] 史丽娟. 学业愉快情绪研究综述[J]. 山西煤炭管理干部学院学报，2009（1）：42-43.

Excel 在学籍信息管理中的应用*

黎安平

【摘　要】 学籍信息管理是学校中经常要进行的一项繁琐而又十分重要的工作，Excel 作为一款功能强大的电子表格软件，广泛应用于各行各业，可以方便高效地处理数据，能大大减少工作量。以实例说明 Excel 在学籍信息管理中的具体运用，并且对公式进行了详细说明，以便大家能真正理解函数的意义和用法，更好地运用到自己的工作中去。

【关键词】 Excel；函数；身份证；学籍信息

每年新生入学，需要录入大量的学籍信息，包括学生的身份证号码、性别、年龄、出生日期、户籍地等信息，不但工作量非常大，在录入时还可能再次出现错误，输入完成后不仅要进行核对，还要做数据统计。怎样提高工作的效率和准确性？我们可以借助 Excel 电子表格软件，利用 Excel 的函数编写公式，可以方便快捷地对学籍信息进行提取、分类和统计，以及利用 Excel 的数据有效性功能，不但能使复杂的事情简单化，提高工作效率，而且可以保证录入信息的准确性，达到事半功倍的效果。

下面就以学籍信息管理中遇到的几个问题为例，简单介绍 Excel 的具体运用。

假设我们要输入的学生学籍信息表如图 1 所示。

	A	B	C	D	E	F	G
1	身份证号	姓名	性别	出生日期	年龄	户籍所在地	户籍性质
2	510901199703230261	赵红					
3	510122199809218758	李新					
4	510306199605053873	张磊					
5	510101199905020428	林洁					

图 1　学生学籍信息

该论文所有图中涉及个人隐私的信息均为虚构。

一、输入身份证号码

在 Excel 中，当输入超过 11 位的数字时，Excel 会自动使用科学计数法表示。因此，如果我们直接输入身份证号码，如第一个身份证号码，就显示为 5.10601E+17。如果以文本的方式输入，就能正常显示。我们先选中要输入身份证号码的 A 列单元格，在“单元格格式”对话框“数字”选项卡中选择“文本”，再输入身份证号码。或者在输入这些号码之前先输入一个英文的单引号“'”再输入数字。同样的方法还可以用于输入手机号码、银行卡号、学籍号等

* 作者简介：黎安平，类别：办公自动化，通信方式：13628062380，电子邮箱：study324@sina.com

非计算用的数字，在 Excel 中，也称为文本型数据。

二、从身份证号码中提取信息

（一）身份证号码的含义

现在的居民身份证号码都是 18 位数。第 1~6 位为行政区划代码，第 7~14 位为出生日期码，第 15~17 位为顺序码，其中第 17 位代表性别（奇数为男，偶数为女），18 位为校验码。只要我们输入了身份证号码，那么性别、出生日期、年龄、户籍所在地这些信息，都可以由 Excel 函数自动完成。

（二）性别

利用身份证中的第 17 位数输入 C 列“性别”。

在 C2 单元格输入公式如图 2 所示。

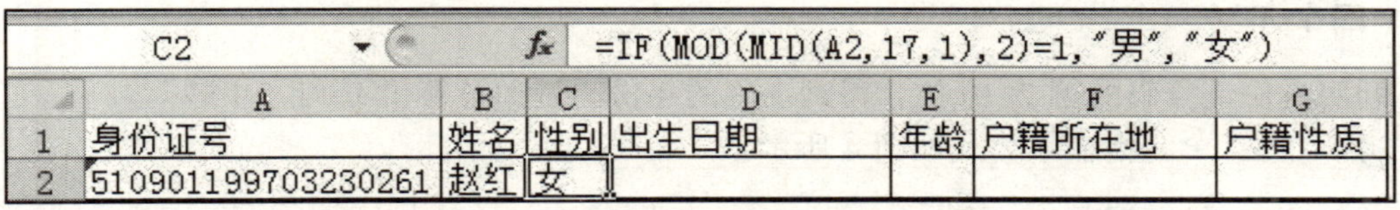

图 2　性别公式

公式的含义是：

（1）MID（A2，17，1）提取身份证号码中的第 17 位数。

（2）MOD（MID（A2，17，1），2）将提取的第 17 位数除以 2，取余数。

（3）利用 IF 函数判断性别。

=IF（MOD（MID（A2，17，1），2）=1，"男"，"女"）

如果 MOD（MID（A2，17，1），2）得到的余数为 1，说明第 17 位是奇数，返回的结果为“男”，否则返回结果为“女”。

（三）出生日期

利用身份证号码的第 7~14 位输入 D 列“出生日期”。

在 D2 单元格输入，公式如图 3 所示。

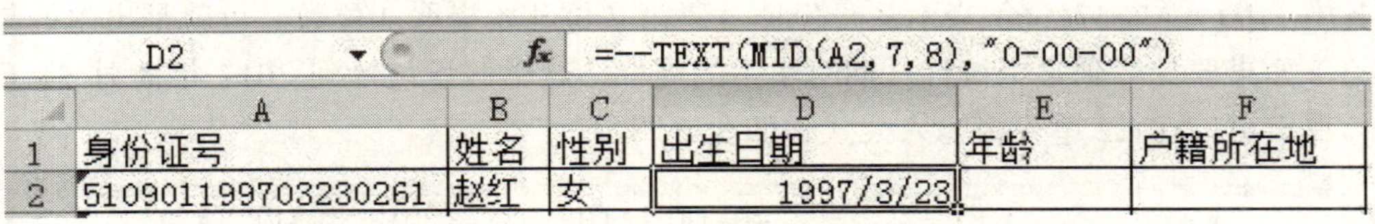

图 3　出生日期公式

公式含义为：

（1）MID（A2，7，8）表示提取身份证号码，从第 7 位开始取 8 位数，我们可以得到一个 8 位数字“19970323”。

（2）=TEXT（MID（A2，7，8），"0-00-00 "）

用 TEXT 函数将 MID（A2，7，8）取出来的数字，用"0-00-00"格式显示，本例返回结果为“1997-03-23”。

提示：如果想将出生日期的格式显示为“1997 年 03 月 23 日”，可以将 TEXT 函数的参数改为“0 年 00 月 00 日”。不过，这两种方式得到的日期实际都是文本型数据，不是真正的日期型数据，不能改成其他的日期格式。

（3）如果想将身份证号码提取出来的“出生日期”这 8 个数字变成真正的日期型数据，且可以任意修改出生日期的显示格式，可以在公式前面，加上两个“-”号，即做两次负运算。上面公式可以改为：

=--TEXT（MID（A2，7，8），"0-00-00"）

将 TEXT 函数计算出来的结果，做负运算，可以让 TEXT 函数取出来的文本型数字转换为数值型数字。因此，本例回车确认后得到的将是一个数字，需要再在“单元格格式”对话框将数字的格式修改成日期格式。

（四）年龄

利用身份证号码的第 7~10 位，得到出生的年份，进而计算出 E 列“年龄”。

（1）在 E2 单元格输入公式如图 4 所示。

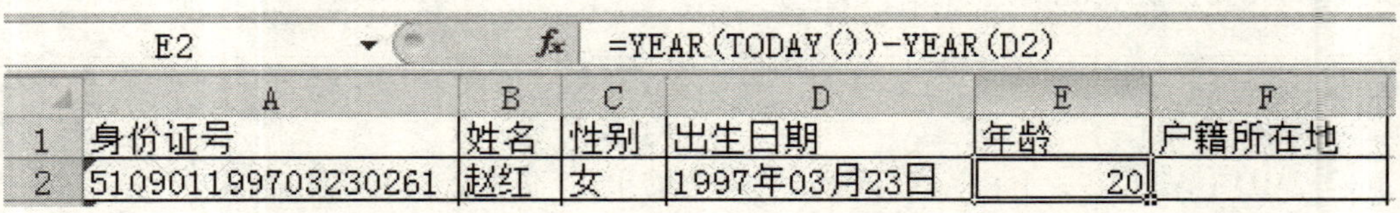

图 4　年龄计算公式（1）

公式含义是：今天的年份减去出生日期的年份得到今年的年龄。

（2）直接从身份证号码中提取年份来计算年龄，公式如图 5 所示。

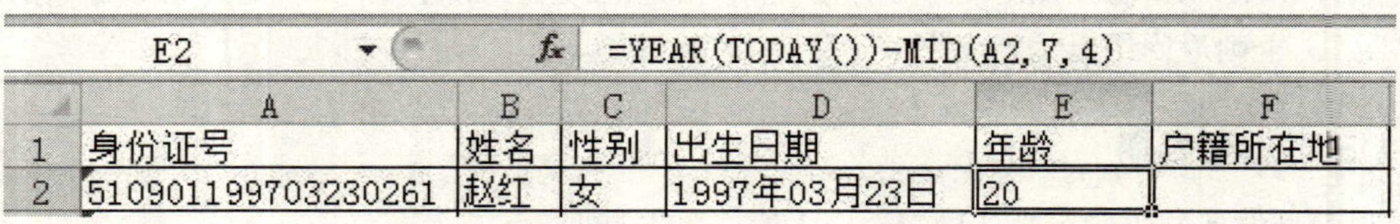

图 5　年龄计算公式（2）

其中 MID（A2，7，4）表示从身份证号码第 7 位开始提取 4 位数，也就是出生的年份。

（3）如果要计算到某个统计日期时学生的周岁，这里假设统计到 2017 年 8 月 31 日时的周岁，那么可以在 E2 单元格输入公式，如图 6 所示。

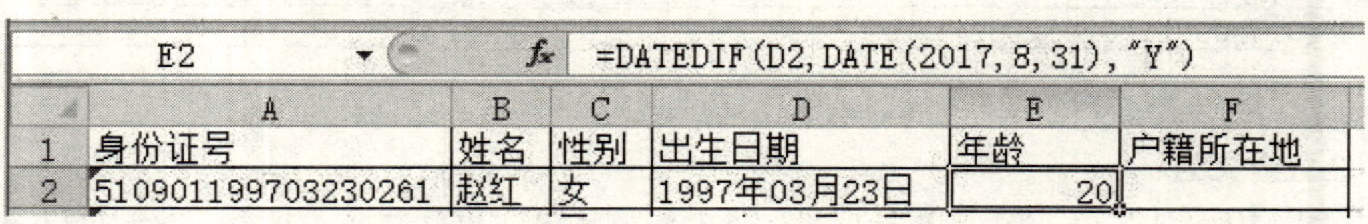

图 6　周岁计算公式（1）

公式的含义是：

计算 D2 单元格表示的“出生日期”为起始日期，与 DATE（2017，8，31）表示的结束日期“2017 年 8 月 31 日”之间的整年。

DATEDIF 函数是 Excel 中的隐藏函数，可以用于计算两个日期之间的整年、整月和天数。

（4）如果想从身份证号码直接计算出生日期到指定的某个日期的周岁，如“2017 年 8 月 31 日”时的周岁，公式如图 7 所示。

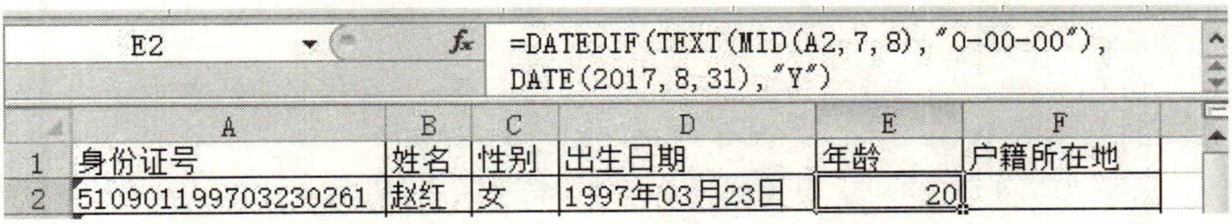

图 7　周岁计算公式（2）

其中 TEXT（MID（A2，7，8），"0-00-00"），表示从身份证号码中提取出生日期。

（五）户籍所在地

身份证号码中前 2 位表示省，第 3、4 位表示市，第 5，6 位表示县或区。本文以前 4 位为例。先用 Excel 函数提取身份证号码的前 4 位数，再利用这 4 位数在“行政区对照表”中对照查找户籍所在地。

首先我们从国家统计局官网上下载一份最新的行政区划代码，再将其导入到一个新工作表中，其中“代码”列为文本格式，然后将数据区域自动套用格式，并在“表格工具”/“设计”选项卡的“属性”组中，将该表命名为“行政区对照表”。现在以四川省为例，导入了四川省的行政区划代码表，如图 8 所示。

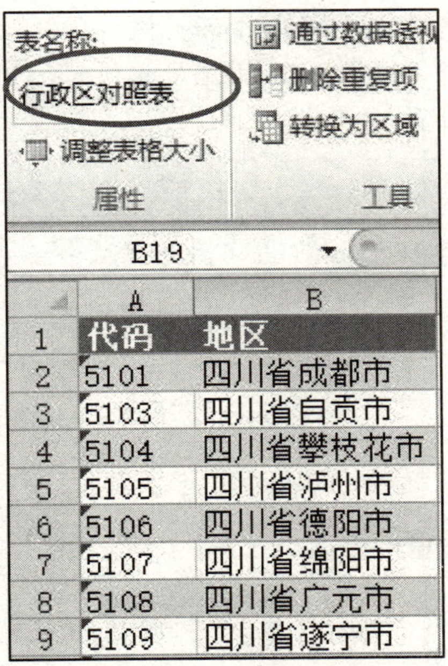

图 8　行政区划代码表

然后在 F2 单元格输入公式，如图 9 所示。

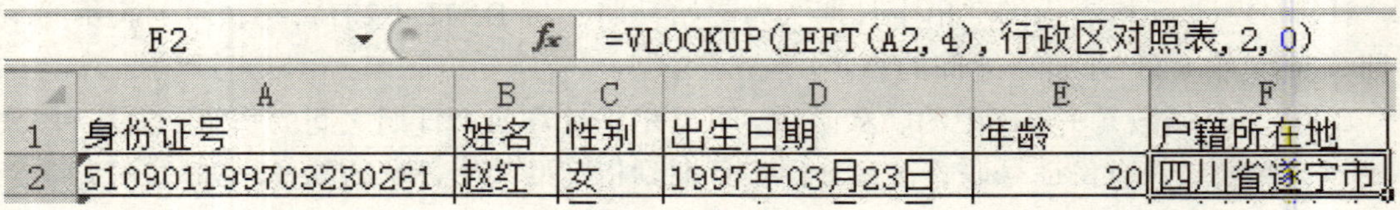

F2 =VLOOKUP(LEFT(A2,4),行政区对照表,2,0)

	A	B	C	D	E	F
1	身份证号	姓名	性别	出生日期	年龄	户籍所在地
2	510901199703230261	赵红	女	1997年03月23日	20	四川省遂宁市

图 9　户籍所在地计算公式

公式的含义是：

（1）LEFT（A2，4）提取身份证号码左边的 4 个字符，这里得到的是“5109”。

（2）利用 VLOOKUP 函数，查询由 LEFT（A2，4）得到的“5109”，在“行政区对照表”中对应的第 2 列单元格中的值。在本例中查询到的结果是“四川省遂宁市”。

垂直查询函数 VLOOKUP，是一个非常有用的函数，如果两个表有相同的字段，它可以通过相同字段查找另一个表中对应的信息，从而将一个表格中的一列数据引用到另外一个表中。

这样，我们通过身份证号码，就可以完成性别、出生日期、年龄、户籍所在地的自动填充，提高了工作效率，保证了数据的准确性。

三、运用 Excel 的数据有效性快速输入信息

在学籍信息表中，有些信息比较少，但却是唯一的，比如民族、户籍性质、政治面貌等。户籍性质有三种：农村、城市、城镇非农。我们可以利用 Excel 的“数据有效性”功能，将三种户籍性质做成下拉列表选项，输入数据时，在列表中选择需要的选项即可，提高了输入速度，避免了重复输入。

在本例中，选择“户籍性质”列中的 G2 单元格，单击“数据”选项卡/“数据工具”组中的“数据有效性”按钮打开对话框，在“设置”选项卡下“允许”中选“序列”，“来源”中输入“农村，城市，城镇非农”，每两项之间用英文半角逗号分隔，如图 10 所示。

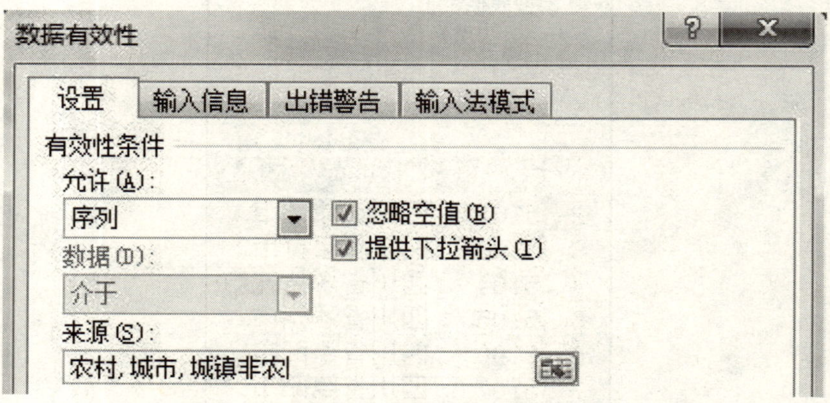

图 10　户籍性质设置

图 11 为设置完成后的效果。

	A	B	C	D	E	F	G
1	身份证号	姓名	性别	出生日期	年龄	户籍所在地	户籍性质
2	510901199703230261	赵红	女	1997年03月23日	20	四川省遂宁市	
3	510122199809218758	李新	男	1998年09月21日	18	四川省成都市	
4	510306199605053873	张磊	男	1996年05月05日	21	四川省自贡市	

（下拉列表：农村 / 城市 / 城镇非农）

图 11　户籍性质下拉菜单

四、统计学籍信息表中的数据

当我们完成数据输入以后，有时还需要统计学生的信息，如图 12 所示。

	A	B	C	D	E	F	G
1	身份证号	姓名	性别	出生日期	年龄	户籍所在地	户籍性质
2	510901199703230261	赵红	女	1997年03月23日	20	四川省遂宁市	农村
3	510122199809218758	李新	男	1998年09月21日	18	四川省成都市	城镇非农
4	510306199605053873	张磊	男	1996年05月05日	21	四川省自贡市	城市
5	510101199905020428	林洁	女	1999年05月02日	18	四川省成都市	农村
6	510506199803090498	王力	男	1998年03月09日	19	四川省泸州市	农村
7	511024199702247284	孙英	女	1997年02月24日	20	四川省内江市	城市
8	510621199807058208	吴晓	女	1998年07月05日	19	四川省德阳市	城市
9	510106199902116526	李铃	女	1999年02月11日	18	四川省成都市	城镇非农
10	510302199805123214	刘旭	男	1998年05月12日	19	四川省自贡市	农村
11	510106199811084116	张亚	男	1998年11月08日	18	四川省成都市	农村
12							
13							
14	户籍所在地统计	人数		人数统计			
15	四川省成都市			男			
16	四川省自贡市			女			
17	四川省攀枝花市			总人数			

图 12　学生信息统计图

（1）统计“户籍所在地”的人数，在 B15 单元格输入公式，如图 13 所示。

B15　=COUNTIF($F$2:$F$11,A15)

	A	B	C	D	E	F
14	户籍所在地统计	人数		人数统计		
15	四川省成都市	4		男		

图 13　户籍所在地人数统计公式图

公式含义是：统计户籍所在地本例中为 F2：F11 区域中，条件为“四川省成都市”即 A15 的单元格个数。这里户籍所在地区域，用绝对引用$F$2：$F$11。

（2）统计男生人数，在 E15 单元格输入公式，如图 14 所示。

E15　=COUNTIF($C$2:$C$11,D15)

	A	B	C	D	E	F
15	四川省成都市	4		男	5	

图 14　男生人数统计公式图

公式含义是：统计性别区域 C2：C11 中条件为“男”的单元格个数。

拖动 E15 填充柄到 E16，可以统计女生人数。

（3）计算“总人数”时，只需要把男、女生人数加起来即可。

同样的方法，还可以统计各年龄段人数等信息。

所有这些公式，如果事先在学籍信息表中设置好，只需要输入学生的身份证号码，其他列的信息，如学生的性别、年龄、出生日期、户籍所在地、统计信息等全部都可以自动完成。

五、结束语

上面只是列举了几个在学籍信息管理中 Excel 的应用。Excel 功能十分强大，学籍信息管理也很复杂，只要我们能用心研究、灵活运用，就可以大幅提高学籍管理工作的效率和数据录入的准确性。

参考文献

[1] 于双元. 全国计算机等级考试二级教程——MS Office 高级应用[M]. 北京：高等教育出版社，2014.

[2] 陈卫凤. 在 Excel 中提取身份证出生年份及判断性别[J]. 教师，2012（14）：125.

[3] 刘艳慧. Excel 函数在学生信息管理中的应用[J]. 价值工程，2014（6）：195-196.

职业学校班级管理量化考核设计与实现*

——以成都市工业职业技术学校汽车工程系为例

潘 旭

【摘 要】 职业学校班主任的津贴发放，往往和班级月度考核息息相关，如何实现班级月度量化考核，一直以来是每一个德育工作管理者思考的问题。购买专业公司所开发的管理平台往往是花钱买不来实用，而利用 EXCEL 软件的强大公式编辑功能，即可轻松完成一款经济实用的量化考核系统。

【关键词】 职业学校；德育；量化；考核

教育部 2017 年工作年度计划中，把“立德树人”作为学校教育教学工作的根本。对于职业学校而言，更是将此作为德育工作的重点。

职业学校德育工作是一个循序渐进的过程，需要德育工作者，尤其是班主任、辅导员付出很多，班主任、辅导员的月度津贴发放往往和所带班级的整体表现相挂钩。但是，在当前的职业学校学生管理工作考核中，很多工作都停留在定性评价而无具体数据，无法量化[1]。那么，如何既保证奖优罚劣，奖勤罚懒，又要保证公平公正；既要凸显工作质量，又要突出各项数据；实行班级量化考核即为有效途径。

实施班级量化考核，可有效提升系部德育工作的工作效率，体现公平、公正、公开；可明确班级管理核心内容，促进班级管理的有的放矢；做到管理目标具体化、数量化，可为学生自我教育、自我管理、自我服务提供一个平台，使学生个人目标和集体目标相统一；通过数据分析，能够很快查找班级管理过程中存在的问题，为班级管理的着力点提供有效参考[2]。

实现班级管理量化考核的方法很多，也可花钱直接购买各类公司的管理平台。但是多数平台只能完成通用管理功能的设计，平台中的很多功能不能投入实际应用，造成较为严重的资源浪费[3]。鉴于此，结合本校德育工作管理特点，利用 OFFICE 中 EXCEL 的强大功能，编制了一个较为实用的班级量化考核系统，经过一段时间的试用，大大提高了工作效率，基本实现了量化考核要求。

一、量化模块的提炼与赋值设计

以我校为例，根据学院对班级的考核内容，班主任津贴由月度津贴和学期奖励两部分组成，

* 作者简介：潘旭，部门：汽车工程学院，类别：教育教学研究，通信方式：18980610863，电子邮箱：1347208689@qq. com。

月度考核包括学生宿舍管理、日常行为管理、班级早晚自习管理、班级文化建设、无烟管理、藏区 9+3 管理、学生仪容仪表管理、违纪学生管理、突发事件应急管理、班主任考勤管理等十余项指标；在此基础上，还进行每月德育工作的系部排名。这些内容当中，要实现全部量化考核，存在一定难度，那么，选取哪些纳入量化考核体系，是我们首先要解决的问题。

针对学校考核机制，结合实际工作，我们制定了量化考核模块的选择条件：

（1）所有的量化模块，必须从学校月度考核目标中进行提炼；学期考核根据月度量化数据，可直接完成汇总；

（2）为确保公平，所提炼的量化考核模块，要全部依靠数据进行等级划分，任何人为因素都不能改变考核结果；

（3）所提炼的考核模块，需便于考核人员实施与统计，不应该额外增加考核人员的工作内容和劳动强度[4]；

（4）最大限度地囊括学校的考核指标。

按照以上条件，结合考核目标，提炼出八个考核项目进行量化实施，如表 1 所示。

表 1　班级考核项目表（基础分 100 分，每项不计单项分值）

序号	考核项目	考核说明	加分分值	减分分值	考核方式
1	寝室内务（权重：30%）	以学校公布红黑榜比例为考核基准，统计并计算每班红黑榜比例，作为考核参考（混合班级暂不计数）	按每月红榜比例加分： 1. 达到学校（或系部）平均比例：+10 分； 2. 超过学校（或系部）平均比例： ≥5%：+15 分； ≥10%，+20 分； ≥15%，+30 分	红榜未达到学校（或系部）平均比例：-10 分； 黑榜： 班级寝室基数≥5，周允许出现一次（一个寝室）黑榜；超过部分：-3 分/个. 次	月评
2	仪容仪表基本素养（权重：20%）	正常行课期间，对学生在教学区域内按规定着装校服、工装、佩戴校牌；穿拖鞋及带食物进入教学区域；上课时间使用手机、在教室对手机充电；佩戴帽子（男生）、耳环、项链、戒指、手镯、手链等饰物；留长发（男生），染发、烫发	1. 着装加分 检查时：不按规定着装、佩戴校牌人数总和≤10%；+10 分； 2. 素养加分：检查时，无违反规定在教室充电、带食物进入教室情况，+10 分	1. 着装：检查时，如出现戴首饰，按照 2 分/人进行扣分；未按规定着校服、工装、佩戴校牌人数>10%，-10 分；>20%，-15 分，>40，-30 分； 2. 在教室充电、带食物进入教室按照 3 分/（次.人）进行扣分	每周最少一次抽查
3	自习纪律（权重 10%）	教学时间内，按照系部统一规定完成早自习阅读，遵守早晚自习时间	全部按照系部要求完成早自习内容；+10 分/班； 早自习无迟到；晚自习无早退，+15 分/班；	不按规定完成早自习内容：-3 分/次；早自习迟到；晚自习早退（以系部、学生处通报为准）：-2 分/人	每周随机抽查至少一次

续表

序号	考核项目	考核说明	加分分值	减分分值	考核方式
4	无烟管理（权重：15%）	按照学校要求，学生不能在校园内抽烟	寝室烟头以宿管记录为准，月评无烟头无违纪记录：+20 分（营销 14 级+10 分）	1. 寝室烟头：以宿管记录为准：-3 分/个；2. 凡由学生处现场发现抽烟-15 分/次；系部发现抽烟：-5 分/次	月评
5	班级管理（权重 10%）	加强安全教育，积极、及时处理班级内部矛盾	班级学生出现矛盾纠纷，班级内部解决的不扣分；提前发现重大安全隐患，防止恶性事件发生+5—20 分（以系部认定为准）	1. 班级内部矛盾交学生科处理的视情节-3 分/次，交学校有关部门处理的视情节-5 分；2. 班级学生参与群体事件、发生重大、恶性事件-20 分/次	月评
6	学生活动（权重 5%）	1. 没办按照学校及系部要求，保质保量，按时完成黑板报、主题班会等工作； 2. 积极组织本班学生参加系部，学校各项集体活动；	1. 按时完成黑板报，质量评比前 5 名按照 10-2 分加分； 2. 各项活动参与度前 5 名按照第一名+15 分，第五到第二名加 4~10 分	未在规定时间内完成黑板报及主题班会信息报送：-5 分/次	月评
7	学生违纪（权重 5%）	加强学生纪律教育，促进班级良性发展	月度全班无受处分学生，+15 分	学生中有给予开除学籍、勒令退学、留校察看、记过、严重警告、警告等违纪处分的每人每次分别扣 10、7、5、3、2、1 分	月评
8	教室管理（权重：5%）	保证教学场所公物完好，保持教室干净整洁、积极打造班级文化	1. 教室卫生抽查合格：+10 分/次；2. 教室前后门没有遮挡物：+10 分/次	1. 教室卫生抽查不合格：-10 分/次；2. 检查时，教室前后门有遮挡物：-10 分/次	周评抽查

对于每一个考核模块，都进行了基础量化：

（1）按照学校要求，对于每一个考核模块都设定了考核权重，并分配了权重系数；

（2）每一个模块都进行了加、减分分段设定（见图 1）；

（3）考核方式设定了每日检查和每周抽查两种，全部进行每月汇总。

加分分值	减分分值
按每月红榜比例加分： 1）达到学校（或系部）平均比例：+10 分； 2）超过学校（或系部）平均比例： ≥5%：+15 分； ≥10%，+20 分； ≥15%，+30 分	红榜未达到学校（或系部）平均比例：-10 分；黑榜：班级寝室基数≥5，周允许出现一次（一个寝室）黑榜；超过部分：-3 分/个.次

图 1 模块加减分分段设定

二、量化指标的公式转换

完成了量化考核模块提炼和赋值设定之后，下一步需要完成的工作如下：

（1）如何将每一个考核模块转化成能够自行计算的公式，并形成完整的考核系统；

（2）怎样将部门考核与学校考核进行有效结合；

（3）如何实现奖优罚劣，提升整体工作效率和工作积极性[5]；

（4）如何实现德育工作成效与部门奖励的有机结合。

在对已有量化考核进行权重赋值、加减分段赋值的前提下，制定了“基本津贴+月度排名+考核奖励”的计算方法，用来实现班级月度考核津贴的计算与发放，并有效完成了上述 4 点量化要求。

（一）确定月度津贴计算公式

采用“基本津贴+月度排名+考核奖励”的计算方法来实现班级月度考核津贴的计算与发放。

1. 基本津贴

基本津贴与班级人数、藏区 9+3 学生人数相关联，设定计算基数：班级人数≥30 人，月度津贴基数=（800 元 + 10 元/人×（班级人数-40） + 10 元/人×（9 + 3）人数）；班级人数 < 30 人，月度津贴基数=（800 元×人数系数+10 元/人×（9+3）人数），人数系数如表 2 所示。

表 2 人数系数（在校班级以 40 人为标准建制）表

序号	班级人数	人数系数
1	40 人及以上	1
2	30~39	0.9
3	20~29	0.7
4	19 人及以下	0.5

2. 月度排名

根据月度考核进行排名，同时，依照学校对系部的月度考核排名，设定本部门月度考核等级比例（一般情况下，A 等班级数占班级总数的 15%，津贴按照基本津贴的 1. 4 倍发放，E 等班级数占班级总数的 5%，津贴按照基本津贴的 0. 8 倍发放），当本系德育工作获得学校排名前三名或后两名的时候，调整本部门考核 A、E 等级的比例，实现了德育工作成效与部门奖励的有机结合（见表 3）。

表 3　月度考核系数如下表

考核等级	所占比例	考核系数	备注
A	15%	1.4	若所在部门获学校月评 1~3 名（优秀级），可调整比例至 16%-20%，若在学校月评排名最后两名，比例下调至 5%-10%
B	25%	1.2	
C	35%	1.1	
D	20%	1.0	
E	5%	0.8	若所在部门获学校月评 1-3 名（优秀级），取消本等级，若在学校月评排名最后两名（差等），比例增加至 10%–15%

注：月度考核系数由每月学校对系部的考核等级，班级考核所在排名核算考核系数。

3. 考核奖励

按照班级在系部的考核排名，对于获得“A”等的班级，津贴按照基本津贴的 1.4 倍发放；获得“B”等的班级，按照 1.2 倍基本津贴发放；获得“E”等的班级，只发放基本津贴的 80%，体现奖优罚劣，提升了整体工作效率和工作积极性。

（二）量化指标的公式编辑

制定完毕基本津贴计算公式中的人数系数、考核系数过后，即需要利用 EXCEL 软件的公式编辑功能加以实现。

1. 基本津贴的计算

按照所制定的基本津贴计算方法，利用 EXCEL 软件自带的“IF”函数指令，完成基本津贴的公式编辑，实现基本津贴的计算（见图 2）

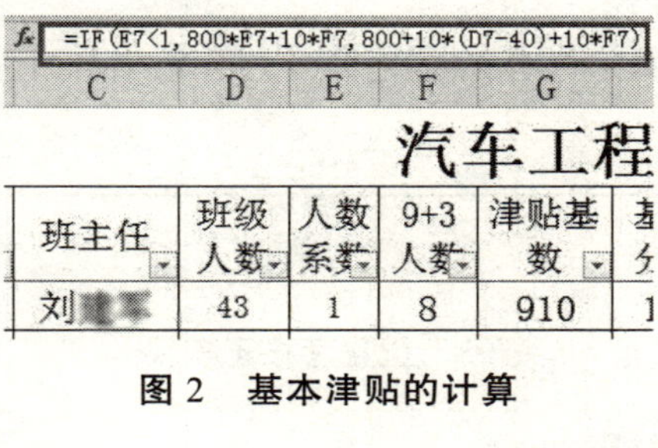

图 2　基本津贴的计算

2. 考核奖励计算

考核奖励的计算关键，在于考核系数的确定。考核系数的确定可分为两步完成：

1）确定考核等级

考核等级的确定，可按照系部排名确定考核等级的比例（比如进入全校前三名，“A”等比例为 15%），按比例确定各等级班级数量，然后根据月度考核得分进行排名，使月 EXCEL 中的“RANK”函数指令可实现排名；按排名前后和各等级班级数综合确定各班的月度考核等级（见图 3）。

```
=IF(S7<6,"A",IF(S7<15,"B",IF(S7<27,"C",IF(S7<34,"D","E"))))
```

主任月度津贴核发明细（校内班级）

室内务	仪容仪表基本素养	自习纪律	无烟管理	班级管理	学生活动	学生违纪	教室管理	其余加分	总评分	排名	月评等级	考核系数
.6	16	10	12	8	0	0.75	3		146.15	5	A	1.4
.6	16	10	12	8	0	0.75	4		141.15	8	B	1.2

图 3　班级考核等级确定

2）确定考核月度考核系数

月度考核等级确定后，使用 EXCEL 中“LOOKUP”函数指令可直接生成考核系数（见图 4）。

```
=LOOKUP(T7,{"A","B","C","D","E"},{1.4,1.2,1.1,1,0.8})
```

主任月度津贴核发明细（校内班级）

室内务	仪容仪表基本素养	自习纪律	无烟管理	班级管理	学生活动	学生违纪	教室管理	其余加分	总评分	排名	月评等级	考核系数
.6	16	10	12	8	0	0.75	3		146.15	5	A	1.4
.6	16	10	12	8	0	0.75	4		141.15	8	B	1.2
.6	16	10	11.3	8	0	0.75	4		140.4	25	C	1.1

图 4　月度考核系数确定

三、量化考核子模块的生成与编辑

确定了量化考核津贴计算总模块过后，系统任然不能投入使用，还需要继续解决以下问题：

（1）最初所选择的八个考核项目，即子模块的量化、考核标准的公式转换。

（2）子模块考核数据，经过加权计算后如何计入每月最终的津贴计算单元，实现个子模块按照权重系数纳入每月的考核。

为此，我们结合表 1，设计了包括寝室内务、仪容仪表、自习纪律等在内的八个子模块量化考核表（见图 5）。

图 5　量化考核子模块

（一）子模块的量化与公式编辑

按照表 1，建立好八个子模块，结合每一个子模块的考核内涵及加、减分要求，完成量化公式编辑。以“寝室内务”模块为例，寝室基数为班级寝室数量，参评总数为寝室基数×每周检查次数（9 次），用 EXCEL 软件中的“IF”函数公式，完成图 6 加粗框线内的加、减分值（见图 7）。

序号	考核项目	考核说明	加分分值	减分分值	考核方式
1	寝室内务（权重：30%）	以学校公布红黑榜比例为考核基准，统计并计算每班红黑榜比例，作为考核参考（混合班级暂不计数）	按每月红榜比例加分： 1）达到学校（或系部）平均比例：+10 分； 2）超过学校（或系部）平均比例： ≥5%：+15 分； ≥10%，+20 分； ≥15%，+30 分	红榜未达到学校（或系部）平均比例：-10 分；黑榜：班级寝室基数≥5，周允许出现一次（一个寝室）黑榜；超过部分：-3 分/个次	月评

图 6　“寝室内务”模块加减分值说明

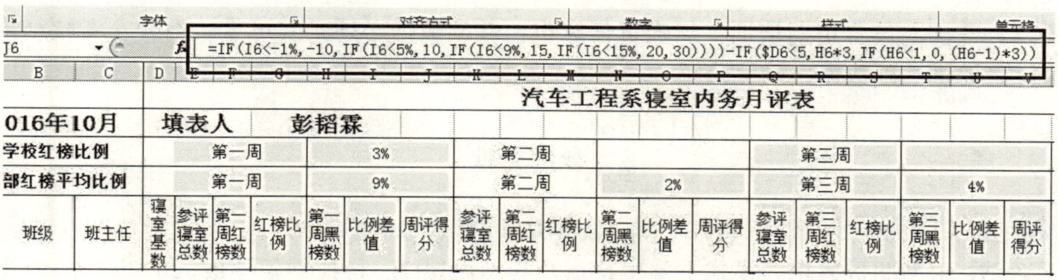

图 7　“寝室内务”模块量化公式

（二）子模块数据汇总

完成八个考核子模块的量化编辑后，利用 EXCEL 搭桥功能，按照每个子模块在月度考评中所占权重，可直接将子模块数据反馈至月度考核总表，完成了总表的全部指标的量化汇总，以“寝室内务”模块为例，在相应单元格输入“=（寝室内务!AC10）*0. 3）”，可以实现“寝室内务”考核子模块在总表的 30%权重（见图 8）。

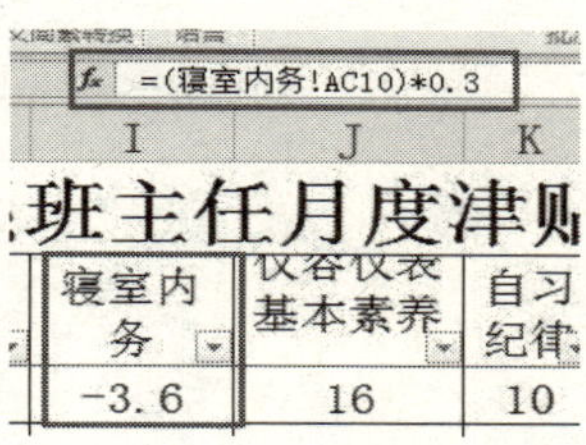

图 8　数据汇总

四、实行效果与注意事项

（一）实行效果

班级管理量化考核体系从 2012 年开始实施，经过近五年的实际运用，基本实现了预期目标：

（1）学生、班级明确学校要求，表现得尤为突出的是系上内务红榜百分比由2010年10%提高到2016年30%以上（我校于2013年成为四川省内务示范校）。

（2）2013年—2016年，在全校德育工作年度考核中，汽车工程系（学院）一直稳居前三名。

（3）2014、2015两年，由汽车工程系直接选送辅导员（班主任）代表学校，参加省、市两级辅导员技能大赛。

（4）利用EXCEL设计的小系统，更贴近实际，更加实用；节省了管理成本，大大降低了管理者的工作强度，提高了管理效率；以数据说话，基本保证了公平、公正、公开。

（二）注意事项

（1）对于高职学生的管理，考核内容和权重需进行重新梳理，实现中高职管理体系的相对独立；

（2）管理者要定期进行数据分析，查找管理过程中容易出现的共通性问题，并提出整改意见及途径；

（3）考核人员要定期培训，加强责任意识，基础数据必须真实可靠，在公布考核结果的同时，需提供基础数据，确保公正。

参考文献

[1] 乔爱玲. 浅谈“互联网+教育”[J]. 教育教学论坛，2016（3）：1-2.

[2] 蒋洁. 中高职贯通培养模式下学生特点及管理设想[J]. 科技创新导报，2017（2）：171-174.

[3] 易姝. 基于职业素质养成的二级学院学生管理模式探究——以成都航空职业技术学院民航运输学院为例[J]. 中国培训，2014（4）：47.

[4] 龙秋麟 刘竞一. 高职辅导员职业认同度现状及提升策略[J]. 黑龙江生态工程职业学院学报，2017（30）：75-80.

[5] 龙春莉. 高校辅导员职业认同现状与对策分析[J]. 教育教学论坛，2015（4）：30-31.

四川省中职学校计算机类专业现状调研报告*

卢启衡

【摘　要】　本调查报告是根据 2013 年度四川省省级重点课题《适应产业需求的四川省中职校计算机类专业课程改革研究》的需要而开展的，从学校、教师和企业的角度对我省信息技术类专业的办学情况进行了长达半年的调查。该报告了解了我省中职学校的信息技术类专业的总体情况，分析了当前存在的问题以及挑战，为其后的课题研究工作打下了坚实的基础，并为我省中职学校信息技术类专业的全面发展提供了依据与参考。

【关键词】　职业教育；中职学校；信息技术

一、调研背景

（一）政策背景

国家对于职业教育的重视程度越来越大，先后出台了一系列的政策文件。在《国务院关于大力推进职业教育改革与发展的决定》《国家中长期教育改革和发展规划纲要（2010-2020年）》《教育部关于进一步深化中等职业教育教学改革的若干意见》《教育部关于充分发挥行业指导作用推进职业教育改革发展的意见》《国家教育督导报告：关注中等职业教育》《全面推进依法治校实施纲要》《教育部关于 2013 年深化教育领域综合改革的意见》及每年的工作要点等文件中，对如何提高人才培养质量、提升中职学校发展水平和保障机制等问题做出了系统阐述，为今后职业教育发展提供了政策支撑。

（二）人才需求

计算机及计算机的应用正以极快的速度朝着网络化、多功能化、行业化方向发展。从原来一般文字、数据处理到现在的文字、图形图像、声音、电影动画等多媒体处理；从原来一般的个人计算机到现在的国际互联网，只不过短短的几十年时间。由于计算机性能的不断提高，各种计算机应用软件不断的推出，使得计算机在各种行业以及家庭的应用更加普及。在我国，随着计算机进一步普及，计算机的教育也取得了很大的成功。在计算机开始普及的今天，一般的应用操作、文字处理，已经是一种基本技能，一般学习过计算机的人都能掌握。但许多行业化、专业化的计算机应用人才，就相对不足。如：机关企业中计算机网络的管理、信息处理的多媒体设计制作、广告影像行业的图形图像处理、设计行业的计算机辅助设计、

* 作者简介：卢启衡，部门：信息工程学院，类别：信息技术，通信方式：13683435672，电子邮箱：qiheng_lu@qq. com。

办公自动化中的设备应用和公文处理等，都缺少有一定技术水平的人才。因此，中职计算机专业的学生，应该是社会对计算机应用人才的需求比例中最大的一部分。

二、调研对象、方法和内容

（一）调研对象

1. 四川省63所开办计算机类专业的各种类型中职学校

全省共有 516 所中职学校，为了广泛而深入的了解全省中职计算机类专业的开设情况，我们课题组采用随机抽样法进行了抽样，选取了 63 所学校进行调查，其中公办学校 57 所（90%），民办学校 6 所（10%），学校类型包括国示学校 19 所（30%），国重学校 9 所（14%），省重学校 16 所（26%）与普通学校 19 所（30%）。

2. 典型企业

参与此次调查的公司共有 21 个，根据《中华人民共和国公司法》（2014）的分类标准，大型公司 5 个（24%），中型公司 3 个（14%），小型公司 4 个（19%），微型公司 9 个（43%）。由上面的数据可以看出，对职业教育与中职学生感兴趣的大多是小微企业，大中型企业相对缺乏热情。

（二）调研方法

问卷，座谈，走访等多种调研方法。

（三）调研内容

1. 各个学校计算机类专业的开设基本情况

（1）计算机类专业开设统计。

教育部划定了 18 个中等职业教育信息技术类专业[2]（我省开设有 16 个专业），在这 16 个专业中，开设数量最多的是计算机应用，达到 52 个，此专业目前也是我省在校生最多的专业，达到 11 万名，其次是电子技术应用和计算机网络技术，计算机类专业在校生总共约 16 万名，约占四川省中职学校在校生 88 万名的 18.2%。每所学校平均开设专业数为 2.59 个。

（2）计算机类专业在校生数统计如表 1 所示。

表 1 学校开办专业数与在校生数

	专业数	总生数	一年级	二年级	三年级
最大值	6	1 400	563	500	500
最小值	1	36	25	26	14
平均值	1.90	431	164	156	115
中位值	2	305	120	120	77

通过上表可以看出参与调查的学校平均在校生数为 305 名，且无论从总在校生数与各年

级生数，各个指标都呈现上升的态势。

（3）计算机类专业就业情况如表 2 所示。

表 2　信息技术类专业学生的就业情况

	毕业率	就业率	对口就业率	500 强比率	高职比率	大学比率
最大值	100%	100%	100%	96%	98%	90%
最小值	70%	95%	2%	0%	0%	0%
平均值	95.7%	92.2%	62.5%	14.3%	22.5%	11.6%
中位值	99%	95%	70%	3.5%	15%	5%

我省计算机类专业的毕业率与就业率都非常高，但与之对应的是对口就业率与 500 强公司的就业比率不算高。另外，我们也看到，我省许多学校已经开始做中职生多种方面发展的尝试，打通中高职一体化的道路。

我们也统计到，我省计算机类专业中职生的平均首份工作时间为 1. 6 年，平均首份工作工资为 2500 元。

（4）学校实验实训场地建设情况如表 3 所示。

表 3　学校实验实训设备价值

	实训场地数	设备价值（万元）	校企共建实训场地	校企共建设备价值
最大值	20	1 500	15	5 000
最小值	1	10	0	0
平均值	9	340	2	175
中位值	7	300	1	50

由表 3 可以看出，各个学校在实验设备与实训设施建设中，已经取得了一定的成效，但还不够，这可以从生均设备价值中体现出来，与表 1 中的数据计算，即可得出平均与中位生均设备价值分别为：0.79 万元和 0.98 万元，均大大超过教育部要求生均设备价值 3000 元的标准[4]。

2. 四川省中职计算机类专业人才培养校企合作情况

本次参与调查的公司数量有 21 个，这也反映出企业对职业教育，或者校企合作的热情不够。

（1）校企合作方式。

目前，校企合作的模式通常有合作办学、工学交替与订单培养等 9 种，各个学校的常用的校企合作方式情况由图 1 所示。

由图 1 可以看出，工学结合与学工交替这两种方式是所有学校应用最多的校企合作方式，但以就业与科研为目的的校企合作不足，企业主动性参与的力度明显较低。同时，无论校企合作共建的实训场地，还是实训设备价值，相较于学校自己与管理部门的投入，企业的投入比例还非常低。

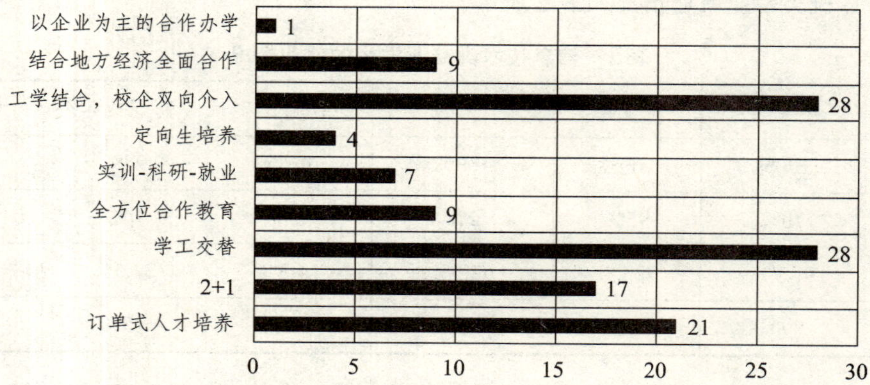

图 1　参与调查的学校校企合作方式

（2）公司类型。

参与调查的公司共有 21 个，根据《中华人民共和国公司法》（2014）的分类标准，大型公司 5 个（24%），中型公司 3 个（14%），小型公司 4 个（19%），微型公司 9 个（43%）。

（3）公司的业务类型。

由图 2 可以看出，在业务分布中，大部分公司均有销售业务，这其实也是信息技术类学生占比最大的就职岗位。与此相反的是，只有 1 家公司涉及软件开发业务。

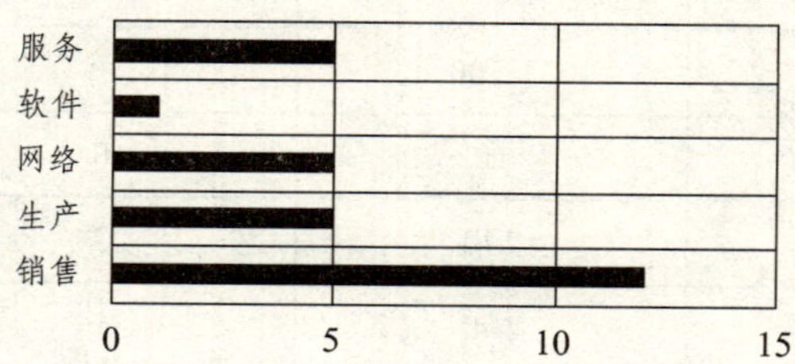

图 2　参与调查的公司业务分布

（4）公司的员工情况。

① 员工的年龄结构如图 3 所示。

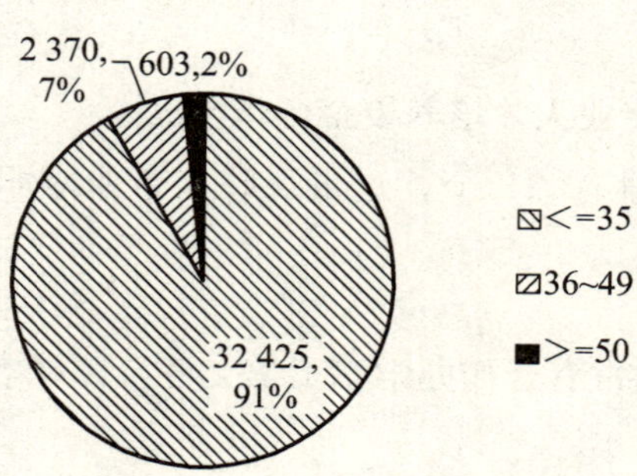

图 3　员工的年龄结构

从图 3 可以看出，绝大部分（91%）员工的年龄都在 35 岁以下。

② 员工的薪金情况。

由表 4 可以看出，参与调查的企业员工数的中位数为 24 人，年均新进员工中位数为 5 人，新进员工平均月薪与员工的平均月薪分别为 2 200 元和 3 000 元左右，这个数据与学校统计的数据是基本吻合的。

表 4　参与调查企业的员工数量与薪金情况

	员工总数	年均新进员工数	新进员工平均月薪	员工平均月薪
最大值	30 000	1 500	3 500	4 000
最小值	3	0	1 500	2 000
平均值	2 082	181	2 212	2 947
中位值	24	5	2 000	3 000

3. 四川省信息技术产业人才需求和职业岗位能力需求情况

（1）企业对新进员工素质的关注点情况。

我们对企业对新进员工素质的关注点做了一个统计，发现企业关注度最高的是学生的职业素养、心态、身体及心理状态，而比较忽视学生在校期间的成绩、学历、奖励及知识的掌握程度。

（2）企业认为优秀员工应具有的素质。

企业认为一个优秀员工应该具有的素质是诚实可信、品德修养、团队精神及踏实敬业，而不太注意锐意创新与职业规划。这与学生的终身发展目标相悖，在这一角度上，学校还是应该兼顾企业需求的同时，本着对学生负责的原则，坚持自己的培养目标。

（3）企业对中职生的态度。

在参与调查的企业中，有 16 个表示愿意接收中职学生，有 5 个表示会根据实际情况而定，没有 1 个企业明确表示不接收中职学生，但对中职学生提出了一些能力要求。

（4）企业对员工素质的关注度。

我们对企业对新进员工素质的关注点做了一个统计，发现企业关注度最高的是学生的职业素养、心态、身体及心理状态，而比较忽视学生在校期间的成绩、学历、奖励及知识的掌握程度。这也反映出，企业目前对学生在校期间所接受的知识与技能的培养不够满意。

4. 四川省中职学校计算机类专业教学模式情况

（1）四川省中职学校教师教学基本状况。

教师的教龄在 6-20 年的教师占了 67%，而专职教师占了 85%。

① 教师的企业工作经历与工作年限。

由图 4 可以看来，我省有企业工作经历的信息技术类专业教师只占 11%，而有 77%的教师在企业的工作年限为 0。

② 教师的工作量。

教师的周课时数在 13 节及以上的比例占了 77%，这里面还未统计班主任的工作量。同时，大部分教师都积极开展了公开课、示范课等学习交流活动，级别集中在市级与省级。

③ 参加竞赛与培训情况如图 5 所示。

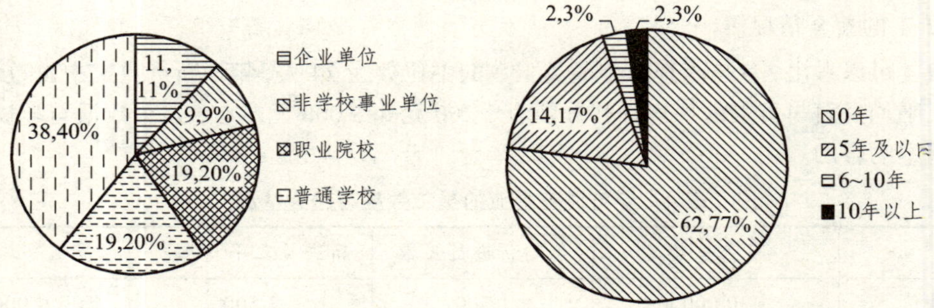

（a）教师企业工作经历　　（b）教师企业工作年限

图 4

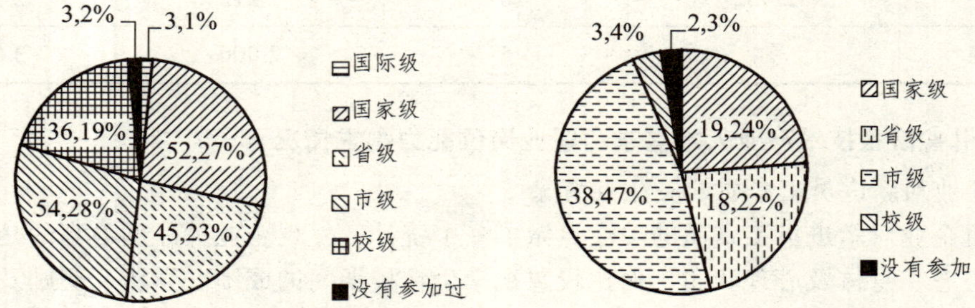

（a）教师近 5 年最高培训级别　　（b）教师近 5 年最高竞赛级别

图 5

④ 教师的科研情况如图 6、图 7 所示。

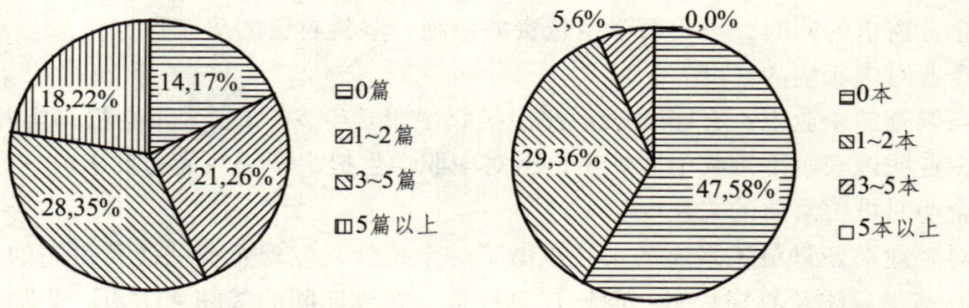

（a）教师近 5 年发表论文数量　　（b）教师近 5 年编写教材数量

图 6

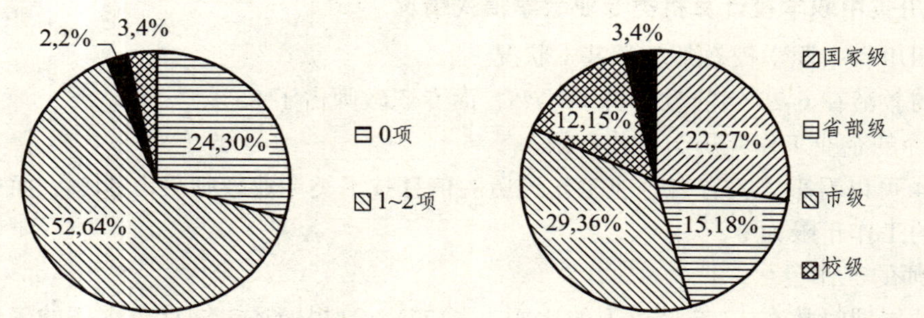

（a）教师近 5 年科研课题数量　　（b）教师近 5 年最高课题级别

图 7

由图 7 与图 8 可以看出，我省信息技术类教师在完成繁重的教学任务的同时，也积极地利用课余时间发表论文，编写教材及参加课题研究。

（2）四川省中职学校教师对职业教育的关注情况如图 8 所示。

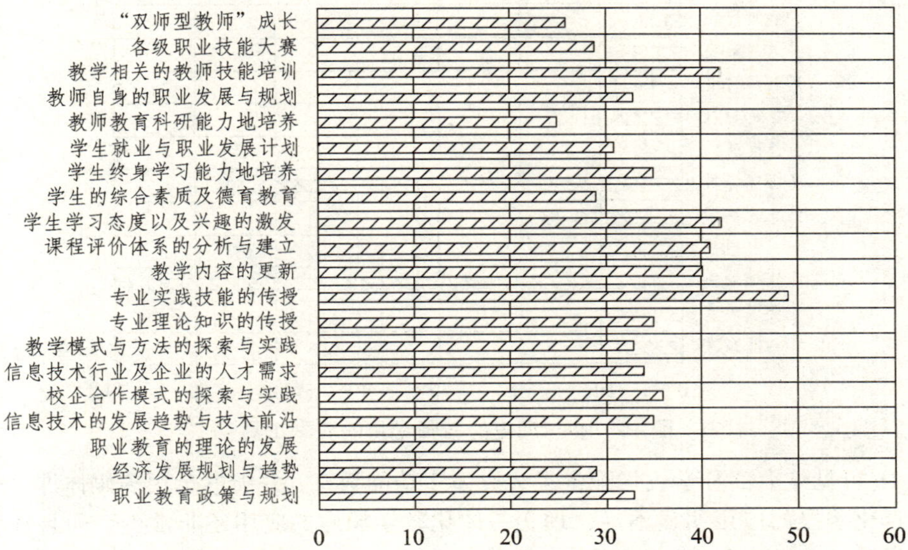

图 8　教师对职业教育的关注点

课题组对"教师对职业教育的 20 个关注点"进行了统计，发现我省信息技术类专业的教师最为关注的是专业实践技能的传授、教师技能培训、学生学习兴趣的激发与维持、课程评价体系的分析与建立和教学内容的更新，而比较忽视职业教育理论的发展、科研能力的培养和"双师型教师"的培养。

（3）四川省中职学校教师教育教学基本情况。

① 教师常用教学法的应用情况，如图 9 所示。

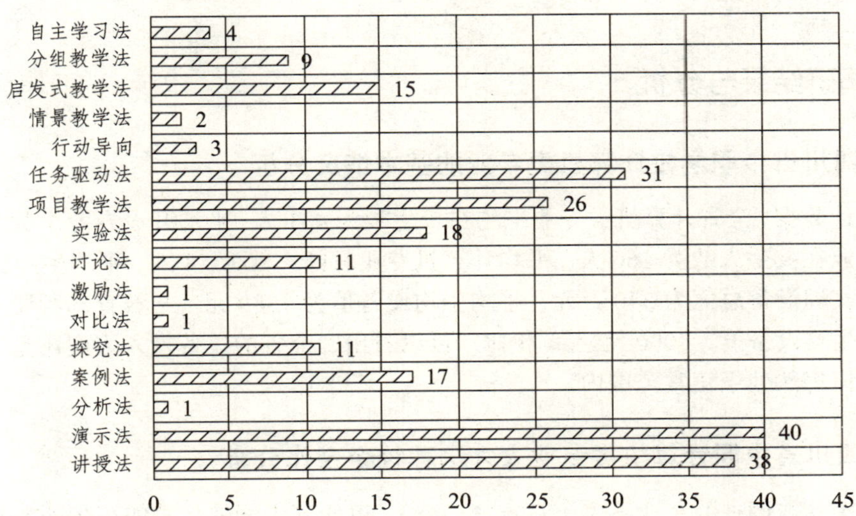

图 9　参与调查学校教师的常用教学法

从图 9 中可以看出，大多数教师仍然偏向于讲授法与演示法的使用，对其他现代的职教教学方法，譬如任务驱动、行动导向及项目教学法的应用还不够普及。

② 教师常用教学工具的应用情况如图 10 所示。

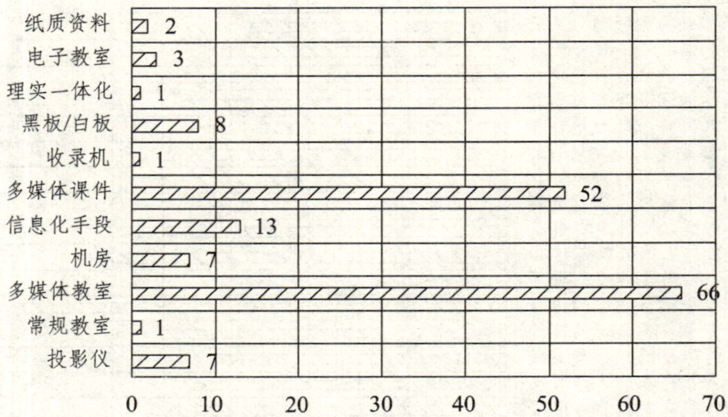

图 10 参与调查的教师常用的教学工具

由图 10 可见绝大部分学校均配备了多媒体多功能教室，并能够运用多媒体课件来辅助教学，但信息化手段的应用明显不足，理实一体化教学场地的应用还非常少，而且还有学校仍然在使用收录机这样的老式教学工具。

5. 四川省中职学校计算机类专业中高职一体化情况

由表 2 可知，四川省中职学校计算机类专业的高职升学率最高达到 98%，最低到 0%，平均值为 22.5%，中位值为 15%，由于有个学校高职升学率非常高，拖高了平均值，我们课题组一致认为，中位值 15%是比较客观的数据。

相较于高职升学率，我们也看到中职毕业生升入大学的比例更低，最高 90%，最低也是 0%，平均值 11.6%，中位值只有 5%，基于同样的原因，我们取了 5%这个中位数作为四川省中职学校计算机类专业的大学升学率。

三、调研结果与分析

（一）四川省中职学校计算机类专业的基本情况分析

根据统计数据，全省计算机类专业平均在校生数为 431 人，平均开设专业个数为 2. 59 个，平均每个专业在校生人数为 166 人，平均计算机专业教师人数为 18 人，平均生师比为 24：1，平均实验、实训设备总值为 340 万元，平均生均设备值为 7889 元。与教育部所要求的生师比（20：1）与生均设备值（3000 元/人）相比，可以看出，全省的设备投入力度还是比较大，生师比略高，但仍然处于正常范围内。

（二）四川省中职计算机类专业人才培养校企合作分析

由于这次参与调查的企业不多（只有 21 个），可能不太能够代表四川省的所有企业，但也能从一个侧面反映校企合作的情况。

1. 企业分类分析

在与中职学校合作的过程中，小微企业的积极性较高，大中型企业的积极性较低。在统计中，大型企业集中在电信行业，如果去除掉这个因素，大中型企业的比例会更低。从这个数据看出，我省的中职学校计算机类专业应该大力分析大型企业中适合中职层次就业的分工与岗位需求，尽快扩大大中型企业的就业渠道是解决目前对口就业率低的重要途径。

2. 就业岗位分析

计算机类专业中职学生的就业岗位集中于销售岗位，在生产与服务的岗位上也比较集中，但在软件行业的就业则非常少，原因也很清楚，鉴于中职生的能力所限，目前不能适应技术要求较高的工作岗位，但根据调查结果，也反映出即使是在技术含量较低的工作岗位上，小微企业对中职生的综合素质满意程度也不高。因此，在不能快速提高计算机类专业中职学生的技术素养的前提下，着力在综合素养，特别是职业素养的培养，会在短期内大大提高中职生的就业竞争力，进而提高对口就业率。

从参与调查企业的员工年龄结构与学历结构来看，35 岁以下的员工占了 91%，中职与高职学生占了 68%，说明目前就业市场对中职生与高职生的需求还是比较旺盛。当然随着年龄的不断增大，中职生也必须注意自身综合素养的发展，以适应更高层次岗位的要求，这也是我省中职学校所在培养人才时必须注意的一个问题。

从参与调查的企业与学校的数据可以知道，新进员工平均月薪与员工的平均月薪分别为 2200 元和 3000 元左右，与四川省 2015 年平均 4200 的月工资相比，略低，且稳定性不高。不过，不能指望企业为我们的学生提高工资待遇，而是应该通过提高学生的综合能力与素养来提高学生的薪资水平。

3. 校企合作情况分析

在校企合作环节，我省几乎所有中职学校都存在的问题有：

（1）在校企合作时，学校占主导地位，企业居从属地位；

（2）企业对学校的教学计划的制定，人才培养方案的制订参与度较低；

（3）学校的科研能力较弱；

（4）校企合作主要集中在就业方面，校企横向联合，深层次合作几乎没有。

这也体现出，目前我省中职学校计算机类专业教师的能力还有待提高，与行业、企业的联系不够紧密，相关深度合作还有待加强。

（三）四川省中职学校计算机类专业教学模式分析

四川省中职学校计算机类专业师资队伍的年龄、性别、教龄与职称结构较为合理，专业教师的专业知识与技能水平较高，对计算机专业职业教育充满热情，积极探索职业教育的新模式、新方法，并注重自身各方面素质的提高。但同时，也存在以下问题：

（1）教师的教学任务过于繁重，一定程度上妨碍了教师其他方面综合能力的提高与发展；

（2）师资队伍中缺乏高层次的学科带头人，特别是科研能力较高的专业带头人；

（3）师资队伍中企业兼职教师较少，来自于企业的专职教师更少，很多教师甚至没有行业从业经验，这会极大地影响教学质量；

（4）教师对职教理论的关注度过低，很多教师不清楚职教与普教的异同点，造成教学方法还比较传统；

（5）教师对信息化教学手段的应用不够，微课、慕课及电子白板这样的现代信息化教学手段还没有得到大规模的应用。

为上解决上述问题，各级教育主管部门应给予高度重视，从政策、资金与人力等各个方面给予大力支持，为学校与教师提供坚实的发展平台与充分的发展空间。

（四）四川省中职学校计算机类专业中高职一体化分析

由前面的数据可知，四川省中职学校计算机类专业的高职升学率只有 15%左右，大学升学率只有 5%左右，在全国范围内属于比较低的水平。

随着我国“十三五发展规划”的开展，以及“中国制造 2025”规划的实施，大量的集约型、高技术型企业将应运而生，以前的粗放型、低技术型企业将会面临越来越大的竞争压力，大部分企业将面临生存危机，产业转型已经刻不容缓。在这种形势下，原有的中职生技术层次已经开始越来越不适应将来的企业发展了，为了服务于每一位学生，充分考虑每一位学生具体的发展需要，大力拓展多重就业、升学渠道，开通中高职直通车，构建升学立交桥，创新中职生提升机制，则是我省中职教育迫在眉睫的任务。

（五）四川省信息技术产业人才需求和职业岗位能力分析

1. 企业对中职学生的需求

根据 21 个企业的统计数据，明确表示愿意接受计算机类中职学生就业的企业有 16 个，根据实际情况再做决定的有 5 个企业，没有 1 个企业明确表示不愿意接受中职学生就业，这说明我省计算机类专业中职学生的就业渠道是畅通的，对口就业率低的问题，还需要在学校自身找原因。

2. 企业对中职学生的要求

在企业对中职学生提出的能力要求中，对文化素质、职业素养、团队合作、人文精神、沟通能力、吃苦耐劳与敬业精神等方面给予了较高的关注，反而没有把目前我省中职学校花大力气培养的专业技能放到一个重要的位置。这实际上反映了两点问题：一是目前学校所培养的学生技能没有满足企业的要求，企业想自己培养；二是学校比较忽略学生上述综合素质的培养，企业无法通过自身来进行后期培养，于是对学校提出了较高的要求。

我们也注意到，企业认为诚实可信、品德修养、团队精神及踏实敬业等素质是一个优秀员工应该具有的素质，但并没有把锐意创新与职业规划放在比较重要的位置。这虽然满足了企业逐利的本性，但不符合学生可持续性的发展目标。作为学生培养的主要阵地，学校在满足企业的要求基础上，也应该坚持自己的原则，为每一位学生的将来负责，为每一位学生的终生负责。

针对这个问题，课题组也提出了相应的解决策略：

（1）通过广泛而深入的校企合作，了解企业需求，紧密围绕企业需求制订人才培养方案，对传统课程体系、教学模式进行大胆改革与创新；

（2）深化课程改革，围绕学生的综合发展与终身发展目标，合理的加入包含历史、人文、正确的人生观及世界观等内容的通识教育。

（六）四川省中职学校计算机类专业课程开设情况分析

目前我省的计算机类专业集中在计算机应用与计算机网络技术两个专业，此外也有一些学校还在发展电子技术类的传统专业，与四川省的软件、网络、外包、通信及数字媒体等信息技术发展方向[5]有点不相适应。

更为重要的是，拥有 11 万在校生的计算机应用专业对行业定位、工作岗位、技能目标与市场需求都不清楚，造成整个专业的对口就业率低，从而影响了整个计算机类专业的对口就业率，目前对此专业的改革迫在眉睫。

（七）校企合作的现状分析

目前，我省中职学校计算机类专业的校企合作模式集中在工学结合、学工交替及订单式培养三个。与企业合作的目的明显是为了解决就业问题，在校企合作的层面上，尚属于低层次的合作，还没有形成深度合作，没有与企业真正形成互利互惠的关系。高层次的合作应用是学校利用师资、生源及设备资源与企业展开深度合作，将项目引进到学校，将成果输出到企业，学校参与企业运营，企业参与学校管理。目前我省中职学校计算机类专业的校企合作还有较长的一段路要走，也期待有更多的校企合作模式的创新。

四、调研结论与建议

（一）结论

各级主管部门对中职学校计算机类专业的发展均较为重视，在政策、资金与人力方面的支持力度较大，我省中职学校计算机类专业的发展也取得了长足进步，但是还存在以下诸多问题。

1. 计算机专业人才需求地域差异明显

企业对计算机技能型人才的需求依然旺盛，就业岗位分布和岗位层次更加宽泛，区域需求差异显著，中心城市大力发展以信息产业为主体的高新技术，为计算机专业学生提供了广阔的就业市场，偏远地区信息产业发展的相对滞后在一定程度上制约着当地计算机专业学生的就业。

2. 专业培养目标定位不够准确

专业培养目标未真正依据企业职业岗位用人质量标准而确定，主要从学科角度分析学生需求，忽视行业、企业对人才的要求，或不能较好地把行业企业技术要求转化为教学的具体目标，造成人才培养与企业需要脱节，教育与需求的矛盾，导致毕业生质量不高，对口就业率较低。

在同一区域内，存在“同一专业不同学校的培养目标确定的随意性较大，相差很大”、“中高职目标重叠性大、层次不清”等现象，缺乏规范性，未能真正起到对人才培养的指导作用。

3. 课程体系与职业岗位对接不够

大多数学校计算机类专业的课程体系仍然以学科体系为主，强调学科的系统性和完整性，存在理论知识过多、课程内容老化、选用教材滞后于技术发展、与社会和企业需求脱节等问题。部分学校开设的专业课程多而杂，职业岗位的针对性不强，专业方向不明确，制定的课程标准不科学、不规范，无法真正起到指导教学的作用。

4. 课程资源建设存在管理无序化和重复建设的现象

各类教育信息系统的资源自成体系，无法实现有效交流和共享，造成大量低水平的重复性开发工作，许多资源成为离散的、独立的“信息孤岛”，多数闲置浪费。此外，由于缺少必要的教育资源评价机制，致使教育资源质量良莠不齐，优质资源得不到有效推广和应用。

5. 教学模式和评价模式改革力度不够

教学模式陈旧单一，现代信息技术的应用不广泛，未能充分体现“做中教、做中学”的现代职教理念。未构建科学的评价体系，评价主体单一、评价内容简单、重结果轻过程，不以职业岗位能力为核心。

6. 校企合作的深度不够，未形成长效机制

大部分学校积极探索校企合作的新路子，但仍然没有走出“一头冷、一头热”的困扰，主要原因在于缺乏政策支持，合作方式单一，大多以“企业仅为招工、学校仅为就业”进行的校企合作形式为主，眼前利益多，长远眼光少，未形成长效合作机制。

（二）建议

（1）严格控制专业设置，调整专业布局，促进专业转型；

（2）积极拓展升学渠道，探索学生多元化发展方式；

（3）主动更新人才培养模式和课程体系，改革教学模式；

（4）大力加强师资队伍建设，特别是双师型教师与科研型教师的培养；

（5）进一步加大实践教学环境的投入，特别是校企共建实训基地的建设；

（6）继续探索校企合作新模式，满足企业与学校的共同需求；

（7）加强对教师的学术能力的培养，加大对教师学术成果的奖励；

（8）大力引进高层次的教师，带出一支高水平的师资队伍。

参考文献

[1] 成都市教科院. 2014年成都市中等职业学校毕业生就业状况统计报告[R]. 2015.

[2] 教育部. 中等职业学校专业目录（2010年修订）[Z]. 2010.

[3] 四川省统计局. 四川省统计年鉴（2015）[M]. 北京：中国统计出版社，2016.

[4] 教育部. 中等职业学校设置标准[Z]. 2010.

[5] 四川省人民政府. 四川省国民经济和社会发展第十三个五年规划[Z]. 2016.

课程建设

论大数据背景下课程体系改革的必要性*

张莉莉，陈　乔

【摘　要】 随着产业结构转变和科学技术不断发展，现代职业教育成为为国家提供优秀技术技能性人才的重要支撑。传统的教学体系在当前工程教育背景下毋庸置疑地显示出了诸多弊端。打造一批具有现代视野的教师队伍，完善适应性强的教材建设，建立教学环境模型和技术标准，构建开放式课程体系，以现代理念和视野为构思，对探索建设现代职业教育体系有着重要的意义。

【关键词】 大数据；建筑工程技术；课程体系改革；开放式

一、"大数据"课程体系改革的时代背景

（一）数字化资源背景的研究现状

从世界范围来看，大数据、数字化的进程潮流势不可挡，这也给我们的职业教育带来了发展的机遇，如何适应这一变化，贯彻《国家中长期教育改革和发展规划纲要（2010-2020 年）》《国务院关于加快发展现代职业教育的决定》等相关精神，课程体系改革势在必行。关于该主题，各种文献、资料均有大量的研究且不乏真知灼见，但往往因为各种原因停留在理论阶段，且着眼点较为狭隘，缺乏系统的观点和可操作性的方法。就数字化而言，各地、各校均有建设，但往往因为硬件和软件原因，成功实施的并不多见。加之我们现行的教学体系和体制缺乏应变能力，面对新技术、新工艺等新生事物，我们只能简单地调整教学计划，不断地编制修改人才培养方案，其效果是事倍功半。同时，我们缺乏一大批具有现代意识和国际视野的教师队伍，教材的建设更是乱象层出且缺少数字资源的特色，加之我们的教学环境也不具备数字化所需的条件，因此，当务之急高校教师应该转变课程建设理念，促进教学方式和学习方式的变革，培养学生的自主学习能力和创新思维能力。建立动态机制，以丰富、海量的大数据资源促进教学创新。使我国职业教育真正"面向世界"，与国际接轨。

（二）建筑工程技术专业的课程体系改革研究现状

现代社会，高层、超高层建筑鳞次栉比。在设计、施工、管理方面新技术、新工艺层出不穷（如 BIM 技术、预制装配建筑、绿色建筑等）。建筑施工技术专业相关知识涉及很多学科，包括越来越多的国际合作、越来越完善的建设法规、越来越系统的建设体系。在这样的背景下，根据社会对建筑行业人才的需求，要求高等教育培养 "大国工匠"。因此，多学科的知识融会贯通的高素质的复合型创新人才方能适应和胜任当前建筑行业发展要求。高职院校已

* 作者简介：张莉莉，陈乔，类别：建筑工程技术，通信方式：13730824407，电子邮箱：13245084@qq.com。

经充分认识到课程体系改革对人才培养的重要作用，也做出了一些探索性的改革，但还存在课程体系观念封闭，与新鲜事物交互不够的问题。突出表现在：教育理念滞后，课程体系的开放性不够，教师对信息技术在教学中运用的敏感度不足，对学生综合能力的培养仅仅局限于注重人才培养方案和教学计划中的课程设计中，并没有形成系统且有效的课程体系。学生自主学习的能力、良好的人文素养、国际化的专业视野、扎实的专业知识、适应社会需求的实践能力的培养，不是单一的几门课程就能实现的。因此，以建筑工程技术专业的教学体系改革为契机，建立以数字化背景下开放性课程体系改革研究既具有一定的理论价值，也是对建筑类其他专业的课程体系具有一定的借鉴和迁移意义。

二、“大数据”课程体系改革的价值探微

（一）大数据有助于提升课程体系的改革质量

在信息化运用于课程体系建设初期，资源数量和质量低下、重视程度不够、应用范围不广、针对性不强、推广手段匮乏等诸多现实问题制约了数字资源的发展。随着信息技术不断发展，大数据的产生使信息技术产生了飞跃。大数据是“大量、高速、多变的信息，新型的处理方式促成更强的决策能力、洞察力与最佳化处理”。大数据为课程体系改革和发展提供了更高的平台和更广泛的空间。课程体系改革从过去单一追求的“大和多”，转变成更为重要的资源形式和资源质量。如何丰富形式、提升质量、增加针对性成为课程体系改革的关键点，也是难点所在。以大数据、数字化为背景，以建筑工程技术专业课程体系为核心，以学科课程整合、优化为主要内容，以学科型研究性学习、课题型研究性学习和交叉综合型研究性学习为主要形式的课程开发，初步建立建筑工程技术教育开放式、兼容性课程体系框架，借鉴质量控制理论的“人”、“机”、“料”、“法”、“环”五个方面研究，建立具有适应性、可操作性强的科学课程体系。

（二）大数据有助于提高课程资源的使用效能

高职院校课程体系建设一直存在建设盲目，甚至有时候浮在云端，并没有脚踏实地考虑学生和社会需求。课程体系改革的实质是为了能够更好地以服务为宗旨、以就业为导向，培养面向生产、建设、管理、服务第一线需要的下得去、留得住、用得上、实践能力强、具有良好职业道德的高技能人才。以学生和社会的需求为根本出发点才是课程体系建设的根本出发点和最终旨归。以数字化为背景，建立动态性、开放性、兼容性的课程体系及教学环境模型，它决定着学生的受益范围和获益程度。有效的课程体系主要涉及两个层面的问题，一是课程体系对于专业发展的实用性，二是课程体系对学生今后发展的实际价值。信息技术给传统的课堂带来了翻天覆地的变化，而大数据的运用又突破了信息技术，具有更多价值。大数据的运用能够详细的统计和分析学生的学习行为、风格倾向和兴趣爱好，有利于在进行课程体系改革时更有针对性地为学生提供相适应的个性化的资源支持。通过大数据的统计可以分析学生的行为数据，进而对学生的发展和需求进行趋势分析，以数据分析结论为依据，针对学生特点建立课程资源；大数据的运用能够对课程资源使用率和使用效果进行数据分析，让课程资源开发更有针对性和实用性，避免了开发一些没有价值或者价值不大的课程资源；大

数据的运用使课程资源得到有效整合，建立教学环境模型技术标准，使得构建开放式课程体系变成可能。

（三）大数据有助于优化课程体系的建设成效

大数据、数字化背景下的教师内涵素质提升。针对信息化背景下开放式课程体系，对教师能力的新要求，既有助于学生思维能力、沟通能力、合作能力和信息处理能力等技能的发展，也对教师适应社会发展具有重要价值。完善教材和实训环境建设。为满足现代企业对人才培养需求，结合开放式课程体系，完善建筑工程技术专业的实训教学环境，教材应集知识性、创新性、互联网+的特点，为学生自主学习和职业技术培训提供更为便捷的学习资源库。强化新技术素材应用。强化数字化资源建设、微课、慕课等新技术素材在课程体系中的应用，加强理论课程与实践的融合。同时建立新技术素材相关的资源、技术条件。改善教学体系实施对策。修正过去被动的、枯燥、单向的教学实施模式，有效地将新知识融入教学系统，实现高效、便捷的学习形式，培养学生的创新思维和学习能力。辅以如弹性学制、学分制等机制改革，从根本上实现生态、交互、兼容的教学课程体系，进一步释放课程资源的育人效能。建立教学环境模型。根据信息化背景下开放式课程框架，建立可以迁移的教学环境模型和适应职业院校的相关技术规范和标准，使课程体系的改革具有可操作性和实用性。

可以说，大数据技术的不断发展，为推动课程体系建设、教育教学模式变革创造了前所未有的机遇和空间。作为新时代教师不仅要了解大数据技术对课程体系改革信息化的价值空间，更要把大数据技术运用在课程体系建设的过程中，增加课程体系改革的实际意义。总而言之，大数据背景下课程体系改革是必要的，这场改革不仅对高职院校课程体系建设起到至关重要的作用，也对高职院校专业发展方向起到了重要的指导性作用，亟待更加深入的研究与探索。

参考文献

[1] 张进良，李保臻．大数据背景下教师数据素养的内涵、价值与发展路径[J]．电化教育研究，2015（7）：14-19.

[2] 张洪田．构建开放式实践教学体系培养工程应用型人才的探索与实践[J]．中国大学教学，2011（8）：75-78.

[3] 赵婧．基于大数据的课程资源建设：趋势、价值及路向[J]．课程．教材．教法，2015（4）：18-23.

创新创业　路在何方*

——创新创业课程的构建

熊　维

【摘　要】　本文通过对全民创新，万众创业背景分析，说明了创新创业是时代的需要。创新创业教育，实质是打通高校教育整体改革的突破口，应更加重视课程教学改革，重在学生全方位能力的培养。展示了对于创新创业的独到见解，并呈现了对创新创业课程的构建思路和过程，探索了一条个性化的创新创业之路。

【关键词】　创新创业；能力培养；课程构建

"大众创业、万众创新"是推动经济结构转型以及可持续增长的新动力。在国务院、相关部委的政策推动下，全国的"双创"热潮扑面而来，让我们意识到新一轮创新创业机遇已经到来，然而创新创业到底路在何方？我们如何才能当好创新创业的弄潮儿？

过去我们的想法是，营销商和用户是两个概念，用户当然是用户，营销商是营销商，但现在我们要改变观念，营销商可以成为用户，用户也可以成为营销商，所以这对过去我们传统产业分工的模式提出了很大的挑战。所以我们应当改变创业思路，顺应时代，机智创业，尤其是在共享经济已全面铺开，人工智能时代即将来临的背景下，我们必须有创业的勇气和智慧，抓住时代赋予我们的机遇。

一、高校的创新创业课程指导思想

国务院办公厅印发《关于深化高等学校创新创业教育改革的实施意见》(以下简称《意见》)，从开设创新创业必修课、允许学生休学创业，到加强教师创新创业教学能力，打出了一套涉及高校课程、考核、师资建设等的改革"组合拳"。

我们要抓住这一难得的机遇，搞好创新创业教育，并不只是老师自己要学会开公司，还要教学生如何开公司、办企业，最重要的是要下功夫改革自己的教学方法、提高教学质量、从我做起，改变固有的教学逻辑，打破三段式教学的条条框框，实现真正的能力培养，达到教学相长的共盈局面。

* 作者简介：熊维，部门：艺术与人文社科学院，类别：创新创业教育，通信方式：13540363797，电子邮箱：380448058@qq.com。

二、如何开设创新创业课的思考

（一）创新创业课与职业生涯课的区别

有人说，创新创业课就是以前职业生涯课的另一个称呼。身为创新创业的导师，必须意识到该课程的核心价值，才具备当好导师的可能性。

职业生涯教育是综合性的教育活动，是引导学生规划自我的职业生涯并将其规划转化为现实的综合性教育活动。具体包括：职业生涯定向教育；自我职业潜能分析能力培养；规划自我职业生涯的意识与技能培养；职业生涯规划的心理辅导；职业生涯规划相关核心素质的培养。所以职业生涯教育是一种素质教育。

创新创业教育是以培养具有创业基本素质和开创型个性的人才为目标，不仅仅以培育在校学生的创业意识、创业精神、创新创业能力为主的教育，而是要面向全社会，针对那些打算创业、已经创业、成功创业的创业群体，分阶段分层次地进行创新思维培养和创业能力锻炼的教育。创新创业教育本质上是一种实用教育。所以创新创业教育实质是一种实用能力和思维方式的培养。

（二）创新创业必须建立在强势文化的思维模式下

要想事业成功，必须文化先行。说起文化，似乎是一个很大的概念，但要说到一个人的行为方式受其自身文化背景的影响，那就具体了，因为文化背景影响思维方式，思维方式决定行动方式。当在十字路口的时候，一个人如何选择去向，就和他的文化背景思维方式有相当大的关系，他受过什么样的教育，在此时此刻就真实地表现为一个具体的决策和行动。

所谓强势文化，指的是就是以实事求是的态度，去遵循客观规律的文化，万事皆按规律办事，不以人的意志为转移的实事求是。而弱势文化就是依赖强者的道德，期望破格获取、不劳而获，梦想一本万利、一夜暴富，期待救主的文化，本质上就是依赖和跟随。具有强势文化背景的人，往往尊重客观事物，注重通过自身努力不断获得知识和能力，遇事靠能力来解决和面对，是一种勇敢积极的改变世界的态度，是创新创业必须具备的文化特质。因此，个人认为，当好学生创新创业的导师，一是自身要具有鲜明的强势文化特性，二是要尽最大努力，激发和培养学生的强势文化精神。

创新创业导师要有大胸怀，大眼光，不断修行，有思想，有办法，有急智，淡定从容，勇敢执着，大爱于心，功到自然成。

（三）创新创业课实质是能力培养

上创新创业课的老师，被问到最多的一个问题，就是创新创业课到时底教什么。可见，在大家的眼里，创新创业是好事，但真正把它作为一门课程的时候，落实到如何教和学的问题时，就让人有些茫然。也有创新创业课的老师被质疑，你都没有创过业，怎么去教好创业课？从事创新创业课教学的两年来，深深体会到，创新创业首先得从认识自己，改变自己开始，它的起点是创新，更准确地说，一个人有了创新的思维方式，才能在生活、学习、工作的任何时间地点，让无数的创意如泉水汩汩流淌，再加以脚踏实地的执行力，百折不挠的做事风格，创业的成功也就只是个时间的问题。所以，创新创业课，实质是一种能力的培养，从创新到创业无限螺旋上升的过程。但培养创新精神，提高学生创新能力，受到很多条件的制约，任重道远。

（四）创新创业可教，但不一定是教室模式

相比其他学科，创业实践操作性很强，因此，就目前而言，创新创业课程的师资需要学术界与实践界相结合，作为导师的我们，应该把自身放在学术和实践结合的场景当中，才能真刀真枪地上战场。

创新创业课，学校需要给老师强有力的支持，帮助老师突破三个痛点：

首先，引入企业界、创投界和相关行业组织参与。在没有得到相关帮助的时候，我们的一线教师只有广泛学习，亲身实践，去创造相似的实战场景，尽可能地现身说法。

其次，大力培养和聘用校内外有过创业经验和管理经验的导师，对学校的创新创业进行指导和帮助，这需要投入大量资金，组建校内专门指导机构，还要申请得到上级相关部门的大力支持和配合。

最后，学校要支持创新创业的老师走出去，因为创新创业课程具有时效性、实用性和应用性，必须更多地将教学场所放到实习实践基地、市场乃至企业现场，与生产线和客户线相衔接。承担创新创业的老师要做到这一点，必须有勇敢和睿智，创新思维，不断学习和突破，敢于奉献大量的时间精力甚至金钱，投入到这一“大众创业、万众创新”的热潮中。

创新创业可以教吗？当然答案是肯定的，除了上级的指导，学校的支持，教学方法是关键，有了硬件支撑，还必须做好软件，改革教学方法、调整教学内容就是在做软件，在教学中，要更加强调思维训练的重要性，设计大量有理论支撑的体验式练习，软硬件配合良好，方能结出创新创业的果子来。

（五）信息素养在创新创业中的重要性

信息素养包含了技术和人文两个层面的意义：从技术层面来讲，信息素养反映的是人们利用信息的意识和能力；从人文层面来讲，信息素养也反映了人们面对信息的心理状态，或说面对信息的修养。具体而言，信息素养应包含以下五个方面的内容：（1）热爱生活，有获取新信息的意愿，能够主动地从生活实践中不断地查找、探究新信息。（2）具有基本的科学和文化常识，能够较为自如地对获得的信息进行辨别和分析，正确地加以评估。（3）可灵活地支配信息，较好地掌握选择信息、拒绝信息的技能。（4）能够有效地利用信息，表达个人的思想和观念，并乐意与他人分享不同的见解或资讯。（5）无论面对何种情境，能够充满自信地运用各类信息解决问题，有较强的创新意识和进取精神。

所以，在当今的全球信息化的时代里，信息素养显得尤其重要，一个真正能够创新创业的人，一定是具有敏锐嗅觉的信息素养高的人，不管他通过什么样的通道得到信息和处理信息，把想法转化为现实落地的项目，都属于具有信息素养的人。所以在创新创业的教育中，本人认为，一定要加强信息灵敏度训练环节，重视促进对学生信息素养的修炼。

三、我的创新创业课程构建过程纪实

（一）自身遭遇转型，教学体系内的思维重构

学院为了适应大成都地区的产业发展需求，将我们原有的工业分析与检验专业、食品加工专业精减，于是协调之下，我从一个教仪器分析和食品加工的老师，顺应形势的需求，成为了一名创新创业课的老师。忐忑之余，必须正面审视课程的内涵，带领学生进行创新创业的思维构建。作为指导老师，必须修炼自己创新创业内功，并配合强有力的创新创业手段，才可以面对有思想有能力的学生的质疑，这是一个严峻的考验！从工科实践课程到人文素养课程的跨度，让我无意中当了一回“跨界歌手”！

人的一辈子就是不断遇到问题解决问题的过程，面对新的人文课程，在没有更多的经验可循的情况下，要有自己的定力和方向，把创新创业和实践紧密地结合到一起，课程就会朝期望的方向发展。

（二）回望来路，总结提炼实战素材

当回望来路时，才发现自己似乎从来没有停止过创新和创业，伴随着一路走来的经验，我的诸多经历好像在这里还能派上用场，少儿英语学校的办学经验、高级古玩鉴定估价师、高级营养师、戴氏英语留学部顾问、文创石代工作室……遇到再困难的事都挺过来了，一路上的经历告诉我，要把思想变成文字和现实，就要做到没有条件，创造条件，面对问题，解决问题，迎难而上，整理思维，组织资源，借鉴经验，寻找支撑。二十多年来，在不断探索的同时，也一直在支持和关注学生的职业生涯，为他们解决了诸多就业、工作、创业等等问题。人的经历就是财富，真真切切的存在的经历，让我积累了许多创新创业的原创素材，当我在面对创新创业课的时候，能够相信自己，案例涌现，现身说法，把多年的体验和知识奉献。

（三）对创新创业的理解

创新创业是指基于技术创新、产品创新、品牌创新、服务创新、商业模式创新、管理创新、组织创新、市场创新、渠道创新等方面的某一点或几点创新而进行的创业活动。创新是创新创业的特质，创业是创新创业的目标。

学院每个部门成立的创新工作室，都偏重于技术创新和产品创新，我把它们统称为科技创新。有科技创新固然是最有生命力的创新，但对于我们的学生而言，科技的门槛相对较高，能在这方面突破，更能体现我们职业院校的社会职能。但我们应该更加重视学生的思维能力的培养，更加注重学生的创新创业软实力，因此，品牌创新、服务创新、商业模式创新、管理创新、组织创新、市场创新、渠道创新等创新方式，在我的课堂中将更加受到重视和易于操作。所以我们不仅要重视学生的专业能力，还要更加接地气地实施创新创业教育，打通学生的创新创业思维渠道，让新鲜的创造性思维在学生头脑中流动起来。

（四）关于创业培训 SYB 项目（START YOUR BUSINESS）

学院引进了一个国际劳工组织、国家人力资源和社会保障部开发的讲座，由成都市新月华应用技术职业培训学校承办，可以学习借鉴。20 个学时课程培训内容包括：

第一步：创业者评价；

第二步：建立企业构思；

第三步：评估你的市场；

第四步：企业的人员组织；

第五步：选择企业的法律形态；

第六步：法律环境和你的责任；

第七步：预测启动资金要求；

第八步：制定利润计划；

第九步：判断你的企业能否生存；

第十步：开办企业。

该项目是教学生如何创办一个企业，有哪些程序和财务要求。它的侧重点在已经找好项目后，有哪些开办企业的步骤和方法。这是我们创新创业课需要学习的。我们要意识到，创新创业课程，更重要的使命是在学生没有形成项目的概念之前，在开发学生的创新能力，创业能力，寻找项目的能力上做出贡献。两者的教育内涵还是有不同的地方。值得借鉴的是该课程中对于创业意识培训和创业计划培训中的部分练习题，可以引用到创新创业课堂中来。

（五）大胆创新，勇往直前

1. 构建个性的课程框架

每个学生手中有一本《大学生创业基础》，教材编写得很到位，全书的脉络非常清晰，案例丰富，理论体系全面深入。但因 2 周的学时实难涵盖所有内容，我把它当成了一个重要的教学参考书和蓝本，尝试重新构建了一个适于课时量，便于行动和实操的课程框架：

头脑风暴—天马行空—公司组建—项目答辩—学习借鉴—项目落地—团队重组—创业计划书（创业设想—市场调研—市场分析—资金需求—经营方案—经营目标）。

建立个性化的考评制度，实现对学生关注度、参与度、吸收度的过程考评制度，明确课程目标，达成共识，自主管理。

2. 设计细节直达学生的创新创业痛点

（1）音乐导入课程，信息获取能力测试；

（2）项目团队组建，答辩 PK 全过程点评；

（3）个性化读书方式，注意力表达力测评；

（4）市场调查问卷，透过现象看本质。

3. 因地制宜，勇者先行

（1）参与到身边的新闻中去—兼职指导；

（2）学生职业生涯追踪；

（3）流动水果摊等项目的尝试与陪伴；

（4）“创业街”项目的参与和指导；

（5）电脑维修装配项目尝试；

（4）带领学生创业——文创石代工作室。

4. 翻转课堂，课程为主，选修为辅

创新创业绝非是一个两学时的课堂就能解决问题，它可以渗透到学生生活的方方面面去，不拘一格，脑洞大开才会让创新创业的思维开出花儿来，因此，我把我的创新创业活动延伸到了课堂之外，建立了一个企业网络的大平台，前后容纳的学生近千人，引领创业思想，传播创业能量和技巧，将创新创业隐于无形和翻转课堂之中，相信学生会受益匪浅。

在以创新创业课为主旋律的同时，克服困难，为全校学生开设了“珠宝制作”和“糕点制作”两门操作性公选课，为引领学生创新创业，提升学生的能力和综合素养做出实质性贡献。

5. 值得关注的《创业英雄汇》

值得推荐的是，我借鉴央视二台的一档优秀的创新创业节目“创业英雄汇”，作为学生学习的典型案例集，这一套集各种创新于一体的节目，经过层层海选打造出来的项目，呈现在我们面前的是最精密的布局，最实战的演绎，最前沿的视角，最权威的解说，实在不失为一部创新创业宝典，特别推荐植入我们的创新创业课堂。

最后，我不得不说创新创业课程的困难所在，实际上，我们的创新创业教育还处于初级阶段，目前校内的创新创业课还处于一种没有组织，没有团队，缺乏指导的自生自灭的状态，更没有更多的创业名师来引领方向。另外，我们还没有很多具有创新创业意识的学生来作为种子，因此，也没有大面积收获的可能性。另外，我们的班主任和创新工作室对这项工作的支持力度还有待加强，我们的学生家长还缺乏更灵活和更开放的心态，去鼓励学生创新创业。一切都在艰苦的尝试中，任重而道远。

参考文献

[1] 国务院办公厅关于深化高等学校创新创业教育改革的实施意见[Z]. 国办发〔2015〕36号.
[2] 夏立峰，潘振，范莹. 国际视角下的创业教育经验及其启示[J]. 才智，2016（24）：8-9.
[3] 高原. 大学生创业敢问路在何方?[J]. 报林，2009（6）：92-93.

高职“物流运输管理实务”课程建设研究*

刘 创

【摘 要】 随着我院2014年转型升级开办高职，以及响应物流管理专业发展的要求，笔者对西南地区9所高职物流类专业核心课进行了调研，发现这9所高职院校物流类专业都把运输类课程设置成专业核心课之一；在学习成熟高职院校专业核心课的基础上，根据我院物流管理专业定位和就业目标，进行了我院高职“物流运输管理实务”课程建设研究。研究内容围绕课程定位与目标、课程建设理念、思路和课程内容、教学模式和方法、考核评价、教学和实训条件进行展开，以期提升教学质量和效果，并能为同类型课程建设提供参考。

【关键词】 物流运输管理；课程建设；实训

2014年，成都工业职业技术学院物流工程学院开办物流管理高职专业，当年9月物流管理专业招生人数达到188人。同时，在学院转型升级和专业发展的双目标引领下，为了能够更好地建设《物流运输管理实务》这门高职课程，一方面，2016年12月，研究人员对西南地区的高职院校发放调查问卷12份，回收9份，问卷回收率达到75%。部分问卷分析情况详见表1。通过该表可以看出，9所高职院校中，有5所高职院校的物流专业设置了与运输相关的培养方向，并将运输课程设置为专业核心课程之一。而其他4所高职院校的物流专业虽然没有设置运输相关的培养方向，但也将运输课程设置为专业核心课程之一。另一方面，研究人员依托我院现代物流职教集团，通过对用人单位的现场调研和座谈，了解到企业对运输方向人才仍有大量需求。因此，希望通过对“物流运输管理实务”高职课程的建设，达到提升教学质量和效果的目标，并能为同类型课程建设提供参考。

表1 西南地区高职院校物流相关专业调研部分信息统计表

院校	专业名称	招生对象	招生规模	培养方向	专业核心课是否包含运输课程
1. 四川职业技术学院	物流管理	对口高职 普高	100~200	仓储与配送	是
2. 四川交通职业技术学院	物流管理	普高	100~200	快递	是
3. 成都航空职业技术学院	物流管理	普高	100~200	仓储与配送；运输 物流客服；快递 航空货运货代	是
4. 达州职业技术学院	物流管理	普高	100以下	仓储与配送；运输 物流客服	是

* 作者简介：刘创，类别：物流管理专业，通信方式：18080856107，电子邮箱：943700035@qq. com

续表

院校	专业名称	招生对象	招生规模	培养方向	专业核心课是否包含运输课程
5. 四川托普信	物流管理	对口高职	100~200	仓储与配送	是
6. 宜宾职业技术学院	物流管理	对口高职	200 以上	仓储与配送	是
7. 成都工贸职业技术学院	航空物流	普高	100~200	仓储与配送；运输 物流客服；快递	是
8. 四川华新现代职业学院	物流管理	普高	100~200	仓储与配送；运输 物流客服；快递	是
9. 四川邮电学院	物流管理	对口高职	100 以下	仓储与配送 运输；快递	是

一、课程定位与目标

根据我院物流管理专业定位和就业目标：主要服务于西南区域经济，以师资资源和技术支持为支柱，为区域内物流企业及企业物流部门培养物流管理高职层次高素质技能人才，兼具员工培训、技能鉴定、咨询服务等社会服务功能。主要就业面向物流产业链的大中型仓储、运输、综合型第三方物流企业，以及大型生产企业的物流部门，兼顾各类中小型物流企业。《物流运输管理实务》课程的定位为专业货物运输企业、生产企业和商贸连锁企业的物流运输作业部门中的客服、调度员和货运员等岗位。

因此，通过本课程的学习，要使学生掌握货物运输市场的相关知识，熟悉各种运输方式的货运业务流程，初步具备组织和管理各种货物运输的职业能力，培养吃苦耐劳、坚持不懈、善于沟通和合作的品质；掌握各种运输单证的内容和缮制要求，会审核海运托运单、海运提单、航空运单，会审核和缮制铁路运单、公路货运单等各种单证；具有运输成本预算和报价，制定运输方案的能力；初步具有规划运输网络、优化运输作业线路、制定运输计划与排程、进行运输生产调度和过程管理的能力；具有特种货物运输组织与管理能力；能分析和解决货物运输合理化的问题。

在学习该门课程之前，为打好基础，学生们要完成《现代物流学》《管理学基础》《物流经济地理》《物流设施设备和实训》等前导课程；在学习《物流运输管理实务》课程之后，为对其进行巩固和深化，学生们要学习《物流财会基础》《配送管理》《物流客户服务》等课程及进行顶岗实习等。

二、课程建设理念与思路

（一）课程建设理念

《物流运输管理实务》课程的开发与设计面向“工作岗位和任务过程”的建设理念，依据区域物流发展特点及未来若干年内区域货运业的发展趋势，依托我院现代物流职教集团，深入用人单位进行研讨，跟踪实习生（目前，我院第一批高职生正在企业顶岗实习，将于 2017 年 6 月毕业）的发展，详细摸清企业物流相关运输方面工作岗位的典型工作任务和过程，对有关公路、铁路、航空、水路运输企业培训教材及物流员助理物流师考证用书进行整合后，依次分步进行教学内容的确定、教学案例和教学任务的选取、教学环节和教学方法及学生评价方法的设计、教学大纲的制定和课程资源的建设。将课程设计理念模型详如图 1 所示。

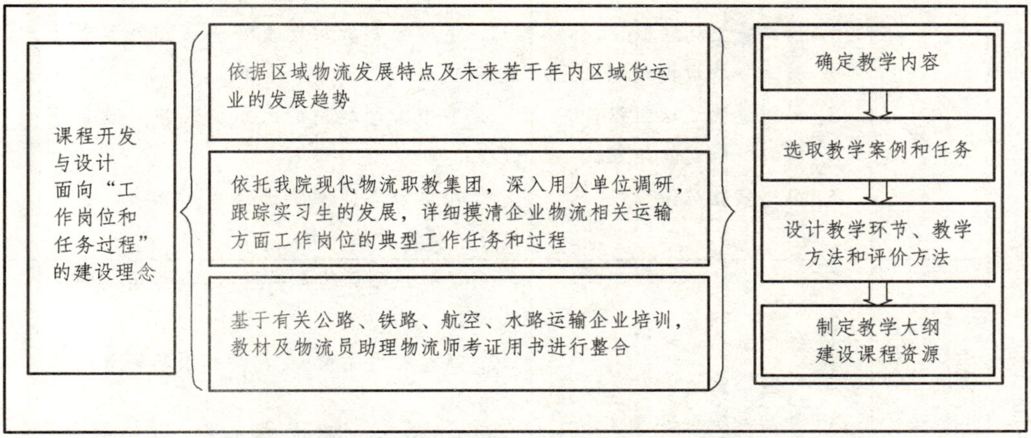

图 1 “物流运输管理实务”课程建设理念模型

（二）课程整体设计思路

在课程设计理念的指导下，以“基于工作过程系统化”理论为基础，根据行业专家对本课程的职业能力分析，设计了 4 大学习领域、8 个学习情境。其中，4 大学习领域分别是运输管理概述、货物运输实务、运输管理与决策、仿真与方案设计；8 个学习情景包括物流运输系统、公路货物运输、铁路货物运输、水路货物运输、航空货物运输、运输管理与决策、运输管理系统 TMS 实操、方案设计与模拟。每个情境以贯穿始终的任务为载体，以基于业务流程的工作任务为学习单元。形成情境教学与工作任务相套，工作任务推动情景设计的思路。

（三）课程内容及课时分配

将“物流运输管理实务”课程下设置的 4 个学习领域、8 个学习情景和学习项目对应起来，课程内容安排如表 2 所示。其中，由于成都地处西南地区，属于内陆城市，考虑地域和就业面向、管理实务对高职学生的知识技能要求等因素，课时分配最多的学习情景有公路货物运输、铁路货物运输、运输管理与决策以及方案设计与模拟，而水路和航空货物运输课时分配较少。

表 2 课程内容设计和学时安排

学习领域	学习情景	情景内容	学习目标	理论学时
运输管理概述	物流运输系统概述	1. 物流与运输； 2. 运输系统的构成； 3. 运输方式与运输合理化； 4. 运输市场与运价	1. 了解运输费率及运输定价的基本方法； 2. 熟悉运输合理化的要素及各种运输方式的技术经济特点； 3. 掌握运输、运输需求、运输供给和运输市场的基本概念	6

续表

<table>
<tr><th>学习领域</th><th>学习情景</th><th>情景内容</th><th>学习目标</th><th>理论学时</th></tr>
<tr><td rowspan="4">货物运输实务</td><td>公路货物运输</td><td>1. 公路货物运输概述；
2. 整车货物运输组织；
3. 零担货物运输组织；
4. 特种货物运输组织；
5. 公路货物运输费用</td><td>1. 熟悉公路运输功能和常用运输工具类型；
2. 了解公路货运费用构成及公路运费计算方法；
3. 掌握公路运输的组织形式和一般业务流程；
4. 能结合具体实例进行零担货物运输及特殊货物运输的组织</td><td>14</td></tr>
<tr><td>铁路货物运输</td><td>1. 铁路货物运输概述；
2. 铁路货物运输方式；
3. 铁路货物运输流程；
4. 铁路货物运输费用</td><td>1. 了解铁路运输各项规则、铁路运输费率的种类；
2. 熟悉货运要求、运输组织及各环节的主要内容；
3. 掌握整车、零担、集装化运输、保价运输基本概念；
4、能正确计算运到期限及运输费用</td><td>8</td></tr>
<tr><td>水路货物运输</td><td>1. 水路货物运输船舶的经营方式；
2. 水路货物运输费用</td><td>1. 了解水路货运特点；
2. 熟悉水路货运基本条件、班轮运输的组织方法；
3. 掌握基本概念和班轮运费的计算方法</td><td>4</td></tr>
<tr><td>航空货物运输</td><td>1. 航空货物运输方式；
2. 航空货物运输的运价和费用</td><td>1. 航空运价的组成；
2. 能填制航空运单；
3. 掌握航空货物费用的核算方法</td><td>4</td></tr>
<tr><td>运输管理与决策</td><td>运输管理与决策</td><td>1. 运输成本管理；
2. 运输方式选择；
3. 运输线路确定；
4. 运输服务选择</td><td>1. 了解运输成本项目；
2. 熟悉不同因素对运输成本的影响；
3. 掌握不同运输方式的成本特性影响运输方式选择的主要因素、选择运输服务的基本方法</td><td>10</td></tr>
<tr><td rowspan="2">仿真与方案设计</td><td>运输管理系统TMS实操</td><td>1. 运输管理系统初始化；
2. 发站、到站业务流程实训；
3. 运输业务流程综合测试</td><td>1. 能正确登录系统，录入和维护对信息；
2. 掌握审核、维护、提交客户的运输订单
3. 能正确办理运输业务</td><td>8</td></tr>
<tr><td>方案设计与模拟</td><td>1. 公路零担货运业务流程；
2. 公路零担货运作业的注意事项；
3. 《取派通知单》《货物运输交接单》的流转程序</td><td>1. 掌握手持终端操作；
2. 掌握业务受理员、调度员、场站操作员、取派司机等各岗位操作人员的工作以及协调合作</td><td>10</td></tr>
<tr><td></td><td></td><td></td><td>合计</td><td>64</td></tr>
</table>

三、教学模式、教学方法和考评

（一）教学模式和方法

在教学条件方面，我院具备企业真实工作环境的运输模拟实训室等（并配备运输管理系统软件），并将其设置为上课场所，运用任务驱动教学模式和“模拟企业型”的教学模式，通过教、学、做三者结合的形式，采用情景创设、仿真模拟、影像演示、案例分析和工作小组等教学方法，大大地激发了学生学习的自觉性、主动性和目的性，使学生在技能训练过程中加深对专业知识的理解和应用，培养学生的综合职业能力，达到“工学结合，学训交互”的高职教学要求。另一方面，学生可以通过丰富的渠道进行校外实训，如申通、百世汇通、DHL、顺丰、风神物流以及苏宁运输部等渠道，这些也为教师对学生的实习指导和技能提升提供了便利。

（二）考核评价

对于学生的考核评价，分为学期总评细则和每项任务考评。对于学期总评，分别设置一级指标和二级指标，一级指标包括平时行为表现、学习任务工作情况和期末闭卷测评。二级指标和相应分数占比情况详如表 3 所示。

对于属于每个学习领域的每项情景下的学习任务的设计评价表格，如对货物运输实务领域下，公路货物运输情景中的学习任务——公路零担货物运输作业，设计的评价表如表 4 所示。通过设置评价类别、评价项目、评价标准和评价主体来尽可能实现公正客观全面的评价。首先，在评价类别方面，围绕学生是否达到对应任务的专业技能和专业素养进行设置；其次，在评价项目和标准方面，基于工作过程分析，对公路零担货物运输作业任务的作业流程进行分解后，对不同步骤相关联的关键技能和知识进行打分，考核完成工作任务的效果、综合运用技能与知识的能力以及实际解决问题的能力；第三，在评价主体方面，通过 360 评价方法，在每项任务结束时，采用学生自评、小组互评和教师评价的模式，并且，教师此时的角色作用应该以学生为主体，更注重在任务中给予学生学习上的指导和帮助。最后，当一项任务评价完成后，任务评价表还应设计教师和组长签字，以及日期，完成归档，方便师生查询。

表 3　《物流运输管理实务》学期总评细则

<table>
<tr><th colspan="2">评价项目</th><th rowspan="2">分数分配
（占总成绩比例）</th><th rowspan="2">评估说明</th></tr>
<tr><th>一级项目</th><th>二级项目</th></tr>
<tr><td>平时行为表现</td><td>出勤、纪律、学习态度、课堂参与情况</td><td>10 分（10%）</td><td>由授课教师评估每个学生学习情况</td></tr>
<tr><td rowspan="4">“学习任务”工作情况</td><td>学习任务准备作业</td><td rowspan="4">40 分（40%）</td><td rowspan="4">学习任务准备作业由教师给出评定成绩，学习任务质量以组间互评和授课教师评定共同给出，个人行为表现以组内成员间互评给出，个人反思总结由授课教师评定，最后由授课教师给出总的统计结果</td></tr>
<tr><td>学习任务质量情况</td></tr>
<tr><td>组内个人行为表现</td></tr>
<tr><td>个人单元反思总结</td></tr>
<tr><td>期末闭卷笔试</td><td>专业知识测评</td><td>50 分（50%）</td><td>由教师评阅每个学生的试卷并给出成绩</td></tr>
</table>

表 4 基于工作过程的学习任务考评细则（以公路零担货物运输作业任务为例）

学习领域	货物运输实务	学习情景	公路货物运输		
学习任务	公路零担货物运输作业		个人评价	组内互评	教师评价
评价类别	评价项目	评价标准			
专业技能评价（60%）	业务受理（10%）	审核订单信息、并录入TMS			
	分单/取派调度（10%）	先派后取原则，正确制作打印《取派通知单》和《货物运输交接单》			
	取派操作（15%）	按流程熟练操作手持终端，现场取派达到客户满意			
	场站操作（15%）	按流程熟练操作手持终端，按要求完成货物入站、分拣、出站			
	干线发运（10%）	按流程熟练操作手持终端，施封			
专业素养评价（40%）	学习态度（20%）	出勤情况			
		勤学好问			
	团结合作（20%）	任务分工情况			
		与人沟通情况			
满分100	100%	实际得分			
评价评语	班级		组次		组员名单
	教师签字		组长签字		日期
	评语：				

四、教学和实训条件

（一）师资条件和课程资源

目前，在师资条件上，能承担《物流运输管理实务》这门课程教学的有副教授 1 人，讲师 1 人，助教 1 人以及企业兼职导师 1 人。在课程学习资源上，建设了三个维度的资源库，分别是教材及参考资料维度，网络资源维度和其他资源维度。

1. 选用较为务实的理实结合教材及参考资料

选用阎子刚主编的《物流运输管理实务》（高等教育出版社 2014 年 8 月第 3 版）作为教材，选用仪玉莉主编《运输管理》（高等教育出版社 2014 年 8 月第 2 版）作为主要教参，但是这两本教材在实训模块设计上还有待改进。

2. 提供学生自主学习的扩充性网络资源

提示学生动态关注发布最新物流运输相关信息的网站如：中国交通运输部、四川交通运输厅中国交通运输协会、中国物流与采购网、远成集团和《运输经理世界》杂志，其中《运输经理世界》杂志由交通运输部主管，交通运输部科学研究院主办，是中国唯一以客运企业家、物流经理人、交通运输管理人员为核心的行业财经杂志。该门课程要求学生能充分利用学院知网资源，定期下载杂志中感兴趣的内容进行学习，达到开拓专业视野，提升专业知识的目的。

3. 提供更具有指导意义的自编资源库

在其他资源维度，通过编制运输管理软件实训指导书、建设运输实务数字资源库、教师自编讲义、微课、试题库等方式，力求为学生提供更具有指导意义和提升学习效果的丰富的教学资源。

（二）实训条件

为学生开拓多种实训渠道，包括校内实训渠道和校外实训渠道。

1. 校内实训

物流工程学院建有运输实训室，购买了运输管理系统软件；同时，还与企业携手，创办了苏宁易购站，菜鸟驿站等创新创业项目。入学后，学生首先进入模拟训练区训练，以学校老师为主导，采用“任务引领式”实训教学方式，指导学生完成运输作业中的一系列典型工作任务，目的在于熟悉物流操作流程，熟练掌握相关技能，如软件系统的操作，相关单据的填制，运输计划编制等等。

2. 校外实训

依托现代物流职教集团，我院与多家企业合作，比如苏宁运输部、申通、百世汇通、DHL、顺丰、风神物流等，为学生专业技能和素养的提升开拓了更丰富的认识实习和顶岗实习渠道。学生在校外实训时，一方面拥有相应的学业指导教师进行专业和就业指导，另一方面在企业拥有对应的企业指导教师，为其工作技能和素养的提升进行考评和反馈，帮助学生在物流生态圈迅速成长，真正实现“工学交互”，共助学生成为高职层次高素质技能人才。

五、总结与展望

高职《物流运输管理实务》课程建设并非一蹴而就，该门课程的建设还待解决的问题有：如何与企业兼职导师充分合作，打造更加还原工作任务情景、更加贴近现实问题的物流运输管理课程学习领域；如何将创新创业精神的培养嵌入工作任务中；如何进行课程信息化建设等。因此，该门课程的建设还需要不断地优化和改进，争取将其打造成我院高职类精品课程。

参考文献

[1] 李炎炎. 高职《物流运输管理》课程教学改革探讨[J]. 物流技术，2013，32（1）：282-284.

[2] 潘意志. 任务驱动法在运输管理实务教学中的应用[J]. 物流工程与管理，2009，31（7）：141-142.

[3] 孟金环. 高职运输管理课程教学方法探索[J]. 吉林省教育学院学报，2015（11）：46-47.

[4] 钮立新，屠立峰，王瑜. 高职“运输管理”课程项目化教程设计与探索[J]. 教育与职业，2012（20）：133-134.
[5] 李秀丽，汪永幸. 基于高职创业教育的《运输管理实务》课程模式研究[J]. 延安职业技术学院学报，2016，30（3）：67-69.

理论型专业基础课中任务教学模式的引入*

——以高职《物流基础》为例

孙 璐

【摘 要】 传统的理论型专业基础课程通常以讲授为主，以高职“物流基础”课程为例，探讨了如何将任务教学模式合理引入理论型专业基础课，从任务载体的选择、实施保障、项目评价等方面说明了实施要点，并介绍了《物流基础》课程的实施成效。

【关键词】 实训任务；实施；评价

一、为什么要在专业基础课《物流基础》中开发实训教学任务

《物流基础》是一门高职物流管理专业的必修专业基础课。学校通常开设在大一的第一学期，课程通过对物流管理涉及的基础理论知识的介绍，让学生对物流专业知识有一个大略的了解，为后续学习专业知识打下良好的基础。

（一）传统的《物流基础》课程教学模式

由于课程涉及较多的概念、学说、模式、特点等等，所以在传统教学中它是一门典型的基础理论课程。教师普遍采用的教学模式就是讲授，再适当辅以案例分析、作业练习即可。倚重的是老师的授课水平，老师讲、学生听。这种模式的优点在于教师易于把控教学进度和节奏，能够充分体现教师的专业底蕴，在短时间给予学生大量的专业理论知识。但是也有明显的缺点，比如专业理论知识生涩难懂，单纯的讲解学生理解起来比较吃力，学生的积极性不易调动，学生学习效果受教师水平影响较大等等。

（二）《物流基础》适宜的教学模式——理论讲解与任务驱动相结合

如果完全采用任务驱动的教学模式，《物流基础》这样侧重理论的课程，又会面临没有具体要求掌握的技能，缺乏工作任务载体的困境。更重要的是，课程本身涉及大量的理论知识，如果完全让学生通过任务去学习领会，学生受自身的知识水平所限，学习的效率和效果都是比较低的，现有的学时数远远不能满足需求。

因此，笔者经过反复思考并结合教学实践，采用了理论讲解为主，辅以适当的任务驱动的教学模式，并通过教学实践发现，这种模式可以兼顾理论知识的广度、深度，以及学生自主学习、自主思考获得知识的牢固度，便于知识的内化。

* 作者简介：孙璐，类别：物流管理专业，通信方式：13678026600，电子邮箱：32661968@qq. com

二、实训任务载体的选择

在挑选合适的实训任务载体时，我考虑了知识覆盖面、难易程度、现实意义几个方面的因素，最终确定了认识物流（当地物流现状调查）、认识知名物流企业、物流运输方案设计三个实训任务。

（一）行业总览

因为学生进校前对物流专业知识可以说是一张白纸，没有任何了解，因此我的第一个任务选择了让学生去调查家乡的物流现状，这是一个全景总览式的任务。让学生调查家乡，也易于激发起他们的兴趣，而对家乡物流现状的调查了解之后，他们会有一个基本的认识与判断：我的家乡目前的物流发展状况如何，今后是回家乡去建设发展，还是在其他物流发达地区获得更多的机会，学生不仅了解了自己的家乡，通过其他小组的分享，他们也全景式地知悉了整个四川区域的物流现状。

（二）企业聚焦

第二个任务是认识知名的物流企业。设计这个任务，学生的目光焦点由整个物流行业进入了某家企业，我鼓励学生通过上网查找知名物流企业的各种音频视频资料，让他们去发现，我们现在的物流市场中有哪些国际国内的知名企业，他们又从事哪些业务，优劣势在哪里。这种具体对行业企业的触碰，可以增加学生对物流专业的认同感，同时也为他们以后的择业方向做好铺垫。

（三）方案设计

第三个任务是根据所给资料完成一个运输方案的设计。这就是物流企业中常见的服务项目了。当然我放在这里，并不是要求学生要达到专业公司的设计水平，而是让他们感受到物流系统的观念、效益背反的特性，让他们知道社会生活中真实的工作过程，不是完成简单的数学题。

这三个实训任务由面到点、由浅入深，让学生的视角从全景到企业再到具体的作业项目，层层深入，难度也逐渐上升，让学生将书本上的物流基本概念与现实运作状况相结合，从而内化成为自己的经验。

三、实训项目实施的保障

（一）组建团队

对于我们习惯于被动接受的学生而言，要顺利地完成实训任务，不能仅仅靠“一个人战斗”。所以这样的任务必须组建团队，让学生充分发挥团队力量进行协作，共同完成。

（二）模板示范

为了学生能更高效准确地完成任务，教师可以准备一个过去学生完成的任务作为模板示范。需要注意的是，模板示范不追求完美，甚至也可以是一些常见错误的示范，但是经过教师讲解，进一步让学生理解他们需要完成的成品是一个什么形式，有哪些注意事项，这会对学生起到事半功倍的作用。

（三）及时点拨

实训任务教学，教师能否控场，能否调动学生的任务热情非常重要。我的实践经验是，学生对任务要求的准确理解，常常是影响他们优质完成任务的关键因素。这时候教师必须在室里巡回检视，或者旁听学生的讨论，一发现问题马上指导点拨，及时纠偏。从解决问题的思路、流程、方法上，给学生一些指导性的建议，帮助他们更快更好地完成任务。

四、实训项目的评价

这种实训项目对能力素养的培养是全方位的，所以评价也应该是全方位的。

（一）多方评价

我们一个实训任务的评价，一般采用三方进行：学生自评、小组互评和教师点评。每个组在完成任务后均要进行项目汇报，这时我会发给学生评价表，他们要相互打分。每个组汇报后，还有其他小组要进行点评，找出做得好的和不好之处，最后教师进行点评。大家相互学习和提升进步。

（二）素质要求

这样的任务，我的考核点不仅仅在物流专业知识上，而是涵盖了很多基本的职业素养。比如，他们提交的文档的格式、名称、提交时间，我都做了明确要求，如果没有按照要求提交，会相应扣分。每次都会有的PPT汇报，第一次我只要求能做出逻辑清楚、辅助讲解的PPT，而随着任务的进行，对PPT的美观性、资源的丰富性等，都有更高的要求。对学生汇报的表达能力，也是我一直的关注点。为了让大家都有锻炼的计划，每个同学只能上台一次，下一次必须换人，让每个人都有走上讲台，面对众人侃侃而谈的机会。

五、实训项目的收效

（一）对专业理论知识的内化

“物流基础”中很多专业理论知识，学生如果仅仅靠看书、听课的方式进行学习，常常会出现：翻看书什么都懂，合上书啥都不知道了。但是我觉得学物流是否学好了，怎能仅凭会背几个概念，答几道题来衡量呢？通过“物流基础”课堂上的三个实实在在的任务，能触摸这个行业，行业中的企业以及企业中的具体工作任务，使学生实现了理论知识的内化，培养起了物流的基本能力。简单的说，学完一学期，如果学生能用自己的话来说说物流这个行业，说得靠谱，这就说明，他已经将知识内化，转换成了自己的经验，那也意味着教学目标实现了，教学成功了。

（二）思维方式的转变

通过实际工作任务，学生的思维方式也在转变。以前受基础教育应试教育的影响，学生的思维比较被动和单向。具体来说就是他们觉得老师的问题都应该有标准答案，标准答案就是计算正确的答案。但是我们的任务颠覆了他们的这种思维模式。首先，实训任务要完成，采用什么方式获得资讯，怎样甄别资讯的真伪等等，都没有一成不变的答案，需要他们自己去试错；其次，很多“计算正确”的答案，却往往不是正确答案。比如我让学生们比选车型，他们根据货物 8.8 吨，就不会选择一台 10 吨车，而是选三台 3 吨车，以为这样最节约运力，但实际恰恰相反，一台大车的运费远小于三台小车，因为这里不能单一地考虑运力一个方面。通过这样的任务，学生们渐渐开始主动思考，多因素思考了。

（三）能力素养的提升

在完成任务的过程中，学生能力素养的提升是比较明显的。比如很多同学刚开始连 PPT 都不会做，但是最后一次任务时，已经能做出连我都羡慕不已的 PPT。很多同学从未上过讲台，现在在我的课堂上也硬着头皮上台了。小组组长，我更注重对他们管理能力的培养，提醒他们如何分解、布置任务，如何管理进度，如何调动积极性。为了避免一个组就一个孤胆英雄，我要求他们每次汇报都要说明小组分工，并有团队合作完成任务的过程照片，提升了同学们的团队合作能力。

参考文献

[1] 舒茜. 专周实训在工业分析技术专业中的实践[J]. 化工管理，2016（33）：99-100.
[2] 卓佳. 高职汽车营销实训专周课程改革与实践[J]. 知识经济，2011（17）：176.
[3] 邱有春. 画册设计实训教学探析[J]. 泸州职业技术学院学报，2010（03）：42-45.
[4] 张具英. 电子信息专业专周实训课程的探索[J]. 中华文化论坛，2009（S1）：258-259.
[5] 赵珊，袁良.《电子操作技能》实训专周的实践[J]. 科技资讯，2008（32）：141，143.

对国外铁路行车专业技术人员培训课程课标构建的思考*

李森林

【摘　要】 近年来，随着我国高速铁路的发展，中国铁路走向世界的形势越来越明显，目前，中国铁路“走出去”项目遍及亚洲、欧洲、北美和非洲，一批项目取得重大进展。中国铁路本着互利共赢的原则，凭借强大的综合实力和竞争优势，真诚与各国铁路部门开展务实合作，取得了一系列成果。中国不止帮建铁路，还帮助运营铁路，但落后的铁路国家没有运营人员怎么办？我们还帮助他们培养运营人员，从车、机、工、电、辆、供等方面全方位的培训专业人员，但这对我国来说完全是一个新课题，没有课标，没有教材，如何进行培训？从专业教学适用的方面，就行车专业方向的课程标准构建进行了论述，就项目教学中对行车专业人员的专业要求进行分析。

【关键词】 课程标准；铁路培训；行车；运用

世界需要中国铁路，中国铁路也需要走向世界。近两年来，在政府合作机制的推动下，中国企业联合体“抱团出海”，先后实现了匈塞铁路、中泰铁路、中老铁路、雅万高铁、莫喀高铁等项目的落地。中国铁路国际合作遍布世界各地，引起了强烈的国际反响，进一步增强了我国铁路“走出去”的战略自信。

一、专业课标的必要性

当前，中国铁路“走出去”迎来了全新的发展机遇。我国铁路具有技术先进、安全可靠、性价比高等优势，特别是高铁发展成就举世瞩目，具有很强的国际影响力和竞争力。但是那是适合中国特色的铁路，如何把东道国的人培养出来运营他们自己的铁路，如何培养梯队铁路运输人才摆在了面前。

1. 路网形势不同

中国铁路现在只是在一些国家修一条或两条铁路，距离网络运营还有很长的路要走。而东道国家对于铁路专门人才的培养基本处于零状态，如何适应铁路运营人才的需求？

* 作者简介：李森林，部门：轨道交通学院，类别：铁道运输专业，通信方式：13608092751，电子邮箱：14328596@qq.com。

2. 语言不通

东道国一个国家民族多，语言种类也多，即使有统一官方语言，但是我们中方人员和他们沟通还是有很大的障碍。用汉语普通话制定的铁路标准能否正确的满足东道国铁路运营的需求？

3. 培训人员时间紧张

中国铁路虽然能够针对项目国需求提供包括投融资、建设、运营、综合开发在内的一揽子解决方案，但你能保他们运营一辈子？所以一般是 2~3 个月的上岗培训，再通过 3~6 个月师傅带徒弟的方式。以后项目国有自己的职业院校来满足运营人才的培养。

因此，制定适应项目国铁路合适的专业课程标准很有必要。

二、专业课标必须要有创新

创新是一个民族进步的灵魂，是一个国家兴旺发达的不竭动力。站在新的起点，我们必须坚定不移地推进铁路“走出去”工作创新，不仅要加强与国内企业的合作，进一步完善协调机制，统筹各方优势资源，实现优势互补、分工协作，更要创新境外铁路人才培养的新模式，把先进技术标准与适应东道国国情需要结合起来，实现从单一产品输出转向全产业输出，提升我国铁路全产业链竞争力，推动中国铁路技术标准国际化。在课程标准的制定中注意与国内铁路员工培训的差别，注意国外学生好动重实操的特点，注意国外学生考核的习惯，注意东道国的饮食和生活方式等。要敢于创新，制定出适合项目国国情的专业课程标准。

三、我对行车专业课标的运用

全程由中国设计、融资、施工及运营，堪称中国铁路全产业链的“走出去”。作为“一带一路”倡议的重要支撑，是中国与外国合作的里程碑，不仅是中国企业为外国量身打造的高品质民生工程，更是中国铁路以全产业链的方式“走出去”和“一带一路”建设的标志性成果，它既是友谊之路，又是新起点，将带动多条产业链发展，为国外铁路的可持续发展送上宝贵的“中国模式”。

1. 课程的任务与目的

本课程向学生介绍铁路行车设备的构造及使用，铁路行车闭塞法的基本概念、分类和原理；正常情况下接发列车和特殊情况下接发列车的基本知识；铁路列车在站技术作业过程；铁路车站技术作业过程；铁路安全管理基础。让学生掌握铁路行车设备的操作方法，铁路车站接发列车的方法，铁路车站管理的方法，为从事铁路行车工作打下基础。

2. 课程主要内容

铁路线路的组成，车站行车设备的使用方法；铁路行车闭塞法的基本概念、分类和原理；电话闭塞法的使用时机、作业过程和使用注意事项；一切电话中断时的行车办法；接发列车的基本要求；正常情况下接发列车的程序；特殊情况下车站接发列车的办法；铁路列车和车站技术作业过程；铁路行车事故分类及处理办法；铁路行车事故救援办法等。

3. 基本教学内容与安排

表 1　基本教学内容与学时

项目	内容	学时
1	行车组织基础	36
2	现场认知实习	8
3	行车手信号（实训）	12
4	接发列车作业	30
5	正常接发列车（实训）	48
6	车站作业计划	32
7	手摇道岔（实训）	12
8	非正常接发列车（实训）	54
9	车站技术作业	12
10	行车安全管理	12
11	中国文化概论	18
12	复习与考核	12

总误时 286，理论课时 120，实作 128，实习 8，选修 18；注重实操，理论够用，其他铁路技能和理论在中级培训中进行；另外，在课程安排中注意东道国学员的特点，理论与实操交叉进行。

4. 考核方式

本课程考核实行周考百分制，根据平时表现和周考考试综合评定。外国学员比较看重自己的成绩，注意尊重他们的隐私。

5. 教材及参考资料

教师自编英文教材应顺应全球化趋势，与丝路沿线各国共建“一带一路”铁路大通道，共同开发国际物流市场，是中国铁路实施“走出去”战略的重要内容。因此，我们要顺势而为，紧紧抓住“一带一路”倡议和国际产能合作战略等机遇，发挥行业优势，坚持创新发展，形成整体合力，让中国铁路“走出去”的步伐更加坚实。

参考文献

[1] 席宁. 试论沙特麦加轻轨铁路项目特点与建设[J]. 铁道工程企业管理，2013（3）：14-15.

[2] 向鹏成，万珍珍. 我国建筑企业海外 EPC 项目风险管理——以中铁沙特麦加轻轨项目为例[J]. 国际经济合作，2011（6）：52-55.

[3] 中国轨道装备工程公司. 土耳其安卡拉—伊斯坦布尔高速铁路二期工程项目案例分析[R]. 2015.

[4] 方远明. 中国铁路产业“走出去”战略研究[M]. 北京：北京师范大学出版集团，2010.

新技规与行车组织的融合*

廖春福

【摘　要】　随着铁路运输的快速发展，成都工业职业技术学院院的行车老师也应与时俱进，围绕《铁路技术管理规程》，梳理和分析原有行车专业专业课程中需要及时修订或新增的操作规程，以开发校本课程的方式，促进行业新技规与行车专业课程的融合，并进一步更新和完善课程教学资源。只有紧跟上行业发展的步伐，才能让学生及时掌握新技术、新规程，将行业对技术设备和运输组织工作的新要求融入课程教学中。

【关键词】　铁路技术管理规程；行车组织；调度命令；列尾装置；动车组

一、新技规与行车组织融合的意义

自2014年11月1日起，全国铁路总公司开始施行新的《铁路技术管理规程》（技术规章编号：TG/01-2014）。该规程于2014年5月27日经全国铁路总公司总经理办公会会议审议通过，分为“高速铁路”和“普速铁路”两部分。和老规程相比，新规程调整了部分规章，也新增了行车调度命令等，例如：老规程中的行车调度命令的受令者有司机、运转车长和车站值班员，新规程的受令者只有司机和车站值班员；新规程增加了动车组列车空调失效时需打开部分车门限速运行、动车组列车转入或退出隔离模式（被救援时除外）等内容。新规程的分类和细化，体现了高速铁路和普速铁路对铁路技术装备和运输组织工作的新要求，也预示着铁路行业对从业人员的基本职业素养和专业技能的要求会更高、更严。

为了适应铁路行业的飞速发展，铁路职业院校的行车老师必须随时关注行业发展动态，以新的《铁路技术管理规程》为核心，梳理和分析原有行车专业专业课程中需要及时修订或新增的操作规程，以开发校本课程的方式，促进行业新技规与行车专业课程的融合，并进一步更新和完善课程教学资源。只有紧跟上行业发展的步伐，让学生及时掌握新技术、新规程，将行业对技术设备和运输组织工作的新要求融入课程教学中，才能培养出切合现场实际的应用型人才。

二、新技规中有关修改后的行车内容与行车组织教学融合的方法

在铁路行车组织的教学过程中，将行业新技规与“铁路行车组织”课程逐步融合，并在课程实施过程中，讲明新技规修改或增加有关条例的原因，结合案例和实践性教学，更新和

* 作者简介：廖春福，部门：轨道交通学院，类别：铁道运输，通信方式：18081053687，电子邮箱：384355166@qq. com。

完善课程教学资源，在实践中检验融合的效果。其融合的形式，主要体现在以下两个方面：

（一）新技规中有关新增后的行车内容与行车组织教学的融合

对于新技规中新增的内容，在讲解行车组织的时候，一方面要讲述新增的内容，另一方面要解释新增的原因，并能举出相应的案例加以说明，并结合行车组织的教学加以融合。下面以新技规中新增的两条新内容为例来说明新技规中有关新增后的行车内容与普速行车组织教学的融合过程及方法。

1. 对于调度命令的发布，在新技规第 231 条第 13 表中做了较大幅度的修改，结合新的情况增加了若干条款

（1）增加了第 9 条“列车需临时降弓运行”。

对于这一条，为什么要发布调度命令呢？由于在这些地段接触网可能故障或挂有其他的物体，情况异常，只有发布书面的调度命令，才会引起列车司机的足够重视，准确通过降弓地点。1995 年某一天晚上，宝成线某一区间因接触网故障，司机未及时降弓，导致拉断接触网几百米，结果导致广元-江油段中断行车数小时，同时造成多趟列车停运和多趟列车晚点，给铁路运输造成了很大的经济损失。这一新增条款在与行车组织教学融合时，必须说明调度给司机书面调度命令而不是口头命令的重要性。

（2）增加了第 11 条“动车组列车空调失效需打开部分车门限速运行”。

我们知道，动车组列车是全封闭运行，内部通风良好就显得非常重要。但在动车组运行途中，若动车组列车空调失效，如果因此停运，会影响铁路的声誉和旅客的出行，造成较大的社会影响，但如果打开车门按正常速度运行，又极为不安全。因此在这种特殊情况下，铁路允许动车组列车打开部分车门运行，但为保证旅客人身安全和列车运行安全，可以对列车限速，但为引起司机的重视，以书面调度命令告知动车组司机及沿途车站有关人员。

（3）在第 28 条中，增加了“运行揭示调度命令与实际限速、行车方式或设备不符时”需发布调度命令的情况。

这一条为什么要发布调度命令呢？如果司机不提前知道某区间的限速情况，就可能造成列车的超速，一旦发生事故，轻则列车脱轨，重则列车颠覆，将会造成巨大的损失和社会影响，后果不堪设想。所以，因施工提前、延迟等特殊原因导致实际情况与运行揭示调度命令不符时，行车条件及要求发生了变化，列车调度员应以书面调度命令的形式将运行速度限制等行车要求告知车站、列车司机等有关人员。

例如在 2008 年 4 月 23 日，济南局对胶济线施工，并调整列车运行图，向相关外局发布了限速通知，同时限速通知也传给了北京机务段。4 月 26 日取消限速，4 月 28 日 4 时 02 分重发，导致北京局调度员未及时将限速的调度命令下发给 T195 次司机，司机未将限速的数据写入 IC 卡，致使 T195 次旅客列车在经过王村-周村区间 293 km 处，因超速侧翻，并侵入邻线，与对向 5034 次旅客列车发生冲撞，造成 T195 次机后 9-17 节车厢脱轨颠覆，5034 次机车和机后 1-5 节车厢脱轨颠覆，结果造成了死亡 72 人，受伤 416 人的特重大行车事故。通过这个事故说明，不管时间再紧迫，就算列车运行晚点或中途停车，也要在列车经过限速区间前，及时给司机下发限速的书面调度命令，引起司机的足够重视。对于这一新增条款在与行车组教学融合的时候，一定要通过相对应的案例来说明给司机发布书面调度命令的重要意义。

2. 在新技规中，由于目前取消了守车，故增加了关于“列尾装置的摘挂及运用”的第 253 条

为什么增加第 253 条规定呢？其原因主要体现在以下两个方面：

（1）以前列车尾部有运转车长，可以随时监测列车尾部风管的风压大小，但现在由于取消了运转车长，为了保证旅客列车运行安全，只能在列车尾部安装列尾装置来代替运转车长，监测列车尾部风管的风压。另外，安装了旅客列车列尾装置后，需由司机、车辆乘务员、车站人员担当原运转车长的职能。但能否完全很好地承担运转车长的职能，我在讲课的过程中也可以提出自己的看法。比如说，没了运转车长，对于列车尾部是否过警冲标，有时不易判断。例如，1987 年，宝成线彰明车站一货物列车停在 3 道，列车尾部守车没有过标，运转车长睡觉未起到提醒司机的职责，助理值班员因离得较远也未注意到。此时，一列客车 1406 次正好在邻线 2 道通过，结果两列列车侧面冲突，造成客车 8 节车厢的扶手断裂，当场撞飞了守车，正在熟睡的运转车长也被当场撞死。通过这起事故说明，没有了运转车长，可能会出现安全隐患。这一点在与行车组织教学融合的时候，应着重说明车站的助理值班员在接发列车的时候，一定要加强确认尾部是否已经过标，但由于助理值班员距离列车尾部有些远，因此要做好这项工作需极大的责任心和细心。

（2）由于半自动闭塞区间无法判断区间有无遗留货物车辆，故必须在货物列车尾部挂上列尾装置，来判断是否整列货物列车都进入车站。另外，为便于助理值班员确认列车是否完整，最后一节车的软管需吊起来代表尾部标志，以此帮助助理值班员判断列车是否整列到达。对于这一点在与行车组织融合的时候，应着重强调列尾装置和吊起软管的重要意义。

（二）新技规中有关修改后的行车内容与行车组织教学的融合

对于新技规中修改后的行车内容，在讲解行车组织的时候，一方面要讲述修改后的行车内容，另一方面要解释修改后的行车内容被修改的原因，并辅以相应的案例加以说明。下面，我以新技规中修改后的两条为例来说明新技规中有关修改后的行车内容与行车组织教学的融合方法。

1. 在新技规第 301 条中，做了较大幅度的修改

将“能进入接发列车的进路”改为“与接发列车进路”；“不准调车”改为“不准向能进入接发列车进路的方向调车”；取消“发车旅客列车时，与列车相反方向”及“为了防止机车车辆进入旅客列车接车线，接停车的旅客列车时，在接车线末端方向第一组道岔必须向相邻线路开通”。

在这一条中，为什么要进行这样的修改呢？主要考虑到旅客列车的级别较高，一旦出现行车事故，对铁路的影响较大，也会削弱铁路与其他运输方式的竞争。因此，为避免其他调车作业中的机车车辆因其他原因进入接发列车进路，与正在进出站的旅客列车发生冲突，规定在接发旅客列车时，与接发列车进路没有隔开设备或脱轨器的线路，不准向进入接发列车进路的方向调车。这样做的目的，是为了保证旅客列车的绝对安全。例如，某一车站一旅客列车出站时，因调车时没有隔离设备，一调车车列与正在出站的客车发生侧面冲突，结果造成多人遇难，其中包括多名外国人，结果不仅给铁路造成了重大的经济损失，而且也造成了极坏的国际影响。这一条在与行车组织教学融合的时候，需强调的是旅客列车的级别较高，一旦出事，后果非常严重，故需保证客车的绝对安全，不要臆想调车车列会及时停下来和对

客车不一定会造成影响，不能有这种侥幸的心理。

2. 在新技规第 355 条中，做了较大幅度的修改

“固定”改为“规定”：增加新第 2 小条；原第 2 小条增加“动车组列车”；原第 3 小条增加“动车组列车”；“开放信号，再接入站内”改为“再开放信号，接入站内”；增加“动车组列车遇特殊情况需变更办理客运业务的固定股道时，须经调度所值班主任（值班副主任）准许”。

之所以这样修改，主要是考虑到为了保证安全和正确地接发列车，便于进行列车技术作业，接发列车应在正线或到发线上进行。具体到这条，这条修改后主要体现在以下两个方面：

（1）旅客列车或挂有超限货物车辆的列车，应接入规定线路。对于旅客列车来说，为了保证其安全，方便旅客上下车和行包装卸，要求有客运业务的旅客列车应接入靠近站台的线路，不然会给乘客造成极大的麻烦。1990 年，曾经有两对普通旅客列车在新都车站办理客运业务，由于新都站靠近站台的 1 道常因货物装卸而被占用，迫使客车只能接入不靠站台的正线Ⅱ道，结果导致上了岁数的乘客上车很是吃力，下车的时候稍不小心，可能就会摔倒在线路上，不仅摔坏了随身携带物品，甚至还会伤及身体。

对于将挂有超限货物车辆的列车来说，由于超限货物宽度或高度超出机车车辆的限界，会对线路两侧的设备、建筑物或邻线的机车车辆出现擦挂，造成货物和车辆的损坏，所以技规规定必须将挂有超限货物车辆的列车接入符合《站细》规定的线路。这一方面，也曾发生过行车事故的。1995 年，某一车站的值班员就将超限列车接入到了非固定线路，结果刮坏了线路一侧的站台，车辆也受到损坏，造成了一般行车事故，给铁路和货主带来了一定的经济损失。

这一点在与行车组织教学融合的时候，应重点强调旅客列车和超限货物列车接入规定线路的重要性，最好以案例的形式进行讲解，方能有更好的说服力。

（2）动车组列车在车站办理客运业务时，须固定股道、固定站台、固定停车位置。动车组列车运行速度及等级高，因此对在车站办理客运业务的动车组列车须明确固定股道、固定站台、固定停车位置。遇设备故障、自然灾害、列车晚点等不可抗力原因必须调整动车组列车固定股道时，必须经调度所值班主任（值班副主任）准许，否则不发布调度命令。

2009 年 9 月 20 日 11：21 分，遂宁站将 CRH 试验列车 S55002 次接入一站台 5 道，而遂宁站《站细》规定。接发动车组固定进路为：5 道为重庆北→成都（遂宁站办理业务）CRH 动车组固定进路，Ⅳ道为成都→重庆北（遂宁站办理业务）CRH 动车组固定进路。由此造成 CRH 试验动车组列车接入非固定进路事件。该事件是对“五固定”认识不到位，培训不到位，指挥不到位造成的，充分暴露出干部敏感性不强、业务不精。车站值班员没有牢固树立动车组“五固定”的意识，应急处理能力不强。对“动车组列车必须固定在基本进路上办理，遇动车组不能在基本进路办理时，须经调度所值班主任准许并发布调度命令”的认识不到位。当车站二站台电铃设备故障导致动车组试验列车需变更接车进路时，没有按正式的动车组来办理。未向列车调度员汇报清楚，监控干部没有提醒车站值班员要求行调下达变更进路的调度命令，且车站一站台重庆端无动车组停车位置标的情况下，没有使用临时停车位置标接发动车组试验车，没有严格执行“动车组固定停车位置”的规定，说明管理人员对动车组“五固定”以及应急处置方面的业务知识不精通，现场盯控不到位。

（3）原规定为通过的旅客列车由正线变更为到发线接车时，列车要从经道岔直向改为经道岔侧向运行。经道岔直向运行时允许速度高，而经侧向运行时运行速度低，如司机没有思想准备列车由正线经道岔直向通过改为到发线经道岔侧向接车，可能难以降低到要求的速度。容易超速运行，带来安全隐患。动车组列车、特快旅客列车较其他旅客列车运行速度和等级高，应按基本进路办理，当车站因特殊原因必须变更基本进路时，列车运行进路上的速度要求可能会发生变化，应告知司机提前做好准备。

例如，在 1983 年 3 月，某站值班员在下达了 30035 次接车计划后，后计划有变，更改为先接客车 3037 次。车站值班员在变更接车计划时，未按规定进行传达，导致应在该站通过的 3037 次客车按原计划 30035 次接车进路接进站内停车，造成行车一般事故 。通过对该事故分析，主要原因是车站值班员当班中谈及与工作无关的事情，精力不集中，计划变更后，未及时向有关人员传达，在办理接发列车作业过程中未按规定办理，当接入通过的 3037 次列车进站停车时，既没有得到调度员的调度的口头命令，也未及时通知司机、信号员和助理值班员等。结果，造成了一起行车一般事故，延缓了列车的运行，打破了运行秩序。

这一点在与行车组织教学融合的时候，应重点强调原规定为通过的旅客列车由正线变更为到发线接车时，须经列车调度员同意和提前告知司机的重要性，最好以案例的形式进行分析和讲解，才能更好地强调这条规定的重要作用。

三、新技规与行车组织融合的总述

为了适应铁路行业的飞速发展，铁路职业院校的行车老师必须随时关注行业发展动态，以新的 《铁路技术管理规程》为核心，梳理和分析原有行车专业专业课程中需要及时修订或新增的操作规程，以开发校本课程的方式，促进行业新技规与行车专业课程的融合，并进一步更新和完善课程教学资源。随着新技规的制定、实施，也需要铁路行车组织专业课老师在教学的时候，要从学生职业选择的需要出发，压缩陈旧的专业知识，跟踪同类专业当代的前沿。新技规的制定也说明学校和专业教师要随时了解现场的发展情况，学习现场先进的技术、设备和新的规章，同时学校也应该适时地增加一些新的设备、系统软件，比如说与现场对应的铁路运输管理信息系统、无线调车灯显设备等。只有紧跟上行业发展的步伐，让学生及时掌握新技术、新规程，将行业对技术设备和运输组织工作的新要求融入课程教学中，增强人才培养的针对性，才能培养出能满足行业需求的高素质、技能型的专业技术人才。

在铁路行车组织的教学过程中，将行业新技规与《铁路行车组织》课程逐步融合，并在课程实施过程中，讲明新技规修改或增加有关条例的原因，结合案例和实践性教学，更新和完善课程教学的方式、方法，才能在教学实践中检验新技规与行车组织教学融合的效果。

参考文献

[1] 技规编写组. 铁路技术管理规程[M]. 北京：中国铁道出版社，2014.
[2] 李一龙. 高速铁路部分铁路行车规章教程[M]. 北京：中国铁道出版社，2016.
[3] 李宝元. 铁路车务部门事故案例[M]. 北京：中国铁道出版社，2003.

以《隧道净空》为例再谈常规教学*

肖桂蓉

【摘　要】 以实例入手再谈常规教学，搞好常规教学，需要教师有生动的教学语言，有丰富的教学资源，重视技能培养，拓展人文情感教育。

【关键词】 常规教学；教学语言；教学资源；技能培养；人文情感

常规教学乃是学校教育的立足之本，高职教育需要让学生学到基本的理论知识，训练扎实的实践技能，具备求真务实的工匠精神，这都需要通过常规教学的途径来实现。本文拟以隧道净空为例，从以下几点扼要地说明教师常规教学对教师素质的高要求和常规教学的重要性。

一、如何让学生易于接受枯燥的专业知识——需要掌握教学语言艺术

教学语言是教师教学的基本功和必要素质，宜简洁、生活化，引人入胜。在以讲授法为主的学习更是离不开教师的教学语言。透过教师的教学语言，学生可以挖掘出教师的思维进程，学习到思考问题的良好方法，捕捉到思维历程中闪现的火花，进而激起提高自身思维能力的愿望。一般来说，生动形象的教学语言会影响学生的形象思维，理性概括的教学语言会影响学生的抽象逻辑思维；教师的语言是否机智影响学生思维的敏捷性和灵活性，语言的观点会影响学生思维的独立性和批判性，语言的材料会影响学生思维的广阔性和深刻性……所以说，教学语言其实是一门艺术。

如在“隧道净空”的教学中，把隧道构造比作是人的长相，把净空高度宽度的尺寸大小比作人的高矮胖瘦，并以一系列设问引入本次课的教学内容。隧道究竟该修多大？有何讲究？为何滑冰运动员转弯时身子要向内倾？那么隧道断面在直线与曲线上是否一样？高铁隧道断面与普速铁路隧道断面大小是否一样？铁路隧道与公路隧道是否相同？地铁隧道净空又是如何？隧道内部空间的大小是否会影响施工的难度？该怎样应对？联系生活常识，通过一系列设问激发学生的好奇心，带入本次课的教学。

教师良好的教学语言却是需要根据专业知识内容在日常生活中自觉追求、苦心修炼才可以日臻成熟的。要善于把枯燥的专业知识与生活实际相结合，进行有效的类比，提高学生的学习兴趣。如将隧道净空固定下来的隧道衬砌，结合衬砌性能特点，将整体式衬砌形容成独当一面，把复合式衬砌形容成灵活多变。

---

* 作者简介：肖桂蓉，部门：轨道分院，铁工综合组，类别：教学研究，通信方式：13668143221，电子邮箱：364275197@qq.com。

这一切需要教师的长期积累，需要切实提高自身内部修养，内部修养是教师教学语言艺术的基础和源泉；需要通过锻炼去训练自我的教学语言表达能力，若能熟练地掌握一些必要的语言表达技巧，如发音、吐字、运气、共鸣、停顿、重音强调、节奏控制、语调升降等技巧，便可以大大增进教学语言的表现力；需要在教学实践中不断提高教学语言艺术水平。

二、课堂教学应紧跟甚至超越时代发展——需要收集、整理、开发利用丰富有机的教学资源

我们所处的时代，是一个基础交通建设飞速发展的时代，各方面的设计理念、施工技术也是突飞猛进，这在地下空间的开发利用上显得尤为突出。而在隧道净空部分教学中，教材上仍只有普速铁路隧道净空的相关内容，这便需要老师去收集、去整理诸如高铁隧道的净空、地铁隧道的净空、公路隧道净空的相关知识，并以期解决以下问题—为什么高铁隧道净空断面要大得多？什么是空气动力学效应？为什么高铁隧道曲线地段不再考虑加宽？为什么高铁隧道内不设大小避车洞？为什么地铁隧道盾构法修建的隧道要以最小曲线半径确定隧道的净空？……以期达到举一反三，拓宽学生的视野，训练学生的思维和知识应用能力。

这一切其实是要求老师花大量的时间和精力去备课的，需要注重教学资源长期的积累和更新。教学资源是指在课堂教学活动中所运用到的教学材料。它不单指教科书，还包括教学过程中所需要的各种辅助教学的资料。教学资源是课程实施的基础和内容，是课程实施的前提条件和保障，是形成课程的要素来源和必要而直接的实施条件。所以收集到原始的教学资源还需要进行有效的开发，形成更易进行知识传播的媒介，如多媒体课件、视频、动画之类，课程能否顺利实施，很大程度上取决于课程资源的开发利用水平。

课程资源开发的路径一般包括从教科书中梳理出基本的教学资源；从课程的历史资源中去挖掘出历史，加深认识；从学生的经验中获取，可以提前发放问卷和进行设问；从社会生活中发掘，时事要闻，科技进步动态，相关公众号（如隧道网、路桥网等等）、网站上获取，而教师自己的学识、个人经验与阅历、个人胸怀与视野都构成了教师个人的课程资源。所有这些，需要花费老师大量的精力，不断地跟进、更新和补充。

随着信息技术的发展，多媒体教学手段的广泛应用，不仅需要老师把收集到的教学资源以有利于学生理解消化掌握的信息手段体现出来。譬如：低端的整理出像样的演示课件，高端的则要求老师能积极参与在教育主管部门、教育工作者和技术工作者三者相结合地合作开发教学资源，建设精品课程，未来能开展 Mooc 教学，通过计算机与人之间良好的交互性进行学习，学习者根据自我的个性差异，按照自己的理解能力、学习方法和适当的进度以及适合自己接受能力的媒体形式进行学习，将教学资源的教育价值充分体现出来。

如隧道的净空教学中关于曲线隧道加宽原因、加宽值的计算、加宽后断面的变化、不同加宽断面的衔接、不同加宽断面的过渡，这些知识的理解除了生活常识的体验还可借助于动画，借助于过程的演绎来说明。甚至于铁路、公路、地铁等不同行业隧道断面相关知识点的对比更是有助于学生形成逻辑推理能力。

随着时代的发展和时代的需求，对教师对教学资源收集和加工能力提出了更多更高更强的要求，需要老师在课堂之外投入大量的精力。

三、理论重在实践——必须重视技能的培养

技能是指掌握并能运用专门技术的能力，再高深的理论最后都要回到实际应用和技能培养方面，尤其是对高职教育，更是如此。

在隧道净空的教学中，铁路隧道曲线地段加宽值的计算、加宽后隧道中线与线路中线的偏移，不同加宽断面的衔接，通过补充拓展，结合具体的工程实例分析其从设计施工的角度和养护维修的角度的应用，让学生通过实际练习掌握具体应用，增强理论知识的实用性和针对性。

全国上下都在强调工匠精神，简单的事情重复做，重复的事情用心做，强调乐观奉献，在专业课的教学中要做到这些，这也需要老师们自觉主动地加强与现场的联系，要经常参与到实践中去，到基层一线去。但这也需要有关部门能有效地搭建起工学结合、校企联合的平台。

四、教育是人的教育——拓展人文情感教育

我们的教育归根结底是人的教育。情感教育是教育过程中的必不可少的一部分，它关注教育过程中学生的态度、情绪、情感以及信念，以促进学生的个体发展和整个社会的健康发展。教学过程中若能积极引导学生去关注社会生活中富有爱心的人和事，不仅有助于培养学生求真、求善、求美的思想意识，而且还有助于促使其思考人的生存意义，从而帮助其形成积极的人生态度，树立正确的人生观、价值观。

在《隧道净空》的教学中，让学生充分意识到为了保证安全行车，必须要有限界意识。并将此意识引入到社会生活中，引入到人与人之间的交往中，也应该树立限界意识，尊重他人的独立空间，更要尊重别人的隐私，更不能打着关爱的幌子去侵扰他人的生活。更比如在介绍围岩的自承能力时，“围岩能稳定是因为岩体自身有承载自稳能力；围岩不稳定是因为围岩的承载自稳能力不够，如果在施工过程中提供必要的帮助或限制，则围岩仍能够达到稳定状态”。这就好比人的情感，有人遇到烦恼和挫折，心理强大的能自我修复，而更多的人则是需要朋友的关心、安慰，需要外界的干预才能帮助他（她）回到正常的轨道。诸如此类，不胜枚举。这信手拈来的功夫是需要教师长期根植于内在的修养，来源于平时的广泛阅读和丰富生活的积累。这也需要老师有足够的“业余”时间去丰富自我。

五、结语

隧道净空的教学只是隧道课程教学中的一个普通内容，以点带面，谈了几点常规教学的要求，对教师而言，任何时候，搞好常规教学都是本分，不论时代如何发展，常规教学背后都是需要付出大量时间和精力的。

参考文献

[1] 吴明霞，宋丽娟．教学心理学丛书·接受学习与课堂教学[M]．北京：人民教育出版社，

2012.

[2] 张家璐，袁雪．论高校教师的职业素养[J]．中国科教创新导刊，2010（19）：229-230.

[3] 杨赫．高速铁路隧道限界及断面检测技术的研究[J]．中国新技术新产品，2012（10）：44-45.

[4] 梁鑫鑫，陈浩，高俊强．盾构圆形隧道限界测量成果分析[J]．东南大学学报（自然科学版）．2013（S2）：394-399.

浅谈高职机械制图课程教学与绘图软件结合的教学改革*

宋 林

【摘 要】 机械制图是现代高职教育机械类专业的必修技术基础课程，也是一门重要的技能工具课程，计算机辅助设计已经替代手工制图，在现代制造业中得到广泛应用。针对这一现状，高职毕业生的绘图、读图能力急需提高。通过分析机械制图当前教学过程中的问题，结合高职学生职业技能需求的特点，从教材、教学方式等方面提出机械制图和二维、三维绘图软件结合的“1+1+1”教学改革方式和实施的效果，证明两门课程结合教学的必要性以及重要性。

【关键词】 机械制图；“1+1+1”；教学改革；结合

机械制图是根据投影原理，按照国标规定，在图纸上或计算机上用图样确切地运用各种线条、符号、尺寸标注、文字说明等，对工程对象的结构形状、尺寸、工作原理及其他技术要求进行描述的一门学科，是工程领域中进行交流的一种技术工具和语言，是长期理论与实践相互结合的产物。

一、高职学生学习机械制图的重要性

较好的绘图、识图能力是高职机械类毕业生必备的一项基本技能，无论从事设计、制造、维修，学习机械制图，都有助于培养学生的空间想象、分析和逻辑思维的能力，增强学生在工作中解决实际问题的本领，也是学习后续专业课程的必要和重要的理论基础。

二、机械制图的教学现状分析

近年来，随着现代工业的发展和企业对人才素质要求的提高，手工尺规作图已经不能满足飞速发展的工业需求，取而代之的则是采用计算机绘图软件，一种广泛应用于工程设计各个领域的计算机语言，例如常用的 Photoshop、CATIA、AutoCAD 等，在提高企业设计效率、优化设计方案、减轻技术人员的工作强度、缩短设计周期、加强设计标准化等方面体现着越来越明显的优势。

---

* 作者简介：宋林，部门：汽车工程学院，类别：教学改革，通信方式：18502389902，电子邮箱：649853943@qq. com。

（一）使用传统的教学方法

部分高职院校当前尚未单独开设 CAD 基础课程，尤其刚从中职转型为高职的院校，仍然停留在传统的《机械制图》，即使开设了 CAD 教学的院校，机械制图和 CAD 课程也分别被安排在上、下学期完成，这种教学模式必然会导致一些弊端，例如：（1）为了满足教学要求，向学生展示更直观、形象的视图，在有实物模型、经典挂图的条件下，教师另外还需要利用手工+黑板绘制各种三维模型，这不仅要求教师具有极高的绘图能力且强度高，绘图的精确度把握不准，效率低下，无法与学生充分交流，在 45 分钟的课堂上往往所学甚少。（2）把机械制图与 CAD 作为两门在上、下两学期单独开设的课程，在时间段上出现了分离教学，必然会造成基础知识与 CAD 操作内容不能有效衔接，需要花费大量的时间重新学习机械制图的基础知识，被计算机吸引的一年级学生此时已经难以静下心来重复学习，在基础知识薄弱的情况下，CAD 必然达不到预期的教学效果。

（二）教材结构不合理

高职教材的选择关系着高职培养目标的制定、课程建设成效的评价，是一门学科的物化载体，是教师合理组织课堂的依据，因而在选订的时候一定要注重与学生的专业和实践相结合。在缺乏完善的评价制度和实用的评价体系条件下，部分高职院校为了节约成本，采取任课教师定教材，长期使用同一本教材的原则，使一些缺乏规范性、科学性、时效性、助学性、实践性的教材进入课堂。尤其是在多数已经广泛采用项目化课程教学的高职院校，仍然缺乏与教学理念相符合的项目型教材。

（三）缺少理论与实践的结合

在工学结合人才培养模式下，机械制图作为一门实践性非常强的技术基础课程，要求学生必须要熟练掌握和应用，除了基本的记忆、理解和空间想象能力，必然离不开理论和实践的有效结合。近两年的教学经验表明，高职学生动手画图的积极性不高，原因在于大多数高职教师几乎沿用了中职学校以前的教学方法：纯理论的照本宣科，内容层次浅，缺少课程侧重点，且不把理论和专业相关的实践相结合。这种传统的理论教学方法已经不能适应他们长期养成的较差的学习习惯，也无法提起学生学习的兴趣。

（四）学生空间想象能力差

学习机械制图的目的，关键在于熟练地绘图、识图，要求学生具有较强的空间想象力，例如在讲授三视图的投影规律时，可以把黑板面、地面、侧方位墙面作为三个投影面，用最现实的案例启发学生思考。随着课程从易到难、从简单到复杂过程的推进，在学习基本几何体的三视图甚至到基本体的切割、相贯体、组合体的学习部分，学生开始感到吃力，传统的一些教具、实物、模型、挂图已经不能达到最直观的教学需求，学生很难将平面的二维图形转换成抽象的三维模型，难以形成由平面到立体的视图特征。

三、机械制图与二维、三维软件结合的教学改革方法

（一）教材的结合

提高教学效率，首先应提升教材质量。机械制图课程理论知识量大，与 CAD 基础相互独立，两部分在内容和教学过程上没有交叉融入。基于高等职业教育的层次、范围和学制等特点，在制定培养方向、培养过程和培养内容时，应着重考虑学生的能力提升，使学生在毕业时具备技能型、实用型的综合实践能力。因此教材的编写必须本着适用、实用、科学、平衡的原则，将“机械制图”和“AUTOCAD 基础”整合为一门全新的课程，在制定教学计划时将两部分内容相互融合，把 CAD 教学任务融入机械制图教学中，即每一个项目的学习任务同时以手工尺规作图及 CAD 作为技能练习的工具，达到学与练结合的效果。

（二）教学方式的结合

为适应工学结合的教育模式，采用情境启发式教学模式，在课堂上落实“理论教学、实验教学、实践教学”的教学体系，通过理论讲授、体验教学等方式，引导学生从体验到实践的过渡，在实施每一个项目、任务时，教师采用“讲授理论基础知识、CAD 绘制二维图形、CATIA 制作三维模型”，即“1+1+1”的创新教学方式，加强学生的形体构思能力和空间思维能力，更好地帮助学生建立二维和三维图形之间的联系，同时解决教学方法和手段单一的问题，避免搬送笨重的教学模型、挂图等，大大增加课堂信息量，提高教学效率。

例如在实施切割体教学任务中，为让学生更方便地建立抽象概念与三维视图之间的联系，采用大多数企业常用的 CATIA 软件引入三维建模，建立平面立体、曲面立体的模型，演示用截平面逐步截切立体、截断面、截交线的形成过程，展示切割体主视图、俯视图和左视图三个方向的形体特征并转化成平面投影体系中的三视图，在 CAD 软件中展示，全面解决学生空间想象能力不足的问题。

四、教学改革实施的效果

在汽车检测与维修一年级五个班的机械制图教学中实施“1+1+1”的教学方式，从教师、学生两个方面实现“双赢”。教师方面：（1）替代教师在黑板上采用尺规、粉笔作图，解决绘图速度慢、精确度差的问题；（2）丰富教学资源，提高学生课堂活跃度，加强教师与学生之间的沟通；（3）更直观、全面地展示立体的三维模型，用模型替代文字语言。学生方面：（1）提高学生学习机械制图的兴趣和主观能动性；（2）通过观看三维模型建立的过程，降低二维、三维图形相互转换的难度，树立学习该门课程的信心；（3）强化学习的目标，能够有针对性地学习一些简单的绘图技巧。

五、结束语

对于普遍采用教学环节相对集中的理实一体化教学方式的现代高职，绝不能仅仅在专业课上重视理实的结合，而应该把理论与实践交替、直观和抽象结合贯穿于整个高职学习阶段，

做到理中有实，实中有理，充分调动和激发学生学习的兴趣。机械制图作为一门应用型课程，更应该在教学过程中强调实践的重要性，达到由教师为主的教学转向学生练习思考为中心的目标。

参考文献

[1] 方小菊. 高职院校机械制图与CAD课程教学改革研究[J]. 广西职业技术学院学报，2011，4（2）：27-29.

[2] 高红英. CAD与机械制图“融合式”教学改革的探讨[J]. 成都工业学院学报，2015，18（4）：82-85.

[3] 涂小华. 基于现代教育技术环境下高职《机械制图》课程教学研究[J]. 江西化工，2011（3）：126-128.

[4] 罗玉元. 基于AutoCAD三维建模的工程制图教学方法研究[J]. 绍兴文理学院学报，2016，36（10）：33-36.

[5] 何兵. 高职机械类专业机械制图教学改革的研究与实践[J]. 职业教育研究，2006（6）：20-21

以项目管理为载体的基于工作过程的高职移动应用开发专业《计算机应用基础》课程设计*

廖茂萍

【摘　要】 基于工作过程的课程设计的项目化教学是我们职业教育的趋势，但目前的项目化教学过程中，项目管理往往被忽视，这不仅导致教学过程的管控困难，也使教学缺少了项目管理这一必须的部分。通过对基于工作过程的课程设计的理论的探讨，结合高职移动应用开发毕业的从业人员应具备的计算机应用能力与管理能力，提出高职移动应用开发专业中《计算机应用基础》课程的一种设计思路。

【关键词】 项目管理；工作过程；高职；移动应用开发；计算机应用基础

一、软件相关专业基于工作过程系统化项目教学对项目管理提出新的要求

基于工作过程系统化的项目教学适宜于软件专业的教学，已逐步成为共识。但项目化的教学也有其不易操作的方面，由于可能项目不同，学生在进行项目时进度差别很大，知识与技能的掌握水平也不一样，导致差异性更加突显。由于这些原因，在项目教学中会有很多新的困难，特别是在教学组织过程中，老师难以对学生的学习进行有效的把控，过程也难以推进，这使得不少进行项目教学的老师时感力不从心。

个人认为，这是由于在项目化的教学中，缺少项目管理所致。了解、熟悉和学会项目管理，对于今后从事软件工作的学生而言，是十分必要的，因为在现在的企业中，一个项目的开发，通常会由一个团队来完成，在这个团队中，架构师会以文档的方式进行模块任务的安排，项目经理会通过员工每天的工作日志进行项目的进度管理，大多的代码开发员工之间都是通过文档进行沟通，使各个开发的模块能被顺利地嵌入与应用，在项目进行过程中的每个关键点，通常会以 PPT 汇报会的方式进行项目解说与交流，换言之，项目管理能力并非仅对公司管理层而言，而是每位员工都必须掌握并应用的方法和能力。这些能力的培养涉及学生的阅读、写作、口语交流、演讲等综合能力，同时也涉及 Word、PowerPoint、Excel、Visio、文字输入等常用办公自动化软件的使用和计算机基础能力的训练。

可见，项目化的教学缺少项目管理能力的培养，项目化教学过程也缺乏项目管理对教学的支撑。

但项目管理能力的培养不是一蹴而就的。首先对于学生，他们可能会重视技术的学习与

* 作者简介：廖茂萍，部门：信息工程分院，类别：计算机应用，通信方式：18981945593，电子邮箱：1094728961@qq. com。

训练，但往往轻视项目管理，以致学生毕业进入公司后，常有一个较长时间的不适应；再就对于老师，往往也缺乏项目管理方法与经验。

因此，我认为若将计算机基础能力的培养与项目管理能力培养结合起来，并在专业课程开始之前进行计算机基础能力的训练与项目管理教学的铺陈，会使两者相互补充润泽，齐头并进。

二、典型的软件项目管理的教学化改造

对于软件企业，特别是大型软件企业，项目管理处于核心地位。华为公司的成就举世瞩目，其重要经验就是有一套科学且严格的项目管理方法，使得庞大的研发团队能高效密切的配合，最大限度地提高效率和降低成本。

仅一个项目，华为公司就要完成近两百项相关管理文档的填写或编写，这对于教学来说，显然不可能完全按企业的这个路子去走。因此，对企业的典型的项目管理进行适当的简化与改造，使之适应于软件项目化教学，使之在培养学生的管理意识与管理能力的训练的同时，提高教师对教学过程的管理水平。

软件企业的项目管理十分庞大和精细，包括风险管理、成本管理、客户管理、开发管理、售后管理等，但这些部分里，与教学能直接相关与借用的，是开发管理。开发管理又包括计划管理、模块管理、团队管理、进度管理、质量管理等。在对软件专业的基于工作过程系统化的项目教学进行分析后，强化模块管理、进度管理，配合计划管理和团队管理，适当弱化质量管理，同时配合输入法训练、文字处理、数据处理，可以获得较为有效的项目化教学管理方法与基本计算机应用能力的课程设计。

移动应用专业为我校新开设的专业。在前期的教学工作中，我们认为高职生比中职学生有更强的自学能力，能够较主动地学习，因此，我们专业把《计算机应用基础》中关于 Word、Excel、PowerPoint、Visio 等的应用能力的培养分解到另外一些专业课程的项目学习中去。经过对一届学生的教学，我们发现虽然高职生比中职生的学习能力和学习意识都要强，但相比本科生还是有一定的差距，这些基础能力的培养与另外的专业能力（比如 Java 编程）的培养放在一起，让学生在没有任何计算机基础的情况下掌握较为复杂的专业能力，学生觉得压力太大而丧失了学习信心，效果不好。经过与一些教师教研，我们还是把这些能力的培养归纳到《计算机应用基础》中，从移动应用开发专业的典型的工作过程出发，进行了本专业的《计算机应用基础》的课程设计，这样一来，项目管理就成了计算机应用能力的教学载体。

这就是本文的基于项目管理的高职移动应用开发专业《计算机应用基础》课程设计的主体方法与思路。

三、高职移动应用开发专业毕业生的计算机应用典型工作任务分析

我校高职移动应用开发专业的学生以后的就业岗位主要就是软件蓝领，这决定了本专业与软件开发等计算机相关专业类似，而与一般高职非计算机专业毕业生的计算机应用的典型任务有一定的区别。

移动应用开发就是基于移动平台的软件开发，其基本的流程与软件开发一样，前期撰写立项文件，包括：可行性分析、技术方案、成本核算、开题答辩；项目开发中的程序设计、

开发过程记录，包括：用于管理的开发日志和用于技术交流的技术文档；在项目结束时，要撰写结题文件：结题报告、结题答辩。从这个项目过程出发，从业人员，除了相应的编程等直接专业能力外，还应能使用 Word 和 Visio 来撰写可行性分析报告、技术方案、过程记录、技术文档和结题报告等；使用 Excel 来进行成本核算、使用 PowerPoint 来立项答辩、结题答辩等。因此，我们从移动应用开发的项目管理出发，归纳出此行业人员在计算机应用方面都应具备的操作应用能力作为典型任务，现总结如下：

（1）可行性分析报告和技术方案。

任务描述：了解项目开发前期时可行性分析报告和技术方案的写作，了解 SR 图，完成 Word 文件的制作，并插入用 Visio 制作的 SR 图，最后形成示范文档给出的排版效果。

专业能力：了解项目开发前期时可行性分析报告和技术方案的一般写作规范，熟练使用计算机、Word 及 Visio，有较快的文字输入速度，能较快地录入稿件，较为熟练地使用 Visio 绘制 SR 图，并通过 Word 的处理形成符合规范的可行性分析报告和技术方案。

关键能力：一定的学习能力、社会能力。

（2）成本核算。

任务描述：了解项目所需成本的核算项目和方法，能熟练、正确使用 Excel 进行成本数据的录入、分析和处理，按项目要求进行成本核算，最终形成图表等。

专业能力：了解项目成本的构成，熟练使用计算机和 Excel，对 Excel 函数有相当的了解。

关键能力：较强的学习能力，社会能力。

（3）项目立项答辩。

任务描述：用项目答辩所需资料制作出 PPT。

专业能力：熟练使用计算机和 PowerPoint。

关键能力：一定的学习能力，社会能力，创新能力。

（4）开发日志。

任务描述：用给定的数据或说明，选用合适的方式（文字或表格）制作开发日志。

专业能力：熟练使用计算机和 Word 表格。

关键能力：一定的学习能力，社会能力，创新能力。

（5）技术文档。

任务描述：用给定的数据或文字，制作出技术文档。

专业能力：熟练使用计算机和 Word。

关键能力：较强的学习能力，社会能力，创新能力。

（6）结题报告。

任务描述：用已有的数据和文字，制作出结题报告和结题答辩演示文稿。

专业能力：熟练使用计算机、Word、PowerPoint。

关键能力：较强的学习能力，社会能力，创新能力。

以上的 6 种典型任务覆盖了一个程序项目的全部开发过程。

四、高职移动应用开发专业的“计算机应用基础”课程的教学情境设计

以项目管理为载体，我们将“计算机应用基础”基于工作过程进行了课程设计。按照一

个典型的工作过程由一个教学情境完成，我们将整个课程设计为若干个有进阶性、扩展性、列举性等特性之一或之几的教学情境，学生实现所有教学情境就相当于完成了完整的工作过程，从而掌握了相应的知识、方法和技能，并且能在今后类似的工作中同样地运用。在高职移动应用开发专业的《计算机应用基础》课程中，某些实际项目需要学生进行一定的分析和选择，我们在情境设置中也加以设置。

由以上分析，我们进行了以下教学情境的设置。

情境 1：根据已有某软件开发的材料和要求，按范本（模板）制作、编辑可行性分析报告和技术方案。

要求：学习软件项目开发中可行性报告与技术方案的一般编写规范，阅读范文，掌握注意事项；学习用 Word 录入文档，并进行简单的编辑与排版；学会使用与编辑 Word 模板；学会使用 Visio 制作 SR 图，并将其插入 Word 文档中。

目标：熟练使用中文输入法；能录入 Word 文档并进行编辑和保存；能使用、编辑模板；能用 Visio 制作 SR 图。

情境 2：某软件开发的成本核算。

要求：了解一般软件开发的成本核算知识与项目，学习 Excel 的数据录入、编辑、数据分析、计算、汇总，并学习 Excel 图表的操作。

目标：能正确录入常见类型数据，并能熟练使用常用函数特别是统计类函数进行常用的数据计算，能熟练进行常用的数据分析、汇总，并能形成指定的图表。

情境 3：某软件开发的立项答辩。

要求：了解软件开发的立项答辩的一般内容，学习 PPT 的制作与演示。

目标：根据前面两个项目完成的内容，制作出答辩所需要的 PPT，并能根据要求进行演示。

情境 4：某软件开发的过程的开发日志文件。

要求：了解在软件开发的过程中所需完成的日志文件的内容与格式，按范本和提供的数据进行日志填写（按项目的不同，选择文字或表格作为表达方式）；学习 Word 表格的使用。

目标：能结合实际，选择合适的文字或表格作为日志的表达方式；能制作出所需的 Word 表格。

情境 5：制作技术文档。

要求：了解在软件开发的过程中技术文档的制作，进一步熟练 Word 等的使用。

目标：根据给定的数据，完成不同的技术文档的制作，要求能根据各自的技术文档与合作者能进行技术上（信息上）的正确交流。

情境 6：制作结题文件。

要求：了解在软件开发完成阶段结题报告的写作与制作，和结题答辩的过程与内容以及实现方式。

目标：根据前面情境中完成的内容和教师提供的范本，写出自己的结题报告并制作出答辩所需的 PPT。

这些情境在广度上覆盖了高职移动应用开发专业“计算机应用基础”的要求；并且大多数的情境比前一情境有深度上的进阶，在培养学生的专业能力的同时培养了学生的学习能力、创新能力和社会能力。

我们的教学情境的逐个实现其实完成了整个程序开发过程中除程序设计本身外的整个工

作过程，并均以项目管理为载体。我们知道，高职学生与中职学生相比，高职生年龄较大，独立思考的意识更强，对自己未来的思考也更多；其次，高职学生在学习中，更多地关注解学习的目的，想知道“这个技术学来干什么？”。那么，我们这样的设计就回答了他们这个疑问，让学生知道学习这些东西在以后工作中是有用的，并且知道该怎么用。通过这样的学习，学生也熟悉本专业的一些常用知识，使学生从业后对工作环境也不再陌生和恐惧。

我们学院目前正在鼓励广大教师编写符合本专业教学的校本教材，我们可以按上面所述设计，编写出相应的校本教材。

五、项目管理为载体的基于工作过程系统化的高职移动应用开发专业《计算机应用基础》的课程教学的评价

教学评价在课程设计中是必不可少的环节。教学评价不仅能对学生有促进作用，也是对教学设计的一个反馈，在进行课程设计的同时，必须重视教学评价的设计。

由于整个课程的设计是以项目管理为载体并基于工作过程的，因此过程评价，特别是在教学情境中的过程评价就显得十分重要。在教学情境中，学生是在一个模拟的工作场景，那么进行评价时就不能只对专业能力进行评价，而且要对在整个模拟工作中同样起着重要作用的关键能力（学习能力、创新能力和社会能力等）进行评价。

同样，在过程评价中，教师不仅应对学生的专业能力如理论水平、技能水平等进行客观评价，还应对学生的非智力能力如情商、心理素质、个性倾向等进行主观评价。客观评价以等级或分数为主，主观评价以选择为主。这样综合起来不仅可以帮助学生调整学习方法，也可作为以后的专业分流和择业的参考依据。

这样的教学评价就具备了学生学习评估和职业生涯的指导双重作用。

（一）基本任务情境教学的教学评价

《计算机应用基础》的基本任务情境教学是以专业能力的培养为主的，因此教学评价主要就是对专业能力的评价，即客观评价，那么我们采用的方法就是与传统评价一样的方法，比如情境 1，我们就可以根据学生最后形成的文档的文字是否完整、格式是否正确，有没有绘制出正确的 SR 图来进行评价。

基本任务情境教学，主要目的是让学生掌握相关的知识、技能，学习绩效评价的目的是为了促进学习，因此评价方法的设计也要遵循这一原则。

（二）复杂工作任务情境教学的教学评价

复杂工作任务情境教学的教学评价相对基本任务的情境教学更为复杂，客观评价和主观评价都非常重要，这需要教师进行精心的组织与科学的设计。

比如对情境 6，客观评价可从能否较好地利用现有资料、能否正确理解答辩的意图等进行评价。而专业能力评价可从能否制作出效果较好的 PPT 和能否正确地排演 PPT 等来进行。

教师在整个教学开始时应对每个学生建档，对每一次复杂工作任务情境教学中学生所表现出来的非智力能力分类评定和记录，在整个项目（即教学）完成后，可基本形成对学生非

智力能力的评价，可用于以后学生的学习指导。并且每门课都采取此种方法，可较为准确地形成学生非智力能力的评价，可作为学生择业的参考。

六、小结

随着社会对职业教育重视度的提高，职业教育也更应该符合社会的需求。我们的课程设计既要以高职生的就业为导向，又要重视他们的全面素质的提高，以利于他们今后的发展。我们的职业教育能否与时俱进，需要我们在保证教学质量的同时作更多的教学研究与改革。

目前，基于工作过程的课程设计，给我们提供方法和先进的教育教学理论，在移动应用开发这类软件设计相关专业的教学中应用项目管理为载体成为了共识。

本文结合基于工作过程的课程设计理论，以项目管理为载体，从高职移动应用开发专业的《计算机应用基础》课程的改革入手进行了教学改革的探讨，所提出的观点和方法还需各位老师、专家的斧正，并有待于在教学实践中检验。

参考文献

[1] 姜大源. 论工作过程系统化的课程开发[J]. 新课程研究旬刊. 2012（6）：5-7.

[2]《工作过程导向的高职课程开发探索与实践》编写组. 工作过程导向的高职课程开发探索与实践--示范性高等职业院校课程开发案例汇编[M]. 北京：高等教育出版社，2009.

[3] 孙科炎. 华为项目管理法[M]. 北京：机械工业出版社，2014.

“工匠精神”融入高职生职业生涯规划辅导的研究与思考*

韩 梅

【摘 要】 高职生毕业生是未来大国工匠和高级技能人才的主要来源和生力军。通过对高职生职业生涯规划现状的调查了解，发现当前高职生存在不少职业发展规划不切实际、对“工匠精神”理解不够、浮躁、不能集中注意力、缺乏自我控制力、懈怠等问题。基于高职生职业生涯规划对学生本人、对高职院校和企业、乃至于对社会、国家均具有重要现实意义，结合日常教学思考，开展“工匠精神”融入高职生职业生涯规划辅导的分析研究，并提出相关措施建议。

【关键词】 高职教育；工匠精神；职业生涯规划

国务院总理李克强在去年和今年的政府工作报告中连续提到了工匠精神。2016 年提出：要培育精益求精的工匠精神；2017 年提出：要大力弘扬工匠精神。企业也同样重视“工匠精神”的培养，例如铁路总公司劳卫部 2017 年重点工作安排中就明确提出：要大力培养铁路工匠。充分发挥、弘扬以专心、专注、专业为核心内涵的铁路工匠精神，组织设计与实施铁路工匠引领工程，构建以铁路工匠为引领、首席技师为核心、高级技师为骨干、其他技能人才为基础的铁路技能人才队伍新格局。可以看出，从国家和企业的层面都需要培育和弘扬工匠精神。而作为工匠培养主渠道的职业教育，国家早就提出：职业教育是国民教育体系和人力资源开发的重要组成部分，是广大青年打开通向成功成才大门的重要途径，肩负着培养多样化人才、传承技术技能、促进就业创业的重要职责。抓好职业教育工作，既是教育改革的战略性问题，又是重大的经济和民生问题，必须摆在更加突出的战略位置，作为深化教育领域综合改革的战略突破口和转方式调结构惠民生的战略支点，推动职业教育与经济社会同步发展，助推“中国制造”走向“优质制造”和“精品制造”。这也与国家急需“工匠精神”的现实背景不谋而合。具有明确职业理想以及“工匠精神”的高素质技能型人才既是企业，也是社会可持续发展的重要推动力量。因此，辅导高职生在校期间就制定出切合实际的、科学的并具有可持续发展的职业生涯规划，同时融入“工匠精神”的价值观，对学生自身发展、对提升高职教育质量和水平、满足企业需求、促进国家经济社会发展都具有重要的现实意义。

* 作者简介：韩梅，部门：轨道交通学院，类别：职业生涯规划，通信方式：13550027613，电子邮箱：1173325334@qq. com。

一、当前部分高职生缺乏工匠精神

笔者在长期职业生涯规划教学中发现部分高职生缺乏工匠精神。在让同学们描述自己的人生规划时，大多数同学首先想到的是什么时候恋爱，什么时候结婚，什么时候买房，什么时候买车，什么时候要去哪儿旅游，甚至什么年龄退休，退休后要如何享受生活等，但很少有同学会去思考我选择什么样的职业，我如何获取事业的成功，更少有同学会考虑自己还应该去学习更多的知识以及如何促进自我的不断成长。不错，正如著名职业生涯规划大师舒伯认为的，人在一生当中一般会扮演九种主要的角色，依序是：儿童、学生、休闲者、公民、工作者、夫妻、家长、父母和退休者[1]。有的同学把休闲者、夫妻等角色放得太大，却忽略了工作者是其他角色成功的重要保障，没有职业生涯的成功，其他角色也难以达到自己预期的美好。

让同学们进一步谈谈是否有做过与自己专业对口的工作的职业规划时，同学们更是一片茫然，有的同学还明确表示这不是自己喜欢的工作，只会把它当作一份过渡的工作，或工作的同时还要发展副业。他们中很少有人真正想过要把这份工作当成一份自己喜欢的事业来做，这使得他们不可能把一份看似平凡的工作做精、做细、做到极致，也与专心、专注、专业和精益求精的“工匠精神”背道而驰，这让笔者非常的担忧。部分同学在还未走上工作岗位就对对口职业表现出厌倦，可想而知，他们又如何能在以后的工作中做到专心、耐心、坚持，更不用说专注、专业了，当然他们也就不可能从工作中去体会“发现自我”的快乐，去享受“精益求精”带来的成就感。

二、职业生涯规划辅导课程是“工匠精神”培养的良好载体

社会的发展离不开人，事业的发展离不开人才的支撑。人是最具活力的发展要素，人力资源是城市发展的第一资源。根据人才需求的金字塔结构分布特征，社会和企业对操作技能人才和基础建设者的需求是最多的，其中通过职业教育的高职毕业生将是这类人才主要的来源和依靠。以轨道交通建设为例，成都铁路局近年来对高职生的需求量就非常的大，每年新入职的高职生 6000 余人，占所有新入职员工的 90%以上。据调查了解，这些新入职员工在初入社会和角色转换时，或多或少存在职业发展规划不切实际、不能集中注意力、缺乏自我控制力、难以承受压力、懈怠、工作得过且过等问题。这就充分暴露出当前职业教育中重技能和个性、轻职业定位引导和敬业、爱业精神培养的缺陷。在浮躁的当今社会，在校期间就将“工匠精神”融入高职生职业生涯规划辅导，能够让同学们更好做好人生定位，尤其是职业定位，这样他们方能静下心来学习专业技能，弥补自生短板，认认真真生活。而职业生涯规划这门课程正好是引导学生探索认识自我，培养职业兴趣，提高职业能力，树立正确的职业价值观的课程，可以将“工匠精神”有机地融入到学生的职业价值观教育中，让他们在可塑性最强的时候，树立积极向上的人生观、价值观。所以，职业生涯规划课程是“工匠精神”培养的良好载体。

三、将“工匠精神”融入职业生涯规划辅导的方法探讨

首先，一定要营造一个开放的课堂氛围，老师用接纳的姿态对待每一位同学，让同学们

能无所顾忌，畅所欲言，只有了解同学们的真实想法，才能进行有针对性的辅导。而且也不要担心同学们有什么“惊世骇俗”的言论，只有让各种价值观充分碰撞，才能让同学们自己去比较，去辨识怎样的价值观才是积极向上的，才能真正引领自己找到人生的幸福。因为澄清个体所持各种价值观之间的相对重要性，是有效生涯规划的重要组成部分[2]。

其次，老师一定要在职业生涯规划辅导时给予强有力的引导。引导同学们正确认识“成功”，成功绝不仅仅表现在功名钱财，能把一份看似普通平凡的工作干到极致，也是非常伟大的事情，也是成功；引导同学们正确认识“幸福”，美国芝加哥大学心理学教授齐克森·米哈里发现：当人们在专心致志地、积极地参与从事某种活动、忘记了时空和自己的时候，他们感到最为愉快和满足。人们的满足感、幸福感往往来自从事某种活动，而不是无所事事或单纯的享乐游玩。这也正是工作原本的意义所在。专心、专注、专业的“工匠精神”是幸福的源泉。此外，还要引导同学们做好不同角色的协调，在不同的时间段有需要重点扮演的角色，比如在校期间是职业准备阶段，“学生”仍是最重要的角色，认认真真学习，努力锻炼自己各方面的能力，特别是专业技能，为就业做好准备，同样是“工匠精神”的体现[3]。

再次，应该让同学们走入社会，多去了解各行各业平凡而伟大的劳动者，去听听他们的故事，去感受他们的工作体会。比如可以请已走上工作岗位的师哥师姐回校与在校同学座谈，同龄人更容易引起共鸣，让同学们可以更清晰自己的职业选择，更明确自己的职业理想，以及更了解自己现有的不足。

最后，应加强与专业相关企业的合作，为学生构建校企沟通平台，多请本专业、本行业的成功人士或人力资源管理专家与学生交流沟通，让学生更深入地了解本专业相关的职业领域，清楚相关工作岗位的晋升渠道，明白自己通过努力可以达到的职业高度，使学生有更加稳定和清晰的就业思考。同时，各专业课老师也可结合本专业特征给同学们探讨职业生涯规划问题，特别是更多地培养他们的相关职业兴趣和“精益求精”的工作态度，让他们有兴趣、有热情、有努力的方向，自然就能更好地设计自己的未来职业规划。

参考文献

[1] 张洪烈. 舒伯生涯发展论的评析与应用[J]. 云南财经大学学报，2010，26（4）：154-160.

[2] 罗伯特·C·里尔登，珍妮特·G·伦兹，等. 职业生涯发展与规划（第3版）[M]. 北京：中国人民大学出版社，2010.

[3] 王丽媛. 高职教育中培养学生工匠精神的必要性与可行性研究[J]. 职教论坛，2014（22）：66-69.

汉语语汇中的“性别歧视”及语文教学应对*

李祖如

【摘　要】 汉语历史悠久，作为我国人民的交际工具是在特定的历史文化背景下产生的。性别歧视现象广泛存在于各类语言体系之中，汉语也不例外。通过具体的事例反观汉语文化体系中所存在的性别歧视现象，剖析造成这一文化现象的深层原因，并以此探究在语文教学中教师应对语汇中“性别歧视”的方法策略。

【关键词】 汉语；性别歧视；语文教学；应对

作为全民共有的交际工具，语言本质上是一套中性的符号系统，并没有男女性别之区分。语言产生于人们的日常生产生活实践中，是一个族群进行交流的工具，具有重要的实用功能。长期以来男女性别的偏见渗透在社会生活的方方面面，也不可避免地烙印在语言上，使语言带上性别歧视的社会色彩。本文所要探讨的语言歧视现象实际上从侧面反映了中国男权社会中男尊女卑这一传统对人们的语言所造成的重大影响，剖析“性别歧视”背后的文化原因，并探究语文教学中应对“性别歧视”的方法策略。

一、汉语“性别歧视”现象的表现

（一）男性为主体，女性为附属

称谓语即我们日常所说的称呼，在汉语中关于男女称谓语的使用可谓是“男女有别”，男性居于主体地位，而有关女性的称谓多为附属关系，差异显著。由此可见，小小的称谓语背后实际反映了整个民族的文化传统，值得汉语学界进一步研究。男女两性是组成人类社会的两大基本元素，性别差异在社会结构和文化中的反映更突出地显现在语言的称谓语之中。

1. 亲属称谓系统呈现不平衡状态

跟其他语言相比，汉语的亲属称谓语异常发达。在汉语语汇中，有关亲属的称谓语数量众多，令人眼花缭乱。其中区分男女的称谓语实际上是中国传统伦理道德的一种客观反映。不难理解，中国几千年来的男尊女卑传统，导致基本的称谓语划分都以性别为基础，由此衍生出关于不同性别的称谓语存在着极大的差异与不均。具体而言，主要表现为以下四个方面：

（1）父系称谓相对精细，母系称谓划分粗略，如称呼父亲的兄长为“伯”，称呼父亲的兄弟为“叔”，而称呼母亲的兄弟一律为“舅舅”；（2）父系同辈亲属，称呼父亲的姐妹为“姑

* 作者简介：李祖如，部门：党委办公室，类别：语文，通信方式：1508291166，电子邮箱：269372944@qq. com。

姑”，无长幼之分；父系晚辈亲属，称呼同性所生的孩子为“侄子”“侄女”，异性所生为“外甥”“外甥女”。（3）父系亲属称谓常不加标记或标记为“堂”。如：祖父、祖母，孙子、孙女，堂哥、堂弟等。而对于母系亲属称谓常加上“外”或“表”做标记。如：外公、外婆，外孙、外孙女，表哥、表妹等[2]。堂的本义是指厅房，通常是行吉凶大礼的重要地方。因此“堂”即是家庭的象征，古代父母又称作“堂上”或“高堂”。“堂兄（姐）”、“堂弟（妹）”即同处一堂之兄弟姐妹，为“本家”；“外”或“表”意即“外族”或“别家”。这样男女性别差异就成了内外相别的基点，反映了宗法家族制度对女性的轻视和排斥。（4）称谓语中关于妻子的称呼多为不雅之词，如“贱内”“贱人”“贱妾”“拙妻”“拙荆”“糟糠”等；妻子也常自称为“奴家”“贱妾”等；今民间仍俗称妻子为“堂客”“做饭的”“屋里的”“婆娘”等。这些称谓表明妻子是作为男性社会点缀和丈夫的私有物品而存在的。子女对待外人的称呼往往以父亲的身份为出发点，种种都表明女性的弱势地位，男权为主导的传统已经渗透到日常的称谓之中。

2. 有声望的社会职衔称谓语以女性称谓为例外和特殊

在汉语日常交际中，关于男女两性职衔的称谓语差别显著。这些差异背后也代表了女性在社会认同层面远不如男性。汉语中有关于男性的头衔或者职业的称谓较之于女性，地位珍贵，如“皇帝”“主任”“教授”等，不需要特地标明性别，相反如果这些称谓用来称谓女性则被视为例外，常常需加上“女”标记或说明。如称谓武则天是“女皇帝”而不是“皇帝”。另一方面那些低等、次要或卑贱的社会职业称谓则为女性专用，用来称呼女性时就无须加注标记，称呼男性时则需加上“男”标记进，以示男性从事这些职业为例外。如称“保姆”“男保姆”而不称“女保姆”。两相比较，女性次要的、非主流的社会地位彰显无遗。

3. 男性称谓概称男女两性

汉语中有虽然存在男女性别的指代称谓“他”和“她”，但“他”的指代范围更为广泛，可以涵括两性，而“她”仅仅用来代表女性。利用指代称谓复合构词时，选用的是男性的“他”作为词根语素，而不是女性的“她”。如“他人”“其他”“他称”等。“子”可以借指“女”，也可以泛指“子女”；“儿孙”泛指男女后代；长辈称“父辈”不称“母辈”。泛称亲人朋友为“父老兄弟”而不是“母老姐妹”。

4. 女性称谓语缺位现象更为突出

从称谓语的分布均衡方面看，随着时代和人们整体认知的变革，尽管有关男性和女性的称谓语存在不同程度的缺失，但总的说来女性称谓语存在着十分严重的欠缺现象。在现实生活中最明显的例子莫过于“先生”和“小姐”的事例。“先生”这一词可以用来指代所有的成年男性，而“小姐”这一词语由于特定的环境使得大多数人不敢称呼女性为“小姐”，“小姐”这一称谓语被染上另类色彩。由此可见，男性称谓语适用范围更为广泛，而在称谓语中缺少像“先生”这样指代女性的词语。“女士”泛称女性本无须计较年龄、婚否，但似乎只适用于极其正式的场合；目前“美女”一词以其固有的褒义大有取代上述称谓称呼年轻女性之势，但也绝不可能充当“以不变应万变”的角色。女性泛尊称称谓语的缺位实际上恰恰反映了女性在社会中的从属地位，女性这一群体没有得到应得的尊重。另一方面，部分男性称谓语的缺位反映的也不是男性地位的次要，而恰恰隐射出社会对女性的忽视。如“师母”“师娘”这一称谓语的存在，与之相对应的男性称谓却不存在，足以证明传统社会中女性的地位卑微。

（二）男性在前，女性在后

汉语语汇中利用与性别相关的语素复合构词时，多采用男前女后的构词顺序。如：男女、公婆、兄弟姐妹、叔叔阿姨、新郎新娘、男耕女织、夫唱妇随等等，这样的汉语语言事例不胜枚举，在日常的交际中，逐渐演化成了通用语，实际上也反映了男性在前，女性在后的尊卑顺序。汉语语汇男前女后的组合次序实际上隐射了女性相对于男性次要的地位和社会长期以来重男轻女的心理。

（三）女性“贬化”色彩明显，数量远大于男性

汉语中与女性相关的词语大多数带有贬义或消极意义，或向“贬化”方向发展。汉语中存在着大量“女”为偏旁的贬义词语，如：“奸”“婊”“嫖”“娄”“奴”“嫉妒”“娼妓”等。据统计，《说文解字》中关于女性容貌品行的女部字共 169 个，占总数的 71.4%，其中贬义词就有 67 个，占总数的 28.1%。[3]而在日常生活交际中，同样存在着大量贬低女性的词语，如“婆婆妈妈”、“妇人之见”等；针对男女同样品质也存在区别对待的现象，“无毒不丈夫”与“天下最毒妇人心”即是明证。古代甚至称低矮的城墙为“女墙”或“女垣”。如：“淮水东边旧时月，夜深还过女墙来”“月落大提上，女垣栖乌起”。

二、“性别歧视”的深层文化原因

语言中所存在的“性别歧视”现象往往可以追溯其深层的社会文化原因，汉语也不例外。悠久的汉语文化史便是中国历史的佐证，男尊女卑的历史格局造就了种种称谓语的不平等现象。

（一）中国特殊的地理文化形成“男外女内”的分工差异是造成汉语性别歧视的直接原因

文化赖以生存的源头在于其周边的自然环境，文化的产生与发展与周边的环境息息相关。我国“内陆外海”型的地势，富足的水资源，肥沃的土壤，孕育了一种典型的经济模式——农业经济。[4]土地是农业经济的命脉，自古以来，中国农民都是依靠在土地上进行大体力消耗的农耕生产来获得所需的一切生活资料。中国是农业大国，男性劳动力在农业中发挥着巨大的作用，由此导致男性是家庭收入的主要来源。“男耕女织”的小农经济在中国延续千年，而重男性轻女性的观念也随之传承了下来。这一传统成为封建社会不可撼动的基石，渗透到中华民族的血脉之中。

（二）“三纲五常”这一观念是传统父系社会的基本法则

“父为子纲，夫为妻纲”，极为严苛的秩序是对女性权利的极大剥夺，女性被置于传统社会的底层，代代延续。长期以来这种观念一方面借助汉语符号得以传播，另一方面也对汉语

符号本身产生深远的影响，致使汉语在其使用过程中带上了浓浓的性别歧视色彩。

三、语文教学中应对“性别歧视”的策略

（一）把性别平等理念融入语文教学

语文教师应充分发挥课堂教学中的性别平等意识所产生的情感震慑作用。如当代诗人舒婷的诗歌《致橡树》中，诗人大胆而直白地否定了旧式的“青藤缠树、夫贵妻荣”的依附型两性关系，热情讴歌了当今女性独立自主的品质和高尚的人格理想，整首诗中洋溢着刚劲、清新的生命气息。诗歌开头，作者抨击了“单纯依附式”和“一味奉献式”两种错误的两性关系，将他们比作“痴情的鸟儿、险峰、日光、春雨”，并树立了正确的两性开启模式，即“我必须是你近旁的一株木棉/作为树的形象和你站在一起”。教师在讲授时，不仅仅让学生在诵读中得到诗歌特有的审美愉悦，更重要的是，通过启发的方式，让学生领悟到男女平等的“神授君权”，认识到“男女平等”是天经地义的事，把性别平等理念融入教学之中。

如在课文《跨越百年的美丽》中，教师可着重从哲理的角度透视、展现人物，着力揭示、突出只有不断发现创造，挺立于智慧高地，才能永葆美丽的人生真谛。这个立意既适合男性人物，也适合女性人物，而对于本篇文章主人公居里夫人更是最恰当不过了。不同凡响的立意构思，既可使文章厚重、蕴藉、脱俗、大气，又可把性别平等理念融入教学，震撼人心，发人深思。

（二）规范语文教学用语，引导学生规避性别歧视词语的使用

首先，语文教师要认清语文教学的重心必须以科学言语为主的文章，而不是以艺术言语为主的文学。语文教学的目的是培养学生言语交际能力。这里的言语交际能力主要指实用的科学言语交际能力，以便使学生在知识迅猛发展的时代，能快速阅读理解各种信息，掌握生存技能。所以在具体教学中，教师要尽量避免不规范、有歧视意义词语的运用。在潜移默化中，使学生养成正确使用语汇的习惯，树立良好的两性观和价值观。

其次，语文教师要提高自身的言语水平。教师是学生学习的榜样和领路人。在语文课堂实践中，教师的言语直接影响到学生的表达习惯。所以，教师在讲授过程中，务必做到语言的准确、简明、严密、富有逻辑性，在这个基础之上，再去追求生动形象和情感性。只有这样，才能避免有性别歧视词语的使用。

第三，语文教师应注意教学内容的价值取向。在语文课堂教学实践中，同一篇文章可能有不同的解读角度，学生对语文材料的反映往往也是多元的。作为教师，应重视语文材料的熏陶感染作用，引导学生形成正确的价值取向。要正确运用科学言语来说明事物，阐明事理，更加客观、理性地表达思想，以适应现代信息社会和普适价值观的需要。语汇的性别歧视不利于沟通表达思想，并与现代社会价值观相违背，在语文材料的分析中，应避免相关解读。

四、语汇中的“性别歧视”终将随着社会进步而逐渐被摒弃

根据美国学者 J Bu Pride 提出的“语言和社会结构的共变”理论：当社会生活发生渐变或

激变时，作为社会现象的语言会坚定地随着社会生活进步的步伐而发生变化。时代的变革为女性的发展带来了前所未有的机遇，女性可以获得与男性相同的劳动工作机会，而不是机械刻板的以体力作为区分的唯一条件，女性在社会与职场的地位节节攀升，甚至有赶超男性的现象发生。女权主义的发展反映了女性群体的觉醒。汉语作为汉文化信息的载体和社会变迁的反映剂，必然会反映出这一变化并做出相应的调整而逐渐摒弃那些传统遗留下来性别歧视现象。

语言与时代共同进步，汉语语汇中那些带有贬义色彩的词语将逐渐退出历史舞台，男女两性在称谓语上的平等会逐渐实现，让我们拭目以待。

参考文献

[1] 曹炜. 现代汉语中的称谓语和称呼语[J]. 江苏大学学报（社科版），2005，7（2）：62-69.
[2] 苏新春. 文化语言学教程[M]. 北京：外语教学与研究出版社，2006.
[3] 王甜. 从《说文解字》女部字透析女性文化[J]. 现代语文：语言研究，2006（6）：126-127.
[4] 陈丽梅. 略论古今汉语称谓语的文化蕴义[J]. 楚雄师范学院学报，2005，20（2）：53-55.
[5] PRIDE J B. Socioliguistics[M]. Harmonsworth：Penguin，1964.

“青春期的困惑”个案分析*

邓友川

【摘　要】 以案例的形式对处于青春期的学生进行了多方面的心理及行为分析，揭示出了青春期学生的困惑，心理健康教育的刻不容缓，最后指出青春是美好而又敏感的，家长、老师和社会应更多地关注这一群体，他们是社会的未来，承上启下。

【关键词】 青春期；学生；身体；心理

青春岁月是人生最华丽的时段。青春期是人生的第二次快速生长期，既绚丽美好又忧郁烦恼。生理的变化常常使少男少女们感到惊奇和不安，内心体验着从未有过的感觉，以及由此带来诸多烦恼和困惑。本人将这几年教学工作中遇到的部分个案整理出来，希望对以后的教学工作有所帮助。

一、关于容貌

在成年人的眼里，青春期的孩子无疑是美好而亮丽的，他们热情飞扬，明眸善睐。在他们身上可以找寻到我们的过往。可是孩子们却有自己的担忧和不满足。

在进行“礼仪实训教程”这门课教学的时候，讲到仪容仪表这个部分，课前我准备了一些美容护肤用品，课堂上，首先介绍皮肤的清洁程序——洗面奶的使用，深层次清洁相应的磨砂膏，去角质素的使用以及这些美容用品的相关作用等。我仔细地观察大家的反应，当讲到去死皮去角质的作用时，太多人在举手，嘴里喊着“老师，给我试一下！”“我也要试一下！”有些男同学的反应居然比女生更强烈！也有女生举手，但多数是用害羞的眼神看着我。我请了一名男生上来，把去角质素挤出一点涂在他的手背上，稍等一二秒钟，死皮自动溶解脱落，露出白皙的皮肤。

在那堂课上，男生女生们时不时地抬起手左看右看，惊喜不已。下课后有位女生来找我，询问如何去除青春痘，其实她的脸上根本就是无足轻重的一个小小的点，这位女孩却相当小心慎重。我轻声地与她讲述女孩生理期的身体变化，告诉她这一时期身体的正常反应以及可以采用的对策，然后看着她微笑着轻松的离开。接着另一位女生来找我，这是个性格开朗的女孩，她大声对我说“邓老师，我们班长（男生）非常想问你怎么除痘。他不好意思来问你！”我看向那位不好意思的男班长，结果他满脸通红却又小心地望着我。也曾经有男生走到我面前抚摸着自己的脸问我如何美白。

这些可爱的少男少女们，谢谢你们对老师的信任。让老师能够走进你们的内心深处，了

* 作者简介：邓友川，类别：心理学，通信方式：13683435678，电子邮箱：1106744541@qq. com。

解你们，认识你们，进而理解你们。花季的少男少女对自己的容貌异常关注，很多同学随身带着小镜子，经常自我欣赏甚至这种情况有时也会发生在课堂上。老师家长们不要简单的训斥，也不要嘲笑他们，他们正经历着身体的快速增长期，性激素分泌旺盛，承受着性生理性心理改变的压力。既憧憬着美好又充满担忧，担心自己不够漂亮，身材不好看，既自卑又自傲、纠结困惑，这一时期，他们特别需要家长老师的陪伴、指引，所以这是亲子之间、师生之间的共同成长历程，在这一过程中获得彼此的理解与尊重，收获健康的心理。

二、关于服饰与发型

《礼仪实训教程》这门课进入到服饰搭配这个环节，同学们对服饰领带的搭配非常感兴趣，为了学会领带的打法，有的同学把家里爸爸的领带拿来了，也有的班级在淘宝上集体网购。教材 24~25 页是服饰搭配的案例分析，我把全班分成几个小组，组织大家讨论评选出最佳服饰组合，进行点评。课堂上争论的声音很大但大家非常投入。我注意到有一位男生染了一头金黄的头发并且修剪成一种非常特异的造型。我问他是否愿意让大家给他的发型搭配一身服饰，这位同学很兴奋地点了点头，接下来全班同学热情友好地对他进行了“包装”。最后我提问“这样的造型适合什么样职业岗位呢？”大家的回答是“理发店，洗头工！”这样的结果对这位同学实在是一个意想不到的打击（不符合他的职业理想）。我怕他不服气，接着问“就算你不喜欢大家的包装，你穿校服，顶着这个发型去双选会，你认为用人单位会是什么反应？”他很茫然地看着我摇摇头，我给他添上最后一根稻草“你的发型很酷很时髦，有个性，可是职场里的经理们却会害怕你，职场有职场的规则，他们会怕你太有个性不好管理，所以他们会躲着你……”。

走进青春期也意味着孩子进入了人生的第二次叛逆期，他们追求人格的独立，个性的张扬，希望获得异性的好感，反感父母老师的反复地说教，他们急于证明自己的价值、能力，并希望得到家长老师的认可。而那些怪异的发型服装往往使家长和老师们头痛不已。

心理学人本主义理论认为：人们是完全可以信任的。他们有很大的潜能理解自己并解决自己的问题。如果他们处在一种特别的咨询关系中，就能够通过自我引导而成长 。

我们需要做的就是进行疏导，肯定其合理部分，激发潜能，用其自身的合理部分去战胜不合理的部分。服饰发型带有一定的职业性，与时间地点和场合有关。如果只是简单的对奇装异服下禁令，势必会加重逆反心理。相信同学们都有自我实现的愿望，拥有有机的评价过程，我们要做的就是帮助他们重建自我概念与现实经验的和谐，帮助他们实现人格的提升或重建。

三、关于减肥

一天晚上，我正在办公室改作业，忽然几位女同学跑了过来，急切地对我说：“邓老师，我们班张××在教室晕过去了，你快去看看！好吓人!”我急忙跟着她们赶往教室，同时询问前后的有关情况。通过同学们的讲述我了解到这位女同学认为自己身体太胖，经常不吃早饭，肠胃功能也不好，家长对她的情况也应该是知道的。赶到教室的时候，我看到有位女同学正坐在张××的旁边扶着她，我过去轻轻喊了一下，试探她的反应。“还好有意识!”不敢耽搁马上联系校医，同时请围观的同学们疏散开保持空气流畅，再去安抚这群叽叽喳喳明显受到惊吓的孩子们，让她们安静下来，不要再去加重生病同学的紧张情绪。很快校医和值班老师就来了，校医进行了生命体征检查。

这位同学节食有很长一段时间了，据同寝室的同学说，因为经常不吃早饭时常胃痛甚至呕吐，吃不进东西。这种情况比较严重，家长也带去医院做过检查，但回到学校后，这位同学依然如故，而且她对家长非常敏感，不想见自己的父母，不想让家长知道自己在学校的真实情况。从她对家长的态度我们可以对其亲子关系猜测一二。家里父母对孩子不能说不关心但沟通是有问题的，可能家长的教育方式也不为孩子所接受。

这位同学的情况属于比较典型的青春期性焦虑现象。进入青春期以后，青少年性焦虑多表现为对性生理变化的抗拒，例如憎恨体毛出现，憎恨嗓音的变化。男孩害怕自己不够男子气概，故意说话粗声粗气，行为粗鲁。女孩则担心自己的身体相貌，对身材的关注日益增长甚至盲目采用极端的方法减肥。大部分焦虑现象都是因为缺乏正确的性知识引起的，严重的会影响到正常的学习生活，学校有责任通过正确的途径向同学介绍性知识，让大家了解认识性生理与性心理的一般发展过程，学会悦纳自己，也悦纳他人，培养健全人格。

四、关于性教育

我曾经担任过“心理健康”这门课程的教学。为了形象生动的讲述青春期的性生理性心理变化规律，教参给老师们推荐了一部科教片《青春的颤音》，这是我国第一部关于青少年性教育题材的电影，在教学计划中安排在第五周。结果开学上课的时候，我打开电脑查找资料时，被同学们看到了。这个班全是男生，有一位姓李的同学就大声喊叫起来，“老师我想看电影，我想了解青春期的知识！”顺便带来了课堂上的哄笑，只好安慰他们“大家的求知欲这么强烈是好事！不过这个电影安排在第五周，大家如果感兴趣可以自己先去后面章节学习。”李同学的这种毫无顾忌的“耿直”的表达方式，还是让我沉思了好久。

我后来开始关注这位同学，发现他身上有很多优点，上课专心听讲、积极发言而且非常在意自己的衣着打扮，头发修剪得整整齐齐，衣服总是干干净净。冬天的时候还会给自己围上一条围巾，看得出那条围巾与他穿的羽绒服是经过精心搭配的。一次课间的时候，我对他开玩笑说：“李××，不要太绅士了好不好？你穿成这样，让别的同学怎么办？”他很惊喜，“真的？老师，你觉得我这身（打扮）可以？”“这不是可以，是很可以！帅呆了！”对话之后，我们这位同学情绪一直非常高昂。

第五周在同学的期盼之下很就到了，我给同学播放了这部片子，随着画面中青春靓丽的中学生们优雅的出场，教室里安静下来。青春期性教育知识在旁白和动画的演说之下，我看到了教室里一双双关注的眼神。青春期的生理变化心理发展，少男少女容貌身高嗓音的改变，“初潮”“遗精”这些名词随着旁白的解说出现的时候，教室里鸦雀无声没有哄笑与打闹，就像有一条清清的河流淌过同学们的心田。

不久前我又遇到了这位曾经对我大喊要看电影的李同学，他依然风度翩翩，头发一丝不苟，青春飞扬，我仿佛已看到了他呼之欲出的职场风采。我毫不吝惜地送上赞美之词，他居然羞涩地说“哪里！哪里！”

知道害羞的年轻人是优雅的，这种优雅与生俱来，我所做的就是帮他重新找回来而已。

人本主义理论在心理咨询中之所以更容易为来访者所接受，是因为他首先肯定了人所拥有的潜能，相信人是可以信任的，只要处于一种特殊的咨询关系中，不需要咨询师直接干预，他们就能够通过自我引导而实现成长。

五、关于恋爱

荷兰心理学家勃纳德·利维古德说“青春期的危险在于性冲动的单独存在而没有性觉醒的陪伴!”这句话是对家长、学校以及我们社会的警告!

作为一位家长，我曾经参加了一次主题为“认识青春期了解青春期”的家长会。聆听了一位来自北京的长期从事青少年问题研究的专家的讲座。她说，从进入青春期开始（12 岁或许更早）一直到我国法定的结婚年龄，这其中有着漫长的十几年的等待期！在网络电视手机如此普及的现代社会，如何教育好孩子们正确对待与异性交往，正确看待性，如何教育孩子们维护好自己的身心健康，是我们整个社会的一项艰巨的任务!

这是一个真实的案例：一对恋爱中的中学生在经历了爱慕，牵手，拥抱之后，终于忍不住在一个周末跨出了最后一步，这位女生不敢告诉家长不敢告诉同学老师，直到一个新生命的诞生，这件事情曝光了出来。家长为女孩办了退学手续，男生也退学了。他们是同班同学，男方来自农村，女孩在一个单亲家庭中长大。两人都没能完成学业。男方的父母看着从天而降的孙子，欣喜若狂，同意将女孩娶进了家门。女孩成了一位家庭妇女，男孩外出打工，这件事情似乎处理的意外的顺利。可是，几年之后这位已经成年的男同学同他的妻子闹起了离婚。这段刻骨铭心的经历在他成年后造成了他的疑心病，他怀疑妻子的忠贞，进而怀疑这个孩子的血缘。男生不顾妻儿的哭诉，父母的苦苦哀求，坚决要离婚并做亲子鉴定，女孩伤透了心，她已经没有工作没有专业可依了。这个案例让同学们唏嘘不已，未成年人婚前性行为带来的伤害岂止是涉及当事人双方。

现实比小说更精彩也更残酷。青春期性教育不应该只是一般卫生知识的宣传，更应偏重于健康的人格教育与伦理教育，使传统道德与现实观念相结合，以促进学生综合素质的提高。

以上是从我多年教学经历中整理出来的部分个案。我既是一名教师也是一位家长。青春是一个非常美好而又敏感的字眼，愿家长，老师和社会更多的关注这一群体，毕竟他们是社会的未来。

参考文献

[1] 中国就业培训技术指导中心，中国心理卫生协会.《心理咨询师》基础知识[M]. 北京：民族出版社，2012.

[2] 黄希庭，郑涌. 大学生心理健康教育[M]. 2 版. 上海：华东师范大学出版社，2009.

竞技运动游戏化对体育课教学的影响*

李 莉

【摘 要】 大数据时代，多角度思维方式，改变了人们的运动理念。而以传统竞技运动训练方法为主的体育课教学方法，越来越不适应学校体育的教育宗旨，且产生出一系列的问题。针对问题及结合学生兴趣，将竞技运动游戏化。使体育课教学从开心入手，尊重个性发展。

【关键词】 竞技运动游戏化；体育教学；乐趣；兴趣

长期以来，学校体育教学一直以竞技运动为体育课堂教学的主要内容和方法。提出了“寓教于乐”的体育教学宗旨，在现行体育教学中呈现的就是简单的大众游戏。常常是10分钟热身游戏结束，笑声亦消失，教学又进入枯燥乏味的所谓“提高身体素质”的练习之中。游戏是体育的本质，运动是健康的基础。学校体育如何引导学生快乐的接受体育学习，产生对体育运动的兴趣，扫除学生对体育课“望而生畏”的心理压力。笔者提出从学生兴趣出发，为竞技运动变脸，由游戏开始，用乐趣引导兴趣。在游戏中逐步导入体育竞技运动知识与技能的传递。使学生在愉悦的状态下，认知自我，选择符合自我身体条件的运动项目。并由此延伸，建立“终身体育”的意识与习惯，完成学校体育、大众体育、竞技体育的有机衔接。

一、问题的提出

1. 存在的问题

体育来自于游戏，发展于游戏的学科。本应受到学生们的喜欢和热爱，但遗憾的是，随着不断地与体育课的“亲密接触”，学生普遍显示出“惧怕”和“厌学”的状态。不管喜欢或不喜欢的学生，都在逃避体育课。体育课，学生习惯性会说“体育老师今天咋整我们的”，何时我们喜欢的体育课变得如此狰狞可怕？问题出现在以下几个方面：

（1）教学形式枯燥单一。

现行的学校体育更多地把体育课视为传授竞技运动项目和提高身体素质的过程，过分强调课程的规范化和体能的提高，从而忽略了学生兴趣和习惯的引导和培养。完全的模仿竞技运动训练的内容和方法，长此以往造成体育课教学过程日益枯燥乏味。教与学兴趣低落，对体育内涵的追求处于冷漠态度之中。

（2）教学内容脱离实际。

由于教学内容竞技运动化，重视体能的训练与提高，且成为体育课教学的核心内容。与

* 作者简介：李莉，部门：艺术人文社科系，类别：公共基础课，通信方式：13980066777，电子邮箱：1354220682@qq. com。

现代社会大众体育的发展不相适应，也不适合学生个体对体育运动的需求。于是，学校体育课学的东西在实际生活中用不上，生活中需要的在体育课中又学不到。

（3）评价内容与模式过于竞技化。

现有学校体育课考评模式基本采用竞技运动评价标准内容，抹杀了先天差异和后天努力，以及参与能力的提升。大部分学生几乎是不可能完成最低的考评要求的，教与学都陷入尴尬的境地而无处求解。

以上问题带来以下后果：

① 教与学兴趣低落，教者不施行有效的教学组织与方法，体育课教学三部曲随处可见：集合—做操—解散。于是小学、中学、大学一如既往，长此以往学生形成了这样的概念：体育课的学习就是这样“玩”，没有什么可学的。反之，要进行正规体育知识的传授，在学生眼里成了很奇怪的事情！于是，校园里待了16年的学生，看不懂一场正规羽毛球比赛，不知道学校体育与竞技体育的目的是完全不一样的。

② 考评模式与内容的竞技运动化标准，没有尊重学生的个体差异和兴趣爱好，使学生产生惧怕心理并对自我的运动能力失去信心。单一的竞技运动训练式教法，又将兴趣与好奇心完全的泯灭。长此以往，必将导致我们的青少年一代对体育的认知缺失，对学校体育教育形成一种不正确的概念。

2. 竞技运动游戏化的提出

从事体育运动的动机是追求蕴藏在体育运动之中的无穷乐趣，同音乐中的“旋律”和舞蹈中的“节奏”相比，体育中的“乐趣”是具有独特魅力的，是体育的生命力。因此，学校体育应以乐趣为主，以乐趣催生兴趣，逐步引导，建立体育知识结构，培养运动的习惯。才可以真正达到“终身体育”的理念延伸。如果在学校体育教育中，我们没有将学生带入对体育的兴趣，那么，健康的认知、体育运动知识的传递、运动习惯建立等等都将化为泡影。长此以往，青少年体质下降，也会导致竞技运动的水平下降。所以，提出竞技运动游戏化，在不丢掉竞技运动的基础上，强调兴趣培养的方法，对学校体育教育是非常重要的。

二、竞技运动游戏化的特点

1. 项目变形，激发好奇心

在保持原有竞技项目的基础上游戏化，增加趣味性和保持竞争性，由此活跃课堂气氛，使学生积极参与，轻松接受。例如：篮球变脸，从名字开始改编。挑起学生的好奇心，吸引他们的注意力。然后在简单的游戏之中，对照篮球运动的基本技能、规则等进行现场讲解，边玩边学习。

2. 降低难度，扩大受众面

竞技运动游戏化，使竞技运动降低难度后，更容易成为普通人能够接受的锻炼方法。难度的降低，学生在掌控上更得心应手，避免了心理上怕出洋相的羞怯心理。即使偶尔出洋相，也是在整体均有表现的情况下，在自尊心能够承受的范围里，由此当做幽默的表现，取得一乐。例如将排球比赛演变为游戏“三不归一”，玩乐中，学生会不自觉地运用传、垫球技术，即使偶尔用手棒球，大家也会为自己的创新而开心一乐。

3. 规则灵活，因人而定

在游戏化的竞技运动中，规则因人而异，针对不同人群制定相适应的规则要求。促进学生的参与积极性，使其竞技运动变得更为简单容易。案例：为了带动女生加入玩篮球的运动。让男生带女生打，规则针对女生而定，男生严格按照篮球规则执行，女生则可以抱球跑三步走，投篮可以在任何位置上，均为三分球。这大大地调动了女生和身体素质差的男生对此项运动参与积极性。因人而定的规则，激发了女生参与活动的积极性。游戏中，他们模仿男生动作竞技，虽然达不到理想效果，但由此派生出游戏的可乐性。另一个方面，他们的参与，激发男生的表现欲和担当意识。相互的带动，使课堂教学显得生机勃勃，符合学生的心理和生理的需求。

4. 竞技与游戏相辅相成

游戏中有竞技，竞技中有游戏，这是竞技运动游戏化的又一特点。单纯的游戏，如果没有竞技的规则，游戏对参与者失去了吸引力。游戏是竞技体育的本质，但竞技体育对规则和结果的评价又高出了游戏。所以，相互兼容性是在弱化了竞技运动特性基础上的相互支撑，使其竞技运动游戏化，在课堂教学中更具有生命力。

三、竞技运动游戏化对课堂教学的影响

1. 更新体育教学理念，明确体育教学目标

学校体育不是竞技体育，我们培养的不是高水平运动员。而是培养一群能正确认知自我身体并能科学管理自我身体的体育运动爱好者。教学的过程不是教育的过程，而是兴趣的引导、运动习惯建立的过程。将传授运动锻炼的方法，提高健康意识和创新意识，促进个性心理生理的健康发展作为教学的主导方向，更符合学生参与体育运动的初衷。案例：一个性格内向的男生，不擅长运动，几乎不参加任何活动，对体育课是又恨又怕。观察其原因，该生的身体缺陷在于力量与灵敏上。于是在传统的竞技运动教学中，他的参与，几乎是同学取笑的对象，这些言行严重伤害了他的自尊心和对体育认同感。久而久之，他是能不参加，尽量不参加。针对该同学的性格特征，本人除了弱化竞技运动的沉重感以外，还在教学中穿插静态运动科目。开始他是被迫参与，常常是躲在不起眼的位置上。但是在参与中，他发现了自己的运动潜质——协调性与韵律感极强。在教师有意识的鼓励和引导中，他开始释放自己，参与自己力所能及的活动，并在其中获得了存在感和认同感。在不断提升自我的过程中，爱上符合自我运动潜质的运动——太极拳与健美操。

2. 没有文字和语言的道德教育

体育运动是运用身体语言，来描述个性特征和人格魅力，在体育教学过程中，相互之间语言很少，身体运动中除了表达个性特征以外，更有道德情操的传递。传统教学中，由于忽略了个性差异，强弱之间分化独立。而在游戏化的竞技活动之中，强弱交融，取长补短，均衡发展。在累并快乐的游戏中，完成道德情操的传递。案例：体育课，学生是“谈跑色变”。于是，笔者将耐力跑练习，变成游戏“你长我短”接力赛。方法：以小组为单位，在规定时间内完成规定长距离跑，并规定每人的基本跑距离。比赛开始以接力方式进行，成员跑步距

离自行商定，但必须完成最低基本跑步距离。以此开始，课堂出现了一种意想不到的场面：强者勇于担当，主动要求多跑，而且平常最讨厌的长跑，学生可以全速跑完 1 200 m。强者的行动，感动各位成员，即使弱的学生，也身体力行的主动表示“我一定尽全力跑快，不拖大家的后腿”。且在课后，自觉每天练习长跑，感人至深。这个过程，强者用自己的行为诠释了“责任”与“关爱他人获得的自我价值体现”。弱者在团队和他人的关爱中，也明确自己的责任，用自己的行为诠释“凝聚力”的深刻内涵。

3. 体育教育的梯次推进

学校体育教育梯次：第一步基础教育：游戏引入，开发兴趣；第二步：兴趣引导爱好，在游戏中导入竞技运动知识和技能的传授，相互补充，成就个人爱好的建立；第三步：带着个人竞技水平的提升需求，进入大众体育。由此完成了学校体育、大众体育、竞技体育的有效衔接。

4. 对教师职业素质的促进

竞技运动游戏化，要求教师具备完善的、多学科的专业素质，才有能力对竞技运动进行改编和设计。如果不改变对传统教学的依赖，注重学术的研究和前沿体育教学方法和研究方法的储备，势必会导致课堂教学的枯燥乏味，从而影响学校体育作为体育基础教育，对一个人“终身体育”意识和习惯的建立。因此，注重对体育教师专业素质和学术研究能力的考评，是促进体育教师全方位发展的有力措施，防止个别教师不思进取的懒惰习惯，从根本上改变学校体育课教学状态。

四、小结

学校体育教学竞技运动游戏化，激发学生对体育运动的兴趣和爱好。是从真正意义上去理解普通受众的接受能力和学习能力的基础上，建立起最实用的学校体育教学方法。提高了学生参与体育活动的积极性，同时促进学校体育教育观念上的改变。对教师在教学上的创新意识和学术研究上专注于实用教学的研究，具有极为重要的意义。

参考文献

[1] 陆素文，蒋荣. 体育教材化的具体方法选择[J]. 体育科技文献通报，2010，18（2）：72-73.
[2] 刘艳霞. 关于学校体育竞技项目“软式化”的探讨[J]. 河北体育学院学报，2000（1）：11-14.
[3] 杨其虎，再论竞技体育的游戏本质[J]. 学理论，2015（2）：105-106.

高校田径教学训练中体能训练的要点分析*

张燕波

【摘　要】 高校田径教学训练中的体能训练要实施微调，参考现代大学生的心理特征，变更以往的教学手段，既能达到强健体魄的初衷，又能引发大学生对田径的热情，在愉悦的氛围中强身健体。主要对高校田径教学训练中体能训练的要点进行论述。

【关键词】 高校；田径训练；体能训练；要点；解析

近年来，高校对田径的关注程度正在不断攀升。田径运动是基础类科目，是一类经典的体能类运动。其由走跑类、跳跃类、投掷类以及全能类运动构成，而这部分运动亦对专项体能锻炼要求极为苛刻，运动员各类身体机能的水平直接影响田径竞赛结果。当前，高校体育课教学中教学模式单一乏味、一板一眼，教学手段滞后，课程构造单调，过度重视老师的主导地位，无法凸显学生的主体地位，学生的学习热情无法被“点燃”。教学结构不产生本质性的变更，将极难引起学生兴趣，教学任务的完成也只是走过场。所以，高校田径课程的体能训练要抓紧，创新教学手段，并且解读田径教学训练中体能训练的要点是当务之急。

一、体能训练在田径比赛中的功用

田径教学训练中的体能训练是考察学生身体机能水准的最简单、最直观的方法，而且亦对其他类运动项目的学习有所助益。在大部分的田径项目中，体能训练是田径运动的中心，其表现模式关键是对运动员的训练速度以及训练耐力这 2 大版块实施直观的考核，所以，田径项目的运动员与其他项目的运动员对比，其在身体素养和心理素养上要求更为苛刻。

通过有预见性、针对性的体能训练能够协助学生塑造健康的体型，并且从常规训练转为专项训练将更为得心应手，从而提升其在田径项目中的专项锻炼水准。所以，身体体型对学习田径的高校学生来说也是至关重要的。

通过调查和研究，笔者认为基本上全部田径项目的体态锻炼都是透过专项锻炼模式以及方法来达成的。另外，做好体能方面的训练对高校学生来说能够强健体魄、稳定心神，强化心理素养。而随着当代竞技体育的飞跃性进步，在竞技体育的竞赛准则中，对学生的身体机能是一类检验，同时直接测试学生的心理素养。而体能状况的优劣很大程度上决定了高校学生心理储备能量的多寡。所以，科学、卓有成效的体能训练能够让高校学生的内心更为强大，高校田径课教师应随时准备考察学生在各个时段的体能训练功效，让学生的田径成绩能够大

* 作者简介：姓名：张燕波，部门：艺术与人文社科学院，类别：田径，通信方式：13880383702，电子邮箱：1498137630@qq. com。

幅度地提升，进而获得预计的训练功效。

二、目前中国高校田径教学训练中体能训练的状况解析

目前，虽然中国在田径竞赛中屡屡获得进步，体能训练理念也在与时俱进，但是因为中国的国情、政治、环境等层面的约束，与美国、牙买加等田径强国相比，体能训练水平还存在一定的差距，体能训练的意识还没有发生根本性的变化，体能训练理念以及模式还比较滞后，缺乏本质性的变化；田径教学训练中体能训练的专项训练还没有跟上田径强国的“步伐”。田径项目依照项群训练原理能够分成速度和耐力两种，而速度关键是短跑、短跨等训练科目，耐力可以分成长距离跑、竞走等田径训练科目。

因为田径竞赛中间群训练项目的差异，对学生的训练要求和体能需求也是不一样的，训练模式以及训练办法当然也是天差地远。但是因为一些体育教师并没有掌握并解析田径竞赛的项群本质特点，导致中国的体能训练有着滞后性，过分注重专项素养的提升而忽视了学生全方位素养的提升，导致运动员在竞赛中心理平衡被打破，无法获得理想的竞赛成绩，导致不能最大限度地激发高校学生的运动潜能，延长其运动寿命。另外，目前中国的田径训练领域依然未能掌握“极限体能训练论”的原理，导致训练效果差强人意，不仅为高校学生的心理蒙上阴影，而且也无法激发高校学生的最强运动潜能。最近一段时间以来，虽然中国对极限体能训练有过实际操作层面的论述，然而因为运用层面的制约因素，体能训练中极限能力的激发依然无法完成，教师在这方面不愿深入探讨，学生即使想学习也缺乏途径，研究成果乏善可陈，这些因素都致使中国田径教学训练中的体能训练发展迟缓，甚至固步自封。

三、高校田径教学训练中体能训练的要点解析

1. 教学模式多元化

其实，体育运动是大部分学生喜闻乐见，并乐于参与的，然而对这部分大学生需要不断变更体育锻炼模式，而非单调乏味地盲目锻炼。因此，教师在教学理论上应突破藩篱，创新性地使用多元化的教学手段。在自主创新的体育教学改革观念的引导下，教师要权衡怎样激发学生的学习热情，利用相异的课程形式教学。第一，体育课堂教学模式要变更，遵循多元化的初衷，尽可能从以下几点实施变更。例如，内容、组织、教学方法、器械等。体育老师在规划教学组织形式的时候应依照大学生精力充沛、喜爱活动、自我意识强、容易接纳新鲜事物的特征，挑选变化繁多、内容别致的体能训练模式，从学生的身心视角，变通性地进行多种模式的教学，以期达到最为理想的教学效果。例如，110 m栏是田径教学中最为常见的项目，大部分学生对动作诀窍的理解情况不佳，练习过程中极易分散注意力，在训练其体能的时候，要创编一段口令，通过朗朗上口的口令来协助学生进行体能训练，往往让学生容易接受。而对耐力跑的锻炼，则创建特定的场景，引发学生的学习热情，诱导学生运用各类运动器械，并将其布置成“烽火台”“古道”等趣味性大的场景，让学生产生征服欲与学习欲望。

教学模式的多元化，让学生能够始终保持专注力，而且能够顺畅地完成教学目标。再如，蛙跳体能训练中可以将其改成“鸭子步”，让单调乏味的蛙跳体能训练瞬间变得充满童趣，这

样可以提升学生的蛙跳训练质量。唯有如此，才可以保证学生的专注力不丢失，并建立起对体能训练的爱好。

2. 教学内容应精彩

目前的高校学生大部分都有极强的自尊心，并且表现欲望强烈，而游戏与比赛教学和其年龄段的特征是相符的。游戏与比赛在教学中的功能是不可或缺的，能够极有效地激发学生的兴趣，甚至可以说其是一类有着极强创造性的教学手段。

体育游戏能够让学生在“愉悦的氛围中完成竞争”，既能够让体能训练的内容更加丰富，又能够提升教学质量。运用这种模式教学学生会永远兴味盎然，这亦与其年龄段的特点完美契合，因此受到大多数学生的追捧。例如，田径课中的跑步锻炼，在以往的教学模式下通常均是单一的跑步训练，学生对此类教学形式只能勉强接受，不久就会产生厌恶情绪。

在这里，教师应转变体能训练内容，运用游戏与比赛的模式，将学生分为 4 个小组，接下来让学生追逐跑、接力跑，并且使用体操棒、实心球训练跨步跑，抑或组织“追打球”“螺旋形跑”“z 形跑”等游戏进行耐久跑训练，如此不但能够保留学生的天性，还能够让参加程度提升一个档次，让学生的速度以及步幅更加专业化。在追跑中学生能够展示自身的灵敏度以及速度，也不会产生疲累的感觉。

3. 教学评价要变通性强

在田径项目的教学考评中，应转变考评方法，融合学生体育课参与程度以及学习的具状况来考评。老师应对学生的考评负责，尽量给出中肯的评价，要对其进步或态度的改善多表扬，强化过程评价在结果评价中的比重，让每一位学生都可以从老师的客观考评中获得原动力，让其体会田径运动的魅力。例如，某位学生体重达到 100 吨，入学 3 000 m 测验中跑了超过 20 mim，通过一段时间的体能训练，其 3 000 m 成绩缩减到了 16 min，尽管与标准成绩还相差甚远，然而教师在这时不能拘泥于形式，应将其纳入及格的范畴。这是由于这位学生已经尽力了，给他及格的分数是为了增强该学生的信心，以及赞扬他为此所做的功课；而且，老师的激励就是一针强心剂，能够帮助该学生树立自信，也让其在生活和学习中更为活跃。

教学中还应运用附加分等手段，对进步迅速、进步幅度大的学生予以附加分的奖励，而对进步缓慢甚至退步的学生，老师要酌情减去分数。这类模式能够帮助学生了解自身到底是进步还是退步，协助其自信心的形成，让其体会成就感，领会田径运动的魅力。在该流程中，要重视运用的度以及变通性。

4. 构建训练体制，努力提高田径体能训练的实效性

健全的体能训练体制是提高田径体育教学训练质量的途径之一。目前，中国的田径项目体能训练系统还处于发展阶段。所以，应通过制订完善的体制，并在基础训练时段狠下功夫，挑选出能力拔尖的高校苗子，有针对性、科学地实施系统训练，逐步、踏实地提升田径体能训练的实效性。

所有田径项目的训练功效都能够映射训练成果，在竞赛中只以成败论英雄。所以，不管是提升教学质量抑或构建健全的训练体制，老师都应着眼于提升学生的训练实效性，让学生在有针对性、系统的体制下完成训练任务。

目前，伴随全球经济一体化进程的加快，竞技体育的飞速进步已经让各个田径赛场上的

运动员从“全面型”向“专项型”过渡，专项体能训练不但成了左右比赛成绩的首要因素，更是训练效果的核心价值的体现。所以，各个高校应将体能训练纳入田径项目的重点规划版块。

四、结语

体能训练是一项系统工程，其训练模式提倡一步一个台阶，切不可操之过急。体育教师对学生实施体能训练之时，要根据学生的差异性以及特征，有针对性地布置体能训练任务。

参考文献

[1] 王洪恩，山美娟．高校田径课传统教学法与技术和体能训练组合教学法效果比较[J]．体育科技文献通报，2012，20（6）：44-45.

[2] 朱威，曹峰锐．高校女生 12 min 跑取代 800m 跑体能测试方法的可行性研究[J]．当代体育科技，2022，2（20）：1-2.

[3] 纪超．北京体育大学田径专项中距离跑二级运动员的专项体能现状分析[J]．体育时空，2013（24）：124.

[4] 张莉清，冯树勇，白银川．从历届世锦赛看中国田径的未来和发展——对莫斯科世锦赛的思考[J]．成都体育学院学报，2014，40（1）：85-88.

中等职业学校德育课教育的思考*

吴爱农

【摘　要】 中职院校内外环境的变化，特别是中职生情况的复杂化，德育课教师比任何时候压力都大。如何做好新时期的德育工作，就中职生的新问题、新特点，应如何使德育课发挥作用。

【关键词】 德育课教育问题；新特点；对策

在中等职业学校发展过程中，只有坚持德育为首，以人为本，加强和改进中等职业学校的德育教育，才能把学生们培养成社会主义现代化所需要的四有新人。在全面贯彻党的教育方针过程中，应把德育放在首位，因为德育是方向，是活的灵魂，是智育、体育、美育、劳动四育的指导。在当代树立理论与实践相结合，教育与生产劳动相结合，教育与企业相结合的情形下，我们德育课教师应有新的思路，新的方法来开展德育教育。

一、德育教师面临的问题

从招生状况看，普通中学分流后许多同学基本选择进入中职学校，而这部分学生在语言、行为、生活、思维习惯方面都存在许多偏差。从而导致部分学生的学习态度，理解能力，思想觉悟，行为习惯等相应较差，且极不平衡，还有不少同学是抱着混的心态来上学的，上课不听讲，不做作业，考试作弊，与老师顶着干，通宵上网现象成了常态。特别是普通中专招生的大多数同学学习基础差，积极性低，甚至在中学就被称为问题学生，因此在初中就养成自由散漫的不良习惯，自我约束能力差，法律意识淡漠，道德意识不强，缺乏组织性和纪律性。

因为成绩差，跟不上老师的教学进度，便放弃学习，把精力放在玩上。许多同学上课是用来玩手机，看小说、杂志、漫画书，还有上通宵网后来睡觉的，聊天的，化妆的，谈恋爱的，抄作业的。

只强调个性发展，忽略责任感。独生子女在唯我独尊的家庭氛围中成长，导致自我意识膨胀，自我生存能力差，与同学和老师合作困难，易产生逃避的心理和事不关己高高挂起的行为模式。严重缺乏团队精神，喜欢个人英雄主义，行事我行我素，不顾别人的意愿，在做事上其大胆程度超过了这个阶段学生的实际生理年龄。

受家庭、社会因素影响，没有正确的世界观、人生观、价值观，甚至有少数学生形成了极端个人主义和一些不正常人际交往。甚至以吸烟、喝酒、打架、谈恋爱、上网来证明自己

* 作者简介：吴爱农，部门：工职校，类别：德育，通信方式：15982846940，电子邮箱：3251191798@qq.com。

的能力与身份，养成许多的恶习。

如何通过德育教师的教学来改变绝大多数同学的观点和行为，让他们回归到学习上，是摆在老师们面前的一个重要课题，值得思考和认真对待的。

二、新时期出现的新特点

学生们从家庭、社会以及各种传媒上接受了大量的新信息、新观点，使他们的思维较为活跃且发展很快，成熟的时间似乎有所提前，形成了自己较为明确的观点，表现欲、展现欲较强烈。

实习课效果好过理论教学。大多数同学喜欢并热衷于实际操作并且有一定动手能力，但对基础性工作不感兴趣并且忽略了理论学习；在实习过程中成绩及各种表现都明显优于课堂教学。

上网及网络知识技术水平一般都比较高，利用现代化科学工具为自己服务的本领较强，甚至考试作弊方式都是利用手机上网查询。不少同学沉迷于网络游戏和不良作品的浏览。

对个人的外界评价比较看重。老师、同学、协会以及学校的高度评价可激发同学们的潜在能力，有很好的表现。特别重视专业教师及班主任的认可程度。

单科学习表现出众。对自己感兴趣或有一定特长或者是成绩较好的科目表现很出众，有时还会激励其他同学，部分同学有时在知识层和深度上还会超过教师。

每位从事德育工作的教师都应该根据中职生表现出来的新特点有效地进行德育教育，帮助每位同学都成为合格人才。

三、针对问题的初步想法

联系社会生活实际和学生思想认识实际，引导学生在复杂的社会道德环境中理性掌握并自觉运用道德原则，坚持做人准则，仍然是德育课教育中的重要课题。作为学校的德育课的教师，应充分认识到加强学生的道德教育，提高同学们的综合素质，使同学们成为合格的既有品德又有技术的毕业生是一项刻不容缓的任务。

针对同学们的现状，应把政治教育、品德教育、纪律教育、法律教育、人格教育、心理教育作为德育教育的主重内容。从学生实际出发帮助大家掌握德育基础知识，培养和发展认识问题的能力，提高思想觉悟和道德素质，从而帮助他们树立正确的世界观、人生观、价值观、择业观和创业观。最终培养同学们具备良好的思想品德素质和职业道德素养。

加强教育管理：以学生为唯一主体来实施管理，克服管理不管人，教书不教人，服务不育人的错误做法。尊重学生、爱护学生、理解学生、信任学生、依靠学生。

确定德育课的目标：德育课程应以学生的品德、行为以及思想素质的塑造、培养和规范为重点。因此我认为中职生的德育课程设置顺序应该是《法律基础》《思想品德修养》《职业生涯规划》《哲学与人生》《经济政治与社会》《职场安全与健康教育》。让同学们直接参与社会生活、参与人际关系，体验竞争和合作；真正明白如何看待经济问题、政治问题以及社会问题；培养同学们学会做人、学会做事。同时我们德育课老师还应该不断提高自身的理论知识水平，以身作则，为人师表，因材施教，启发学生的思维，激发学生的学习积极性；另外又要从各方面严格要求学生，真正做到言传身教，教书育人。

德育课教师在授课时可以根据学生的不同表现及文化课程度有针对性分层，实施因材施教，制定不同目标和要求以及考核方式；充分调动每一位学生的学习积极性，充分发挥自身潜力，达到最佳的教学效果。在内容上，根据学校办学特色和专业设置特点进行有选择性的重点学习，采用学习重点以及补充将来就业必须具备的知识相结合；还可用专题讲座、案例分析、上网查询等方法进行补充学习，以满足教学和企业要求。在教学中应选择一些具有专业特色的事例或同学们关注的热点问题，让大家认识到德育课也是贴近生活，是有用的，在方法上宜讲则讲、宜议则议、宜练则练。重点是要激发学生学习德育课的兴趣。

班级与班级之间应开展健康向上，丰富多彩的活动。如举办红色文艺演出、红色歌咏比赛、青年志愿者活动。到敬老院、孤儿院献爱心。演讲比赛、以及开展第二课堂，广泛吸引同学们参加，在活动中增强德育教育的效果。

“9+3”少数民族学生的《数学》教学过程中的思考*

严　芳

【摘　要】 在多年“9+3”的“数学”课程教学过程中的一点心得。

【关键词】 “9+3”；少数民族；《数学》教学

四川省委、省政府决定，从2009年起，对少数民族地区实施“9+3”免费职业教育计划，我工作所在的成都市工业职业技术学校就是在当年开始招收来自阿坝、甘孜和凉山的孩子们，我也是来自阿坝藏族羌族自治州，父母60年代支持边远山区建设到了阿坝州的小金县，1990年我从阿坝州考上大学，毕业后到了成都市工业学校当了一名人民教师，没有想到有朝一日会成为这些家乡孩子们的老师，我感到非常的骄傲，同时也心存感激，感谢党和国家对藏区和彝区的关怀。要改变旧的观念，改变民族地区贫穷落后的局面，必须要从新一代的少数民族孩子们开始，少数民族贫困学生入学难，而一旦入学，通过中职阶段的专业学习和训练，将会极大改变他们贫穷落后的局面，这无疑是对教育扶贫、精准扶贫的极大体现，让孩子们接受先进地区的先进思想，回到家乡建设美好的家园，让他们在中职学校学习专业知识，而中职学校是我们国家教育事业的重要组成部分，肩负着为国家和社会培养实用性技术人才的重要任务，现在又肩负起提高民族地区孩子们的素质和文化的任务，为民族地区人口的文化技能水平和实现长治久安奠定坚实基础。

“9+3”从2009年第一届藏区到2015年彝区，我一直在中职教学一线工作，有幸成为这些孩子们的数学老师，由于数学的应用日益广泛，在一切科学领域中发挥作用，而且对提高人的思维素养有突出的影响，数学教学改革始终在各学科改革中首当其冲且最为活跃。就这些基础比较差，有些只有小学基础的孩子们的数学教学，要想让他们学好知识，学好数学，我作为一名教师，真正做到教书育人，下面就我的教学谈谈我的想法。

一、目的性教学

进行目的性的教学，鼓励孩子们带着强烈的爱家、爱党的思想和责任感，要有学好知识建设自己的家乡的意识，自觉积极的学习数学。

“9+3”的孩子们来到成都学习，对大山外的世界充满好奇，同时带着家乡和家人的期

* 作者简介：严芳，类别：数学，通信方式：13980498775，电子邮箱：348342749@qq.com。

望，每一个孩子都是带着一个美好的愿望来到学校学习，他们很清楚自己肩负的职责和任务，所以在我教学的第一次课时，我就问了他们一个问题：世界第一颗人造卫星是哪一年哪个国家发明的？为什么美国现在是世界最先进的国家？他们一下子好像有了兴趣。我就给他们讲了一个小故事：1957 年第一颗人造地球卫星在苏联发射成功，美国不干了，他们组织专门的人士进行了大量的调查，得出“美国的教育落后了，特别是数学落后了”，于是在全美掀起了数学教育改革运动，并很快波及到全世界，这就是有名的“新数学运动”，所以要学好数学，学好知识，才会有改变旧面貌，改变家乡贫穷落后面貌的可能。于是在上课过程的间隙中，我时不时讲讲国家、社会、家庭、学校、老师对他们的期望，有空闲时讲讲他们家乡发生的变化，责任感、求知欲与学生的听课情绪有着密切的联系，孩子们专注，充满自信的听课情绪，有助于激发和保持旺盛的学习状态，教学过程，也是我和孩子们师生感情交流的过程，教师热情，学生主动，师生感情融洽，就会出现生动活泼的课堂教学气氛，同时在教学中讲授简单实用的数学基本知识，让基础非常差的孩子也能听懂，学懂，他们会觉得数学也是简单的而且非常实用的课程，好好学习可以让知识成为自己的一笔财富，谁也偷不走。在枯燥的理论教学的空隙我和同学们拉拉家常，讲讲我自己的成长经历，同时我也让他们当我的小老师，学学他们的藏语和彝语，让他们感觉到老师对他们的关爱，他们就更愿意认真听课，努力克服学习中的困难，憧憬学成回去建设家乡的美好场面。

二、组织阅读数学，培养自学数学的能力

因为孩子们基础比较差，学习数学仅一年的时间，所以要组织学生第一学期阅读数学，第二学期就此培养他们自学数学的能力，同时鼓励他们参加“9+3”对口高职考试，即使没有教他们，依然给予数学课程的辅导。

“9+3”的孩子们年龄还小，有些只有小学文化，中专课程又较之前多，课时紧张，老师没有在课外时间长时间辅导，所以上课要求教会他们会阅读数学，所谓的阅读并不是像读语文和英语课那样大声地朗读，而是需要带着孩子们逐句逐段地解释概念，与学生一起讨论概念的要点，运用例题帮助学生理解教材里的关键性词语，下课前公布课后阅读提纲，让他们带着问题阅读，检查自己的阅读效果，同时还要求他们能够用自己的语言叙述有关的概念、公式和法则，在学习对数函数章节的时候，我在讲内容的时候画图有助于概念的理解，一个彝族孩子根据我的讲解内容总结出指数式和对数式互换的“三角形”法则，现在我上课一直在运用这种方法，让孩子们更容易接受这个知识点，这样防止死记硬背，还锻炼了他们的口头表达力。第二学期就逐步地对章节指导自学，自学虽然不宜作为教学的主要形式，但可以分阶段的逐渐增加自学的比例，让他们适应自学，学会自学，一个人在中职学校的时间是有限的，只有短短的三年，为了今后离开学校靠自学获得更多的知识，需要我们老师尽可能让他们具备自学能力，科学的自学方法那就显得非常重要，从课堂内重视学生阅读效果的检查，到课堂外完成作业情况的检查，同时指导他们处理知识与作业的关系，教材与参考书的关系，基本面懂但下课就忘记与扩大知识面学得扎实的关系，课堂和课外的关系，同时也给他们介

绍怎么利用图书馆的有关知识，让孩子们在学校这个大集体里学到一生都为之所用的东西。2016 旅游班的沙马××，来自凉山美姑县，学习非常努力刻苦，上课认真听讲，从来没有迟到早退的现象发生过，我给他们上数学课的时候就鼓励他们有机会一定要再学习，拿到更高一级的文凭，学到更多的知识，数学课计划授课一年，所以教过他们一年的课程之后，就很少见到这些孩子们，前几天她给我联系说是准备考“9+3”对口高职考试，我给予她鼓励和支持，并给她提供辅导，希望她能够达到她的目标。

三、训练口头表达能力和书写能力

“9+3”的孩子们学习毕业后，大部分会回到自己的家乡，当一名乡村干部，所以孩子们的口头表达和书写能力的培养非常重要，我就有意培养他们的数学语言表达和完成作业的书写能力。上课除了我讲授之外，要求每一个同学都要勇于回答老师提出的问题，并且让学得好的同学自愿到讲台，给同学们讲他对某一题的完成思路，自己是怎么完成的，同学们给他提出问题，这样课堂就会非常轻松，学生也觉得有趣。在讲完例题后，需要在课堂上检验学生的学习情况，于是在黑板上要求学生完成本次课的课堂练习，我就会关注学生完成习题的基本书写顺序，前后连接的逻辑性，还有板书字体的书写情况，完了后要求班上其他同学给他们批改，如果哪个同学发现有错的地方就上讲台当小老师，给完成题目的同学批改并且改错，最后我再进行总结、点评。另外课后批阅作业也是检验他们书写能力一个重要的方面，爱美之心人皆有之，人都喜欢容貌美，发式美，穿着美，为什么不要求自己的作业也美呢?所以对他们的书写严格要求，这样有助于他们养成以后认真做事的好习惯，我会把作业看得非常仔细，书写形式、错别字、标点符号都会注意，给他们“9+3”的孩子们更多的关注，不正确的不是简单的打个叉，而是根据他的演算过程找到开始错误的地方，并标示出来，让他们自己去改正。批阅作业后，根据作业的完成情况给出简短的评语，对完成好的给予表扬，不好的单独交流，给他提出要求和希望，让老师和学生的关系更加融洽，沟通交流更加容易。

四、关心孩子们的生活，发现他们身上的亮点

时常关心孩子们的生活，不管是成绩好坏，对他们的爱和关心都是一视同仁，要善于发现他们身上的亮点。

苏霍姆林斯基说过“同情心和由衷的关怀，是教育才能的血与肉”，尽管很难说清学生的进步有多少是受老师的希望的影响，但是这种希望能够引起学生相应的积极反应，却是不可否认的客观事实，大量的事实证明，教育好和爱护好学生的关键就是“爱”，老师对学生的每一个眼神、每一句话、每一个手势、每一种动作，都可以给他们带去安慰和鼓励，“9+3”的孩子大多数来自农村，家庭条件都不是很好，但是却具有优秀的品格：懂礼貌，明感恩，而且少数民族孩子，大都能歌善舞，所以除了每周在课堂与孩子们接触外，利用上课的间隙和课堂外关注他们的生活，给他们灌输努力学习就会改变命运的信心，把自己置身于他们之中，

和他们交流谈谈他们的家乡，目前流行的歌曲，当红的明星，最火的电影，对于学习吃力的同学，充满信心地去帮助他们，带着热情去关心他们，多以正面鼓励，对这样的孩子主要是加强了解，善于引导，帮助他们扬长避短，健康成长，以后真真正正学到知识、学会做人之道，毕业后成为家乡的栋梁。比如我上课的2015级旅游班，有一个来自雷波叫卢××的彝族孩子，刚来时上课老是走神，但是上课从来不迟到早退，学习态度非常好，成绩却不怎么样，后来我发现跳舞唱歌是他的特长，而且班主任充分发挥了他的特长，在学校的各种活动让他代表班级参加演出，为班级和他自己赢得了不少的荣誉，这样使他感觉到了老师的信任和关心，也意识到他自己在班上完全可以做得更好，所以在学习上，我也拿他能歌善舞这件事来鼓励他，学习上相信他也可以更上一层楼，到了期末考试，他的考试成绩也合格了。所以发现他们的闪光点，是一种很好的教育方法。

五、因材施教

摸清孩子们的实际情况，做到心中有数，在教学中因材施教的针对教学，更利于他们掌握他们能够掌握的知识点，以便于真真正正学到东西。

“9+3”的孩子们因为来自边远山区，一直在山区生活长大，很多孩子是第一次离开大山，他们对自己的家乡有深厚的感情，来到一个陌生的地方，缺乏独立生活能力，经常思念家乡和亲人，学习上遇到困难时，情绪往往有所波动，学习的积极性经常出现忽高忽低的现象，但是大多数孩子是珍惜这样的学习机会，学习态度端正，而且学习努力，但是我了解到孩子们的数学基础知识是非常差的，有些彝族孩子小学都没有毕业，所以他们学习起来是很吃力，对于数学他们有些惧怕，藏族孩子家庭条件较好，在家里不愁吃穿，所以学习有点怠慢，于是在我的教学里面进行分层教学，给基础差的同学单独出题，下课单独辅导，作业量给予适当减少，对于教材里面加深的部分就不再讲了，在我的教学理念里面贯彻“够用、实用”的教学原则，对藏族孩子多谈心，即使不愁吃穿，回家管理自己家族的产业也是需要知识来武装自己，有了知识来武装自己，才会让自己更加的强大。所以在教学之初我尽快熟悉和了解学生，经常鼓励和具体指导学生进行学习，结合教学、掌握他们的思想动态，协助班主任做一些力所能及的思想工作，班级同学有什么情况及时和班主任沟通，关心并解决学生在学习上的困难以及存在的实际问题，充分发挥学生在学习上的所长，消除不利因素，为正常开展教学工作创造良好的条件。

孩子永远是祖国、社会、家庭的希望和未来，而“9+3”的孩子们更是担负起振兴民族地区的艰巨任务，回顾走过的教学历程，使我深深感到教师在教学过程中，不仅要从数学的角度传授知识、培养学生的逻辑思维能力，还要正视民族地区各层次学生的不同情况，承认孩子们的个体差异，正确地认识教育对象的客观实际，把强化教师的主导作用与充分发挥学生的主体作用恰当地结合起来，把教师热爱事业、热爱科学、热爱学生的感情和高度的政治，责任感融合到活动里面去，通过数学课教学实践去塑造学生的心灵，使学生通过学习数学的实践过程，养成热爱祖国，热爱专业的精神和专业需要的各种优良心理素质，使他们在“9+3”这几年学业有成，回到家乡成为栋梁之材。

参考文献

[1] 彝学丛书. 四川民族出版社. 2016，08.

[2] 民族. 四川省民委民族杂志社. 2016 年第二期.

[3] 徐斌艳. 数学教育展望[M]. 上海：华东师范大学出版社，2001.

学术探索

职业教育校企合作策略研究

——以成都工业职业技术学院为例

马　雄

【摘　要】　我国的职业教育面临教学设备设施无法与行业企业相匹配、校企合作“一头热”、消耗型实训给学校带来沉重的经济负担、学校培养的“学生”与企业需要的“员工”差距较大等问题。开展有效的校企合作是解决这些问题的重要途径。因地制宜，由浅入深；注重机制，互惠双赢是校企合作的有效策略。专业职业教育集团模式、现代学徒制模式、自办企业，前校后厂模式、引进企业，股份合作模式、构建网络，“订单培养”模式、“分段合作培养”模式、半工半读模式是校企合作的有效形式。建立互惠双赢的合作机制是校企合作的核心，是决定校企合作成功与否的关键。经济发展是校企合作的推动力。我国人口红利即将消耗殆尽，人才市场的供需结构将由买方市场向卖方市场转变，校企合作也将改变目前的“剃头匠的挑子”——一头热的状况。

【关键词】　校企合作；因地制宜；互惠双赢

我国的职业教育在经过多年的规模扩张之后，已经有了巨大的发展。但随着我国工业化、城镇化进程的加快，随着我国经济发展方式的转变，职业教育的发展方式也将由规模扩张向内涵发展转变。在提高质量、内涵发展的过程中，我们还有许多困惑、许多难题需要破解。

一、职业学校的困局

第一，教学设备设施无法与行业企业相匹配。由于办学投资主体单一，学校的办学经费总显不足，教学设备设施无法与行业企业相匹配。尤其是二产类的学校，由于工业化进程加快，产业结构升级，行业企业的技术设备更新换代不断加快，学校的实训场地和设施设备很难跟上生产企业的步伐，无法适应现代高素质技术技能型人才培养的需要。

第二，校企合作“一头热”。由于政策、制度、理念等多方面的原因，在校企合作的过程中，职业教育的直接受益者——行业、企业缺乏积极性，往往呈现出学校一头热的状况，学校和企业难以融入产业链、技术链、人才培养链。

第三，消耗型实训给学校带来沉重的经济负担。职业学校以培养高素质技术技能型人才为目标，而技术能力的形成必须靠大量的实际训练，因此职业学校的课程体系中安排了大量的实习实训课（按教育部的要求，职业学校实践性课程的课时数占到总课时的一半以上）。实操训练需要消耗大量的耗材，大大增加学校的办学成本。

第四，学校教育的是“学生”，企业需要的是“员工”，差距很大。由于学校与企业没有紧密的联系，学校的专业培养目标、课程体系、教学内容和教学过程与企业的需求脱节，学生完成规定的学业后，其知识储备、能力形成、职业素养等与企业的要求差距较大。

二、校企合作策略

解决上述矛盾的有效方法是打破学校一元办学主体的格局，实施学校和企业、行业多元办学主体的新体制。在现行法律框架和行政管理体制下，学校和企业的合作不具有法律和行政的强制性，主要依靠学校自主开展。本文探讨的校企合作模式和策略试图打破这种体制性障碍。

（一）校企合作策略之“因地制宜 由浅入深”

校企合作的模式是多种多样的，学校应根据所处的区域环境和自身的条件，因地制宜开展。

模式一：专业职业教育集团模式。

学校与企业点对点寻求合作难度很大。好比卖菜的菜农与买菜的市民，卖菜的有萝卜要卖，有白菜要卖；买菜的有需要萝卜的，有需要白菜的，如果没有农贸市场，交易很难完成。有了农贸市场，为买卖双方搭建了一个交易平台，买卖双方的需求能及时交流，交易变得非常容易。

专业职业教育集团充当了校企合作的平台作用。成都工业职业技术学院牵头组建了成都市汽车专业职教集团、现代物流专业职教集团、建筑专业职教集团和财经商贸专业职教集团，100余家企业、近60所学校和多家行业协会、科研机构进入职教集团，为区域内的职业学校、行业企业、科研院所等提供了更广阔的合作平台。

职教集团内实现资源共享。一是共享需求信息：每个集团都建有自己的网站，学校与企业及时发布需求信息。二是共同培养人才：企业的人力资源专家与学校老师共同制定人才培养计划。三是共同组织教学：企业的技术专家与学校老师共同制定教学计划，共同组织教学；利用企业资源组织学生到企业轮训。四是共同培养老师：实施“双进工程”——学校教师进企业，企业专家进学校。五是共建实训基地：企业进校办生产性实训基地，如“上海大众西南培训中心”。六是共同开发课程：集团内统一课程开发，同时搭建远程教学平台，开发网络课程资源，实现共享。

模式二：现代学徒制模式。

学院与铁路企业、机械加工企业、汽车生产和维修企业等合作，变招工为招生，学生进校既是学校的学生，也是企业的“准员工”，文化课在学校完成，专业理论课和实训实习在学校和企业交替进行，类似于德国的双元制。

模式三：自办企业，前校后厂模式。

主要在数控、模具、机电技术维修等专业开展。在办中等职业教育时期，学校自办艺高、优士达精密机械有限公司，公司集教学实训、短期培训和生产经营于一体。设备配备兼顾教学和生产的双重需要，人员配备兼具生产加工和实习指导双重身份。既为成都区域内职业学校数控专业的学生提供实训场地，又面向企业和社会进行短期培训，同时承接来料加工业务，为工学结合的实施带来了极大的方便。

模式四：引进企业、股份合作模式。主要在影视动画、平面设计与动漫等专业开展。学校曾与西南地区长期从事影视与广告制作的大型广告公司——成都优立广告有限公司共同组建了“卡柏托影视文化有限公司”，为我校影视动画、平面设计与动漫专业“工学结合”的实施提供了良好的平台。

模式五：构建网络，“订单培养”模式。主要在轨道交通、汽车、机械、建筑、物流等 30 多个专业开展。学校与 124 家企业开展订单培养。通过订单培养积极推行教学内容与职业标准、教学过程与生产过程深度对接，建立了校企双元评价机制，深入推进教育教学改革，坚持走以质量为核心的内涵式发展道路。

模式六：“分段合作培养”模式。主要在盾构施工、城市轨道交通运营与管理、城市轨道施工与养护专业开展。对新兴的、技术含量高的专业，如盾构施工、城市轨道交通运营与管理、城市轨道施工与养护专业，学校与企业采取了分段式的工学结合培养模式，即基础、专业基础及部分专业课程在学校进行，涉及新设备、新技术的专业课程和专业技能的培养在企业进行，实现了校企双方的资源共享、优势互补。

模式七：半工半读模式。在交通运输专业、物流管理与服务、酒店服务与管理等专业开展。调整教学计划，在企业最需要的时候安排学生生产实习，工学结合，半工半读。发挥学校原属行业办学的优势，从 2003 年起，每年利用寒假组织学生参加春运，运输专业已把春运顶岗实作纳入教学计划。近三年，共有 2228 名学生参加了春运顶岗工作。学生不仅提高了专业技能，而且磨炼了意志，强化了吃苦耐劳精神，增强了责任感。学校满意，企业满意，家长满意，学生满意。同时，学生通过自己辛苦的劳动，获得了劳动报酬，贴补了学费或日常生活费。经统计，学生参加一次春运平均收入 1006 元，最高收入达 2800 元。

综上所述，职业学校可以因地制宜开展校企合作。不同地域、不同专业的职业学校所处的环境各异，不可能按照统一的模式去开展校企合作。但每一个学校都可以结合当地的经济发展水平、学校的自身实力和学校拥有的企业资源，主动与企业联系，开展形式多样的校企合作。

（二）校企合作策略之“注重机制　互惠双赢”

建立互惠双赢的合作机制是校企合作的核心。我国现阶段的校企合作形式多样，内容也非常广泛。但不管是什么形式的校企合作，其根本目的只有一个，那就是满足校、企双方的内在需求。因此，建立互惠双赢的合作机制是决定校企合作成功与否的关键，也是校企合作的核心。

1. 成立理事会，构建校企合作的决策机制

基于校企合作“政府—行业—学校—企业”多主体结合体征，构建“政、行、企、校”共同参与的理事会，形成校企合作的决策机制，主要行使以下职权：一是依据区域经济产业发展规划和行业企业人才需求，对学校专业设置、人才培养规划提出建议；二是讨论并决定校企合作相关政策与制度；三是指导学校进行专业发展规划、人才培养方案的制定与修改；四是协调合作各方利益，形成共同诉求；五是协调合作各方资源共享等具体合作事宜；六是为合作争取更多的政策和经费支持，协调相关外部环境；最后还要发挥监督评价职能，对校企合作实际办学情况进行监督，推动校企之间的实质性合作。

2. 追求共赢，构建校企合作的执行机制

一是构建互惠多赢的合作机制，以各方内在需求为基础，寻求各方利益共同点，共同审议学校的办学方向、发展规模、专业建设、师资队伍建设、学生技能培训、招生与就业等重大办学决策和问题，共建功能完善的实训基地及校内模拟训练系统，共享齐备先进的技术设备和优秀师资，开展务实的技术合作，将学校智力要素与企业生产要素紧密结合起来，实现产学研的互惠多赢。二是构建各方共同参与的指导机制，强化专业设置的产业背景和行业定位；定期研究专业建设与发展，根据产业结构调整和企业不断变化的情况，按照“培养目标以岗位（群）需求为导向，专业设置以行业定位为本位，课程设计以能力模块为核心，教学过程以职业活动为主线，质量评定以职业规范为标准”的指导原则，为专业改革、课程改革、校内外实训基地的建设提供决策咨询，并制定指导性教学计划，修订和完善实施性教学计划。三是构建各方共同参与的管理机制，统筹协调“校企合作”的重大事宜。寻求办学与经营理念的一致，实行现代企业制度和目标管理原则，建立统筹规划、分工负责、相互协调、自主发展的管理机制，在人事管理、财务运作、资金分配上形成严密的制衡制度和行之有效的考核制度，实现机制上的依存、资源上的互补、利益上的双赢，确保人才规格与发展需求、办学规模与资源配置最大限度的相适应。

3. 注重实效，构建校企合作的评价反馈机制

一是建立和完善科学、规范的校企合作质量评估体系，并按照评估体系的要求，校企双方综合运用督导评估机制、激励机制和制约机制对校企合作的各个方面进行共同考核，并及时沟通、反馈和修正，互补互促，互利互惠，引导和规范双方的合作行为，更好地推进校企合作的良性运行。二是进一步畅通双方沟通渠道，确保信息传递及时，有效。

三、校企合作成效与思考

通过校企合作，实现了校企双方的“互惠互利、合作共赢”。企业拓展了人力资源渠道，获得了稳定的技能型人才支撑；拓展了生产经营领域，实现了多元化发展；获得了学校的智力支持，解决了生产经营中的技术难题和新产品开发等问题。职业学校紧密了与企业的联系，拓宽了办学思路，解决了学校在资金、设备、场地、技术等方面的问题，突破了原有的人才培养模式，专业建设、课程开发、实训基地建设、师资队伍建设和学生就业都上了一个新的台阶，学校的办学活力大大增强。具体有以下成效：

成效一：自办企业与引进企业相结合，营造了良好的生产型教学氛围，为提高教学质量奠定了较好的基础。

成效二：学校的实训基地成为区域内的公共实训基地，政府、学校、行业、企业共同投资建设，实现了办学投入主体的多元化，创新了办学体制。同时，统一了实训标准，提高了实训质量。

成效三：实训基地单独注册为企业，市场化运作、企业化管理，大大增强了活力，创新了运行机制。

成效四：实训基地成了企业员工的“孵化基地”。实训基地集生产经营、实习实训于一体，拥有生产线，有自己的长线产品，常年加工生产。同时接纳区域内的大学、高职和中职学校

的学生到基地实习实训。做到了“学校与企业一体化、理论与实践一体化、教师与师傅一体化、学生与员工一体化”。学生在真实的生产环境中实训，按企业员工的标准要求学生。经过实训基地训练后的学生无论是在思想意识、职业道德、企业文化、技术操作等方面，基本上能达到企业员工的标准，实现了由“学生”到“员工”的过渡。

成效五：实训基地是企业，有生产和经营任务，形成了自己的造血功能，变消耗型实训为生产型实训，减轻了学校的经济压力，增强了学校的办学活力。学校办起了企业，既教育教学又生产经营，成为“生产型学校”；企业既生产经营又教育教学，成为了“教学型企业”。

思考一：经济发展是校企合作的推动力。从全国范围来看，经济越发达的地区，校企合作开展得越好。珠三角、长三角、沿海地区和经济较为发达的内陆城市，市场的竞争更为激烈，企业的竞争压力更大，对人才的依存度更高，与学校的合作愿望更强，校企合作的基础更好，因此其校企合作的范围更广、深度更深、力度更大、内容更丰富。而在经济欠发达地区，企业的数量少，企业自身实力不强，合作的热情不高，校企合作的基础相对薄弱，开展校企合作的难度相对较大。因此，随着我国经济的持续、高速增长，特别是经济欠发达地区经济的快速发展，将给职业教育校企合作注入新的动力。我国人口红利即将消耗殆尽，人才市场的供需结构将由买方市场向卖方市场转变，校企合作也将改变目前的“剃头匠的挑子”——一头热的状况。

思考二：各级政府在职业教育的校企合作中发挥着主导作用，扮演了不可替代的重要角色。在我国有关职业教育校企合作的法律法规尚不健全、执行还不尽人意的情况下，政府对校企合作的政策引导和过程指导是必不可少的。因为学校和企业考虑的都是“点”上的问题，在法律缺位的情况下，只有政府“补位”才能营造校企合作的大环境、大氛围。同时，在经济欠发达的地区，要靠学校和企业“自由恋爱”，没有政府的牵线搭桥和政策引导，校企合作很难开展起来。

参考文献

[1] 殷英. 高职教育“校企合作”办学模式创新研究[D]. 湘潭大学，2012.
[2] 杨畅. 国际贸易专业建设与校企合作[J]. 现代经济信息，2013（3）：265-265.
[3] 刘欣. 高职产学研结合特色定位与运作模式[J]. 中国职业技术教育，2005（2）：49-51.

职业教育数字化教学资源建设构想

廖野平

【摘　要】 职业教育数字化教学资源的建设是一项长期而艰巨的任务。要做好此项工作，必须要厘清资源的类型与功能，同时又要有切实可行的具体做法。只有这样，职业教育数字化教学资源建设的路才会越走越宽广，越走越坚实。

【关键词】 职业教育；数字化教学资源；建设；构想

现在有关教育信息化的话题越来越多，越来越热。往大一点说，什么云计算、大数据、互联网+，往小一点说精品课程、MOOC、翻转课堂、微课，真可谓是云里雾里，云遮雾罩，似乎不说一点这些概念和词汇就显得有些“老土”。对数字化教学资源的建设更是莫衷一是，且是说理念得多说做得少。本人曾统领过国家中职数字化教学资源共建共享汽车、物流和建筑工程三个专业的建设工作，外加自己又是资深的“码农”，有建设经验、有专业背景。因此，想从教育和 IT 相结合的独特视角来谈谈自己对职业教育数字化教学资源建设的一些想法，和大家交流、分享一下自己的观点，希望对大家在数字化教学资源的建设中有所帮助。

一、数字化教学资源的概念

（一）教学资源概念

教学系统中支持整个教学过程，达到一定教学目标，实现一定教学功能的各种资源。它包括：

（1）物资资源（硬件和软件）；

（2）人力资源（教师和教辅人员）；

（3）信息资源（教学内容）。

（二）数字化教学资源的概念

用数字技术处理的，可在多媒体计算机与网络环境下运行的软件教学资源。其特点如下：

（1）处理数字化；

（2）传输网络化；

（3）检索快速化；

（4）呈现多媒体化；

（5）组织超链接化。

二、数字化教学资源的类型及功能

本人认为在进行数字化教学资源建设之前，必须明确资源的功能及用途。这样，我们在资源的建设中才会有的放矢去做这些资源。如果我们连这个东西用来干什么都没有弄清楚，我们根本无从下手去规划它、设计它、更不要说去建设它了。这就如同我们修一栋房子，我们连这栋房子是用来做教室还是用来做学生寝室都不知道，我们就动手修房子，试问这样的房子修出来好用吗？我想答案是显而易见。

对数字化教学资源的类型可以有很多种分类法。如按资源的文件类型分有文本、图片、动画、音频、视频等；按资源的品种分有多媒体课件、精品课程、网络课程、电子书刊等。这里，我提出的分类方法是按照资源的使用功能和用途进行分类，有以下四种：

（1）积件式的素材资源；

（2）课堂实录资源；

（3）仿真演示资源；

（4）仿真实训资源。

下面分别论述每一种数字化教学资源的功能和用途。

（一）积件式的素材资源

主要用途是用来“组装”教师上课用的 PPT 和教师的教案以及“组装”学生学习用的教辅材料。这类资源非常灵活，就像小孩玩的积木一样，可根据使用者的意图进行“任意”组合。这类资源的建设一定要本着“共建共享”的理念来建设，要培训广大教师参与其中。建设的积件资源越多，使用者的选择面就越大，“组装”出来的东西就越好。千万不能以搞运动式的方式来建设。这一类资源的建设是持续的，“永远在路上”。

（二）课堂实录资源

主要用途可供学生学习和培训教师之用。这类资源不是零散的“示范课”和“公开课”，而是从一而终的一门课的实录（一般都有几十节）。这类资源可以让“名师”的课程得以在空间和时间上无限延伸。所有学生均可通过网络下载学习自己喜欢的“名师”上的课程，可以真正意义上的使优质教学资源辐射。而这种辐射从广义上将可以是全社会。另一个用途是新入职的教师可以通过观看“名师”如何上课，来模仿学习“名师”的教学设计、语言艺术、肢体动作等。

（三）仿真演示资源

仿真演示资源主要用于解决教师在课堂上用传统方式难以讲清楚，学生难以听明白的教学内容。如“汽车发动机的构成”这门课，教师可通过三维动画的仿真演示软件来演示发动机的内部结构及发动机的工作原理。这样，学生可以非常直观和形象地了解发动机的构成及工作原理，大大提高课堂的教学效益和效果。

（四）仿真实训资源

仿真实训资源主要用于学生完成理论课后进行仿真的模拟训练。可以让学生在接触真实设备以前通过仿真的模拟软件“玩熟”这些设备。这些“玩”起来感觉像电脑游戏一样的仿真模拟软件既有趣又高效，训练学生建立起很多“概念”，这些“概念”可以帮助培养学生良好的操作习惯。以实操机床为例，刚上床子的学生心里都害怕，稍微进刀快一点，就“打刀头”。如果学生在软件上练习时多打几次刀头，学生头脑里就会建立起“打刀头”的概念。这样学生接触真实设备后就会非常小心，不会轻易出现“打刀头”的现象。另外，通过仿真实训可以提高学生对真实设备操作的熟练程度，缩短学生在真实设备上的实训时间，提高实训设备的利用率。同时，还可以有效地降低实训成本，节约实训耗材。这一类资源尤其在工科类型的职业院校中使用，实训效益更为明显。

三、数字化教学资源的建设

数字化教学资源的建设不是一蹴而就的，而是一个长期的建设过程。在长期的建设过程中一定要充分调动广大教师参与其中，教师不仅仅是使用者更是建设者，要始终贯彻“共建共享”的思想。实践证明一次性投入大量资金购买数字化教学资源的做法只能是作秀，而不能真正为我们的教育教学服务，真正成为广大教师喜欢的资源。

（一）积件式的素材资源的建设

这类资源的建设主要要靠自己建设，现在市场上很难买到这类资源。这类资源的建设思路和精品课程的建设思路刚好相反，其特点就是“碎片化”。建设步骤如下：

（1）将学科知识按知识点划分出来。

（2）按照知识点考虑表现形式（文本、音频、视频、动漫），建设积件。

（3）对所建设的积件进行 SCORM 标注。

（二）课堂实录资源的建设

课堂实录资源一定要突出完整性，系统性的建设思路，因为它的主要功能是向学习者提供学习资源，如果资源不系统、不完整就很难让学习者满意。建设顺序如下：

（1）建立录播教室。

（2）遴选优秀教师。

（3）纳入学期整体教学计划安排并录制。

（4）后期编辑制作。

（三）仿真类资源的建设

这类资源的建设难度最大，一是技术含量高，二是资金需求量大。建设方式：

（1）合作共建。

（2）购买成品。

（3）自己建设。

四、数字化教学资源建设的保障措施

（一）制度保障

1. 鼓励制度

鼓励教师积极参与资源建设，对参与建设的教师，按一定比例记入个人科研成果。

2. 审查制度

对教师开发的积件进行审查鉴定，符合标准的收录入库。

3. 培训制度

对教师进行 IT 知识和技能的培训，如 FLASH 动画的制作、PHOTOSHAP 以及 3DMAX 使用等。

（二）资金保障

建设者可根据学校资金实力，每年提出开发资金的需求计划，由学校统一编织预算安排，确保数字化教学资源建设的可持续发展。资金类型大致可划分为：

1. 开发资金

有开发实力的学校可考虑一定的开发资金，用于自建或共建。

2. 购买资金

根据教育教学的需要购买成熟的优秀的仿真类资源。

3. 培训资金

用于对开发或购买的资源，在推广使用中所产生的培训费用。

（三）人员保障

数字化教学资源的建设是一项长期而复杂的系统工程，没有人员的保障很难做好、做实和坚持下来。很多学校今天的惨状就是没有人员的保障。要做好这项工作，必须要有专人对该项工作负责，其主要工作有：

（1）资源建设的需求分析及规划。

（2）资源建设的实施与推进。

（3）资源建设的人员培训和使用推广。

（4）日常资源使用的维护和管理。

五、数字化教学资源建设的可持续发展

数字化教学资源的建设要得到可持续发展，必须高度重视以下几个问题。

（一）资源建设方式的可持续性

尤其在积件式的素材资源建设上一定要贯彻“共建共享”的思想，要让广大的教师参与，

只有这样资源的建设才有生命力。

（二）资源建设队伍的可持续性。

建设队伍要不断吸纳年轻、有兴趣、有一定 IT 知识的教师参加，要有一支专兼职的建设队伍。

（三）资源建设投入的可持续性

资源建设需要投入大量资金，如果只靠学校一方很难保证长期的投入。要积极争取政府和企业的资金投入。

（四）资源使用的可持续性

要保证资源使用的可持续性，必须保证资源的有效性和先进性，否则没有人愿意使用。

参考文献

[1] 汤敏. 慕课革命[M]. 北京：中信出版社，2015.
[2] 雷万云. 信息化与信息管理实践之道[M]. 北京：清华大学出版社，2012.
[3] 周敏. “互联网+”时代中国高职教育转型思考[J]. 北京教育，2015（12）：24-25.

利用动车组运输快捷货物技术可行性研究*

董恺凌

【摘　要】 随着我国社会经济的快速发展，产业结构不断调整，快捷货物运输需求迅猛增加。而快捷货物相较于传统的铁路运输货物在快速性、时效性方面有着更高的要求。同时，高速铁路网的逐步完善以及中国铁路总公司开展货运改革，为高速铁路运输快捷货物运输的发展提供了现实基础和历史机遇。在此背景下，分别从运载车辆、线路、货物装卸器具及其装载方案这几个方面详细分析了开展高速铁路快捷货物运输的技术可行性，指出利用动车组运输快捷货物是可行的。

【关键词】 高速铁路；快捷货物运输；动车组

在本文的研究中，我国高速铁路的运输模式属于“客货共线混合运输”模式，即高速线上不仅运行旅客列车，还运行货物列车。本章从技术条件着手，主要研究在保证旅客运输的前提下，开行高速铁路快捷货物列车的可行性。

一、动车组车辆技术可行性分析

在高速铁路上运输快捷货物的车辆，不仅要符合高速铁路线路的各类技术指标，而且要保证其在高速铁路上的运行速度，故应考虑使用动车组。

考虑到目前没有专门的货运动车组，因此，改造现有动车组车底用来运输快捷货物是较为实用和经济的方法。

（一）我国主要的动车组类型

目前我国主要使用的动车组为 CRH 系列，其主要技术参数见表 1[1]。

表 1　CRH 系列动车组参数

型号	CRH1	CRH2	CRH3	CRH5
特点	适合城际	适合长途	高速动车	适合长途
国内厂家	BSP	四方	唐山	长春
编组型式	8 辆	8 辆	8 辆	8 辆
动力配置	5 动 3 拖	4 动 4 拖/6 动 2 拖	4 动 4 拖	5 动 3 拖
空车编组重量（t）	420	360/370.8	479.36	451.3
定员载荷重量（t）	474	480.5/419.6	536	500
编组长度（m）	214	201.4	200.67	211.5

* 作者简介：董恺凌，部门：轨道交通学院，类别：铁道运输，通信方式：15928025815，电子邮箱：283927050@qq.com。

（二）车辆的主要参数

表 2　车辆主要参数

定员（人）	668/750	610	600	622
总牵引功率（kw）	5 500	4 800/7 200	8 800	5 500
动轴数	20	16	16	20
最高运营时速（km/h）	200	250/300	300	250
启动加速度（m/s2）	0.62	0.6/0.39	0.38	0.5
定员时轴重（t）	≤16	≤14	≤17	≤17（动）/16（拖）
车辆宽度（m）	3.331	3.380	3.265	3.200
车辆高度（m）	4.040	3.700	3.890	4.270
车门处地板面高度（m）	1 250	1 300	1 260	1 270
中间车长度（m）	26.600	25.000	24.775	25.000
头车长度（m）	26.950	25.700	25.520	27.600
转向架轮径（mm ）	915	860	920	890
转向架轴距（m）	2.700	2.500	2.500	2.700

1. 编组重量

改造动车组，首先就要重新计算它的编组重量，由于其是在客运车底的基础上改造而来的，所以当计算动车组的编组重量时，要减去车辆装载货物的重量，即客运设备的重量加上旅客及其携带行李的总重量。

由于动车组的头车和中间车的大小、长度和载重量是不同的，所以还要分别计算头车和中间车的载重量。以 CRH3 动车组为例，其部分参数见表 3[1]。

表 3　CRH3 部分参数

<table>
<tr><td>车厢号</td><td>1</td><td>2</td><td>3</td><td>4</td><td>5</td><td>6</td><td>7</td><td>8</td></tr>
<tr><td>车型</td><td colspan="3">二等座</td><td>二等座/餐车</td><td>一等座</td><td colspan="3">二等座</td></tr>
<tr><td>动力配置</td><td>Mc</td><td>Tp</td><td>M</td><td colspan="2">T</td><td>M</td><td>Tp</td><td>Mc</td></tr>
<tr><td>动力单元</td><td colspan="4">单元 1</td><td colspan="4">单元 2</td></tr>
<tr><td>定员</td><td>60（二等座）+8（特等座）</td><td>80</td><td>80</td><td>50</td><td>50</td><td>80</td><td>80</td><td>60（二等座）+8（特等座）</td></tr>
</table>

注：Mc：有动力，带驾驶室；Tp：无动力，带受电弓；M：有动力；T：无动力。

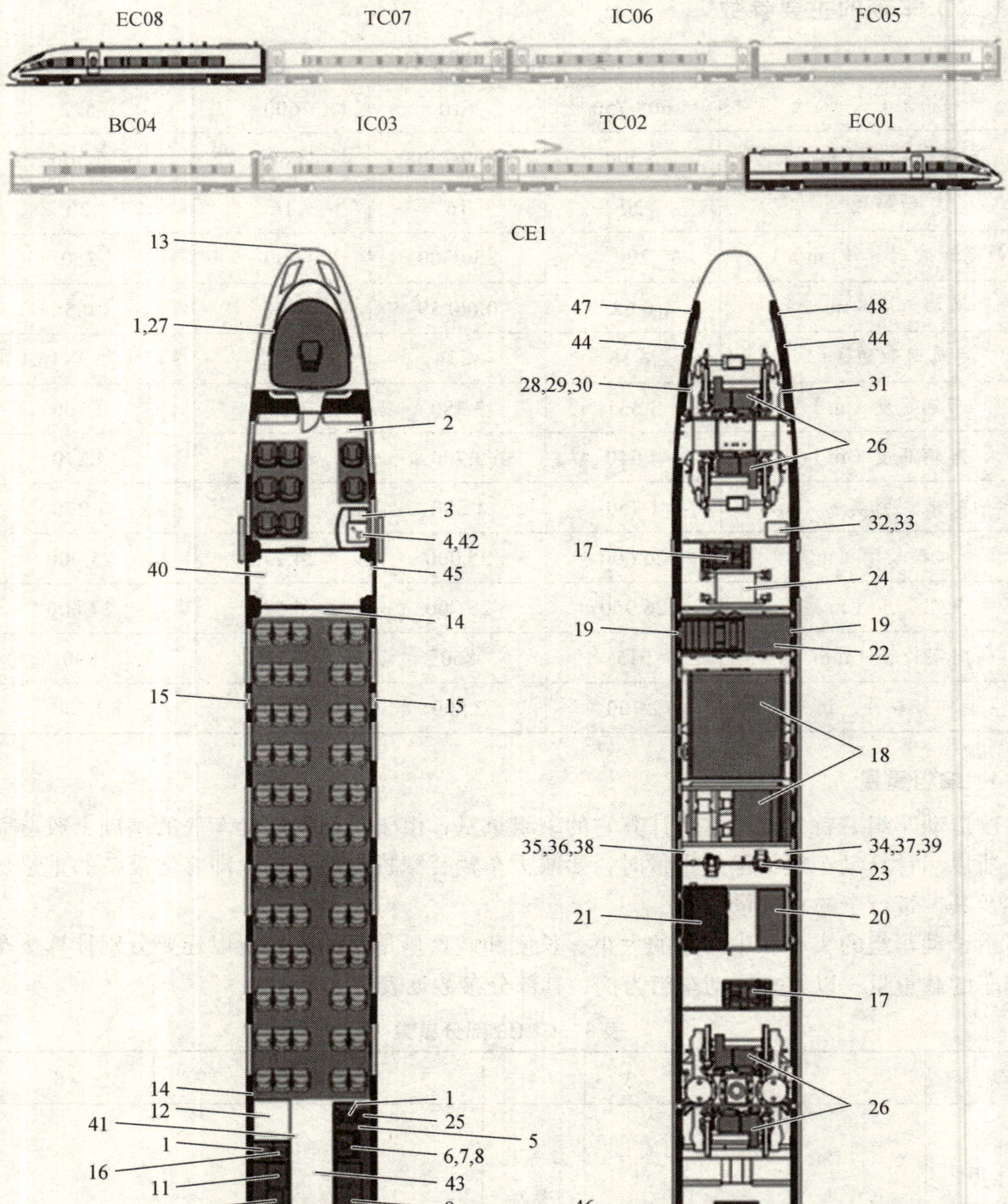

图 1　1 号和 8 号车平面布置[1]

在计算头车的货物运载重量时，以 CRH3 型动车组 1 号车厢为例进行计算。1 号车厢为二等车，可运载 68 名乘客，其平面布置由图 1 所示。假设每名乘客及其携带行李总重按 80 kg 计算，则人员总重为 5.44 t。头车设置有 12 个双人座椅和 12 个三人座椅，2 个特等座单人座椅 3 个特等座两人座椅。双人座椅按 40 kg 计算，三人座椅按 56 kg 计算，将特等座单人座椅按双人座椅 40 kg 计算，特等座双人座椅按三人座椅 56 kg 计算，可视为共有 14 个双人座椅、

15 个三人座椅，则座椅总重为 14×40+15×56=1.4 t；其他客运设备如小便间、卫生间、洗漱间、废物箱、大件行李搁放架及空调等按总重 1.5 t 计算，则头车运载的货物重量为 5.44 t+1.4 t+1.5 t = 8.34 t≈8 t[2]。

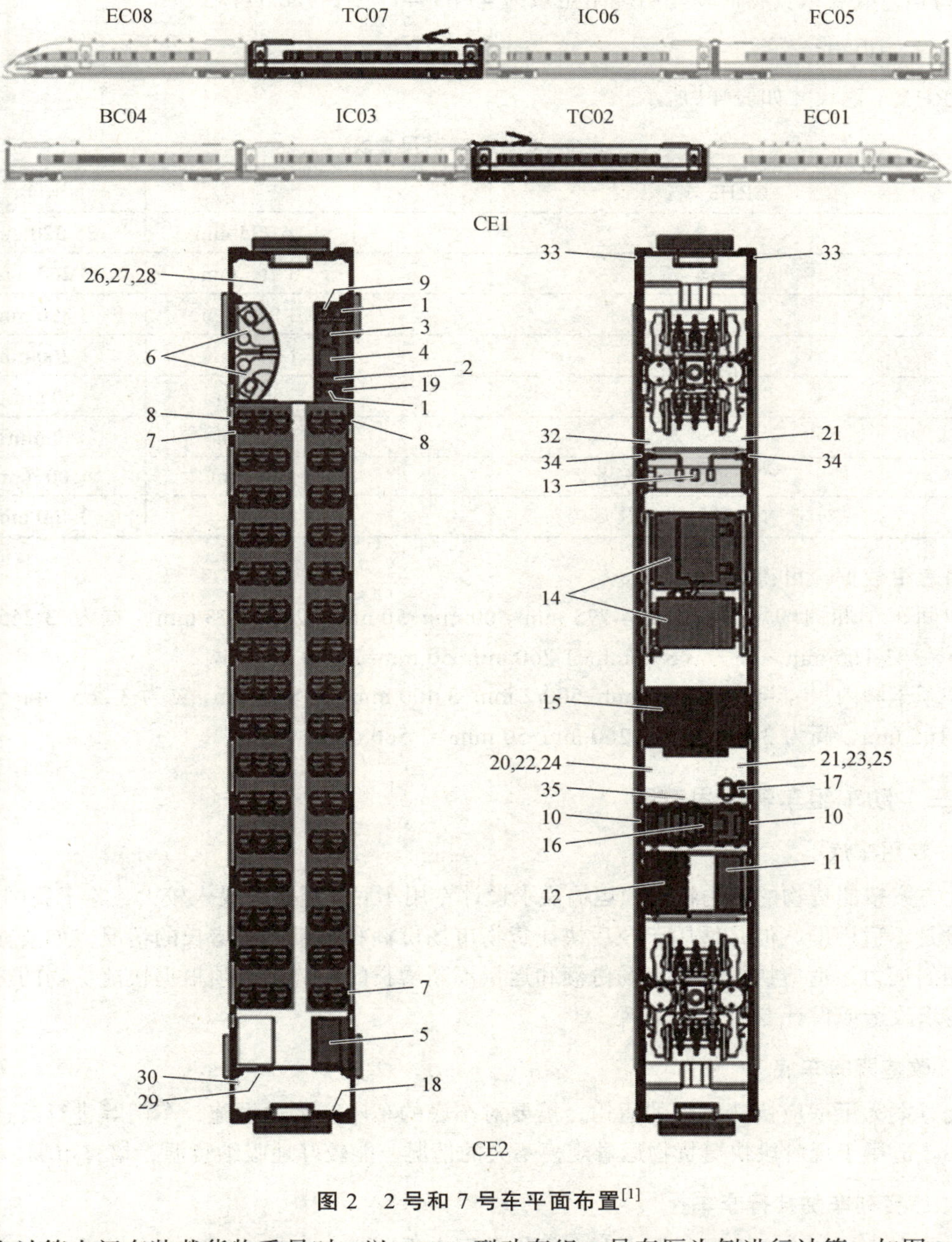

图 2　2 号和 7 号车平面布置[1]

在计算中间车装载货物重量时，以 CRH3 型动车组 2 号车厢为例进行计算，如图 2 所示。2 号车厢为二等车，可运载 80 名乘客，旅客及其携带行李总重为 6.4 t，有 16 个双人座椅和 16 个三人座椅，双人座椅按 40 kg 计算，三人座椅按 56 kg 计算，则座椅总重为 1.536 t；其他客运设备按总重 1.5 t 计算，则中间车运载的货物重量约为 9.436 t≈9.5 t。

经过上面的计算，整列车货物总运量为 9.5 t×6+8 t×2=73 t。

CRH3 动车组空载编组重量为 479.36 t，而改装后的高速铁路快捷货物运输专列空载时，其编组重量应为 CRH3 动车组编组重量减去客运设备总重量 479.36 t-（6×3.036 t+2×2.9 t）=455.344 t，故装载货物后动车组编组重量为 455.344 t+73 t=528.344 t。

2. 车厢内尺寸

CRH3 车辆尺寸如表 4[1]所示。

表 4　CRH3 车辆尺寸表

CRH3 车辆尺寸	中间车	头车
车长	24 775 mm	25 520 mm
车宽	3 265 mm	3 265 mm
车高	3 890 mm	3 890 mm
车地板高	1 260 mm	1 260 mm
侧墙厚度	50 mm	50 mm
车顶厚度	50 mm	50 mm
两车间连接部分长	500 mm	500 mm
头车最前端至司机室最后端长度	—	3 400 mm

由表中数据，可得：

中间车车厢内的尺寸长为 24 775 mm-500 mm-50 mm×2=24 175 mm，宽为 3 265 mm-50 mm×2=3 165 mm，高为 3 890 mm-1 260 mm-50 mm=2 580 mm；

头车车厢内尺寸长为 25 520 mm-500/2 mm-3 400 mm=21 870 mm，宽为 3 265 mm-50 mm×2=3 165 mm，高为 3 890 mm-1 260 mm-50 mm =2 580 mm。

（三）动车组车辆使用方案

1. 专用车底

此方案按照货物的运输特点和运输需求设计专用车底，但是其投入较大，鉴于我国国情，现阶段是不适用的，但是适用于今后快捷货物市场份额和运量不断增长的情况。如要充分发挥车辆的运力，适应快捷货物市场份额和运量不断增长的趋势，必须根据快捷货物的运输特点和需求改造或设计专用货运车辆。

2. 改造既有车底

此方案为了适应快捷货物的运输，需要对车底的车座，客运设施，车门等进行改造，投入较小。适用于现阶段快捷货物运量规模不大的情况，能较好地吸纳货源，培育市场。

3. 旅客列车加挂行李车

此方案货运与客运在运行图上和车辆周转等方面同步，加挂的行李车分为既有车底改造和专门设计两种方案。适用于包裹，邮件，商业文件等的快捷货物运输。

4. 动车组车辆改造方案

鉴于目前我国没有专门设计的货物运输动车组，为了适应动车组运送快捷货物的需求，现阶段较为适宜的方法是改造既有动车组开展快捷货物运输。

以 CRH3 动车组为例，改造方法分为两种情况，如下所示：

（1）上座率低的高速旅客列车。

① 车座。

卸掉车座，车座的安装位置仍然保留。这种改造情况下，车辆平时跑客运，把椅子卸掉就能当货车，能很好应对回空多或旅客上座率低的情况。

② 客运设备（如卫生间，行李架，饮水机等）。

不卸掉客运设备。

③ 车门。

不改造现有车门。本情况下，由于货运量较小，装卸由人工搬运，且在客运高峰仍需兼顾客运，故不需要改造车门。

④ 辊道。

不安装辊道。

（2）高速铁路快捷货物运输专列及高速旅客列车加挂行包车。

① 车座。

卸掉车座，车座的安装位置不保留。当需要车底专门运输货物时，则卸掉车座及安装位置，以做长期运货的准备。较为适用于高速铁路快捷货物专列及高速旅客列车加挂行李车。

② 客运设备（如卫生间，行李架，饮水机等）。

卸掉客运设备。拆除了车内的饮水机、小便间、卫生间、洗漱间、废物箱及大件行李搁放架；不设酒吧车和餐车。这样可以最大限度地腾出车辆空间，承载货物。

③ 车门

改造现有车门。以 CRH3 动车组为例，其车门尺寸为 900 mm×2 050 mm（宽×高），而目前国际上尤其是我国应用的最广的是 1 200 mm×1 000 mm 的托盘，不适合货物的装卸。为了方便装卸作业，需要对车门进行改造。

目前的行包行邮专列和未来要开行的高速铁路快捷货物运输专列只是在货物运输速度上存在明显差异，对运输货物的重量、长度、宽度、形状等方面的要求差异很小，因此，在车门改造时，可参照行包行邮专列的车门宽与高，将高速铁路快捷货运列车车门宽定为 2 200 mm，高定为 2 050 mm，即 CRH3 原有车门高不变，车门宽变为 2 200 mm[2]。

此外，还需要将车门门口改为平整结构，便于货物通过。

④ 辊道。

可以考虑安装辊道。车厢内沿着中梁安装辊道，货物在车厢内搬运由人工推拉，而在站台上装卸使用叉车和电动小车运送货物。

二、线路可行性分析

由于开展高速铁路快捷货物运输的车辆为高速旅客列车车底改造，因而，对线间距、曲线半径、隧道断面、列车控制系统等主要技术指标都不会有特殊的要求。

高速铁路的设计轴重为≤17 t，每辆车净载重最大可达 15 t。据国外经验，高速铁路快捷货运列车每辆车净载重一般在 10 t 左右，因此，高速铁路线路可以满足开行高速铁路快捷货运列车的需要。

同时，高铁线路与既有线间设置联络线，保障高速铁路快运列车上下线运行的衔接。为了预防超载车辆进入高速铁路，在联络线上设置动态荷载测试装置（RICAD）。

三、货物装载器具及其装载方案分析

由于动车组装载运输的快捷货物具有高附加值、体积小、重量轻的特点，所以在装载货物时，必须要结合快捷货物的这些特点，使用相应的装运器具，保障货物在运输过程中的安全，减少货损，同时也要方便装卸作业，提高装卸效率。因此，较为适合的方案是采用集装化装载方案。集装化装载方案可以有效地将多个体积小，重量轻的货物整合装载，可以有效地提高装卸作业的效率，减少装卸作业时间对列车停站时间的影响。

目前，已知的适用于集装化装载的器具见表5。

表5　各类装载器具优缺点分析表

类型	优点	缺点
纸箱	成本低、容量大、轻便、对车体无损、自重小	使用寿命短，易破损
布袋	成本低、容量大、轻便、形状不固定、对车体无损、自重小	使用寿命较短，易破损
物流箱	容量大、可多层堆放、使用寿命长	成本较高
小型集装箱	容量大、结构及材料强度较大、可多层堆放、装卸方便、使用寿命长	成本高、自重较大，可能损伤车厢设备
箱式托盘	容量大、可多层堆放、装卸方便、使用寿命长、返空容易	成本较高
笼式托盘	容量大、装卸方便、使用寿命长、返空容易	成本较高、可能损伤车厢设备

通过表5对不同的装载器具的特点的分析，结合快捷货物自身的特点以及装卸作业的要求，适用于快捷货物运输的装载器具以及具体的装载方案如下[3]：

1. 箱式托盘

箱式托盘是四面有侧板的托盘，在平托盘基础上发展起来的，多用于装载一些不易包装或形状不规则的散件或散状货物，从材料上分为塑料箱式托盘和金属箱式托盘。箱式托盘防护能力强，可防止塌垛和货损，托盘的下部可叉装，上部可吊装，可使用托盘搬运车、叉车、起重机等作业；并可进行码垛，一般情况下，码垛时可相互堆叠四层。箱式托盘容量大、可多层堆放、装卸方便的特点符合高速铁路快捷货物运输的要求，尤其适合使用叉车进行机械化装卸作业。

以CRH3动车组作为运输车辆，参照托盘的国际标准（见表7），箱式托盘在装载时，其规格采用最广应用的托盘标准：1.2 m×1 m。由于高铁列车车内宽度为3.165 m，箱式托盘长为1.2 m，宽为1 m，那么在装载时，把箱式托盘横置，即让箱式托盘的长与车的宽平行，在车宽方向可以平行放置3个箱式托盘；而在车长方向上，中间车可以并排放置最多20个箱式托盘（1.2 m×20=24 m），头车可以并排放置最多18个箱式托盘（1.2 m×18=21.6 m）。所以，在车底板的平面上，中间车可以放置最多 60 个箱式托盘（3×20=60），头车可以并排放置最多 54 个箱式托盘（3×18 =54）。在车高方向，假设箱式托盘采用较为通用的高度，即 1 050 mm，则车厢内的箱式托盘可以堆码两层（1.050 m×2 =2.1 m）。

表 6　改造后 CRH3 动车组部分技术指标表

指标内容	一列（八节编组）	平均每车
空车重量（t）	458.344	57.293
定员载荷重量（t）	538.344	73
定员时轴重（t）	544	≤17×4
中间车车内长度（m）	—	24.175
头车车内长度（m）	—	21.870
车辆车内宽度（m）	—	3.165
车辆车内高度（m）	—	2.630

表 7　国际标准（ISO）托盘规格表

规格尺寸	普遍使用地区	备注
1 200 mm×1 000 mm	欧洲	长方形
1 200 mm×800 mm	欧洲	长方形
1 140 mm×1 140 mm	澳洲	正方形
40 英寸×48 英寸	美国	长方形

2. 笼式托盘

笼式托盘也叫集装笼，是箱式托盘下部装有小型轮子的托盘。笼式托盘具有很强的搬运性，多用于一般杂货的运输，并且可利用轮子做短距离移动，在运输过程中可以兼做作业车辆。笼式托盘容量大、装卸方便的特点符合高速铁路快捷货物运输的要求，不仅适合使用叉车进行机械化装卸作业，同时也适合快速进行人工装卸作业。

笼式托盘体积较大适合装载大件的快捷货物，由于其带轮的特点，一方面方便了人工装卸作业的进行，另一方面在运输过程中却不能固定自身位置，不能保障货物的安全，因此，有必要在轮子上设置刹车部件。具体开展运输时，由于笼式托盘属于特种托盘，没有通用的尺寸标准，为方便装卸作业的开展，需要对货物的具体尺寸和特点设计专门尺寸的笼式托盘。设计时，结合本文中改造的 CRH3 动车组数据，笼式托盘必须满足车门的具体数据要求，即笼式托盘的长和宽必须有一项小于 2 200 mm，而高度必须小于 2 050 mm。

3. 小型集装箱

小型集装箱由于其较大的容量适用于装载大批量的货物，适用于高速铁路货物运输市场成型后的大规模运输以及与公路，水运，航空运输开展多式联运的需求。

为适应今后成规模的高速铁路货物运输，铁路运输部门应设计相应的专用集装箱方便专用车底的运输生产活动。以 CRH3 动车组作为运输车辆，本文设计专用的 3m 集装箱（技术指标见表 8）。

表 8 专用集装箱部分技术指标表

型号	3 m 专用箱
自重（t）	0.8
总重（t）	12
载重（t）	11.2
长（m）	3
宽（m）	2.43
高（m）	2.43

从表 6，表 8 可以看出：3 m 专用箱在尺寸上满足运输车辆的要求，高铁列车车内宽度为 3.165 m，专用铝制集装箱长为 3 m，宽为 2.43 m（标准箱宽度），那么集装箱卡车可以拉 4 个 3 m 箱，通用性强。装载时，把 3 m 箱横置，即让 3 m 箱的长与车的宽平行，则中间车及头车一车最多可以运送 9 个（2.43 m × 9=21.87 m）。一辆车定员载荷重量 73 t，减去空车重量 57.293 t，载重 15.7 吨，一车如果运 9 个箱的话，每箱限重大约 1.74 吨，在减去箱体自重，每箱载重 0.94 t。

为了加快装卸作业进度，减少作业时间，应尽量避免采用人工作业。装卸的快捷货物必须使用托盘运输，为使用叉车装卸提供条件。

如果采用专用 3 m 集装箱，目前最广应用的托盘标准是 1.2 m × 1 m，那么 3 m × 2.43 m 的 3 m 箱就可以排放 3 × 2=6 个托盘。

综上，利用动车组运输快捷货物在技术条件上是具有较强可行的。

参考文献

[1] 中国北车集团. CRH3 动车组概论[Z]. 唐山轨道客车有限责任公司，2008.

[2] 高立杰，郎茂祥，王清校，等. 我国开行高速铁路行邮专列技术及可行性探讨[J]. 物流技术，2011，30（9）：4-6.

[3] 张钰梅，张才春，李海鹰，等. 利用高速动车组列车开展快捷货运的探讨[J]. 铁路运输与经济，2013，35（11）：64-70.

共享经济环境下解决停车难问题探究*

杨　忠

【摘　要】　随着城镇化的快速发展，居民生活水平不断提高，居民小汽车保有量大幅增加，但有关停车这个城市建设中的配建工程，由于缺乏前瞻性和真正合理科学的规划，停车设施供给不足问题日益凸显，停车难的问题日益严重，且已经呈现从一线向二、三线城市蔓延的趋势，这成为困扰城市发展的羁绊。在共享经济环境下，分析停车难的痛点问题，提出利用物联网、互联网等技术实现车位共享，以达到解决停车难问题的目的。

【关键词】　停车难；共享经济；互联网+；停车模式

一、停车难问题痛点现象及原因分析

根据国家统计局数据显示，2015 年全国民用汽车 1.63 亿辆，2016 年达到 1.72 亿辆，预计 2017 年会突破 2 亿辆，而与机动车数量的暴涨之势相比，城市停车泊位数的增加却显得十分滞后。假定每辆车每年行驶 2 万公里，时速 50 公里，则全年的动态行驶状态只有 400 小时，而静态停放状态达 8 000 小时，占 95%以上。由于车辆数远远大于停车泊位数，供需差距较大，且车辆处于静止状态时间长。经过多次多轮的专家论证，城市机动车总量与停车泊位的比例范围为 1∶1.1～1∶1.3 为宜，所以停车泊位缺口很大。

传统的停车行业是一个非常特殊的行业，停车位资源具有独占性、稀缺性和排他性，这就造成了资源占据者占据着超出合理比例的停车资源，而资源稀缺者停车难的矛盾更加突出。又由于缺乏有效的资源共享机制，城市停车出现典型的潮汛现象。许多小区内、小区地下停车场白天停放率低，而所有的商圈、医院、写字楼的停车位几乎都是满的；但到了夜间，这种现象发生了倒置，居民小区内停车场甚至包括小区周围路边都停满了车辆，而商圈、医院、写字楼的停车位停放率却很低。这是可以借助“互联网+”以及现代信息技术进行解决的。

停车难的问题主要表现在基本车位不足、驻车矛盾、随意停车、停车秩序混乱、停车设施闲置、利用率偏低等。停车矛盾导致的乱停现象致使消防、救护通道堵塞，因路面狭窄导致车辆擦碰纠纷，因停车库满负荷运载导致物业管理的无序现象屡见不鲜。如何破解这个难题，成为全社会关注的问题。

社会经济继续发展的势头强劲，汽车保有量还会持续增长，基本车位不足的问题会更加突出。供给侧方面，通过供给侧结构性改革，采用多模式供给，为提高需求侧的可选择性创造条件；需求侧方面，通过需求侧改革，解决好停车位信息孤岛的问题，运用互联网思维实

* 作者简介：杨忠，部门：物流工程学院，类别：交通运输，通信方式：15928972173，电子邮箱：45568138@qq.com。

现停车资源的分享，提高停车位使用效率，激发供给方的积极性，达到共享与共赢。

二、共享经济环境下的停车模式

（一）共享经济适用于停车问题的解决

共享经济，即个体或者机构利用其掌握的闲置资源，通过有偿分享使用权的方式受益他人，提高资源的利用率从而创造价值的经济模式。共享经济有助于促成人们公平享有社会资源，各自以不同的方式付出和受益，共同获得经济红利。

目前，打车软件作为共享经济的典范已经获得了极大的成功。共享经济在解决停车难问题时能否发挥它应有的作用涉及共享经济的三大主体是否满足条件，即停车需求方、车位供给方和共享经济平台是否具备软硬条件。

城市停车现状已经显现出巨大的停车需求；单位或个人购买或者租赁的车位，因其利用率低，实际属于相对供给过剩，将这些“个人资源”变为“公共资源”，这为车位共享模式提供了基础条件；搭建一个车位共享经济平台，通过平台利用共享车位进行利益互换，产生经济价值。车位共享经济平台作为连接车位供需双方的纽带，通过移动 LBS（Location Based Service 基于移动位置服务）应用、动态算法与定价、双方互评体系等一系列机制的建立，使得车位供给方与需求方通过车位共享经济平台进行交易。平台的信息传播依赖于互联网，依托互联网进行信息的链接和资源的互换，互联网技术的高速发展为平台的搭建提供了基础。

（二）停车泊位共享经济平台的模式

在交通领域，“互联网+交通”推动了智能交通时代的到来。借助互联网大数据技术，交通领域不论是从管理还是服务层面，都形成了“线上合理分配资源、线下高效优质运行”的智能化、精准化和人性化的状态，不但促进了供需信息的对称，还极大地形成了信息扁平化发展的形势，大大提高了交通管理和资源利用的效率。

社会对共享车位经济模式引起的热衷现象催生了部分企业和组织借助现代信息化、网络化技术手段，通过建设部署统一泊位编码、车辆地磁感应装置、无线智能停车收费管理终端、面向用户的手机 APP 应用等技术手段来解决停车难问题，但这些应用都出现了更换出入场设备、安装地锁等而导致前期投入大的弊端，致使只能解决愿意进行设备升级的区域停车难问题而不能迅速形成市场。本文作者试图提出一种更经济合理且实效的停车泊位共享经济平台模式。该平台模式可以由计算机和网络技术独立生成一个 APP，但基于停车和交通出行的密切关系，笔者更倾向于将停车平台嵌入到现在被人们所大量运用的打车软件或者导航地图中。

1. 停车泊位信息发布共享

停车泊位供给方需要把小区或停车场名称、车位号、闲置时段发布到平台，为避免车位供给方车还未出库而车位需求方车辆已经要进库的矛盾，前者在设置闲置时段时应预留出库时间。平台基于大数据运用对车位供给方发布的信息进行自动核准后再将准确信息和停车价格发布到平台供车位供给者查阅和车位需求者选择和应用。停车价格可根据该区域车位在该时段供需情况上下浮动。车位需求者则根据自身和平台上发布的闲置车位的距离、价格等因素进行车位选择和使用。获得车位信息的过程是依靠平台精准的算法而不是开车随机寻找车位的运气。停车泊位平台经过长时间的信息收集和处理，可积累大量数据，对停车规划措施起到优化和指导作用，亦可提供给城市规划部门而从供给侧缓解停车难问题，如图 1 所示。

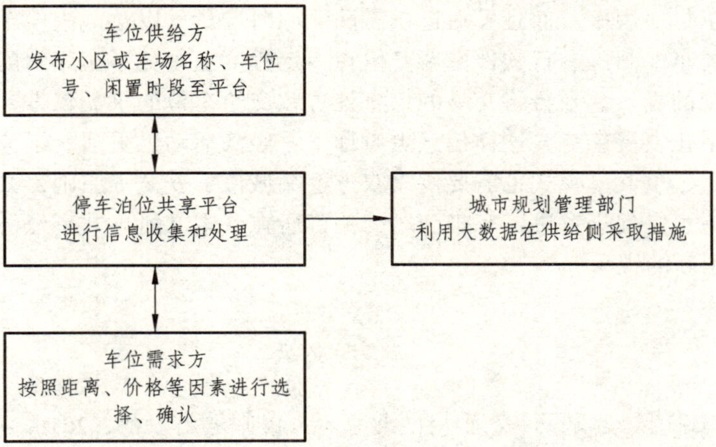

图 1　停车泊位信息共享关系图

2. 车位需求者入场停车程序

在车位需求者寻找到并确认使用一个车位后即支付相应停车费用（平台可在其停车时段结束后将费用支付给车位提供者），同时平台将发送一个入场二维码和编号给车位需求者（此编码设置为只能进出闸门各使用一次），车位需求者根据导航行至车库门口时，需使用二维码或编号进行开启闸门，此时这个车库的物业管理方将获得该车辆的信息至物业信息中心。车辆入库后继续根据导航进行精确查找到之前在平台所确认的车位后驻车。

3. 驶离和评价

车位需求者应在确认的驶离时间内将车辆开出库以避免车位提供者不能正常入库停车。驶离车库后进行驶离确认和评价。至此，一笔共享车位资源的交易完成。车位供需双方可进行及时信息互通，平台也可根据车位供给方和需求方的评价进行处置在车位共享活动中出现的相应的违约行为。

4. 停车泊位平台技术支撑

要实现停车泊位平台的顺利使用和供需双方信息互动，达到线上调配和线下高效执行的高效配合，需要计算机网络技术、视频识别、无线传感、物联网、手机 APP、网站、LBS 等先进的技术作为支撑。目前，这些技术已经能够顺利的应用到各行各业中，停车泊位平台将其有效组合利用就能发挥其重要作用。

5. 结算方式和经济共享

共享经济是一种分享闲置资源而实现多方受益的经济模式。要解决停车难的实际困难，又要实现停车泊位共享多方受益，就要根据时间、区域的供需情况实行浮动停车的定价模式，而且在利益分配上要遵循车位提供者受益，物业管理方和平台都有利的原则，体现经济共享。

三、结论

在共享经济环境下，将停车难这种位置（空间）上的难题从时间的维度来解决无疑是一种行之有效的新方法。本文所述的停车泊位共享平台能实现车位供需的重构，不仅是利用互联网手段提高车位使用率，而且可促进供需两侧同时增量，以达解决停车难问题的目的。这种方法依然需要车库闸门进行软件更新，但在一定程度上避免了车库闸门的硬件更换，更不再需要安装地锁的投入。平台将交易的信息处置权交给车位的供需双方，实现了信息点对点对接和经济扁平化发展趋势，这样信息更对称了，经济活动也更活跃了。同现在人们熟知的打车软件一样，车位共享模式也需要供需双方遵循诚信、安全等原则，共享经济相关法律法规的制定和实施也是促进解决停车难问题的关键所在。本文所述共享经济停车模式，为优化停车问题提供了新的视角。

参考文献

[1] 赵光辉，朱谷生. 互联网+交通[M]. 北京：人民邮电出版社，2016.

[2] 胡佳勇，张冀新，陈梦. O2O 移动互联网停车商业模式研究[J]. 中国集体经济，2017（6）：118-119.

[3] 闻之. 停车产业万亿蛋糕等待市场分食[J]. 时代金融旬刊，2017（1）：36-37.

[4] 李泽鑫. 共享经济的思考与分析——以网约车为例[J]. 中国市场，2017（3）：50-51.

[5] 彭宏勤，张国伍. 停车规范编制与智慧停车——“交通 7-1 论坛”第四十五次会议纪实[J]. 交通运输系统工程与信息，2017，17（1）：2-7.

[6] 郑尧军，冯勇，刘青凡. 小区停车难问题调研与智慧停车 APP 可行性分析[J]. 时代汽车，2017（1）：39-41.

L 玻纤公司供应商评价管理改进研究*

段　莉

【摘　要】　通过对 L 公司供应链及供应商的实地调研分析，在完成对 L 公司供应链整体现状的了解之后，发现了 L 公司供应链中供应商管理存在的问题，进而对该公司供应链中供应商评价进行了重点的研究，针对定性指标执行不到位、打折扣等情况，制定了定量的评价方法。

【关键词】　玻纤公司；供应链；供应商管理

L 玻纤公司，全球最大的一家玻璃纤维制造商，在世界范围内占据重要地位，多年以来，无论是其生产规模还是其市场占有率都是处在一个领先的位置。该公司是世界 500 强之一，拥有 180 亿的资产以及 8 000 多名员工，玻璃纤维的生产能力已经超过了 100 万吨。同时拥有国内多个生产基地，及多个海外子公司。该公司的玻璃纤维不但生产量在世界上是领先的，拥有的生产技术也是世界公认的核心技术；其营销模式也是世界级的，已通过了 ISO9001、ISO14001、OHSAS18991、ISO10012 和 ISO17025 等体系认证，该企业如今已经拥有 500 多种产品，其销售范围遍布国内 30 多个省，以及国外 60 多个国家，其产品的出口量已经占据了总产量的一半。

一、供应商管理现状与问题

（一）供应商总体情况

L 公司目前有供应商总计 300 家，其区域分布如图 1 所示。

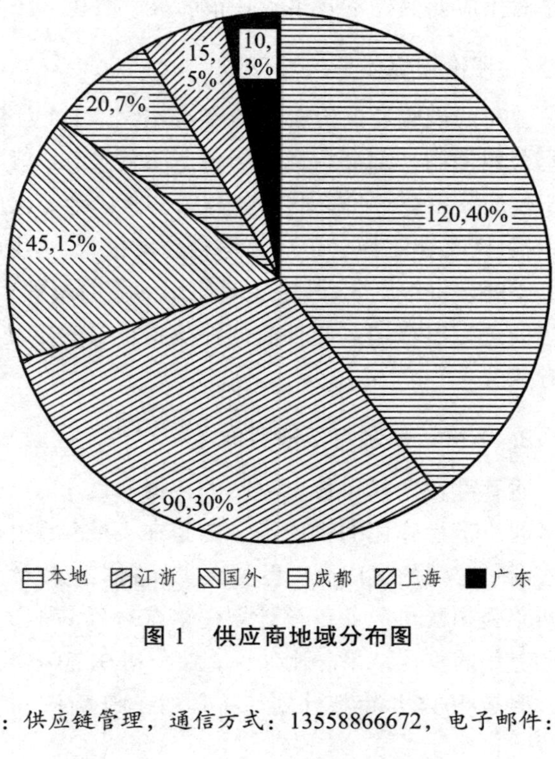

图 1　供应商地域分布图

从上图可以看出，L 公司的供应商主要集中在本地、江浙一带以及国外，占总数的 80%以上，其中本地供应商数量最多，占 40%。

根据所供物料分类，L 公司供应商有国内矿物原料、国内化工原料、国外矿物化工原料、包装、五金地杂、油料标签、进口备品备件和基建材料 8 类，其数量分布如图 2 所示。

* 作者简介：段莉，部门：物流工程学院，类别：供应链管理，通信方式：13558866672，电子邮件：61531434@qq.com。

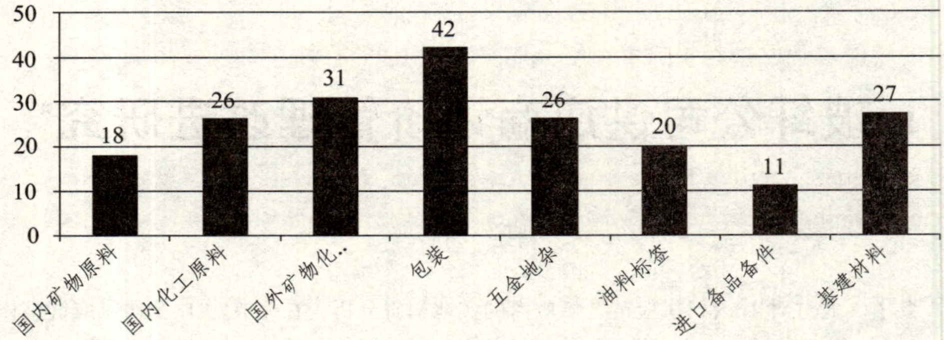

图 2　供应商分类统计图

公司各原辅材料的供应商总数 240 余家，矿物原料和包装材料的各类供应商数量平均在 2 家以上，只有化工原料供应商独家供应商众多，占其总数的 80%以上。独家供应商的存在对公司来说存在较大风险，一旦供应商缺货将直接影响生产，而且对独家供应商的价格谈判能力也较弱。因此，公司应尽量避免独家供应商的存在。

（二）供应商评审现状分析

公司的供应商评价总体来说是比较粗放的，评价体系是借鉴成熟体系制作，在评审过程中评审人员分工不明确，打分不真实，而且对评审的结果处理有待改进，总之，带来的结果就是对供应商的评审效果不是很明显，具体如下：

1. 评价指标体系欠规范

公司的供应商评价表是借鉴 Gurit 公司对 L 公司的评价表制作的，较为复杂，并不完全适合本公司使用，部分指标太粗放，不便操作，不同的人的评价结果可能相差较大。公司目前对于供应商审核评价一共有 5 种表，具体为《供应商质量审核检查表》《矿物原料供应商综合评审报告》《化工原料供应商综合评审报告》《供应商业绩评价表》以及《L 公司供应商（AB 类）年度评价细则》。其中主要使用的为前两种，分别是物资部对供应商进行评价和质管部对供应商进行审核用。两种表的评价指标有一定差异，而且评价结果的处理也不同，部分指标没有赋分。

2. 审核计划制定不够科学

质管部在选择审核对象时的依据有两个：一是在同类供应商所供材料比重较大或对产品质量起决定性作用的供应商；二是在上一年度中出现质量问题较多，在年度评价中相比同类供应商得分低的供应商。但是在实际制定审核计划并没有严格按照这个依据执行。调研发现，近两年公司的供应商审核计划中审核对象基本没有变，而且下一年的审核计划也没有很好的参考上年的审核结果。比如说，B 公司在 2014 年年度审核中分数为 75.3，位于同类供应商后位，但是 2015 年审核计划却将其列在函审中，而不是现场审核。

3. 现场审核人员职责不明确

根据规定，现场审核小组由物资供应部、质管部、总工室、生产运行部、浸润剂部以及使用单位人员组成，但是在实际审核中，现场评审小组的部门成员组成未严格执行公司的规定。例如矿物原料供应商现场评审应有质管部、物资部和总工室参与，但在评审时三个部门均有未参与情况出现；包装材料供应商现场评审应有质管部、物资部和生产运行部参与，但实际评审中生产运行部未参与，物资部偶尔参与评审。而且据调研了解到，现场审核对供应商打分时大多数是由质管部完成所有评分，而不是各个部门负责相应的部分。很显然质管部不可能对所有的指标都很熟悉，所以打出来的分数的真实性也值得怀疑。

4. 审核结果的处理不够完善

公司在对供应商进行评审后没有及时进行相应的处理。根据 2015 年 AB 类供应商年度审核情况，进行函审的 24 家供应商只有部分对打分结果回复，且均未对打分后的整改效果与公司进行交流反馈。这样导致函审流于形式，未达到提高供应商质量管理水平的目的。2015 年进行现场审核的 14 家供应商均在规定的 15 天整改期限内向公司提交了整改报告。从整改报告中发现供应商对审核提出的问题做了书面回复，但没有提供相关的材料证据，且现场审核小组并未对供应商整改进行跟踪验证，质管部只对审核的相关资料进行归档。

二、供应商评价改进

根据企业实际问题和要求，从定性和定量两个维度制定了评价标准和流程，其中定性的为供应商日常评价，定性的评价是基于数据包络分析的供应商评价。

（一）供应商日常评价

供应商日常业绩评价体系包括质量、价格、交付、服务和其他五个方面的指标。其中质量指标包括产品检验合格率、产品到货质量情况、整批返修退货率和质量管理体系情况；价格指标包括报价透明度、价格水平、付款方式合理性、降价及协助成本控制；交付指标包括准时交货率、交货配合灵活性、订货提前期优势及到货信息可追溯性；服务包括投诉次数、对投诉反映及时性、对投诉反映有效性和定期沟通情况；其他指标包括 IS014000 认证情况及品牌知名度，作为附加评价指标。供应商日常业绩评价一共 18 个指标，具体评价标准如表 1 所示。

表 1　供应商日常业绩评价表

一级指标	二级指标	评分标准
质量	产品检验合格率	合格率达 100%，25 分
		合格率达 90%至 99%，20 分
		合格率达 80%至 89%，10 分
		合格率在 80%以下，0 分

续表

一级指标	二级指标	评分标准
质量	产品到货质量情况	每次交付，货物完好，数量规格正确，相关单据齐备（如：质检报告、送货单）订单号码标识清晰，25 分
		货物完好，数量规格正确，单据不齐全，20 分
		货物受损轻微，数量规格正确，15 分
		货物完好，数量规格不正确，10 分
		货物受损，数量规格不正确，0 分
	整批返修退货率	当月供货无整批返修或退货情况，25 分
		当月供货无整批返修退货率 90%以上，20 分
		当月供货无整批返修退货率达 80%到 90%，15 分
		当月供货无整批返修退货率达 70%到 80%，10 分
		当月供货无整批返修退货率达 60%以下，0 分
	质量管理体系运行情况	L 供方审核≥90 分，20~25 分 / 取得质量体系认证，加 5 分，总分不超过 25 分
		L 供方审核≧80 分，15-20 分/取得质量体系认证，加 5 分
		L 供方审核≧70 分，10 分
		L 供方审核＜70 分，0~5 分
		注：如 L 无供方审核，则该项按合格率*25 评价，取得质量体系认证另加 5 分，总分不超过 25 分
价格	报价透明度	每次报价能依照 L 要求提供清晰报价构成，且报价准确，25 分
		多数报价依照 L 要求提供报价构成，报价准确性较高，20 分
		时常发现不能依照 L 要求提供报价构成，但报价准确性可接受，15 分
		不提供报价构成，报价准确性一般 5 分
		不提供报价构成，报价准确性很差 0 分
	价格水平	与市场价格或竞争对手相比，当月产品每次报价均有明显竞争力，25 分
		与市场价格或竞争对手相比，当月产品多数报价较有竞争力，20 分
		与市场价格或竞争对手相比，当月产品多数报价竞争力相当，15 分
		与市场价格或竞争对手相比，当月产品多数报价竞争力相对较弱，10 分
		与市场价格或竞争对手相比，当月产品每次报价竞争力处于明显较弱，5 分
	付款方式合理性	发票后 120 天账期，25 分
		发票后 60 天账期，20 分
		发票后 30 天账期，15 分
		货到付款 10 分
		部分预付款，5 分
		全部预付款，0 分

续表

一级指标	二级指标	评分标准
交付	降价及协助成本控制	新一轮报价明显优于市场涨跌行情，25分：
		新一轮报价略优于市场涨跌行情，得20分：
		新一轮报价等于市场涨跌行情，10分
		新一轮报价高于市场涨跌行情，0分
	准时交货	按合同规定日期每次均准时交货，25分
		未按合同规定日期交货，但未使生产受到影响，10分
		未按合同规定日期交货，使生产受到影响，0分
	交货配合灵活性	对由L提出的提前或推迟交货，供应商如均能给予配合，25分：
		如能多数需求给予配合，20分：
		如能对50%需求给予配合，15分：
		仅能对少数需求给予配合，10分，
		如无从配合，0分
	订货提前期优势	承诺交货期与市场同类产品或竞争对手相比有明显竞争力，25分；
		承诺交货期与市场同类产品或竞争对手相比略有竞争力，20分；
		承诺交货期与市场同类产品或竞争对手相当，15分（注：瓶颈供应商此项得分15分）；
		承诺交货期与市场同类产品或竞争对手相比竞争力较弱，10分；
		承诺交货期与市场同类产品或竞争对手相比无竞争力，5分；
	到货信息可追踪性	每次从订购到到货过程中，信息可实时追踪，25分
		提供发货时间和承运商信息，20分
		只提供大概发货时间，10分
		不主动提供发货时间，5分
服务	投诉次数	无产品质量或到货延期投诉，25分
		每开1次质量或到货延期投诉报告，减5分
		每得到L客户方质量投诉，减10分
	对投诉反映的及时性	响应积极，符合L要求的时间，20~25分
		一般响应，慢于L要求的时间，但不超过要求时间的2倍，10~15分
		响应消极，慢于L要求时间的2倍，或无响应，0~5分
	对投诉反映的有效性	措施有效，可充分避免同类问题反复发生，20~25分
		措施部分有效，但无法充分避免反复发生，10~15分
		无效果，或效果甚微，0~5分
	定期沟通情况	供应商有定期到公司进行沟通交流，能在事情发生前给予我们足够的警示，25分
		供应商有偶尔到公司进行沟通交流，15分
		供应商从未到公司进行沟通交流，0分
其他	环境及职业健康安全管理体系	
	品牌知名度	

根据供应商合作程度分类，在与战略型、瓶颈型、杠杆型和日常型供应商的合作关系中关注的侧重点有点不同。具体权重分配如表 2 所示。

表 2　评价指标权重赋值表

	战略型	瓶颈型	杠杆型	日常型
质量	40%	40%	30%	35%
价格	30%	10%	30%	35%
交付	15%	20%	20%	20%
服务	15%	30%	20%	10%

在评价过程中，采购员应根据供应商的实际情况进行评价，然后经部长（ 科长） 的审核，考核结果不仅在供应系统内部公开，同时对供应商公开。

（二）基于数据包络分析（DEA）的供应商评价

数据包络分析常被用于供应商的评价,基于公司定性指标执行打折扣的现状和量化的决定在多个供应商提供统一产品和服务时选择的问题，制定了基于数据包络分析的供应商评价流程。

综合 Dickson[7]、Weber[8]的供应商选择标准，同时，结合公司供应商管理的实际需求，汇总出本公司供应商各个指标，如表 3 所示。

表 3　供应商评价指标

编号	1	2	3	4	5	6
影响因素	价格	准时送货	质量	装备与能力	地理位置	技术能力

评价流程下：

首先，确定供应商评价的指标和目标。以表 4 的指标作为供应商绩效的指标，其中一般以价格作为投入指标，其他作为产出指标。

其次，运用专业的 DEA 分析软件 MaxDEA Basic 进行计算，具体操作步骤参见网站 www.maxdea.cn。

最后，进行结果的分析。

按照以上步骤，以公司的实际情况进行分析。

质量、准时送货率为公司实际数据，价格由于涉及公司机密为实际数据按比率变化而成，装备与能力和技术能力为内部打分（10 分制），地理位置按交通便利度和空间距离打分，最优为 10 分，最差为 1 分，得到供应商评价指标如表 4 所示。

表 4　供应商评价指标

指标		供应商					
		1	2	3	4	5	6
投入	价格	9	8.5	7	9.5	10	9
产出	装备与能力	9	8	9	8	10	9
	地理位置	9	8	10	10	7	8
	技术能力	9	8	8	8	9	9
	准时送货	98.5%	96.85%	98%	97.5%	99.81%	98.12%
	质　量	97.51%	98.21%	98.51%	97.1%	100%	98.19%

质量、准时送货率为公司实际数据，价格由于涉及到公司机密为实际数据按比率变化而成，装备与能力和技术能力为内部打分（10 分制），地理位置按交通便利度和空间距离打分，最优为 10 分，最差为 1 分。

MaxDEA Basic 界面及计算结果如图 3，整理得出供应商绩效如表 5 所示。

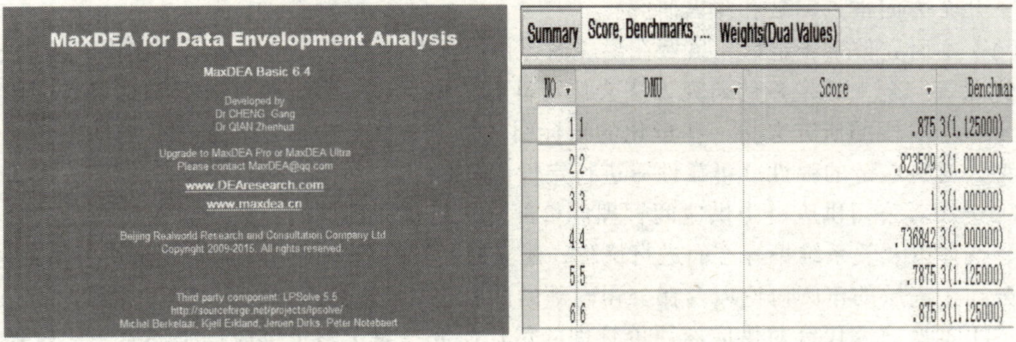

图 3　MaxDEA 界面及运行结果界面

表 5　供应商绩效

指标		供应商					
		1	2	3	4	5	6
投入	价格	9	8.5	7	9.5	10	9
产出	装备与能力	9	8	9	8	10	9
	地理位置	9	8	10	10	7	8
	技术能力	9	8	8	8	9	9
	准时送货	98.5%	96.85%	98%	97.5%	99.81%	98.12%
	质　量	97.51%	98.21%	98.51%	97.1%	100%	98.19%
	绩效	0.875	0.823 5	1	0.736 8	0.785 7	0.875

从表 5 中可看出，绩效排序为 3、1、6、2、5、4，对应的绩效分别是 1、0.875、0.823 5、0.785 7、0.763 8。第 3 供应商绩效最优，若其供应能力能满足买方要求，显然优先选择第 3 供应商。

三、研究结论

本文通过对 L 公司供应链供应商的实地调研分析，对 L 公司供应链整体现状有了一定的了解同时，也发现了 L 公司供应链中供应商管理存在的问题，本文对调研中遇到的实际问题进行了优化，得出了如下结论：

（1）对公司供应链中供应商评价进行了重点的研究，针对定性指标执行不到位、打折扣的情况，制定了定量化的评价方法，采用数据包络分析的方法，借用专业的 MaxDEA 软件，制定了公司供应商评价的定量化分析的框架，对公司的供应商评价有一定的参考作用。

（2）由于供应商和客户都处于供应链中，供应商的效率的提高会传递到客户，使顾客满意度提高。

四、研究展望

本文重点研究了 L 玻纤公司供应商管理的问题，从评价管理方式方面提出了解决方案，经过内部实施取得了较好的应用效果，但是本研究还有一些不足的地方，在下一段时间里会从以下几个方面重点突破和深入研究：

（1）本研究偏重于定性，虽然在供应商评价上涉及一点定量化分析，但在供应链的效率、配送优化等问题上，定量的研究方法会比定性方法更有说服力，改善过程和结果也会更加直观。下一个阶段的研究会将一些量化的指标引入供应链优化中，建立起合适的动态供应链优化模型，对供应链的弹性、可靠性等进行定性的分析。

（2）在对公司供应链中供应商管理评价部分进行优化的同时，还可以对供应商的分类、开发、选择以及关系维护等方面进行优化，建立起一套高效率的供应商管理解决方案或标准，通过公司中高层的审阅讨论以及在公司内部的试实施。

（3）本次研究仅针对供应商评价管理的优化研究，对于整个供应链来还属于比较片面。下个阶段研究和实际生产应用之中，不仅仅关注供应链上的某一个点，而是要全局的、宏观的关注整个供应链的运行情况。

参考文献

[1] 张震，于天彪，梁宝珠，等. 基于层次分析法与模糊综合评价的供应商评价研究[J]. 东北大学学报（自然科学版），2006，27（10）：1142-1145.

[2] 高芳，赵强，赵刚. 基于离散型 Hopfield 神经网络的供应商评价模型[J]. 计算机集成制造系统，2004，10（1）：95-98.

[3] 罗新星，彭素华. 绿色供应链中基于 AHP 和 TOPSIS 的供应商评价与选择研究[J]. 软科学，2011，25（2）：53-56.

[4] 王瑛，孙林岩. 基于欧氏范数的供应商评价方法[J]. 系统工程，2002，20（1）：46-50.

[5] Porter M E. Competitive advantage of nations：creating and sustaining superior performance[M]. Simon and Schuster，2011.

[6] O'Rourke D. The science of sustainable supply chains[J]. Science，2014，344（6188）：1124-1127.

[7] Dickson G W. Journal of Economic Theory，1966，（19）：150.

[8] Weber C A，Current J R，Benton W C. Vendor selection criteria and methods[J]. European journal of operational research，1991，50（1）：2-18.

消费新趋势"精度+时间"下提升顾客感知价值的探索*

蒲 宏

【摘 要】 2017 年全球经济形势不容乐观，企业要在压力下发展，必须顺应国家大环境提出的发展五关键词"创新—协调—绿色—开放—共享"，并充分利用消费市场"精度+时间"的发展新趋势，大胆走出创新之路，重新定义并提升顾客感知价值，企业将获得较高的顾客忠诚度，决胜于对手之林。

【关键词】 消费新趋势精度+时间；顾客感知价值；母爱父爱价值创造方式；时间成本

2017 年全球经济形势不容乐观，中国经济也将面临上行压力巨大的问题。由"中国季度宏观经济模型（CQMM）"课题组撰文《2016—2017 年中国宏观经济预测与分析》指出，中国经济增速在投资减速的压力下还将继续下行，预计 2017 年，GDP 增长率将下探至 6.58%，CPI 增速略降至 1.39%。研究发现，有利的政策选择是维护人民币币值稳定；做好供给侧结构性改革，优化产业结构和消费结构，实现消费品和人民生活品质的不断升级。国家提出 2017 经济发展的突破口在于五个关键词"创新—协调—绿色—开放—共享"。企业如能紧抓这五个关键词，顺应市场宏观环境变化趋势，并着力于分析可控的市场微观环境，大胆走出创新之路，就能决胜于对手之林。

新趋势带来宏观和微观经济环境的改变，企业顺应改变，自我创新的关键点是：从何处入手。

顾客感知价值（Customer Perceived Value，CPV）是指：顾客能感知到的利益与其获取产品或服务时，所付出的成本进行权衡后，对产品或服务效用的总体评价。科特勒将这一理论具体化形成了顾客让渡价值理论（customer delivered value），即让渡价值=总顾客价值-总顾客成本。这一观点，广泛运用于各大企业的经营理念中，企业以增加顾客感知利益和减少顾客感知付出，来实现和扩大顾客的感知价值。在一定的搜寻成本、有限知识和收入等因素影响下，顾客努力追求着感知价值的最大化。他们总是从那些他们认为能提供最高感知价值的企业购买产品或服务，并追求着"物超所值"所带来喜悦感，建立长期的品牌忠诚度。在新消费趋势下，如何充分利用市场机会，发掘企业优势，进而提高顾客感知价值，就是本篇研究的重点，为企业寻求新趋势下改变创新的突破口。

---

* 作者简介：蒲宏，部门：财经管理学院，类别：市场营销专业，通信方式：13683416852，电子邮箱：872206342@qq.com。

一、2017 消费市场新趋势分析

根据 2016 年中国消费市场调查数据综合分析，发现 2017 消费市场新趋势主要表现在以下两方面：

（一）趋势一：消费者强调消费精度，即升级消费品及消费品质水平提高

通过研究来源于麦肯锡咨询公司的调查数据，发现消费者的消费趋势向消费精度方向发展，如图 1、图 2 所示。

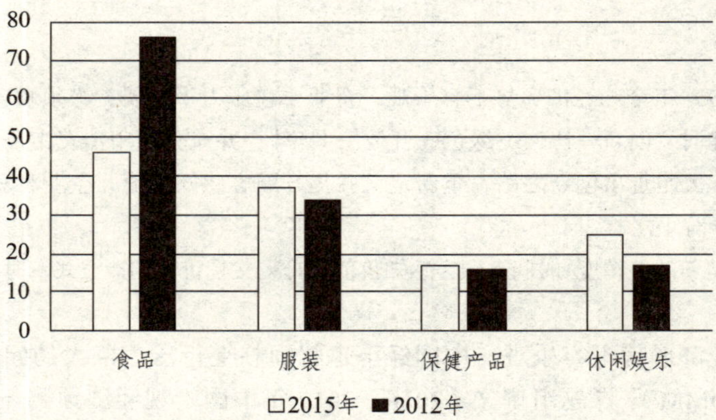

图 1　2015 年与 2012 年消费品类对比图

资料来源：麦肯锡 2016 年中国消费者调查报告

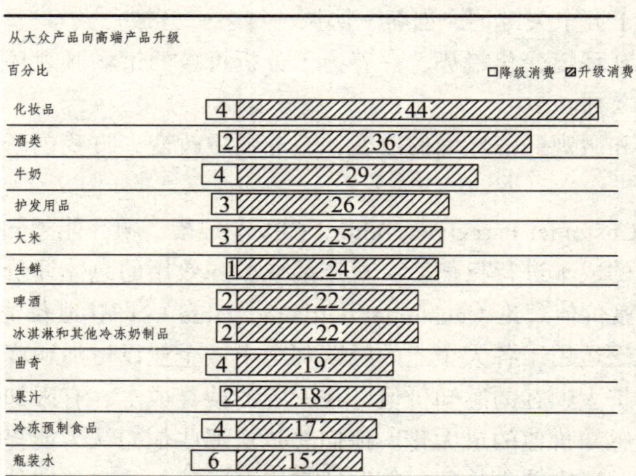

图 2　从大众产品向高端产品升级对比图

1. 消费品类的变化

如图 1 所示，随着国民收入和素质的提升，中国消费者从追求数量型的基础生活必需品，逐步转向追求品质化和精细化的精度需求品。如以牛奶为例，从无到有，到习惯饮用，再到

从价廉品提升到高品质和功能性奶制品的需求。以马斯洛需求理论对消费需求分层可知，消费者的需求开始向安全（健康）、人际、自尊、自我价值实现方面提升，该部分支出也日益增加。即当前中国消费者对于把钱花在何处更为挑剔，消费者开始增加提升生活品质及体验的开支，如加大健康、艺术美学、旅游和休闲娱乐等支出。超过四分之一的消费者愿意在休闲娱乐上花更多的钱。消费升级正呈现出旺盛的势头和活力，高端消费产品的品类增速超过了大众产品和普通价值型产品的品类。

2. 追求健康生活

根据图 1、2 所示，中国消费者越来越注重健康饮食，定期体检和保健，以及从事运动健身。麦肯锡 2016 年中国消费者调查报告中指出，有 42%的消费者称，他们越来越觉得难以享受现在的生活，有 45%的消费者则认为未来的压力将更大，致使消费者更加注重健康、交际及自我形象等等，更加注重支出与幸福指数相关的提升性消费。

（二）趋势二：强调时间竞争

收集 2016 年咨询机构调查数据，分析发现：企业争夺消费者，从钱包竞争演变为对消费者个人时间的竞争。消费者对于时间价值的重视程度正在不断增加，他们越来越理性看待时间分配。在中国，18 到 35 岁的人群中，有 58%的人群认为一个人生活的奢侈程度，取决于他们享受自由时间的多少。

另一方面，更多的消费者选择通过“花钱”的方式来节约时间。他们不仅仅只是要求方便快捷，还非常乐于将自己生活的某个方面“外包”出去，通过购买其他人服务的方式来节约时间。

1. 企业对消费者个人时间的竞争，使品牌忠诚度变得更加重要，即消费者一经选定商品的品牌，容易创造长期忠诚度。

如图 3 所示，越来越多的中国消费者开始只关注少数几个品牌，其中一些人则进一步锁定某一个品牌，不愿意在自己关注的品牌之外购买其他品牌，这样既浪费时间又浪费精力。这符合国民素质和生活品质提高后，理性消费占主体地位的心理学规律。例如在服饰品类，愿意选择非备选品牌的消费者比例，已经从 2011 年的约 40%降至 2015 年的 30%。

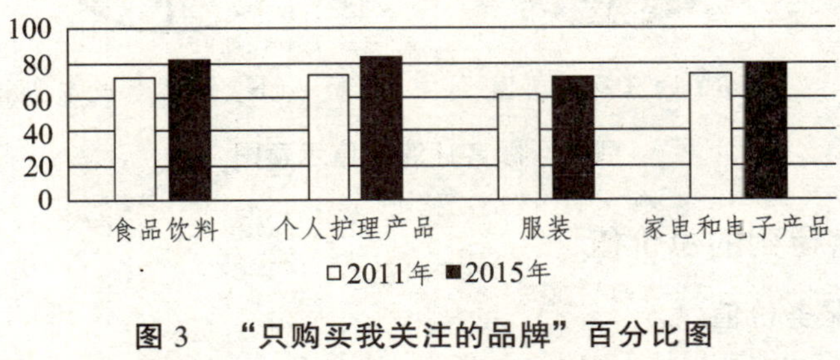

图 3 “只购买我关注的品牌”百分比图

资料来源：麦肯锡 2016 年中国消费者调查报告

2. 为消费者节约时间成为企业创新发展新趋势

为了迎合消费者的这一需求，各大企业都针对“节约时间”推出了许多创新服务，且大部分依托于互联网。O2O，从线上到线下的随需应变的商业模式，已在中国各行各业里，迅猛发展。根据 Euromonitor（欧睿信息咨询公司）关于 2016 年全球消费趋势的研究报告调查结果显示，中国以 90%的智能手机拥有率排名世界第一。通过智能手机 O2O 模式，消费者乐此不疲地向产品零售批发送货企业和各类专业上门服务者下单。根据英敏特数据研究发现，中国城市消费者对上门到家的专业服务有着强烈的兴趣及依赖，近一半（46%）中国人在网上预订过上门服务，如洗衣、家居清洁、送餐等，近八成（78%）使用过上门服务的消费者表示以后还会再次使用。

二、基于消费新趋势的消费者感知价值提升策略

综上所述，2017 消费市场新趋势主要表现在以下两方面：趋势一，强调消费精度，中国消费者开始追求品质化和精细化的精度需求品，以及其需求品类向安全（健康）、人际、自尊以及自我价值实现方面产品提升。趋势二，强调时间竞争，即消费者个人时间的竞争，使品牌忠诚度变得更加重要，以及为消费者节约时间成为企业创新发展新趋势。因此，企业敏锐地感知消费趋势的转变非常重要，但更重要的是：在市场环境变化后，找到科学调整企业战略布局的切入点。经济学原理告诉我们，消费者购买产品的根本原因是从产品上获得满足感，以达到欲望的实现。所以，将顾客感知价值的提升作为企业经营调整的切入点，能帮助企业准确定位，快速获取顾客芳心。

顾客感知价值的提升，即顾客让渡价值公式，如今已广泛运用于各类企业的经营管理过程中，如图 4 所示。企业利用市场发展新趋势，关注并致力于增加顾客总价值的各项因素值，减少顾客总成本因素值，使顾客感知价值有效提升，进而可提高顾客对企业和产品的忠诚度。

顾客让渡价值=顾客总价值-顾客总成本

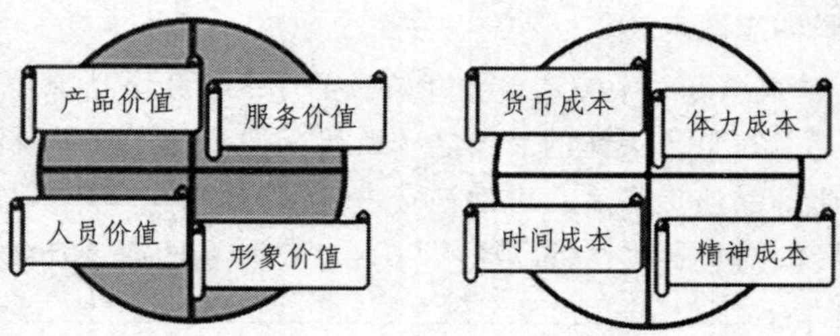

（a）顾客总价值图　　（b）顾客总成本图

图 4　顾客让渡价值示意图

（一）增加顾客得到的总价值

1. 增加产品和服务价值

（1）运用创新思维提升产品和服务价值。

企业产品和服务价值的核心或者说其心智定位是“解决顾客的问题”，在 2017 新趋势下，企业应有两种不同的价值创造方式：

① 母爱方式：顾客需要什么，企业就给什么，甚至顾客自己还没说需要什么，“母亲”就提前想到了。如：百度、谷歌、今日头条等。

随着中国O2O市场竞争的日趋白热化，创造企业独特价值方式和市场定位是企业存活之关键。“个性化定制”是母爱方式的表现之一，如：“今日头条”手机APP，该企业设想一切顾客所需的新闻类型，将选择权交于顾客，利用智能手机形成顾客个性化产品特征。企业将专注度投入到多样化产品供给与元素相组合，如何利用到数据简化优选过程及环节中，顾客通过对定制化产品的依赖性，建立了习惯性的顾客忠诚度。市场细分为理性、个性特征消费群的企业可采用。

② 父爱方式：顾客就像孩子一样，某一方面不用懂，听“父亲”的就对了，即企业作为专业的人，做专业的事，顾客自己不需要懂，只需相信提供这种服务的人或机构就好。

“创新型”和“专业型”成功企业多采用此方式，如：乔布斯领导下的苹果思维，乔布斯会告诉你什么是你想要的，什么是专业的，什么是最前沿的。企业专注度投入到最新、最前沿的创新理念和产品设计中，创造出最专业和最创新的产品。市场细分为新、时尚、理性特征消费群的企业可采用。

（2）运用创新改变产品与服务。

企业可强调精度趋势下的改变：提升原有产品品质，或设计与消费者安全（健康）、交际（休闲娱乐）、个人价值提升紧密相关的产品和服务。

企业也可强调时间趋势下的改变：在产品设计、式样、包装、服务等方面，为顾客节约时间，或为顾客在这些方面所必须花费的时间增加创新性和趣味性亮点。

2. 增加人员和形象价值

企业应该重视的是，顾客从视觉、听觉、嗅觉、味觉、触觉五感进行信息收集和认知整合后，对企业人员和企业形象价值将进行评判，并以此先入为主的思维模式决定对企业产品进行最终选择。提升精度趋势下五感的品质，和五感下时间的及时性和趣味性是企业提升人员和形象价值的重要切入点。

（二）降低顾客支出的总成本

1. 降低货币成本

追求精度和时间的新趋势下，价格已不再成为品质化需求时代选择的首要衡定指标，而是顾客所感知到价值是否物超所值，是顾客选择的关键。比如，这款产品价格虽然差不多，但样式新颖了，或质量更好，自然就觉得值价了。这包括获得企业内每一位员工，每一位管理人员的认可，让他们成为产品各消费层次和内容的消费者。如苹果公司的多数员工，他们是苹果产品的使用者和第一实验者，并成为产品价值和价格认同度测算的重要标尺。

2. 降低时间成本

（1）为顾客节约时间：节省认知和收集资料的时间，节省选择的时间，合理加大效用的时间等。如：2017年从试运行到即将开业的企业“亚马逊”采用：“拿上就走”超市新兴商业模式的出现，商场没有收银，没有导购，成为消费者真实且便捷的身边网店，这将成为消费者节约时间成本的新模式。

（2）让消费者觉得时间花费值得：当消费者感觉到这是一个享受的时间时，花再多时间他都愿意。好比游戏爱好者快乐玩游戏时、电影观看者愉快观影时，再多时间消费者都愿意付出。企业可关注：如等位时免费游戏、收银等候时免费 WIFI 或咖啡等。

3. 降低体力成本

企业可合理减少顾客寻找和得到产品的体力成本，或使体力付出具健康和快乐性。如：高德地图的燃烧卡路里显示，导航变成了愉快和健康运动的帮手。

4. 合理调控心理成本

心理是指人们在活动的时候，伴随有喜、怒、哀、惧等情感的体验。其中：喜是成本的抵扣项，如果顾客在购买产品过程中，感受到了喜悦，则可增加总价值。其他情绪：怒，可引起情绪的迁移，将其他无关负能量情绪大量加于购买过程中，对营销结果危害最大；哀，可引起注意力集中，在大额产品销售中可合理使用；惧，可产生禁止或止步行为，属负能量作用于价值创造过程。

企业应专注于精度上提高顾客心理“喜”的情绪，雅致的环境、赏心悦目的服务人员、精美的包装等艺术、品质所体现的美无处不在，舒心的购物感受、幽默的售卖环节及包装品等将激发顾客对美对快乐的体验，带来“喜”的欢愉度。企业在时间上提高顾客心理“喜”的情绪，合理切分企业对客服务时间，提供及时高效的服务，同时创造欢乐有趣的等待时间。

当然要适当设计“哀”情绪环节，尽量避免出现“怒”和“惧”情绪。

综上所述，2017 年企业所面临的大环境压力巨大，顺应“创新—协调—绿色—开放—共享”五个关键词，以及掌握和利用消费市场“精度+时间”新趋势，大胆走出创新之路。

参考文献

[1] 菲利普·科特勒，洪端云，梁绍明．营销管理[M]．北京：中国人民大学出版社，2005.

[2] 菲利普·科特勒．科特勒营销思维[M]．北京：中国人民大学出版社，2015.

[3] 麦肯锡．2016 年中国消费趋势报告[R]. 2016.

[4] Euromonitor 欧睿信息咨询公司．2016 年全球消费趋势的研究报告[R]．2016.

[5] 国际市场研究咨询公司 Mintel 英敏特．2016 年中国消费者趋势报告[R]．2016.

[6] 中国季度宏观经济模型（CQMM）课题组．2016—2017 年中国宏观经济预测与分析[J]．厦门大学学报（哲学社会科学版），2016，9（3）：1-9.

土木专业英语句法特点及翻译技巧*

张国平

【摘　要】 本文就土木专业英语的翻译及句法特点进行探讨，结合自己多年从事英语翻译工作经验，主要从定语从句、被动语态、分词短语、介词短语、动词短语和长短句的翻译技巧等方面进行详细阐述，以期达到对广大科技英语翻译者和英语学习爱好者起到抛砖引玉的作用。

【关键词】 土木专业英语；句法特点；翻译技巧

当今世界，科学技术迅猛发展，科技资料浩如烟海，科技论文有 80%以上都是用英文发表或出版。因此，科技英语翻译工作越来越引起人们的重视，而科技英语的翻译是东西方两种语言和文化的相互交际形式，两种文化的差异常给科技领域的翻译带来理解和表达上的困难，尤其是土木专业英语更是如此。因为土木专业英语表达的是土木专业的事实、概念和原理，解释的是土木专业自然现象。因此，在翻译实践中，广大的科技英语翻译者和英语学习爱好者应深入细致地分析土木专业英语的句法特点，透彻理解原文，并且根据土木专业英语的特点，译出符合文体且具有对称美、流畅美、逻辑美和简洁美之篇章段落和句子。

一、土木专业英语的句法特征及翻译技巧

（一）多用图表

在研究工作及论文中，图表具有不可忽视的作用。它集中，概括，便于分析和比较，有利于发现各种变量之间的关系。它生动形象，能使复杂和抽象的问题变得直观，清晰。它简洁明了，用在论文中，尤其是土木专业英语中，可以代替大量的复杂的文字说明。既然图表是土木专业英语研究者和作者的最爱，那么，作为一个翻译工作者，我们也可以将具有变量关系、复杂抽象的事物用图表来直观清晰、简洁明了地表示出来。

From the diagram shown above，we can see that most complex projects require consideration of both cost and scheduling over time，so that planning，monitoring and record keeping must consider both dimensions.In these cases，the integration of schedule and budget information is a major concern. At this time，facing the complex integrations，when we translate，using diagram can more clearly illustrate the relationships.

* 作者简介：张国平，部门：国际部，类别：基础课英语，电话：18981011363，电子邮件：1725765269@qq.com。

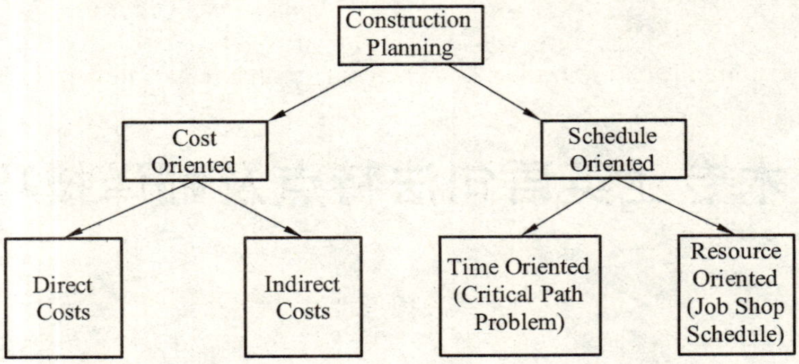

图 1

Sometimes，there are also some translations about the project planning. If we want to show the dependency relationships between activities.We can use a Gantt chart to show current schedule status（for example：using percent complete shading and a vertical TODAY line as shown following.

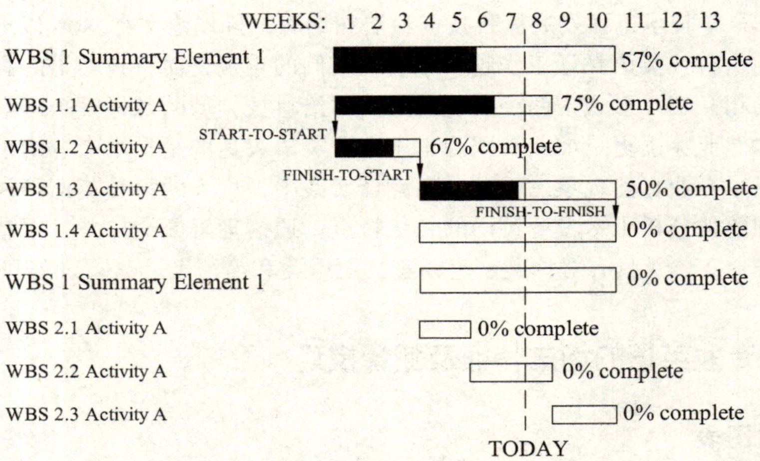

图 2

Seeing the diagram， the users can immediately understand their dependency relationships and thus save a great deal of time to read the translation of the essay about the project planning.

（二）定语从句的句法特征及翻译技巧

较之于其他文体，土木专业英语为科技文献，具有逻辑性、专业性强之特点，因而对之叙述要求概念清楚。故在土木专业英语中，多使用逻辑性强、能表达完整意思的重叠句——定语从句，而定语从句可分为限制性定语从句和非限制性定语从句，限制性定语从句是对先行词的意义进行修饰、限制和识别，故一般限制性定语从句翻译均在它所修饰的先行词之前。而非限制性定语从句用于先行词起补充说明作用，如果省略，句意仍然清楚完整，故翻译时把非限制性定语从句和主句分开，但由于土木专业句法的特殊性，故土木专业英语中的定语从句常根据实际情况采取多种翻译方法。

1. 重复先行词

由于定语从句的先行词常在定语从句中充当成分，如果单译定语从句，常需重复先行词，还可以用代词代替先行词来重复。

（1）Project planning is part of project management，which relates to the use of schedules such as Gantt Chart to plan.

工程计划是工程管理的一部分，它指的是使用如甘特图表等日程安排来制定计划。

（2）They then place a bid that includes that amount.

它们然后出价，出价包括金额。

（3）A Work Breakdown Structure is a tool that defines a project and groups the projects discrete work elements in a way that helps organize and define the total work scope of the project.

任务分解结构是一个工具，该工具用一种协助组织并界定整个项目范围的方式来定义项目并将其分散的各要素进行分组。

2. 省略先行词

（1）They worked out a new method by which production has now been rapidly increased.

他们制定出一种新方案，采用之后生产已迅速得到提高。

（2）Such as any value-added services that have been included in the bid and past performance indications.

例如任何增值服务已包括在投标中以及过去的绩效指标中。

（3）A common error made by those who equate Gantt chart design with project design is they attempt to define the project work breakdown structure at the same time they define schedule activities.

那些认为甘特图表设计和项目设计是相同的人犯的共同的错误是他们在试图定义任务分解结构的同时又试图定义日程安排活动。

3. 前置法

定语从句翻译到所修饰的先行词之前，用“的”连接。

（1）The time（duration）that each activity will take to completion.

完成每项工作的持续时间。

（2）Also for building that are not the basic square，T or L-shaped.An architect will be needed to draw up the plans.

对于那些不是基本方形，T 形或 L 形的建筑物，建筑师也将需要草拟计划。

（3）A Gantt chart is a type of bar chart that illustrates a project schedule.

甘特图表是一种说明工程进度的条形图。

4. 融合法

定语从句和它修饰的先行词结合在一起翻译。

The earliest and latest that each activity can start and finish.

每个活动最早最晚开工完成时间。

5. 状译法

（1）译成条件分句。

There are few people，however，who，if you told them a result，would be able to evolve from their own inner consciousness what the steps were which led up to that result.

然而，如果你告诉人们事物的结局，很少有人能够从这件事的结局去反向推断这件事发生这个结局的各个步骤。

（2）译成结果分句。

The scheduling problem is to determine an appropriate set of activity start time，resource allocations and completion time that will result in completion of the project in a timely and efficient fashion.

进度问题是确定一系列活动的开始时间、资源配置及完成时间，从而使项目能及时有效地完成。

（3）译成原因分句。

The chart is widely used in the specialized English，which is easily understood.

因为图表易于理解，所以专业英语中广泛使用图表。

（4）译成目的分句。

Some organizations have established policies that standardize all projects with a single life cycle.

一些组织已经建立政策，从而用一个生命周期来规范所有项目。

（5）译成表示时间的分句。

Construction is the execution stage of a project， which can be used to satisfy all design and specification requirements within prescribed time limits at minimum cost.

施工是项目的实施阶段。在这个阶段，应在规定的时间期限内用最少的费用完成所有的设计和规格要求。

（三）被动语态的句法特征及翻译技巧

土木专业英语中大量使用被动语态，因为被动语态句比主动语态句更能说明需要论证的对象，即把所要论证、说明的科技问题放在句子的主语位置上，使其位置鲜明、突出，更能引起人们注意。此外，被动语态比主动语态更少主观色彩，这正是科技作品所需要的。因而在翻译土木专业英语资料时，如遇被动语态，常用两种方法：第一种是当被动句中的主语为无生命的名词，且句中不出现 by 引导的行为主体时，往往将原句中的主语仍翻译为主语；第二种是翻译无主句。

1. 原句中的主语仍译为主语

（1）Bid bonds or guarantees should be released to unsuccessful bidders as soon as possible after it is determined that they will not be awarded the contract.

在确定某些招标商没有中标的情况下，投标保函尽快归还给投标商。

（2）Bidders should be required to submit bids valid for a special.

投标者应在一定期限内递标。

（3）While e-mail and fax machined have made it easier to get guidance from the home office，many decisions must still be made in the field.

虽然电子邮件和传真机已使人们从家庭办公中获取信息，但许多决定仍然必须在外进行。

（4）The employees should be given training for working skills and knowledge about quality and safety as possible.

雇员们应尽早地接受工作技能及有关质量和安全知识的培训。

（5）The major part of the time and money is spent on the building stage.

很大一部分时间和金钱都花在建筑阶段。

2. 译成无主语

（1）Also，if problems arise during construction，re-planning is inquired.

如果建筑期间出现了问题，也需重新制定计划。

（2）The award can be notified within that period.

过一段时间就给出中标通知。

（3）The work is finished within the required time at the lowest cost.

在规定时间期间内以最低成本完成这份工作。

（4）The duration for the various tasks necessary to complete the work are listed.

列出完成这份工作各项任务所需时间。

（5）The project plan can be optimized to achieve the appropriate balance between resources usage.

优化项目计划以获取资源使用之间适当的平衡。

（四）分词的句法特征及翻译技巧

大量使用分词包括现在分词和过去分词是土木专业英语中特有的一种现象。虽 然分词兼有动词、形容词和副词的三大特征，但在土木专业英语中，它常作定语或状语。分词作定语时，它常位于被修饰的名词之前或之后，与被修饰的词之间存在动宾关系，相当于一个定语从句。作状语时，常位于句首或动词之后，相当于一个状语从句。无论分词作状语或定语，相比状语从句或定语从句，分词更简洁。

1. 分词作定语的翻译法

因为分词定语可以和定语从句互换，故分词定语的翻译方法可以参看前述定语从句之译法，但在土木专业英语中，常常采用前置法，具体举例如下：

（1）The local manager is frequently required by the client to have power of attorney to ensure that all agreements made in the field legally bidding.

客户经常要求当地经理拥有开具委托书的权利以确保他们在该领域制定的所有协议具有法律约束力。

（2）It becomes necessary to provide a project manager possessing not only well-homed engineering skills and good judgment，but other skills in contract management，such as those needed to negotiate changes in project scope and duration.

提供一位不仅拥有良好工程技能和判断能力并且拥有合同管理上的其他技能如洽谈项目变化范围和期限的能力的项目经理是十分必要的。

（3）All can be used to successfully plan，design and undertake a given construction project.

所有这些模式都能成功地运用于计划，设计并且承担着一项既定的建筑工程。

（4）This project delivery system has been the most widely used，most well understood because of clearly defined roles for the parties involved.

因为明确了角色当事人，所以这个项目交付系统已经广泛使用，也最容易为人理解。

2. 分词作状语

因为分词具有动词和副词之特性，故在专业英语中翻译过程中，先将分词翻译成方式状语，结果状语或条件状语，再译被修饰的谓语动词。

（1）译成方式状语。

The logical dependencies between tasks are defined using an activity network diagram.

使用活动网络图来定义任务之间的逻辑依存关系。

Float or slack time in the schedule can be calculated using project management software.

使用项目管理软件计算出日程安排表中浮动的时间。

（2）译成结果状语。

Then the necessary resources can be estimated and costs for each activity can be allocated to each resource，giving the total project cost.

然后估算出每项费用并分配给每个资源，从而算出项目总成本。

（3）译成条件状语。

Once established and agreed，the plan becomes what's known as the baseline.

一旦建立并达成一致意见，项目计划便成为众所周知的基线。

（五）介词短语的句法特征及翻译技巧

英语中介词数量不多，但在科技英语文章中，尤其是土木专业英语中，经常使用介词词组以准确而简练地反映客观事物之间的时间、空间，隶属依附和因果等逻辑关系。介词短语在科技英语中常作状语、定语，其功能在于替换句子中的状语从句、定语从句，这样使语言更加简洁、灵活、生动，但它们在汉语中的语序和中文不同，译成汉语最常用的规律：除了作表语汉语译文词序不改变外，一般情况下汉语译文都要将其放在被修饰的名词前，这样更符合汉语表达习惯。

1. 介词短语代替定语从句作定语

（1）A few of universities in America have recognized the need.

美国的几所大学已认识到这个需求。

（2）These conditions have created a demand for civil engineers with special skills in project management.

这些条件为项目管理中具有特殊技能的土木工程师创造了需求量。

（3）One of the hottest new graduate g programs in civil engineering is the master's in project management.

土木工程中最热门的研究生课程之一是项目管理中的硕士学位课程。

（4）It should be an essential activity during the facility design.

它应该是设施设计期间的一个重要活动。

（5）Construction accounts for 15 out of every 100 jobs.

建筑占每 100 个工作岗位的 15。

2. 介词短语代替句中的状语从句修饰谓语动词，翻译时据介词短语用法灵活性之特点以及其独特的表义功能，通过将其转译成动词短语、表示原因、目的、真实或虚拟的方式，先译介词短语，再译谓语动词

（1）If one examines the staffing requirements of the larger firms，it can be noted that they employ staffs in the legal，accounting，marketing financial，personal and business management areas.

如果审视较大公司的人力需求，可以关注他们在法律、会计、销售、金融、人事和业务管理方面雇用的职员情况。

（2）With the concept of Design-Build becoming more popular as a project delivery system，many laws addressing public funded projects are under actions.

作为一个项目交付系统，随着设计建造模式越来越受欢迎，许多解释公共资助计划的法律正在审阅之中。

（3）Like a detective，a planner begins with a result and must synthesize this steps，required to yield this result.

像侦探一样，计划者以结果开始，必须整合产生这一结果所需要的步骤。

（4）Guideline on particularly critical components of the bidding documents are given in the following paragraph.

招标文件中特别重要的部分在以下段落中指出。

（5）In the case of civil works，the bidding documents may require the bidder to state bid price entirely in the recipient's currency.

如果是土建工程，招标文书要求投标商完全以接受方的货币单位标明投标价格。

（六）由动词转变而成的名词性短语句法特征及翻译技巧

土木专业英语中，因为由动词转变而成的名词性短语更能说明与论证对象之间的关系，因此，在翻译土木专业英语时常常保留其动词词性，译成动宾结构。

（1）Essential aspects of construction planning include the generation of required activities，analysis of the implications of these activities and choice among the various alternative means of performing activities.

施工计划基本方面包括确定所需各项活动，分析这些活动之间的内在联系，选择适当方法来完成这些活动。

（2）Traditional scheduling procedures emphasize the maintenance of task precedence or efficient use of resources over time.

传统的进度排序强调保持任务先后顺序或者随着时间推移有效利用资源。

（3）Finally，most complex projects require consideration of both cost and scheduling over time.

最后，大部分复杂的项目要求同时考虑成本和进度。

（4）Few business can survive without the knowledge of costs and without an intelligent control of costs.

不懂成本知识，不会明智控制成本，几乎没有公司能够生存。

（七）长句难句句法特征及翻译技巧

土木专业英语中长难句结构错综复杂，层次及附加成分颇多且专业性逻辑性强，因此翻译过程中显得非常有难度。但只要我们弄清英语原文的句法结构，找出句子的中心内容及各层意思，综合使用直译法、分译法、状译法和逆译法，再据汉语的表达习惯和方式就可译出原文。

（1）These work tasks represent the necessary framework to permit scheduling of construction activities，along with estimating the resources required by the individual work task，and any necessary precedence or required sequence among the tasks.

难句类型：保留动词词性译成动宾结构的名词短语，过去分词作定语，介词短语作后置定语，逆译法。

解释：

① scheduling of construction activities. 译成动宾结构的名词短语：安排施工进度活动。

② estimating the resources. 译成动宾结构的名词短语：估算资源。

③ required by the individual work task. 此为分词定语，代替定语从句 which/that are required by the individual work：每项工作所需。

④ among the tasks：各项工作中。此为介词短语代替定语从句在句中作定语，修饰其前名词：any necessary precedence or required sequence（任何必要过程或先后顺序）。

参考译文：这些工作任务为我们安排施工进度活动、估算各项工作任务所需资源、确定各项工作的必要过程或先后顺序提供了必要架构。

（2）The award of a contract should be made，within the period specified for the validity of bids，to the bidder whose responsive bid has been determined to be the lowest evaluated bid，and who meets the appropriate standards of capability and financial resources.

难句类型：介词短语作状语，动词短语译成动宾结构，名词短语逆译法，过去分词作定语，被动语态译成无主句，定语从句后置法。

解释：

① the award of a contract. 动词短语译成动宾结：授予合同。

② the appropriate standards of capability and financial resources. 名词短语逆译法：能力和资产标准。

③ within the period specified for the validity of bids. 介词短语代替状语从句作状语，修饰其前动词 should be made，但其中又嵌入了分词定语 specified（规定的），故采用混译法：在规定的招标有限期内。

④ the award of a contract should be made. 被动语态译成无主句：应该授予合同。

参考译文：应在规定的招标有效期内授予合同，合同授予的投标人应做到其所给出的标价是估算出的最低标价，并且其各项能力及资产标准需达到招标人的要求。

综上所述，虽然土木专业英语因为其专业性和逻辑性强，更主要的是长难句偏多以及中西方文化的交际和表达习惯的不同，给广大的科技工作者的工作带来一定难度，同时也给广大的英语学习爱好者带来一定的困惑，但只要我们懂得定语从句，分词定语，介词短语，被动语态，由动词转变而成名词短语以及长难句的句法特点及翻译技巧，娴熟掌握一定的专业词汇，加上扎实的语文功底，你会发现：解读领会土木专业英语知识乐趣无限。

参考文献

[1] 邹人杰. 英汉科技翻译技巧[M]. 上海：同济大学出版社，1994.

[2] 湘潭师范学院学报. 社会科学版. 1994.

[3] 课程教育研究：外语学法教法研究. 2012（12）：79-80.

[4] 西南民族大学学报（人文是社科版）2008/04.

[5] 关哲. 科技英语介词的翻译[J]. 中国科技翻译，1998（3）：24-27.

[6] 熊英. 实用英语（工程管理类）[M]. 大连：大连理工大学出版社，2009.

史学的历史责任*

张煜敏

【摘　要】 史学作为人文社会科学中重要的一门基础学科，它的存废兴衰与整个民族的兴旺发达息息相关。近年来，史学的发展面临着诸多挑战，同时也迎来一系列的机遇。在中国特色社会主义社会飞速发展之际，如何践行自己的历史责任，如何取得长足的发展，俨然已经成为史学发展的当务之急。拟对史学的发展表达笔者的愚见，同时指出新时期、新阶段史学在践行责任过程中对繁荣社会的重大作用。

【关键词】 史学；责任；民族；功能；发展

梁启超曾指出："史学在中国各种学问中，最为发达；史学在世界各国中，为中国最发达。"[1]确实，我国史学渊源而流长，其本身便是一部说不完、道不尽的史书，一代又一代的中华儿女在这部气势恢宏的史书上不断谱写着中华民族发展的新篇章。

在封建社会时期，史学是传承文明的载体，是针砭时弊的铜镜，是众人的精神寄托。清末民初以来，史学更是担当着振兴中华、匡世救民的重任。新中国成立以来，伴随着改革开放，史学迎来了前所未有的历史机遇。与此同时，作为人文社会学科的史学在繁荣我国特色社会主义文化的道路上亦日益彰显着重要的作用，其肩上承载着难以用文字来衡量的重任。然而近些年来，"史学无用论"甚嚣尘上，新时期的史学面临着诸多挑战。在中共中央提出文化大繁荣、大发展之际，史学又一次面临着良好的机遇。笔者愚钝，在中国特色社会主义道路深入发展之际，借此机会对史学所面临的挑战做一番梳理，对其所承载的责任做简要的述评。

一、史学的挑战

伴随着改革开放的深入，中国的文化界更加百花齐放，多元文化的发展模式已成必然。史学在这样的背景下，在经过数千年的蜕变之后，在中国特色社会主义理论的指导之下，以其海纳百川之势吸收了众多学科（说）的精华，一时间，史学理论不断推陈出新，史学门类日新月异，社会史、新文化史、经济史等等交相辉映，历史学呈现出百花争妍的可喜局面。但是发展的背后亦同样潜藏着危机与挑战，这样的挑战既来自外部，更源于自身。

（1）外部环境的挑战：在经济高速发展的时期，在这个世界联系更为密切的互联网时代，越来越多的国人对经济的关注甚于对文化的关注，越来越多的人将典籍丢于一旁。许多人之所以提出"历史无用论"，重要的一点便是史学并不能直接产生经济效益。另一方面，公众忙于奔波，以致很少有时间、有心情来读史。连"读书无用"都渐渐产生，"史学无用"的出

* 作者简介：张煜敏，类别：人文社科类，通信方式：17608019328，电子邮箱：zhangyuminhh@163.com。

现也就不难理解了。与此同时，后现代主义的勃兴，其强调史学并非能做到客观公正，史学的科学性亦受到严峻的挑战，史学似乎已经走进进退维谷的处境。当然，这是一个大的社会环境，处在转型时期之下，史学更应该分析自身的不足，而非一味地给自己搜寻借口、找寻退路。

（2）自身的不足之处：史学所面临的挑战归根结底还是源于自身。近些年来，史学的研究有一种闭门造车的趋势，一些史学研究者往往囿于自己的研究圈子，过度地关注于自己的门前雪，不管外界的瓦上霜。譬如社会史不考虑政治因素，经济史忽略文化因素；或者史学不管哲学的发展状况，忽略文学的滋养。以前那种“文史哲不分家”的场面已然不在，这样长此以往的结局是：一方面造成史学高居庙堂之上，与普通大众渐行渐远，另一方面，史学研究者一味地求专求精、求科学化，呕心沥血所成就的皇皇巨著往往佶屈聱牙、讳莫如深。“在今日全社会都急功近利的大趋势下，‘专家’都极少能从头至尾细细品读众多动辄数十万字的专著。”[2]普通民众的选择也就不难理解了，各类“讲坛”、电视剧备受追捧也在情理之中。这样的结果自然有悖于史学的初衷，有悖于博采众长的史学发展路径，史学更应该深深地自责。

二、历史的责任

史学的挑战亦好，危机也罢，这都促使着史学去寻求自身的发展，正所谓“置之死地而后生”。史学要想更好地发展，更好地承担起在整个社会中的作用，首先就必须肩负起自己的历史责任。所谓历史责任，笔者认为这既包括它对过往历史的求真态度，公允对待逝去的往事，更包括史学对当前、对未来的负责。

（1）埋首故纸堆：史学作为社会的一面镜子，对整个国家、民族、个人提供着重要的借鉴功能，这也是史学长盛不衰的重要原因。即使在今天这个瞬息万变的时代，这样的功能仍然不容小觑。从这一点来看，史学透露着研究者对历史的态度，表达着今人对历史的研究之所得。史学若想取得公众的认同，更好地产生借鉴公用，首先便需要探求历史的真实性。李文海先生甚至直接指出，把握历史真实愈深刻，历史学的知识功能、借鉴功能和指导功能发挥得就愈充分。马克思主义历史学敢于面对历史的真实，给人以深刻的反思，就是因为它从客观历史进程中提炼和总结出于今天有益的经验教训来[3]。史学首先只有求真，只有无愧于历史，方可经受历史的考验，对得住历史，也就无愧于今天，无愧于未来。

要求真，就需要对过往历史进行深入的考据，对浩如烟海的史料进行梳理辨析。当然，从事史学研究的人尤为关键，要敢于对过去的史料进行较真和论证研究。正如范文澜先生所言：“板凳续作十年冷，文章不写半句空。”在这个物欲横流的喧嚣时代，这对广大史学研究人员而言，无疑有着巨大的挑战。“经济基础决定上层建筑”，史学的发展自然离不开经济的支持，史学的客观性更需要整个史学的大发展来支撑。正如刘志琴认为：当代史学需要深刻反思的问题是史学的公信力在下降，降到有史以来最低点，史书如果失去读者的信赖是史学的一大悲剧。[4]

求真，并非“两耳不闻窗外事”，并非如“乾嘉学派”那般只顾一味去考究，它要求研究者要更多地关注现实，在现实中去找寻历史的影子，只有对现实拥有敏锐而深刻的洞察力，也才能更好地求真。

（2）史学要脚踏实地：史学的真实可靠是史学生生不息的源泉。19 世纪的西方之所以能成为历史学的世纪，也源于兰克学派的客观态度，以及后来年鉴学派的真实耕耘。“如果一门科学最终不能以某种方式改善我们的生活，就会在人们眼中显得不那么完美……史学的主题就是人类本身及其行为，历史研究的最终目的显然在于增进人类的利益。事实上，一种根深蒂固的秉性使人们几乎本能地要求历史指导我们的行动，因此，一旦历史在这方面显得无能为力之时， 我们就会感到愤慨。”[5]在真实的基础之上，史学更需要脚踏实地。所谓脚踏实地，笔者认为史学必须发挥其重要的社会功用，立足于现实，造福于社会、恩泽于民。

当前人文社会科学（历史学）的危机，主要不是方法论的危机，而是脱离了社会实践而产生的危机。[6]这表明史学已趋于作茧自缚，开始丢弃自己优良的传统。众多的研究者虽都认为历史学的社会功能是多层次的，但基本点是为现实服务。历史学能够很好地为现实服务，为建设具有中国特色的社会主义社会贡献力量。[7]历史学如何继往开来，如何为现实服务，这便是问题的关键之所在。我国的史学优良传统是叙事史学的长盛不衰，是“鉴于往事，以资于治道”的借鉴作用。但如今，这二者似乎都在一点一点地丧失。正如王日根所认为，史学的经世致用功能更需要彰显。[8]

史学自成为一门独立的学科以来，研究者们更多地在追求史学的科学性，要求史学无限客观公允。但事实表明，史学研究不能因为强调“史学就是史料学”而否认史学的主观性，也不能因为强调“一切历史都是当代史、思想史”而否认史学的客观性。[6]如何把握好史学的客观与经世功能，这恰好是史学的精彩之所在。正如克罗齐所言，“一切历史都是当代史”，在保持客观的基础之上，史学必须为当下的社会服务，彰显其在整个社会中的作用。20 世纪西方的历史学非常看重社会效用，那些新史学的大师毕生关注着这个问题。克罗齐、科林伍德及 20 世纪末的后现代主义历史思想家，都将现实生活和历史学相联系起来。 历史能给国家、民族提供巨大的借鉴功能，能够对个人在前行的道路上有所裨益，这就是史学的巨大价值。史学价值巨大却又卑微，不易被人所发觉，但谁也无法否认。当然，史学只有被人承认，方可证明它的价值。正如陈新所言：“只有当历史研究成果反映了世人的要求，被他们接受与利用，才能证明我们的价值，也证明历史学的价值。”[10]

邓小平反曾复强调：“中国要坚持走社会主义道路。所以了解自己的历史很重要。”[11]史学为整个社会提供了借鉴，塑造着整个民族的民族性格，它既是民族的根，更是民族的魂。[3]

（3）穷则变，变则通：史学的功能甚是重要，正如邓小平所指出：“要懂得些中国历史，这是中国发展的一个精神动力。”[11]然而，史学所面临的重重困境亦横亘于前。如何兼容并蓄，如何更为科学地发展，这已经成为史学所必须面对的问题。

当今已是一个飞速发展的时代，史学的更新是一个缓慢的过程，这多少与这个时代搭不上太大的关系，但是史学却承担着让公众回归理性的责任。鲁滨逊在 20 世纪初就指出：“长期以来，人们一直认为：人们可以从过去的事情中吸取教训……事实上，人类的情况，至少在我们现代，是变化得如此迅速，以致人们如果要想利用过去的经验来解决现代问题那是极其危险的”。所以他认为，历史的作用主要不是“给我们提供行动的先例”，而是有助于我们“充分理解现状”。[12]

研究历史，要求全面地对待历史，需要极大程度的公允，需要开放的心态，需要协同作战。早在 20 多年前，史学研究者便提出史学理论创新的重要性。“我们的史学研究到今日的局面，似乎已经到了必须在方法论上有所突破之时了。”[2]跨学科的研究如今已经是史学发展的大势所趋，要更好地发掘、研究历史，就要采纳考古学、心理学、民族学、人类学等的方法，让历史研究更趋于理性。正如邓小平所言："过去的成功是我们的财富，过去的错误也是我们的财富。"[11]无论史学的研究范围，还是史学自身在发展中所面临的一系列问题，都不能避而不谈。对于史学在改革开放以来所取得的一些优良传统，更应大力弘扬，正如刘志琴所认为：思想解放运动刷新了史学的风貌，史书从干燥无味的说教，变为生动具体的叙事。[4]史学的研究已经跨进了多学科的领域，但是史学那种高高在上的姿态还未改变，普通大众接受野史传说胜于对历史论文、专著史学的认识，或者说，史学所研究的成果总是很缓慢地进入社会。这自然与结构史学、理论史学有很大的关系，而叙述史学的回归正好能解决这样的问题。正如池桢认为：然而学术界不争的现实却是"结构-分析"的史学咄咄逼人的扩张态势，已经把叙事史学逼进了死角。我们在汗牛充栋的历史著作、文章中看到的是让人目眩的理论、范式和主义，还有难以卒读的数据分析；但却无论如何也唤不起我们内心的感悟和共鸣。[12]历史是生动的、具体的、鲜活的，为何当今史学反其道而行之？正如冯尔康所认为：（史学）需要保持"说故事"的特色。呼唤中的以"整体史"（"总体史""社会的历史""社会史学"）为特征的"新史学"可能出现及其与社会史的关系。史学功能转换是不可逆转的，历史知识大众化是必然趋势，要为史学功能的转换和史学知识大众文化做出努力，作为史学工作者应该有相应的观念转变和实践工作[13]。

"在西潮的冲击之下，梁启超、夏曾佑等人的'新史学'，至少影响了一代学人。"[2]新时期的史学，是否更应该海纳百川，谋求发展？不单史学的研究方法需要更新，史学的研究范围更是要扩大，我们不但要协调自己国内的历史，更应该好好地研习整个世界历史，无论是强者，还是弱者，其历史都有值得去研究，去学习借鉴的地方，并最终促进史学的大发展，大繁荣。[14]这既彰显着世界历史的价值，更表明史学在复兴中华民族道路上的重大作用。无论是世界史，还是中国史，其广袤的土壤都等待着史学的耕耘，史学研究的细化已成为不可逆的潮流。正如王晴佳所分析：（历史研究者对某一历史）反复论说，其结果就是许多观察、结论都大同小异，了无新意。[15]而一些更为有益的历史细微之处往往被人所忽略，只有将细微之处研究充分，方可实现整体史学的大繁荣。史学研究的多元化、"碎片化"已经成为史学研究的主流，如何更好地在整个大历史之下实现史学的充分研究，这更是史学自身发展过程中必须逾越的"卡夫丁峡谷"。

三、余论

"我们当身种种罪恶与弱点，不能将一切都推诿给古人，更不应该认为我们是站在以往历史最高之顶点，对其本国以往历史抱一种偏激的虚无主义，我们应当对以往历史有一份温情和敬意。"[16]钱穆先生的史学态度严谨而又求真，他的这一席话更是表达了一位历史巨人对历史的敬畏。任何时代都无法割裂与历史的关系，史学正是历史与现实之间的桥梁。

在中国特色社会主义发展的今天，要实现文化的大繁荣、大发展，史学有着与生俱来、却又十分重要的作用。史学在中国特色社会主义理论的指导之下，更应敞开胸怀，弥补自身的不足，履行好自己的责任，一步一步地实现自身的发展，为实现我国的繁荣、富强、文明而不懈完善。索尔仁尼琴曾说："一句话能比整个世界的分量还重。"史学更应该以此为要求，在中国特色社会主义理论的指导之下更好地完善自我，更好地面向历史、面向未来。

参考文献

[1] 梁启超. 中国历史研究法[M]. 北京：商务印书馆，1928.
[2] 罗志田，葛小佳. 东风与西风[M]. 三联书店，1998.
[3] 李文海. “求真”才能“致用”[J]. 史学月刊，2001（4）：5-7.
[4] 刘志琴. 当代史学功能和热点的转向[J]. 甘肃社会科学，2012（4）：77-80.
[5] 马克・布洛赫. 历史家的技艺[M]. 上海：上海社会科学院出版社，1992.
[6] 包伟民，吴铮强. 认识论、史学功能与本土经验——关于历史学方法论的几个问题[J]. 浙江社会科学，2007（2）：21-24.
[7] 冉光荣，周锡银. 历史学必须为现实服务[J]. 社会科学研究，1986（3）：79-80.
[8] 王日根. 融入时代主旋律、发挥史学的经世功能[J]. 安徽史学，2011（4）：5-8.
[9] 王加丰.“理解”：二十世纪西方历史学的追求[J]. 历史研究，2001（3）：164-178.
[10] 陈新. 新的责任创造新的历史[J]. 学问，1998（3）：11-12.
[11] 邓小平. 邓小平文选（第3卷）[M]. 北京：人民出版社，1993.
[12] 鲁滨逊. 新史学[M]. 何炳松，译. 北京：中国人民大学出版社，2011.
[13] 冯尔康.“说故事”的历史学和历史知识大众文化化[J]. 河北学刊，2004，24（1）：164-169.
[14] 探索与争鸣[J]. 2004.2
[15] 王晴佳. 历史研究的碎片化与现代史学思潮[J]. 近代史研究，2012（5）：12-16.
[16] 钱穆. 国史大纲[M]. 北京：商务印书馆，2010.

成都市大型网球中心经营管理特色研究*

——以四川国际网球中心为例

张　瑀

【摘　要】 从 2004 年雅典奥运会孙甜甜和李婷的网球女子双打夺冠到 2014 年女子大满贯得主李娜的退役，中国网球走过了第一个黄金十年，在这十年里，不管是在奥运赛场和大满贯赛场上的佳绩频出，还是上海大师赛和中国网球公开赛等赛事的举办，都极大地推动了网球这项运动在中国的发展，网球运动人口在高速的增长，越来越多的人加入到了网球这项运动，但是网球的发展离不开网球场馆的发展，而网球场馆的发展却不如网球赛场上取得的成绩，针对不同的问题提出相应的问题，以求解决影响网球场馆经营管理的问题，提高管理的竞争实力，实现网球场馆最大利用率和最大利益化，带动更多的人来参加网球运动，从而推动网球运动的发展。以四川国际网球中心为例，针对大型网球中心的经营管理模式进行研究，从实际出发，深入四川国际网球中心内部，对网球中心的经营及管理全程跟踪，通过分析和整理，得出四川国际网球中心在经营管理四个方面的特色：拥有酒店产业，运动吃住一体化；拥有多种体育运动项目，品种多元化；拥有高层次的教练群和高档次的体育设施，培训高端专业化；拥有完整的企业经营管理模式，制度先进化。

这可以为以后更多的大型网球中心的经营管理提供有价值的参考，推动更多的大型网球中心的建立，这必将带来更大的商业价值，同时网球这项运动也会在中国得到更快更好的发展。

【关键词】 经营现状；管理现状；网球中心；特色研究

一、四川国际网球中心的基本情况

地理位置：四川国际网球中心坐落于 380 亩（1 亩≈666.666 平方米）的生态公园内，园区环境优美，被风景秀丽的龙江湖环抱，掩映在 20 万平方米的绿色植物园中，毗邻成都双流蛟龙港、永康森林公园、谢菲联国际足球训练基地，距成都市中心 32 千米、距双流国际机场 20 千米。

场馆分布：公司主营范围主要包含酒店产业和网球中心，酒店产业部分由一座高星级国际酒店、一座高星级商务酒店、六栋运动员公寓组成。其中国际酒店拥有 270 个床位、11 个会议室、18 个餐饮包间、1 个 100 人餐位的西餐厅、1 个 120 人餐位的宴会厅和 1 个 600 人餐位的多功能宴会厅，可同时满足 1 000 人以上大型宴会和 1 000 人以上会议等综合服务；商务酒店拥有 158 个床位、1 个 80 人餐位的宴会厅和美容美发等配套设施，网球中心由一座 6 346

* 作者简介：张瑀，类别：网球，联系电话：13982023406，电子邮件：10986481@qq.com。

个座位的中心决赛场、两座 2 000 个座位的半决赛场、9 片预赛场、8 片室外练习场、12 片风雨练习场、4 片室内赛场和一座满足运动休闲的乒乓球、壁球、羽毛球、恒温游泳池、健身房的综合馆以及一个高尔夫挥杆练习场组成。

运营范畴：餐饮娱乐，场馆运动，客房出租，招商租赁。而场馆运动包括网球馆、5 人足球场、羽毛球馆、游泳馆、高尔夫球场、健身房、乒乓馆、壁球馆等运动设施。主要运营范围为网球场馆，它是由一座 6 346 个座位的中心决赛场、两座 2 000 个座位的半决赛场、9 片预赛场、8 片室外练习场、12 片风雨练习场、4 片室内赛场组成。其次是拥有国家 A 级水质，水温常年保持在 23~28 度，采用 24 小时循环过滤清洁系统的恒温游泳馆和占地 3 000 平米，共有 72 个打位，配备夜间灯光照明，超长 300 码纵深球道和真草练习果岭的高尔夫球场。

二、四川国际网球中心的管理模式

管理模式：模式是某种事物的标准性形式或固定格式，与管理模式有关英文的表达有：Management System （管理交流）和 Management Model（管理模型）。给管理模式的定义是从特定的管理理念出发，在管理过程中固化下来的一套操作系统。可以用公式表述为：管理模式=管理理念+系统结构+操作方法，可简单表述为：

管理模式=理念+系统+方法

MS=f（i）+f（o）+f（s）（IOS 模型）

其中 MS——Management System；

I——Idea/Ideology；

O——Operation/Organization；

S——Stratagem/Strategy。

所以我们就利用这个模型来探究四川国际网球中心的管理模式。

管理理念：四川国际网球中心的每个不同功能场馆都采用的是企业化俱乐部形式管理，网球中心内部按照《公司法》的要求建立现代的企业管理制度和财务制度，内部机构管理完善，管理比较规范，对员工要求很高。分工明确仔细。但比真正的企业化管理它又多了俱乐部的人性化和多样性，注重娱乐性和参与性。

系统结构：四川国际网球中心的场馆由场管部负责，其为中心的 A 级部门，全面负责运动及配套设施的运营，组织四川国际网球中心体育项目经营工作；联系并协调主管部门、体育行政部门相关工作，负责公司向政府机关部门争取社会公益补贴和相关政策工作。场馆部组织机构如图 1 所示。

操作方法：四川国际网球中心管理完全按照企业精细化管理，对每个细节都要求严格执行，并针对是与不是两种结果作出相应的判断和应变，以下是场馆接待的操作方法，从这个流程我们就可以看出接待过程就已经精确到每个细节：接受预定—电话预定（订单预定）—预定跟进—接待准备—迎宾—指引停车—总台接待—安排场地—引领更衣—引领到场地—巡场—消费告之—结账—送别。

综上所述，四川国际网球中心的管理模式已经精细化到每个细节，这就对全体员工做到了高标准的要求，当然这种高标准的要求需要做到高层次的管理，不同的网球中心有不同的管理模式，正是这种高度集中的制度化管理模式造就了四川国际网球中心与其他网球场管中心的不同之处。

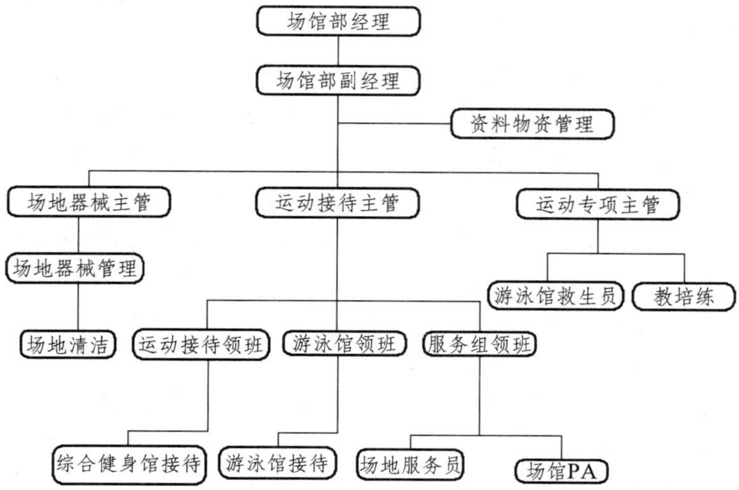

图 1 场馆部组织结构图

三、四川国际网球中心的经营探析

企业化俱乐部模式是四川国际网球中心场馆的主要经营模式，作为主要经营和知名项目，四川国际网球中心充分利用自主场地的优势，采用企业化管理，融入俱乐部观念，项目经营丰富，档次高，消费低。由于在成都没有同等档次的网球中心竞争者，所以管理者制定了长期有效又具有针对性的发展目标，保持在全市，全省，甚至全国的领先地位。四川国际网球中场馆主要以赛事活动的举办，会员的发展，各项体育活动的培训为主，他们之间既有独立性，又有联系性。

赛事活动：由于承办比赛可提升知名度，树立良好的品牌，显示强大实力，四川国际网球中心每年会承担很多比赛，主要承办的是网球比赛，而网球比赛也分 2 种类型，一是职业比赛，例如 ATP 元老巡回赛，ATP 青少年大师赛，中国 U18 网球比赛等国际职业网球联合会组织和中国网球协会举办的职业比赛；二是业余比赛，例如企事业单位举办的比赛，各个俱乐部举办的比赛，各个体育局举办的业余比赛，除了网球比赛外，由于网球中心其他运动项目较多，设施齐全，也承办了如羽毛球，乒乓球，足球，游泳等各种比赛。

会员：四川国际网球中心采用的是高挂牌价，而低执行价则通过会员的形式提供，这样可以使会员除了享受大众的消费价格，还可以享受较高的服务，比如优先选择场地，定期的教练指导，定期参加网球中心组织的高水平比赛，还可以参与网球中心其他项目运动，由于网球中心项目品种多，所以会员卡分为单项卡和健身卡，单项卡是面对各个单项对挂牌价的折扣，而健身卡就是多项卡的意思，它是对四川国际网球中心所有体育项目的统一折扣。

（1）网球会员：由于四川国际网球中心的主营项目是网球，所以经营管理者对这方面非常看重，从而采用的高端的档次，大众的消费，诚心的服务，只要充值 2 000 元以上，则统一在执行价上执行 3 折，而网球中心除了在价格上采取低廉的消费，还定期对会员进行技术上的指导，还通过组织网球比赛定期检验会员一段时间内的练习效果，使会员们对网球中心充满信心，增加对网球中心的忠诚度，树立四川国际网球中心的高端品牌，达到大范围的吸收新的会员，增加网球中心的营运规模。

（2）其他项目会员：四川国际网球中心除了网球项目之外，还有游泳，乒乓球，壁球，羽毛球，五人制足球，篮球，健身等其他项目，除了羽毛球是充值3000以上享受6折优惠外，其他项目都是充值2000以上享受6折优惠，同样也有专业教练进行定期的技术指导，服务和主营的网球项目一样，高端的档次，大众的消费，诚心的服务。

（3）独立的项目会员：由于高尔夫运动的独特性，所以四川瑞麟高尔夫俱乐部是单独独立出来的项目。

培训：四川国际网球中心除了吸收会员外，还长期开办培训班，我们所知道一个成熟的培训体系是由制度、课程、讲师三部分组成。

（1）制度：制度是四川国际网球中心的培训基础，包括培训管理办法、培训计划、相关表单、工作流程、操作办法及内部讲师制度。而主要培训对象定位于广大青少年和广大体育爱好者，积极推动体育在广大人民群众普及，以强身健体为原则，为学员提供技术优势，进行分层次教学，分初级班，中级班，高级班，进阶班。

（2）课程：培训课程是灵魂，包括培训课程设计、培训课件的制作、培训项目编写、培训课程的审核评估。四川国际网球中心的培训分为主营的网球培训、游泳培训以及其他的培训。

网球培训：学会网球正反手击球。磨练意志，精炼技术，锻造专业，感受快乐网球。

（3）讲师：讲师是载体，这里的讲师也可理解为教练，也就是说教练仅仅是培训体系中的一个执行者，扮演的只是去演绎课程的角色，每个班对应的学员不同，对应的教练也不同，教练自身水平很高，但教授水平低则不符合网球中心对符合型教练的要求，网球中心会根据教练们的定期考核，制定出不同的教练层次，从而满足不同客户的需要。

（4）培训的延伸：延伸培训主要是指在主要培训项目的基础上，将培训的人员、时间及效果延伸到项目的辅助培训上。例如，网球的培训，可以延伸到网球教练的培训，穿线师的培训；游泳的培训可以延伸到救生员的培训等。只要市场的需要满足了培训体系的三要素，延伸的培训项目将在未来的发展中占到重要的地位。

比赛、会员、培训三者的联系：由于这三项是主营项目，所以这三项相辅相成，缺一不可，例如一个会员刚入会，他首先是因为从报纸，电视等传媒了解到了成都重大的网球比赛在四川国际网球中心举办，在脑海里不断加深印象，从而去选择作为培训的场馆，加入了这个大家庭的会员俱乐部，再长时间的训练培训，他的技术得到了提高，然后又可以参加网球中心所承办的比赛，如此循环，使这三者紧密的链接在一起形成了一个强大的整体。

会员和培训：会员可以通过比赛，发现自身技术上的缺点，然后参加网球中心专门量身定制的培训计划，从而提高自己的技术水平。

培训和比赛：网球中心可以通过承办一届成功的比赛，来检验会员的培训效果，从而自测出一段时间内的培训体系是否达标。

会员和比赛：会员通过培训后参加比赛，会体验到由于技术的提高而带来的乐趣，从而培养出对四川国际网球中心的忠诚度和归属感。

四、结论

四川国际网球中心之所以成为成都市行业的领导者，是因为它具备了其他网球场馆中心所没有的以下特色：

（1）拥有酒店产业，运动吃住一体化，四川国际网球中心包含酒店产业和网球中心，由此看出酒店产业虽然和网球中心的面积比为 1∶9，但营业收入却是 9∶1，难道网球中心不如酒店产业吗？答案是否定的，因为四川国际网球中心在成立之初，正是在 2004 年雅典奥运会孙甜甜和李婷的网球女子双打的夺冠之后，网球热正开始之初，川投集团作为四川国际网球中心唯一控股集团，是想利用企业强大的资金背景打造一个全国知名的网球中心，从而提高川投集团的知名度，所以人们最先认识的是成都有一个国际网球中心，而不是有一个川投宾馆，川投集团是利用国际网球中心的知名度来带动网球中心其他产业，而拥有酒店产业正是四川国际网球中心的特色之一，在整个成都市都是唯一的。

（2）拥有更多的体育运动，项目多样化，成都市其他网球场馆经营相对较单一，除去网球场，最多加入了羽毛球，乒乓球等可以利用网球场进行改造的场地。而有些大的体育中心，则是主要以足球场和篮球场为主，网球场很少。因为场地受限，有些大的体育馆则是以篮球馆，游泳馆，羽乒馆为主。只有四川国际网球中心集中了网球场馆，体育中心 ，体育馆拥有的各种运动项目，而且，整个四川国际网球中心还拥有 20 亩的空地，可以随时增加想要开展的项目。

（3）拥有高层次的教练群和高档次的体育设施，培训高端全面化。四川国际网球中心的教练群主要来自两个方面：一是来自全国体育院校的网球专业的大学毕业生，二是来自省体工队退役下来的运动员，由于网球中心企业化管理，这两方面来的教练员应聘都要通过中国网球协会 ITF 二级教练员培训，并取得证书，面试和测试均有多名高水平教练员在场，一致通过才算成功入选，严格的选拔制度伴随的是高端的体育设施，网球中心拥有一座 6 346 个座位的中心决赛场，两座 2 000 个座位的半决赛场，9 片预赛场，8 片室外练习场，12 片风雨练习场，4 片室内赛场，这种规模和档次在整个成都市都遥遥领先，拥有国际网联所认证的穿线师使你随时随地都享受职业运动员的手感，所以培训的环境和内容都是高端化的。

（4）拥有完整的企业经营管理模式，制度先进化。一个企业的成功来自于一种成功的经营管理模式，四川国际网球中心所采用的企业化俱乐部形式，正是集合了两者的优点，即注重了战略规划能力，又兼顾了俱乐部的娱乐功能；注重了组织管理能力，又兼顾俱乐部的心理功能；注重了人力资源管理能力，又兼顾俱乐部的社交功能；注重了资源整合能力，又兼顾俱乐部的力量功能，一旦加入进来，就可能树立更强的信心，感到集体力量的强大。当然两者最终共同的目的还是赚取更多的利润，树立大家认可的品牌，具有品牌竞争能力，以期消费者长期支持。

（5）从近几年四川国际网球中心的发展情况来看，中心也有一个重大的问题，当前中心正处于不进则退的重要战略关口，在中心全体员工的艰苦奋斗下，已经在举办大型体育赛事，演艺活动，会议，培训等方面积累形成了较好的社会影响力和品牌知名度，但由于受到经营地理位置的影响，网球中心客房，场地等资源未能充分利用，加之体育产业发展到一定高度后形成瓶颈，不知道下一步是向上继续拔高发展，还是平行发展其他产业，因为现在的网球中心的体育产业已经供大于需。这时候就是要促进网球中心做出扭转困局的科学战略选择。

参考文献

[1] 曹亚东，刘元国. 从 4P 和 4C 理论看经营性网球俱乐部的营销战略[J]. 沈阳体育学院学报，2006，25（3）：35-37.

[2] 李芬. 西安市网球场馆经营管理现状及发展对策的研究[D]. 西安：西安体育学院，2011.

[3] 张仁寿，丁小伦. 国外大型体育场馆的运营模式与经验借鉴[J]. 广东经济，2006（11）：21-23.

[4] 曹亚东，徐龙，庞宏敏. 沈阳市网球场馆现状分析[J]. 沈阳体育学院学报，2006，25（1）：38-41.

[5] 程广振，刘越东，崔俊杰. 经营性网球俱乐部可持续发展探析[J]. 体育世界（学术版），2009（1）：103-105.

[6] 高建玲，乌兰. 对商业体育俱乐部消费者群体现状的调查分析[J]. 山东体育学院学报，2001，17（3）：19-21.

[7] 张大超，彭金洲，张瑞江. 中外现代大型体育场馆管理体制的比较[J]. 体育学刊，2004，11（3）：120-123.

[8] 李艳丽. 国外公共服务机构资产管理及其对我国公共体育场馆改革的启示[J]. 北京体育大学学报，2014，37（8）：6-11.

数学技术在物流成本管理中的应用实例分析*

严丽娟

【摘　要】 成本管理作为企业管理的重要组成部分，对于企业提升核心竞争力和可持续发展，占有更大的市场份额起着至关重要的作用。近年来，数学技术在成本核算和管控技术方面的应用率越来越高，通过构建数学模型，分析每个成本影响因素的方法也取得了较好的理论和实践效果，因此通过研究数学技术在物流成本管理中的应用，帮助物流业提升发展动力，是十分必要和迫切的。

【关键词】 数学技术；物流产业；成本要素；成本管理

随着我国经济社会迅猛发展和科技进步，带来了产业结构的深刻变革，物流产业作为比较有代表性的新兴产业，现已形成了较为完整的产业链运行和发展模式，大批新型物流企业蓬勃发展，在所有制、服务和市场指向等方面形成了多元化发展趋势。但由于我国物流业起步较晚，科学化、规范化管理和企业集约化程度较低，在运行效率、社会需求满足度、基础设施建设、市场运行和企业内部管理等方面缺乏有效的技术支持，很难应对金融市场巨变带来的影响和冲击，传统物流公司仅能提供运输、仓储等业务，更难实现可持续发展。归咎其根本原因，传统物流企业产生可持续发展风险的主要是因为成本管控不利，高成本和低利润运作模式成为限制整个行业发展的瓶颈。在学习和借鉴国外和发达地区先进管理经验的同时，本文尝试通过数学技术手段，采用微积分和运筹学控制技术，构建数学模型，有效控制和降低物流企业运行成本，提高企业收益和国内物流产业的国际市场竞争力。

一、物流成本的要素

由于国内物流产业起步较晚，其管理理论和方法与发达国家相比，其科学性和规范性程度相对较低，数学表述难度较大。与国内的物流成本核算相比，美国现行的物流成本核算体系更适合构建数学模型。该体系加大了时间和资金成本在成本核算中的权重，将货物和资金滞留等产生的利息成本计入存货持有成本。在保证成本核算科学准确的同时，也反映了货品、资金高效流转和降低库存在物流企业降低成本方面的重要意义，提出了通过提高货品流转效率，降低库存的成本管理方法；此外，该体系在成本核算过程中对全部成本要素进行了计算，例如运输成本中不仅包含了传统交通费用的计算，还对可能产生的代理费用进行了统一核算，在存货持有成本计算时，与国内相比包含了人力、缺货、税收等因素，更为准确和全面地描

* 作者简介：严丽娟，部门：信息工程学院，类别：数学，通信方式：13551860561，电子邮箱：444248357@qq.com。

述了每一个成本要素，通过对子要素的全口径计算，使物流成本核算结果更加精准，也让为成本管理提供了更加科学有效的方法，例如通过降低人力成本，调节库存等方式，有效控制物流企业成本。美国物流成本核算是一个既能实现宏观统计，又能进行具体业务核算的方法，其成本特征描述可以被用于长期成本观察，发现成本变化规律，更好地控制和降低物流行业成本。

这一体系中主要存在三个成本要素，即存货持有成本、运输成本、行政管理成本（见表 1）。通过三个要素产业在 GDP 中的比例可以得出其在总成本中所占的比重（见图 1），由此不难看出存货持有成本和运输成本接近总成本的九成。造成两者过高的原因有很多层面，因此笔者研究的重点是通过数学技术手段，分析成本要素，以期降低仓储和运输成本，优化物流企业管理模式，实现核心竞争力提升。

表 1　成本要素内容表

存货持有成本	运输成本	行政管理成本
仓储费用	公　路	订单处理及 IT 成本
存货压占资金利息	铁　路	市场预测、计划制定及相关财务人员发生的管理费用
货物损耗	水　路	
保险费用	航　空	
人力费用	油气管道	
缺货成本	货运代理	
税收费用	货主相应支出	
存货贬值、过时等机会成本		

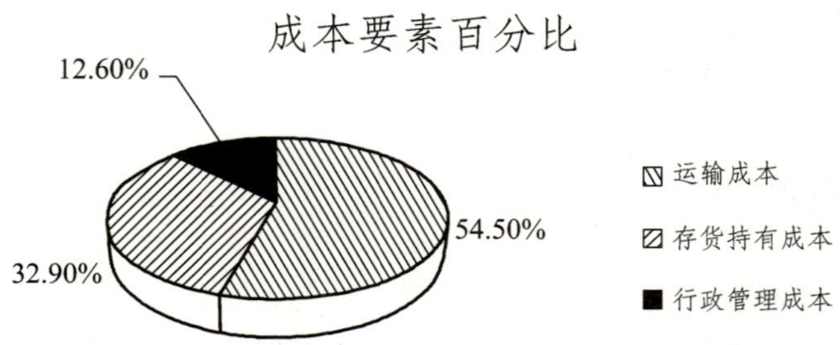

图 1　成本要素在总成本中所占比重图

二、数学模型构建及实例分析

物流企业的库存量应该由可预见的市场需求量决定，过分仓储带来的管理费用增加、商品损耗和效率降低都会导致物流企业成本增加。针对如何解决这一问题，数学技术中的微积分正好实现了“定量”，通过确定最优订货量，规划合理的出货区间，在保证供应的情况下实现最小库存费用，从而有效降低物流存货持有成本。

最优订货量表示实现仓储成本最低的单次订货数量，本文选择经济订货批量（EOQ）为指标，假定市场需求已知且持续均衡，在稳定供货周期内一次性收入货品，货品单价和运输费用不变，库存无相互影响，不存在缺货等不能实现需求的情况，在该理想状态下，构建简单模型，仅考虑库存持有成本和采购订货成本。

建立数学模型如下

$$TC = DP + \frac{DC}{Q} + \frac{QK}{2}$$

式中，TC——年总成本；D——年需求量；P——产品单价；C——单次订货成本；Q——单批订货数量；K——单品持有成本。

由以上模型对 Q 微分可得最佳（经济）批量：

$$EO_Q = \sqrt{\frac{2CD}{K}}$$

实例参考 1：某地某仓储地商品 X 年需求量为 2 万个，单品购买价为 10 元，每次订货成本为 150 元，单品保管费 5 元/年，现该产品供货商推出促销优惠，即单次购买产品超过 1 000 个，小于 1 500 个时，可享受 9 折优惠；单次购买超过 1 500 个，可享受 8 折优惠，现单品仓储成品为单价的 50%，计算现有条件下最优订货批量（表 2 为优惠价格表）。

表 2　优惠价格表

折扣区间	0	1	2
商品订货量	＜1 000	≥1 000，＜1 500	≥1 500
商品单价（元）	10	9	8

（1）折扣区间 1 最优订货量：

$$EO_{Q_1} = \sqrt{\frac{2CD}{K}} = \sqrt{\frac{2\times150\times20\,000}{9\times0.5}} \approx 1155\text{（个）}$$

因为$1\,000 < 1155 < 1\,500$，最优订货量为 1 155。

（2）折扣区间 2 最优订货量：

$$EO_{Q_2} = \sqrt{\frac{2CD}{K}} = \sqrt{\frac{2\times150\times20\,000}{8\times0.5}} \approx 1\,225\text{（个）}$$

$1\,225 < 1\,500$，最优订货量为 1 500。

（3）TC_1 和 TC_2 年化成品分别为：

$$TC_1 = DP_1 + \frac{DC}{Q_1} + \frac{Q_1K}{2} = 20\,000\times9 + \frac{20\,000\times150}{1155} + \frac{1155\times5}{2} = 185\,484.9\text{（元）}$$

$$TC_2 = DP_2 + \frac{DC}{Q_2} + \frac{Q_2K}{2} = 20\,000\times8 + \frac{20\,000\times150}{1\,500} + \frac{1\,500\times5}{2} = 165\,750\text{（元）}$$

由题可知$TC_2 < TC_1$，在当前条件下最优订货批量为 1 500 个。由此可得，在既定条件下，运用微分技术能够提供更为优化的仓储和订货方案，实现物流仓储成本管控。

在运输成本控制方面，我们可以采用运筹学技术，通过货物自然流向其实现合理运输配置，这种方式不仅能够提升物流效率，降低运输成本，还有助于实现更高的附加值。以计算产销平衡状态下的运量规划为实例，实现运量管理优化。

实例参考 2：若将商品 A 由 a 个起点站送往 b 个目的地，现从 y 货站至 z 地运费单价为C_{yz}，理想条件下运费与运量成正比关系，P_y表示 y 站可供应量，q_z表示 z 地需求量，设变量X_{yz}为 y 站至 z 地的运量，该数学模型的约束条件可表现为：

$$\sum_{y=1}^{a} X_{yz} = P_y(y = 1,2,\mathrm{L}\ \ a)$$

$$\sum_{z=1}^{b} X_{yz} = q_z(z = 1,2,\mathrm{L}\ \ b)$$

$$X_{yz} \geqslant 0(y = 1,2,\mathrm{L}\ \ a; z = 1,2,\mathrm{L}\ \ b)$$

目标函数为 $$\min f(x) = \sum_{y=1}^{a}\sum_{z=1}^{b} C_{yz} X_{yz}$$

以单纯形法解析实例，现 3 个起运站供应量分别为 50，50，75；4 个目的地需求量分别为 40，55，60，20。区间运费单价分别为$C_{11}=3$，$C_{12}=1$，$C_{13}=4$，$C_{14}=5$，$C_{21}=7$，$C_{22}=3$，$C_{23}=8$，$C_{24}=6$，$C_{31}=2$，$C_{32}=3$，$C_{33}=9$，$C_{34}=2$。

约束条件表述为：

$$X_{11} + X_{12} + X_{13} + X_{14} = 50$$

$$X_{21} + X_{22} + X_{23} + X_{24} = 50$$

$$X_{31} + X_{32} + X_{33} + X_{34} = 75$$

$$x_{11} + x_{21} + x_{31} = 40$$

$$x_{12} + x_{22} + x_{32} = 55$$

$$x_{13} + x_{23} + x_{33} = 60$$

$$x_{14} + x_{24} + x_{34} = 20$$

其中，$X_{yz} \geqslant 0(\mathrm{y} = 1,2,3; z = 1,2,3,4)$

解得，$x_{12} = 50, x_{22} = 40, x_{23} = 10, x_{31} = 40, x_{32} = 15, x_{34} = 20$

因此总运费：$f(x) = 565$（元）

面对日趋激烈的市场竞争环境，降低成本不仅能够实现更大的利润空间，更能降低物流企业的运行风险，实现创新可持续发展。因此，引进能够运用数学技术于成本管理的人才，对于物流企业发展至关重要。这一问题也应引起用人企业、研究和人才培养机构的高度重视，通过形成产学研一体的人才培养和企业发展模式，不断提升我国物流产业的整体水平，创造更多的价值和国际市场空间。

参考文献

[1] 王增慧. 美国物流成本的计算对我国物流成本优化的启示[J]. 物流技术，2014，13：65-67.
[2] 王子安. 生产企业物流成本管理研究[J]. 中国管理信息化，2016，19（13）：125-127.
[3] 陈文. 物流成本管理[M]. 北京：北京理工大学出版社，2009.
[4] 霍琳. 中国在国际贸易中降低物流成本的途径[J]. 大陆桥视野，2013（2）：111.

就案例探讨高校安全保障义务的司法审查原理*

孙　茗

【摘　要】 高校安全保障义务的内涵目前较为模糊，既无法律法规加以明确，也无权威法律理论或通说，致使司法实践中处理该类案件时审查标准极为纷繁复杂。本文选择两例上铺摔伤案为分析样本，试图探讨在类似的、因高校提供的设施设备的合规性引发的侵权案例中，司法实践的审查标准。一方面通过案例详解、侵权责任的归责原则、安全保障义务的理论溯源、善良管理人义务概念等角度分析探讨司法审查的法律基础及法律原理，并探讨判决的可商榷之处；另一方面为高校回避该类风险提供思考角度。

【关键词】 高校人身伤害；侵权归责原则；安全保障义务；善良注意义务

案例一：2013 年 1 月 1 日，华北电力大学学生董万欣从宿舍的高低床上铺下床时，不慎从竖梯跌落至地面摔伤，致“t12 椎体压缩骨折”。2016 年，董向北京市昌平区人民法院依法起诉，向校方提出侵权索赔 56 134.66 元。经审理，法院裁定驳回诉讼请求。董上诉，二审法院维持原审裁定（后简称董案）。

案例二：2012 年 1 月 2 日下午，武汉东湖学院学生鲁艳玲从 2 米左右高的上铺摔落下来，造成右肘关节多处严重骨折，司法鉴定构成八级伤残。2013 年 8 月向校方索赔各项损失共计 258 925 元，武汉市江夏区人民法院依法判决校方赔偿鲁艳玲医疗费、残疾赔偿金、护理费等各项损失的 20%，共计 43 118 元（后简称鲁案）。

孩子的安全牵动千家万户，高校人身伤害一直是全社会关注重点。人身伤害案件，在我国归类于侵权法调整范畴。所谓侵权，是指一方当事人侵害另一方人身权益、财产权益的行为。高校侵权的类型繁多，本文意在讨论与上述两案例类似的、“因校方向学生提供的设施设备引发的伤害”类情形中，法院审查校方责任时适用的归责原则及相关法律原理。

目前我国处理侵权问题适用的主要法律是 2009 年颁布的《侵权责任法》。遗憾的是，该法对高校的侵权情形并无特别规范，更缺少相应的操作性法律法规支撑。故实践中，一方面，案件受理法官在审理案件时，只能在《侵权责任法》的框架内，参考 2004 年《最高人民法院关于审理人身损害赔偿案件适用法律若干问题的解释》（后简称解释）、《学生伤害事故处理办法》（后简称办法）等级别较低的法律性文件，依法适用自由裁量权裁判。法官个人的主观认识在个案审判中有相当大的影响力。这种法律上的缺失为本文提供了探讨空间。另一方面，以民法学界的标杆型人物——王立明、梁慧星、杨立新、张新宝等教授为主导，对侵权法领域的法律原理进行广泛深入的探讨，引入并阐述了安全保障义务、合理注意义务、善良管理人义务、侵权责任归责原则等相关侵权法术语，在一定程度上形成通识。这些研讨不仅为本文

* 作者简介：孙茗，部门：艺术与人文社科学院，类别：侵权法，通信方式：13880116796，电子邮箱：357494218@qq.com。

的探讨提供理论指引，且在实践中不同程度地影响个案的裁判。故本文试图通过上述案例，探讨这些术语在司法实践中的解读。

慎重起见，本文所采案例事实，以中国裁判文书网提供的判决书为准（但回避与本文要旨无关的诉辩要点，如诉讼的有效期限等。）董案参考北京中级人民法院的二审判决书，鲁案参考武汉江夏区人民法院一审判决书。本文涉及的其他案例，也均采自裁判文书网、北大法宝两个法律专业网站及最高人民法院采编的 2014、2015、2016 年度经典案例。

为便于清晰了解案情及探讨，下面采用列表方式列举案例细节，如表 1 所示。

表 1　案例细节表

<table>
<tr><th></th><th colspan="2"></th><th>董　案</th><th>鲁　案</th></tr>
<tr><td>一</td><td colspan="2">控诉焦点</td><td>华北电力大学提供的床铺上未安装拱形扶手，致董不能安全上下，故校方应对董本次所受伤害承担侵权责任</td><td>摔伤后打不通辅导员电话，第二天拍片后告诉辅导员伤情，辅导员只是责备，但未提供建议和帮助。请假回家治疗，延误病情，导致 8 级残疾。就陈述看，控诉焦点是高校及时救护之责</td></tr>
<tr><td>二</td><td colspan="2">论述依据</td><td>事发后，董所在的床铺安装了拱形扶手，并用铆钉加固，说明校方在事故后认识到安全扶手的重要性</td><td>判决书中未展示联系辅导员之依据。法院依如职权，现场测量并收集校方提供的床具尺寸</td></tr>
<tr><td>三</td><td colspan="2">索赔数目</td><td>治疗产生的费用共计 56 134.66 元，并诉讼费</td><td>模糊表达为各项损失共计 258 925 元</td></tr>
<tr><td>四</td><td colspan="2">校方抗辩理由</td><td>拱形扶手是否为必要结构，没有法律依据</td><td>1. 鲁某一个人在宿舍，怎么摔伤证据不足；
2. 已经履行安全保障义务，包括“组织学习《学生手册》，并签订安全责任书等；
3. 上铺下桌的结构是现今高校宿舍的惯例，床铺牢固且有安全防护栏；
4. 事件发生系节假日期间，且辅导员提供了合理建议；
5. 鲁自己不小心受伤，延误治疗时机，致残，责任自负</td></tr>
<tr><td rowspan="2">五</td><td rowspan="2">法院审查依据</td><td>1.《gb/t3328-1997 家具床类主要尺寸》：高低床的安全护栏高度大于等于 20 cm，护栏和床头之前的缺口应在 50～60 cm</td><td>该标准对是否应安装拱形扶手没有提供相关的国家标准和行业标准；在实际生活当中，未安装拱形扶手的高低床在各高校亦较为普遍。故不能以没有拱形扶手认定为有安全隐患</td><td>床铺离地面高度约为 180 cm，其防护栏高度约为 17 cm，长约 115 cm，护栏与床头之间的缺口为 75.5 cm。未过标</td></tr>
<tr><td>2.《学生伤害事故处理办法》第九条（后文简称《办法》）</td><td colspan="2">“学校的校舍、场地、其他公共设施，以及学校提供给学生使用的学具、教育教学和生活设施、设备不符合国家规定的标准，或者有明显不安全因素的”应承担侵权责任</td></tr>
</table>

续表

			董　案	鲁　案
五	法院审查依据	3	董安全上下四个多月	鲁是完全民事行为能力人，且已在该校住宿达三年，理应了解宿舍床铺的结构和性能，却因自身疏忽大意导致摔伤，其自身应承担主要责任。
		4	董未能提供相应证据证明事故发生与没有拱形扶手之间存在因果关系予以证明，亦未提出充分合理的逻辑推断，故因果关系无法推定成立	1.原告鲁艳玲诉称辅导员没有尽到职责导致其延误治疗的诉称主张，因其未提交相关证据予以证实，故该诉主张不予采纳。2.学校关于假期无责的抗辩不认可
六	裁判		因不符合一般侵权责任的构成要件，故华北电力大学不应对董万欣所受伤害承担侵权责任	武汉东湖学院对原告鲁艳玲的损失承担20%的赔偿责任，即43118元。

解读表格，董案与鲁案的涉案法院分别从两个角度度进行认定：

（1）校方有无过错。

该项的讨论焦点是校方提供的床具是否合乎标准的问题。判决书载明：董案的拱形扶手在国家标准文件中没有表达，意即法律对此无强制性标准；鲁案中，法院现场测量的结果是鲁床的栏杆高度、栏杆与床头的缺口宽度均低于国家标准。

结论：华北电力大学无过错，武汉东湖学院有过错。

（2）当事学生有无过错。

判决书原文："董万欣系成年人，且在此床铺已上下数月，其自身应尽到谨慎的注意义务，对于此摔伤事件，应自行承担责任。"

"原告鲁艳玲作为具有完全民事行为能力的自然人，且已在该校住宿达三年，理应了解宿舍床铺的结构和性能，却因自身疏忽大意导致摔伤，其自身应承担主要责任。"

以上内容可简单概括为：

董案：校方无过错——校方提供的床没有违反国家标准，尽到义务；

学生有过错——四个月上下未摔倒，可见自己未尽到谨慎注意义务。

因此校方无责董有责，且董全责。

鲁案：校方有过错——提供的床品的护栏、缺口不符合国家标准；

学生有过错——入学三年上下未摔伤，有疏忽大意的过错

因此鲁承担主责 80%，校方次责 20%。

无论以常识以法理，两个高校学生，都是年满 18 岁的完全民事行为能力人，为自己的疏忽大意承担后果似乎并无明显的不妥。但仔细分析，法院在进行过错审查时，对校方和学生，采用了完全不同的标准：对校方，是提供的设施设备是否合乎法律标准的义务，属客观审查。对学生，审查的是谨慎义务，以未尽到谨慎注意义务证明学生有过错，是主观标准。暂不讨论在同一语境下，两个不同标准如何确定双方责任分配，姑且关注一下概念替换问题：设施设备合乎标准怎么替代了校方无过错论证的？这种等同替代的法律基础何在？是否符合侵权

法的设计原理及基本规则？

溯本清源，为明确上述问题答案，必须回归侵权法律原理的两个基本概念：过错责任原则以及安全保障义务。

过错责任原则是侵权法规定的主要侵权归责原则，意思是行为人有过错，才承担责任。根据过错的大小，确定责任的分配比例。该原则正式表述在《侵权责任法》第六条 ，其项下包括两款：

行为人因过错侵害他人民事权益，应当承担侵权责任。

根据法律规定推定行为人有过错，行为人不能证明自己没有过错的，应当承担侵权责任。

第一款法理上称为过错原则，第二款称为过错推定原则。两者的区别主要在于适用范围和举证责任的分配。

过错原则适用于一般侵权情形，受侵害方需要提交证据证明侵害事实的发生、伤害后果以及两者间的因果关系。如果没有证据支持，由受侵害方承担举证不利的后果。

过错推定原则适用于法律有特殊规定的情形，在该类情形下，被侵权人只需证明侵害事实的发生，侵权人则要举证自己无过错。如果侵权人不能提供相应证据，则承担证明不利的后果

举例说：甲被骑电瓶车的乙撞至骨折，甲需要提交的证据是：乙撞的自己、因乙撞击的结果导致自己骨折，如不能证明以上两项，其索赔得不到法律的支持。这是适用过错责任原则的情形。再例，乘客丙在地铁站台摔倒受伤，只需证明自己在地铁站内受伤，地铁方需要提交证据，证明己方尽到提醒义务，且地面无水渍、油污、香蕉皮等导致滑倒的物品，否则即应承担侵权责任。这是适用过错推定责任的情形。两者比较，适用过错推定责任的情形中，侵权方的举证责任较重，也较严格，对受侵害人更有利。

如前所述，由于我国现行法律规范中并未明确高校侵权案中校方责任的归责原则，故实践中依法理应适用过错责任原则。但具体是第一款还是第二款，即到底适用过错推定推则，或过错原则，则最好的受案法官也只能在现行法律的框架内，依据自己对案件事实以及法律理论的理解，行使自由裁量权做出具体裁判。在裁判实践中，高校的安全保障义务是司法裁判的实际基础。

安全保障义务的原理，大陆法系和英美法系都发展得较为成熟。2004 年，《最高人民法院关于审理人身损害赔偿案件适用法律若干问题的解释》首次明确使用相关概念。其第六条：

“从事住宿、餐饮、娱乐等经营活动或者其他社会活动的自然人、法人、其他组织，未尽合理限度范围内的安全保障义务致使他人遭受人身损害，赔偿权利人请求其承担相应赔偿责任的，人民法院应予支持。”

此条文开启了我国司法理论和实务界对安全保障义务的探索，2009 年颁布的《侵权责任法》第 37 条：

“宾馆、商场、银行、车站、娱乐场所等公共场所的管理人或者群众性活动的组织者，未尽到安全保障义务，造成他人损害的，应当承担侵权责任。”对安全保障义务进一步明确，并提升到基本法的级别。

两相比较，尽管《侵权责任法》将安全保障义务的适用范围由“住宿、餐饮、娱乐等经营活动或者其他社会活动的，”扩大至“宾馆、商场、银行、车站、娱乐场所等公共场所的管理人或者群众性活动的组织者，”但仍不能满足司法实务的需要。一个“等”字引发长期争论，

“等”是仅限于条文中提到的情形，还是应扩大到条文中未列举，但依理类似的情形。各路专家纷纷出马，为“安全保障义务”正名：

人大博导王利民教授：“安全保障义务是指为防止特定人的人身与财产的安全免受侵害而对特定人负有的义务。”

中科院博导梁慧星教授说：“民法上的安全保障义务，是指在某些特定的法律关系中，一方当事人对另一方当事人的人身及财产安全负有关照和采取措施加以保障的义务。”

人大博导杨立新教授认为：“违反安全保障义务的行为，是指依照法律规定或约定，对他人安全负有保障义务的人，违反该义务，因而直接或者间接地造成他人人身或财产权益损害，应当承担损害赔偿责任的侵权行为。

复旦教授刘士国进一步提出“安全关照义务”，该义务系指“在一定法律关系中，一方当事人对另一方当事人的人身财产安全依法承担的关心照顾义务。”

尽管专家学者众说纷纭，但基本认可安全保障义务应包括如下内涵：

（1）基于当事人之间特定的法律关系产生；

（2）以该法律关系为基础，一方当事人对另一方当事人负有特定的保护义务。且该义务指向人身和财产两个方面的权益。

（3）为保障特定人的权益，一方当事人应采取积极的措施使特定人的权益免受侵害。

（4）违反安全保障义务是一种消极不作为行为，是应作为而不作为，且构成侵权。

杨立新教授在其专著及论文中，进一步明确指出（本文仅摘录与高校侵权有关之内容）：

“何为违反安全保障义务的行为，有 4 个标准……3.善良管理人标准。如果法律没有确定的标准，是否履行安全保障义务的标准，指‘应高于一般注意的标准’、‘依其职业斟酌，所用的注意程度应比普通人的注意和处理自己事务为同一注意要求更高’……”

基于标准，杨教授列举了违反安全保障义务的四种具体形式：

“1.怠于防止侵害行为；2.怠于消除人为危险情况；3.怠于消除经营场所或活动场所具有伤害性的自然情况；4.怠于实施告知行为”。其中第 3 条具体阐述为“……例如设施设备存在的不合理危险，没有采取具体措施……”

在如何认定何谓善良义务问题上，法国高院在判例中认定，善良管理人的善良注意义务指“在欠缺法定义务的情况下……应根据善良家父的判断标准加以确定。如果被告在一个善良家父会积极作为的情况下没有作为，即表明被告有过错……”

国内亦有学者提出“合理关注义务”，大意是指同类情况下的一般关注水平。具体到高校侵权实践中，可以指“同类相当标准国内同水平高校在同类情况下会采取的注意水平相当，不低于也不高于其他高校的注意水平。”

进一步讨论前，我想引两个不太准确的数据：

以“学生，上铺，摔伤”为关键词，百度搜索的数据为 266 000 个；以“大学生 上铺 摔伤”为关键词，数据为 135 000 多个，较严重的后果包括多处骨折，脑外伤，植物人，死亡，不等。

网络数据当然包含大量重复的内容，相信世上没这么多的倒霉孩子、倒霉家庭和倒霉学校。可世人也知道，还有相当多的事件是内部消化处理和谐了的。还有大量的案例，是学生摔下来没受伤或不需要接受较大数额医疗费的治疗。上铺摔伤在我国的媒体上应该不是一个罕见词。

在这样的背景下。对于上铺摔伤类例件，简单的已提供的床具合格视为校方无过错的审查标准，很难相信符合侵权法的基本原理。作为富有经验的高校管理方，是否应该对上铺摔伤问题有更多的注意，是否有义务穷尽可能的手段，最大限度防止类似伤害的发生？

回归两案。

董案中的拱形扶手，不是国家标准规定的必须配备。如果以安全保障义务的善良管理人标准出发，多一个抓手处当然更稳妥。更有利于避免可能出现的情形。根据判决书标准，校方在事后为董床加装了拱形扶手，说明校方认可并接受“有扶手更安全”这个事实。基于此，法院判决校方完全无责未免有一点牵强。作为业界判案水平最高的法院之一——北京中级人民法院在判决书中有一个论证：“在实际生活当中，未安装拱形扶手的高低床在各高校亦较为普遍，仅以高低床未安装拱形扶手的情况难以认定华北电力大学提供的床具存在安全隐患”，是以“合理关注义务”作为了审查依据。

鲁案中有个细节，判决书中没有说明。鲁自陈是在午睡过程中摔下来的，校方称鲁怎么摔伤无证据，法院驳回了校方的意见，却也没接受鲁的陈说。因为，如果鲁是在睡梦中摔下的，毫无疑问，床的缺陷是主责；如果是在上下过程中摔伤的，鲁的不谨慎是主要原因。两种情况下，双方的过错程度完全不一样。法院回避论证这个事实，但让鲁承担了举证不利的后果。承担 80%的责任。

解读上述两案的判决，可以读出一个结论：

在高校侵权类案件中，法院的审判原则，更倾向于保护高校。对高校的安全保障义务要求，不仅低于校方对在校的无民事行为能力人、限制民事行为能力人的保护要求，实际还远低于对一般公共场所管理人的义务要求。在闻名的“深圳地铁 IBM 女高管梁艳猝死案”中，梁艳已经离开剪票口，因地铁方未尽到及时救助义务而判赔承担 30%的责任。 新疆苟怀保诉沙湾沁园公司、百吉宴酒店中，受害人酒后至楼梯处电话时摔至下一层楼，因楼梯护栏只有 0.95 米，低于国家 1.05 米的标准，商家被判承担 80%的责任。类似的情形不胜枚举。

在学生维权意识普遍增强、在高校常常被学生送上被告席的今天，这样的审判机制似乎有其合理处。但权责不明永远是把双刃剑。在易亮诉湖南师范大学案中，易亮因徒手接跳楼自杀的学生 XX 而多处骨折并伤残，法院在认定校方无过错的情况下判决补偿 10 万元，二审法院改判为 13 万元。为易亮庆幸的同时其实也不免为湖南大学叫屈。高校的安全保障义务，期待更明确的法律指引。

换个角度，作为高校，一方面，在受到法律更多“保护”的今天，不妨摒弃传统的面子思想，让更多的类似争议走上法庭，通过法律的方式解决。另一方面，作为高校，提供的设施设备“合标”已然是法律规定的最基本的义务了，但设施不合格、损坏无维修的情况仍比比皆是，对校园安全的重要性认识停留在口号和文件里，缺少最基本的行动，也是极大的隐患。承担法律责任是次要，但因疏忽过失，让原本如花朵的生命受损凋零，是不能弥补的罪过。董案发生后，校方为董床专门安装了拱形扶手。但一审期间，同宿舍的其他床仍然是有的安装了，有的没安装，有的安装后掉了没有再修理。安全保障义务，对于许多高校来说，仍然是一个陌生的词。

参考文献

[1] 杨立新. 论违反安全保障义务侵权行为及其责任[J]. 河南省政法干部管理学院学报，

2006，21（1）：24-25.

[2] 杨立新. 侵权责任法专论[M]. 北京：高等教育出版社，2005.

[3] 国家法官学院案例研究开发中心. 中国法院 2014 年度案例 ·人格权纠纷[M]. 北京：中国法制出版社，2014.

[4] 国家法官学院案例研究开发中心. 中国法院 2015 年度案例 ·侵权赔偿纠纷[M]. 北京：中国法制出版社，2015.

[5] 国家法官学院案例研究开发中心. 中国法院 2016 年度案例 ·侵权赔偿纠纷[M]. 北京：中国法制出版社，2016.

[6] 董万欣与华北电力大学生命权、健康权、身体权纠纷上诉案[EB/OL]. http：//wenshu.court.gov.cn/content/content.

[7] 鲁艳玲诉被告武汉东湖学院生命权、健康权、身体权纠纷上诉案[EB/OL]. http：//wenshu.court.gov.cn/content/content.

[8] 不作为侵权责任中的因果关系研究——以安全保障义务为例[EB/OL]. http：//www. czlawyer.org/ywyj/2014/11/24153109043385.html.

技术应用

6LowPAN 无线传感网 RPL 路由协议优化和设计*

曾宝国

【摘　要】 6LowPAN（IPv6 over Low-power wireless Personal Area Networks）是基于 IPv6 的低速无线个域网标准，其关键技术是 RPL 路由协议（IPv6 Routing Protocol for Low-Power and Lossy Networks）。在 6LowPAN 网络中，网络拓扑结构一般是动态组建的，因此 RPL 路由协议必须能够发现连接，并且选择邻居节点，以建立和维护网络的拓扑结构。针对 RPL 路由决策仅可以使用单一路由度量的问题，利用模糊逻辑理论在路由决策中引入多种路由度量，设计实现目标函数，并且运用该目标函数进行最优父节点的选择，从而优化 RPL 路由协议。

【关键词】 6LowPAN；RPL 路由协议；模糊逻辑理论

随着物联网技术的兴起和大数据时代的到来，无线传感器网络（Wireless Sensor Network，WSN）技术得到了广泛应用和快速发展。将传统 IP 网络扩展至无线传感器网络，实现 WSN 与 Internet 的互联，是无线传感器网络研究和应用的热点。由于传统 IP 技术不适用于资源受限的无线传感器网络，因此 IETF（Internet Engineering Task Force）组建了 6LowPAN 工作组，旨在解决 IPv6JIS 技术应用于 WSN 时存在的问题。工作组在分析现有无线传感器网络路由协议后，针对低功耗有损网络应用场景，提出了 RPL（Routing Protocol for Low-Power and Lossy Networks）路由协议[1]。RPL 是基于 IPv6 的距离矢量路由协议，通过使用度量（Metric）和目标函数（Objective Function，OF）共同构建以有向无环图为基础的拓扑网络。由于现存的 IETF 定义的目标函数仅依靠单一路由度量对路径进行优化，存在路由效率低下和不能满足应用要求等的问题。例如，在选择嵌入式技术扩展（Embedded Technology eXtended，ETX）较低的路径时，其路径实时性可能不满足要求，因此，目标函数依靠单一的路由度量不能提供最优的路由。本研究的目的是利用模糊逻辑理论在路由决策中引入多种路由度量，设计实现目标函数，同时运用 Cooja 仿真软件对模糊优化的路由性能进行仿真分析[2,3]。

一、基于 6LowPAN 的 RPL 路由协议的改进算法

RPL 路由协议是针对低功耗有损网络设计的基于 IPv6 的距离矢量路由协议，它基于有向无环图（Directed Acyclic Graph，DAG）的拓扑概念，通过使用目标函数（Object Function，

* 作者简介：曾宝国，部门：信息工程学院，类别：物联网应用技术，通信方式：18181018278，电子邮箱：505958148@qq.com。

OF）和度量（Metric）集合构建以目的节点为导向的有向无环图（Destination Oriented Directed Acyclic Graph，DODAG）[4]。通过上述方法，目标函数便可以利用度量和约束条件的集合计算出每个 RPL 节点到达根节点（Sink 或 LBR）的最优路径[5]。

本文采用的算法是基于模糊逻辑的 RPL 目标函数，称为 OF-FL（The Objective Function Based On Fuzzy Logic）。模糊逻辑能够对任何范围的值进行抽象推理，并能够对不精确信息进行严格的代数运算，同时模糊逻辑能够把多目标问题和专家系统结合起来，且模糊逻辑算法的复杂性较低。

为了建立实时性、可靠性、能量效率最优的路由，依靠模糊逻辑方法同时考虑了时延、跳数、ETX 和节点能量等四个能够反映节点和链路特性的路由度量在模糊逻辑系统中，梯形隶属度函数被广泛使用，我们对上述四种度量均选择梯形隶属度函数，同时路由度量的语言变量均有三个值，每个值的隶属度由隶属度函数计算。

模糊推理实际上则是依据模糊推理规则对一组输入值进行综合评价，从而得出一个确定的输出范围，也就是模糊输出量[6]。模糊输出量经过解模糊化操作，模糊逻辑系统最终输出 0 至 100 的精确值，代表邻居节点的质量，然后选择质量最高的节点作为最优父节点。OF-FL 中定义的模糊输出量的值为：{Excellent，very good，good，low good，bad，low bad，awful}。

OF-FL 中采用 Mamdani 型模糊推理，使用蕴涵算子：

$$R_C : R_C = A \to B = A \times B \tag{1}$$

式中，A 为推理前件的模糊集合，B 为模糊规则的后件，R_C 表示模糊关系。

采用“极大-极小”运算合成模糊关系，在定义了运算规则之后，如果输入为 A'，则输入 B' 得到如公式（2）：

$$B' = A' \circ R_C = A'(A \times B) \tag{2}$$

式中，o 为最大最小的操作。

对模糊推理得出的模糊输出量采用质心（centroid）解模糊化法：

$$Q = \frac{\sum_{i=1}^{N} W_i \times \mu_A(W_i)}{\sum_{i=1}^{N} \mu_A(W_i)} \tag{3}$$

式中，W_i 为规则 i 对应的域值，N 为模糊推理中所触发的规则的数目，$\mu_A(W_i)$ 为域值所对应的隶属度。

二、改进算法的性能评估与对比分析

（一）仿真参数设置

本研究采用 Cooja 仿真软件，对基于 OF-FL 的 RPL 路由协议的性能指标进行仿真研究[7]。仿真实验使用 Tmote Sky 节点，共设置 100 个路由器节点和 1 个边缘路由器节点，后者作为 DODAG 的根节点。所有节点布置在 600 m×600 m 的区域内，使用 26 号无线通道，每个节点均工作在最强发射状态。为了构建一个稳定的拓扑，仿真开始 60s 后，RPL 路由器节点每 60 s

周期性地向根节点发送一个数据报。为保证每一轮仿真都能够聚合在稳定的状态，设置仿真时间至少为 60 min。

（二）仿真结果

本研究从以下五个方面对基于 OF-FL 的 RPL 路由协议、基于 OF0 的 RPL 路由协议和基于 MRHOF（ETX）（以 ETX 作为路由度量）的 RPL 路由协议进行比较、分析和评价：

平均跳数：RPL 路由器节点与 DODAG 根节点间的跳数。

端到端延时：RPL 路由器节点发送数据到该节点收到 DODAG 根节点发送的应答信号之间的时间间隔。

封包丢失率：根节点收到的封包数与路由器节点输出的所有封包数之比。

平均剩余能量：用来评估网络的生存时间，是所有节点节存能量的平均值。

平均父节点变化次数：网络中节点的父节点改变的次数，用来评估网络拓扑的稳定性。父节点变化次数过多会导致网络拓扑不稳定，但会改善路径的质量和路由的性能[8]。

1. 平均跳数

图 1 为基于 OF0、MRHOF 和 OF-FL 三种目标函数的路由协议关于平均跳数的仿真结果。由图可知，在路由器节点数较少的稀疏网络中，三种目标函数间的性能相差很小。这是因为在稀疏网络中，节点的邻居节点较少，导致节点可选择的父节点很少。但在路由器节点数大于 50 的密集网络中，与 MRHOF（ETX）相比，OF-FL 对应的平均跳数较少。当路由器节点数大于 80 时，OF0 与 OF-FL 与两者对应的平均跳数越来越接近，这进一步验证了 OF-FL 能够减少 DODAG 中路由的跳数。

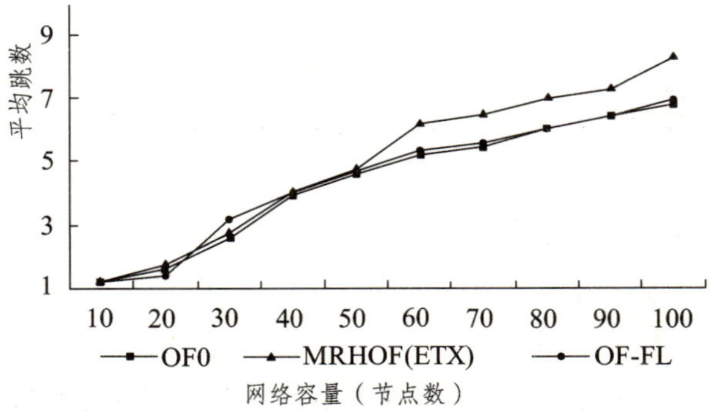

图 1 平均跳数

2. 端到端延时

图 2 为分别以 OF0、MRHOH（ETX）和 OF-FL 为目标函数的 RFL 路由协议对应的基于到根节点跳数的平均端到端延时的仿真结果。由图可 2 以看出，三种目标函数对应的平均端到端延迟时间均不超过 4 s。尽管 OF0 以减少跳数为目标，但与 MRHOF 和 OF-FL 相比，OF0 对应的平均端到端延时时间较高。这进一步证实了最短路径对应的延时不一定是最小的。因为在路由过程中，最短路径中的一些节点会出现拥塞现象，导致延时升高。此外，当路由器节点到达根节点的跳数较多时（从 6 跳开始），与 OF0 和 MRHOF（ETX）相比，本文提出的 OF-FL 对应的平均端到端延时明显偏少。所以，与现存的其他单一路由度量的目标函数相比，

OF-FL 对应的平均端到端延时较少。

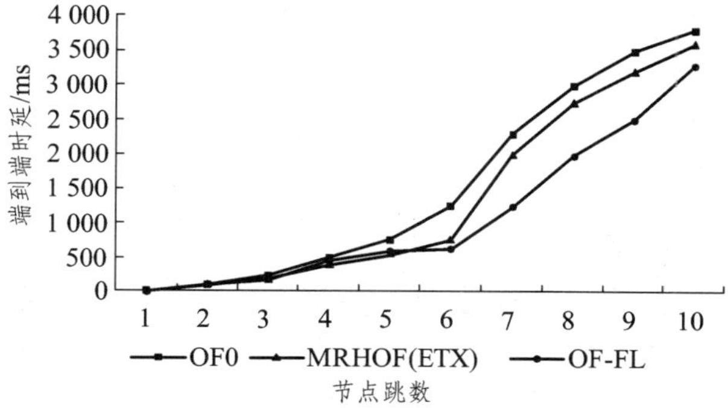

图 2　平均端到端延时时间

3. 封包丢失率

为了评估 OF-FL 对应的网络的可靠性，本研究采用 59.3 MB 数据作为收发数据包，测试了 OF0、MRHOF（ETX）和 OF-FL 三者对应的封包丢失率，仿真结果如图 3 所示。图 3（a）为吞吐率为 1 pkts/min 时的仿真结果，图 3（b）为吞吐率为 1 pkts/min 时的仿真结果。

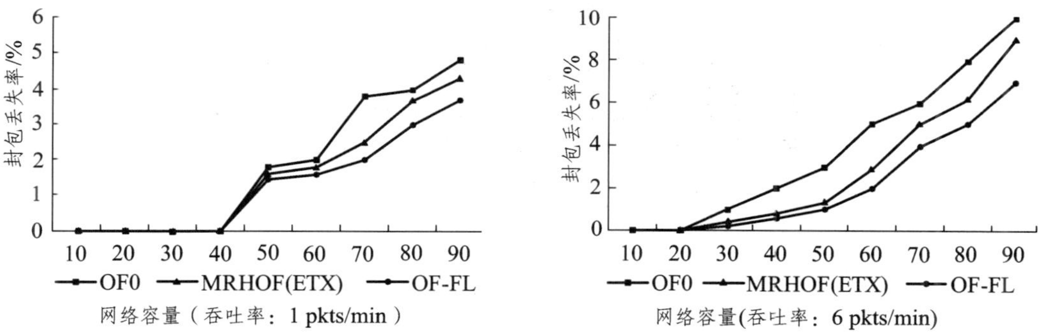

（a）　　　　（b）

图 3　封包的丢失率

由图 3 可以看出，在节点数较少的稀疏网络中，封包的丢失率非常低。随着网络密度的增大，封包的丢失率愈来愈严重。由图 3（a）可知，与 OF0 相比，OF-FL 和 MRHOF（ETX）的封包丢失率均较低。这是因为 OF0 以最小化父节点的 Rank 值为目标，不能够提供高质量的链路，同时 OF0 所选择的父节点处容易发生拥塞，所以 OF0 对应的丢包率较高。OF-FL 和 MRHOF（ETX）的封包丢失率大致相同，因为两者都以 ETX 作为路由度量，在选择父节点时，都尽量减小链路的 ETX，所以两者的丢包率均较低。图 3（a）与图 3（b）相比可以看出，当节点的吞吐率增大时（6 pkts/min），网络中的封包丢失率会显著增大。这是因为吞吐率较大会导致网络出现拥塞和封包碰撞现象。图 3（b）显示，OF-FL 的封包丢失率明显低于 OF0 和 MRHOF（ETX）的封包丢失率。这是因为 OF-FL 允许丢弃少量的数据包。所以，在吞吐率很高的网络中，OF-FL 的性能甚至会明显优于 MRHOF（ETX）。

4. 平均剩余能量

本文通过路由器节点的剩余能量评估网络的生存时间，影响网络生存时间的最重要因素为节点能量消耗是否均衡。仿真实验结果如图 4 所示。

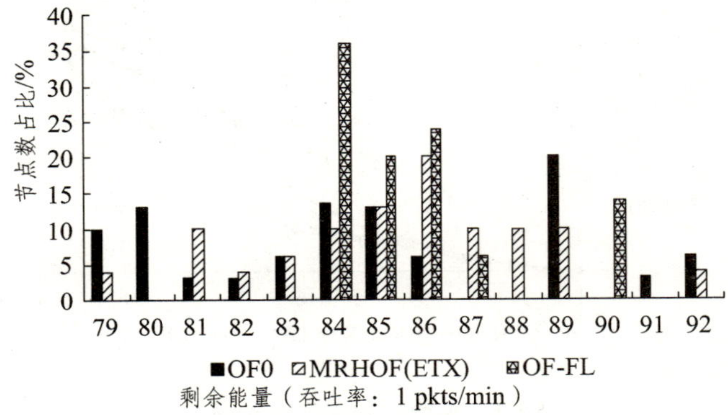

（a）

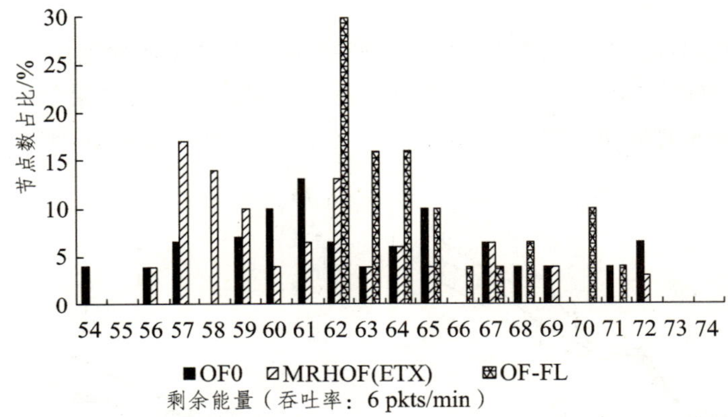

（b）

图 4　剩余能量

由图 4 可直观的看出，OF0 和 MRHOF（ETX）对应的节点剩余能量的分布都不均衡的。由图（a）知，在吞吐率为 1pkts/min 时，OF0 对应的仿真实验中 23%的节点剩余能量低于 80%，31%的节点剩余能量在 81%和 85%之间，26%的节点剩余能量在 86%和 90%之间，10%的节点剩余能量在 91%和 92%之间。所以一些节点的剩余能量将会较早的用完，网络的存活时间会减少。图（a）中 OF-FL 对应的仿真实验，节点能量的消耗是比较均衡。图（a）与图（b）相比可以看出，当吞吐率为时 6pkts/min，网络中节点的能量消耗更快。与 OF-FL 相比，在两种吞吐率下，OF0 和 MRHOF 均有剩余能量很低的节点。所以，OF-FL 能够延迟能量用尽节点的出现。

5. 平均父节点变化次数

本文通过平均父节点变化次数来评估网络拓扑的稳定性，仿真实验结果如图 5 所示。由图可知，OF0 的平均父节点变化次数为每小时 0.2 次，MRHOF（ETX）的平均父节点变化次数为每小时 0.252 次，两者的平均父节点变化频率都是非常低的。这是因为 OF0 和 MRHOF（ETX）仅以最小 Rank 值为目标，而没有对父节点的选择过程进行优化。OF-FL 的平均父节点变化次数为每小时 0.275 次，略高于 OF0 和 MRHOF（ETX）。所以 OF-FL 的网络拓扑的稳定性相对较差，但较高的变化次数能够改善路径的质量和路由的性能（如时延、跳数、ETX、可靠性、网络生存时间等）。

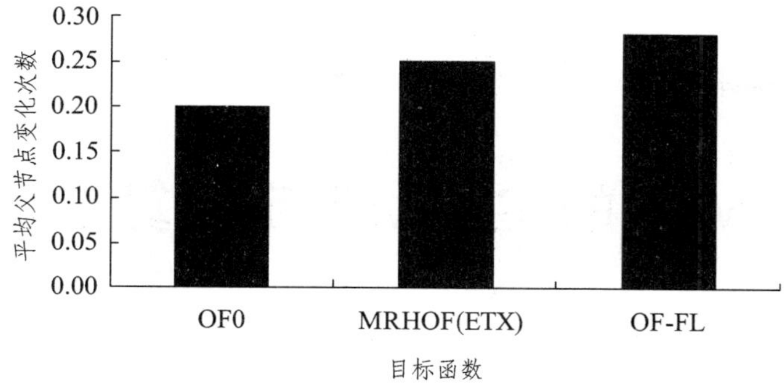

图 5　父节点变化次数

三、结论

针对 6LowPAN 无线传感网的 RPL 路由决策仅使用单一路由度量问题，利用模糊逻辑理论在路由决策中引入多种路由度量，设计实现 OF-FL 目标函数，并通过模糊逻辑系统计算得到各个父节点的质量，由此得到最佳父节点。经过使用 Cooja 软件的仿真分析，本文提出的 OF-FL 目标函数可以使网络端到端平均延时降低至不高于 1ms，网络的生存时间延长，封包丢失率为 0%，从而有效改善了 6LowPAN 网络的性能。

参考文献

[1] Kalyoncu S. Wireless solutions and authentication mechanisms for contiki based internet of things networks[D]. School of Information Science Computer & Electrical Engineering,2014.

[2] Bouaziz M, A Rachedi. A survey on mobility management protocols in Wireless Sensor Networks based on 6LoWPAN technology[J]. Computer Communications, 2014, 99（1）:1-16.

[3] Sherburne M, R Marchany, J Tront. Implementing moving target IPv6 defense to secure 6LoWPAN in the internet of things and smart grid[C]. Cyber and Information Security Research Conference. ACM, 2014: 37-40.

[4] Deru L, Dawans S, Ocaña M, et al. Redundant Border Routers for Mission-Critical 6LoWPAN Networks[J]. 2014, 281: 195-203.

[5] Lohith Y S, Narasimman T S, Anand S V R, et al. Link Peek: A Link Outage Resilient IP Packet Forwarding Mechanism for 6LoWPAN/RPL Based Low-Power and Lossy Networks（LLNs）[C]. IEEE International Conference on Mobile Services. IEEE, 2015:65-72.

[6] Rghioui A, Khannous A, Bouhorma M. Denial-of-Service attacks on 6LoWPAN-RPL networks: Issues and practical solutions[J]. Journal of Advanced Computer Science & Technology, 2014, 3（2）:143.

[7] Khelifi N, Oteafy S, Hassanein H, et al. Proactive maintenance in RPL for 6LowPAN[C]. IWCMC2015,2015,16（5）:993-999.

[8] Hellaoui H, Koudil M. Bird Flocking Congestion Control for CoAP/RPL/6LoWPAN Networks[C]. The Workshop on Iot Challenges in Mobile & Industrial Systems, 2015:25-30.

基于 WIFI 的室内动态定位算法研究*

曾　妍

【摘　要】 室内 WIFI 基础设施的普及和移动智能设备的快速发展为室内定位应用程序的开发注入了新的活力。室内环境的干扰和移动智能设备的异构性都将影响着室内定位方法，从而导致定位精度出现误差。主要介绍了提高室内定位精度的方法。该方法是基于室内 WIFI 信号的研究，也是一种基于依靠内置在移动智能设备中多种高灵敏度传感器装置来实现数据采集的设计。先介绍了加权 RSS 室内定位算法，它能够准确识别用户行为的状态；然后在此基础上提出了一种利用遥感数据融合 WIFI 的混合式多层室内定位算法。经过测试，结果表明该算法在多层室内环境中可以有效地提高定位精度，改善定位平稳度和定位实时性。

【关键词】WIFI；加权；RSS 算法；室内定位

随着无线基础设施的快速发展和移动智能设备的普及，基于 WIFI 的特征匹配的定位算法已经成为一种很有前途的室内定位算法。同时，移动智能设备内置了丰富的传感器，利用这些敏感传感器可以辅助室内定位，提高定位精度。

基于 WIFI 的特征匹配的单一的室内定位算法的定位精度一般是 1-5 m。室内环境是动态的和复杂的，这将影响 WIFI 信号的稳定性，进而影响定位精度。由于 WIFI 信号的波动，在室内环境的影响，定位结果将波动。

目前，移动智能设备种类繁多，存在设备异构的共性问题。基于 WIFI 的室内定位算法的特征匹配机制是比较实时采集的 WIFI 信号数据和示例数据库中的数据，然后找出最相似的样本数据，最终估计定位目标点的位置。设备的异质性，可以显著影响匹配的结果，并降低定位精度。

本文提出了一种基于 WIFI 功能动态特性匹配的室内定位算法，以期解决室内环境的复杂度和设备的异质性。在高灵敏度内置移动设备传感器的帮助下，研究通过识别用户的行为，设计一种加权 RSS（接收信号强度 WIFI）的室内定位算法；并在此基础上提出了一种基于遥感数据融合 WIFI 的室内定位算法：混合多楼层的室内定位算法。该算法可以弱化多楼层室内环境的影响，有效地提高了前一种算法的定位精度。

一、研究现状

国外关于室内定位的研究较早，1992 年就有了医院和其他公共建筑的人员定位系统。然

* 作者简介：曾妍，部门：信息工程学院，类别：信息技术类，通信方式：15883955108，电子邮箱：94478004@qq.com。

而，早期室内无线定位系统存在定位范围小、网络不易扩展等缺点。近年来，随着科学技术的不断进步，定位技术迅猛发展：蓝牙、ZigBee、RFID、WIFI 等无线技术得到广泛应用。同时，国内和国外还开发了实时定位系统标准 RTLS（实时定位系统），如 ISO / IEC 24730 国际标准和 ansi371 美标。美国 ansi371 标准规定的频率为 2.4 GHz，且定位精度要求不低于 3 m。与微软、苹果和谷歌等主流科技公司加大了对这方面的投入相比，不少创业公司也拿出了自己的室内定位系统。这是一个颇具吸引力的解决方案[1-3]。

目前国内许多研究机构和企业都在从事室内定位系统的研究与开发。例如，（1）微凌云定位系统是基于时间差到达技术，可以获得较高的定位精度。该定位系统由基站、标签、引擎和 API 接口组成。（2）co-eye 电子眼定位系统的完善创新是利用无线通信技术，在指定的范围内的空间，以实时或近实时位置的具体目标，通过对无线电波物理特性的测量得到目标的位置信息。从上面的介绍可以看出，室内定位的发展非常迅速，并且随着物联网的发展，应用前景十分广阔。然而，我国的技术还处于发展的初级阶段，还需进一步研究[4, 5]。

二、算法介绍

（一）加权 RSS 室内定位算法

不同无线 AP 之间的 WIFI 信号强度值关联度是相对稳定的。例如，在同一个地方不同设备接收到的 AP2 无线信号强度值将大大大于 AP1 的 WIFI 信号强度值。可以用无线信号传播模型来分析这一现象：

$$RSS(d) = RSS(d_0) + 10\lambda \log_{10}\frac{d}{d_0} + X \tag{1}$$

在公式（1）中，d 是指无线接收器和无线 AP 之间的距离，$RSS(d)$ 是指在以距离 d 为参数的无线信号衰减函数。$RSS(d_0)$ 是一个参考值，通常设置为无线信号衰减在无线距离 AP1 米。λ 是一个影响因子，由实际情况决定，而 X 是一个高斯变量。根据传播模型，不同的设备无线接收到信号同样反映了它们与无线 AP 的距离之间的关系。可以推断出，不同的 AP 发出的无线信号之间的关系主要是受距离的影响。即使受到室内环境的变化和不同的移动设备的影响，这种相关性也是相对稳定的,。因此，可以利用稳定的相对关系来提取新的无线信号特性，并设计一个健壮的基于 WIFI 特征匹配的室内定位算法。该算法称之为加权 RSS 室内定位算法。

加权 RSS 的室内定位算法分为两个阶段：离线测试数据样本阶段和在线匹配定位阶段。

离线阶段收集室内场所的无线信号数据样本，提取无线信号特性，构造一个具有所有室内 WIFI 特性值的数据库。假设有 m 个无线 AP，那么任何地方的 WIFI 功能可以被描述为一个向量，向量的维数是无线 AP 的数量。也就是说，假设有 n 个定位点，则 $L=\{l_1,l_2,\mathrm{K},l_n\}$ 为室内地方的集合，而 l_j 处的向量为 $R_j=(r_j^1,r_j^2,\mathrm{K},r_j^m)$，其中 r_j^i 在这指的是无线网站收到的无线信号强度值。那么此定位点所具有 WIFI 特性的权值为：

$$D_j=\left\{(r_j^1,s(r_j^1)),(r_j^2,s(r_j^2)),\mathrm{K},(r_j^m,s(r_j^m))\right\} \tag{2}$$

式中，$s(r_j^1)$ 是在 R_j 被定义之后的索引向量值。例如，实际数据，如果有 R =(−58、−39、−46)，那么加权 WIFI 特性 D={(−58, 3), (−39, 1), (−46, 2)}。

计算某个观测点设备的 WIFI 特性权值后，就可以根据此 WIFI 特征值来匹配据库。假设在指纹数据库中，D_{tr} 是某个无线特征值，D_{te} 是设备的实时特征值，那么权重因子 $W_{tr,te}$ 如公式（3）所示：

$$W_{tr,te}=\{W_1,\ W_2,K\ ,W_m\} \qquad (3)$$

其中，W_i 值为公式（4）：

$$W_i=1-\frac{\left|s(R_{tr}^i)-s(R_{te}^i)\right|}{\max\left\{s(R_{tr}^i),s(R_{te}^i)\right\}},\qquad 1\leqslant i\leqslant m \qquad (4)$$

然后，我们可以计算 D_{tr} 和 D_{te} 的欧氏距离，公式（5）所示：

$$Dist(D_{tr},D_{te})=\sqrt{\sum_{i=1}^{m}w_i(r_{tr}^i-r_{te}^i)^2} \qquad (5)$$

在得到这个距离后，就可以利用最近相邻算法来估计定位。

（二）混合多层室内定位算法

室内定位算法框架图如图 1 所示。它主要由四个模块：（1）加权 RSS 算法模块；（2）惯性定位模块；（3）层识别模块；（4）走状态识别模块。该算法可分为两个阶段：离线测试阶段和在线定位阶段。

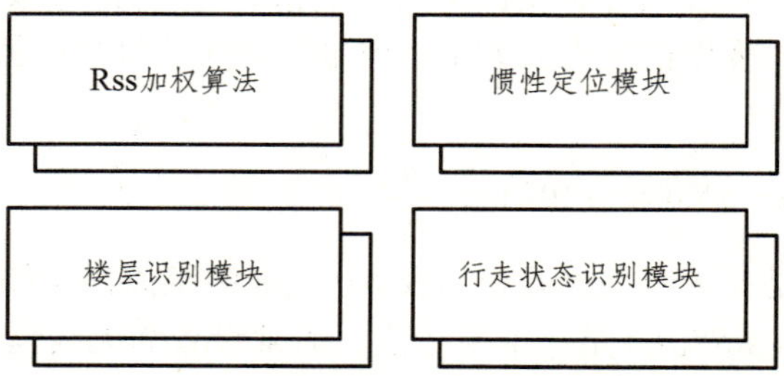

图 1　混合多层室内定位算法模块

在离线测试阶段， 首先收集整个室内楼层的无线数据，并且每个样本数据包括：无线网络信号强度，无线 AP SSID，MAC 地址和无线 AP 的采集数量。数据采集完成后，我们整理两个特征样本数据库。第一个是具有 RSS 加权算法的 WIFI 特性示例数据库，第二个是具有楼层识别算法的 FLD 的样本库。与此同时，我们获得的快速查询用户的行为状态的样本数据库，该样本可用针对用户行为状态的识别和惯性定位。

在线定位阶段，首先，通过行走状态识别算法，我们确定楼层用户所在地的变化。如果它发送改变时，它将触发层识别算法。该算法将确定楼层用户的数量。然后，通过惯性定位，我们可以估计其近似方向运动的范围和用户在平面上的相邻几个定位。接下来，我们把楼层数量和惯性定位结果作为依据，来确定用户在某一楼层的位置范围。此外，我们从 WIFI 特性样本库中选择相应的子样本数据库来定位匹配。最后，我们利用 RSS 加权算法获取定位结果。

二、研究成果

就算法的可行性、有效性作性能评估。所选的测试大楼共有 6 层。我们选择大楼的一到五楼。根据不同的楼层的建筑布局，我们一楼分为 169 个方块，和把二楼，三楼，四楼和五楼分为 139 个方块。相邻的方块之间的距离约为 1 米。根据方块划分，我们采集了 WIFI 信号样本数据，构建了 WIFI 特性数据库。在实验中移动智能设备选用了三个智能手机和一个平板电脑。为了研究异构设备的影响，测试方法，我们使用谷歌平板 Nexus 7 和华为 P6S 手机来采集无线信号样本。随后，我们分别对这四个设备所采集信号进行算法性能评估。通过这种方式，分析在无设备异构性和有设备异构性两种情况下的性能测试。

我们将多层混合室内定位算法和加权 RSS 定位算法进行对比。测试地点与之前的是一样的。图 2 是两个算法的定位误差分布。我们可以看到，混合定位算法的定位精度高于有楼层识别的加权 RSS 算法。图 3 是上述两个算法的耗时计算对比图。混合定位算法的耗时时间要明显低于楼层识别的加权 RSS 算法。与此同时，由于惯性定位，它可以进一步降低空间定位算法的复杂性，进一步降低了算法计算耗时。与加权 RSS 地板的室内定位算法识别相比，本文所提多层混合室内定位算法在前者的基础上，有机融合惯性定位算法，故而在定位精度、定位平滑和实时定位上有一定程度上提高了。

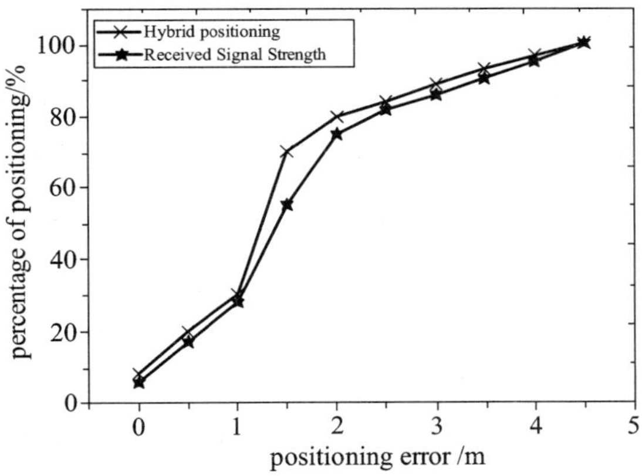

图 2　定位误差分析

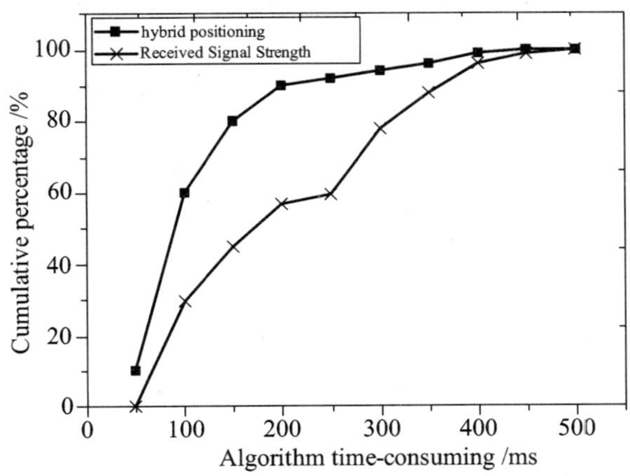

图 3　定位算法耗时

三、结论

根据复杂多变的室内环境和迅猛发展移动智能设备，我们提出了基于传感器数据融合的一种无线室内定位算法。该算法解决了无线信号不稳定的多层室内环境和移动异构问题。同时，该算法增加了惯性定位和楼层协助定位识别，提高了定位精度。此外，在某种程度上，它克服了单一限制室内定位算法关于 WIFI 功能匹配，有效地减少了定位算法的空间复杂度，因此该算法具有更好的实时性和实用性。算法具有良好的鲁棒性和可伸缩性，较好地面对复杂多变的动态室内环境和不断变化的移动智能设备。最后，我们评估加权 RSS 算法的性能和混合多层室内定位算法，并得到了满意的结果。

参考文献

[1] 颜俊杰. 基于 WIFI 的室内定位技术研究[D]. 广州：华南理工大学，2013.

[2] 葛莉. 基于 WIFI 位置指纹室内定位算法关键技术的研究[D]. 南京：南京邮电大学，2015.

[3] 王忠民，陈振，潘春华. 一种改进的位置指纹智能手机室内定位算法[J]. 西安邮电大学学报，2014，19（1）：17-20.

[4] 张明华. 基于 WLAN 的室内定位技术研究[D]. 上海：上海交通大学，2009.

[5] Nilsson J O, Rantakokko J, Handel P, et al. Accurate indoor positioning of firefighters using dual foot-mounted inertial sensors and inter-agent ranging[J]. Position，Location and Navigation Symposium-PLANS 2014，2014，2（1）：631-636.

[6] Xu H, Ding Y, Wang R, et al. A novel Radio Frequency Identification three-dimensional indoor positioning system based on trilateral positioning algorithm[J]. Journal of Algorithms & Computational Technology，2016，10（3）：158-168.

[7] 薛涵. 基于 WLAN 的图书馆室内定位技术研究[J]. 图书馆杂志，2014，33（12）：81-86.

[8] 高国威. 基于 WLAN 和 Zigbee 的室内定位系统的设计与实现[D]. 北京：北京邮电大学，2011.

[9] Gu W, Kavehrad M, Aminikashani M. Three-dimensional indoor light positioning algorithm based on nonlinear estimation[J]. SPIE OPTO，2016：99720V.

[10] 王悦，赵春宇. 消防救援中 WIFI 室内定位关键技术的研究[J]. 电子设计工程，2014（21）：63-65.

整体浇筑有轨电车轨道板模具研制探析*

陈爱平

【摘　要】 阐述一种能够整体浇筑有轨电车轨道板的模具，由模板系统、支撑系统、定位系统构成。论述的是一种全新的整体浇筑有轨电车轨道板模具的研制过程和操作应用前景。本模具具有设计简单，自动化程度高，操作定位快捷方便，质量高成本低的特点。

【关键词】 有轨电车；轨道板；模板系统；支撑系统；定位系统

有轨电车是一种采用电力驱动并在轨道上行驶的轻型轨道交通车辆的公共交通工具，亦称路面电车或简称电车，属轻铁的一种。有轨电车在20世纪初的欧洲、美洲、大洋洲和亚洲的一些城市曾经风行一时。但随着私家汽车、公共汽车及其他路面交通在1950年代起的普及，不少路面电车系统于20世纪中叶陆续拆卸。20世纪70年代以来，以汽车为主导的交通模式所带来的问题日显严重，能源危机、环境污染、土地紧缺、交通拥堵等问题，迫使各个国家重新将大容量的轨道交通作为发展城市公共交通的重点。现代有轨电车具有运行可靠、舒适、节能、环保、与地铁相比造价低廉等优点，已完成了从传统到现代化的转变，2012年至2020年，我国现代有轨电车规划已超过2 500公里，将成为我国中型城市重要的公共交通设施之一。

轨道结构的主要作用是支承车辆运行和导向车辆行进方向，是现代有轨电车的重要组成部分，是最重要的基础设施之一。模板的作用是控制轨道板的造型，因此，轨道板模板直接影响到轨道板的质量。本文力求设计的模板结构简单、方便施工，充分考虑了制造、安装、拆卸、倒用的便利性原则。从而达到省工、省料、节约的目的。

一、整体浇筑有轨电车轨道板模具构造

（一）整体浇筑有轨电车轨道板模具研制目的

本次研制的目的在于，设计出一种整体浇筑有轨电车轨道板模具，能解决轨道板外观异形，浇筑脱模困难的问题，突破传统有轨电车轨道板模具脱模困难的技术瓶颈，通过翻转式侧模或平移式侧模，侧模与主体不分离，达到定位及拆模方便的目的。

（二）整体浇筑有轨电车轨道板模具的构成

整体浇筑有轨电车轨道板模具包括模板系统、支撑系统、定位系统。

* 作者简介：陈爱平，部门：轨道交通学院，类别：铁道工程，通信方式：13084408888，电子邮箱：11757832@qq.com。

1. 整体浇筑有轨电车轨道板模具模板系统

整体浇筑有轨电车轨道板模具模板系统由长侧模、短侧模、底模以及承轨槽组合模板构成。

2. 整体浇筑有轨电车轨道板模具支撑系统

整体浇筑有轨电车轨道板模具支撑系统由可调节支腿和撑地丝杆构成。

3. 整体浇筑有轨电车轨道板模具定位系统

整体浇筑有轨电车轨道板模具定位系统由注浆孔/观察孔定位锥模、排气孔定位管、以及吊装螺栓孔定位机构构成。

（三）整体浇筑有轨电车轨道板模具的特点

本研制提供一种能够整体浇筑有轨电车轨道板的模具，具有以下突出特点：（1）模具为整体浇筑、整体脱模，模具放置好后不需要再进行任何的移动翻转即可完成轨道板的浇筑、脱模工作；（2）中间轨道槽的脱模机构解决了轨道板模具脱模时最大的难题，巧妙地解决了轨道板外观异形，浇筑不易脱模的难题；（3）模具采用丝杆支撑，对地面的适应力强；（4）采用翻转式侧模或平移式侧模，侧模与主体不分离，定位及拆模方便；（5）长短侧模之间通过互锁机构固定，节约了侧模背后的支撑，减轻了模具整体重量，并且节约了模具的占地空间；（6）通过锥模结构解决了轨道板浇筑时注浆孔及观察孔的一次性成孔问题；（7）通过 pvc 定位套解决了轨道板浇筑时气孔的一次性成孔问题；（8）本设计结构简单，操作方便，成本低，应用前景广阔。

二、整体浇筑有轨电车轨道板模具具体实施方式

下面结合图 1，图 2，图 3 和实施实例进一步说明整体浇筑有轨电车轨道板模具。

如图中所示，整体浇筑有轨电车轨道板模具，其由长侧模 1、短侧模 2、底模 4 以及承轨槽组合模板 7 构成模板系，模板系安置在由可调节支腿 10 和撑地丝杆 11 构成的支撑系统上，模板系上设置有注浆孔/观察孔定位锥模 5、排气孔定位管 6、以及吊装螺栓孔定位机构 12，长侧模 1、短侧模 2 由侧模互锁机构 3 固定，脱模时可解锁后完全打开，承轨槽组合模板 7 通过承轨槽组合模板定位及移动机构 8 实现定位，脱模时通过操作脱模丝杆 9 带动承轨槽组合模板定位及移动机构 8 实现。

浇筑轨道板时，首先进行模具就位。首先把承轨槽组合模板 7 安装在承轨槽组合模板定位及移动机构 8 上；然后合上长侧模 1、短侧模 2，并把长侧模 1、短侧模 2 通过侧模互锁机构 3 加以固定；模具就位好后放置钢筋笼；最后安装注浆孔/观察孔定位锥模 5、排气孔定位管 6，并通过吊装螺栓孔定位机构 12 安装好预埋吊装螺母等；之后就可以开始浇筑混凝土、振捣等工序。浇筑完成后，按要求进行养护，等待拆模。

拆模时，先解除侧模互锁机构 3 的约束，打开长侧模 1、短侧模 2；然后通过旋动脱模丝杆 9 带动承轨槽组合模板定位及移动机构 8 在实现承轨槽组合模板 7 的局部脱模的同时顶动浇筑好的轨道板整体向上移动与底模 4 脱离，脱模完成。最后由吊装设备把轨道板调离模具即可。

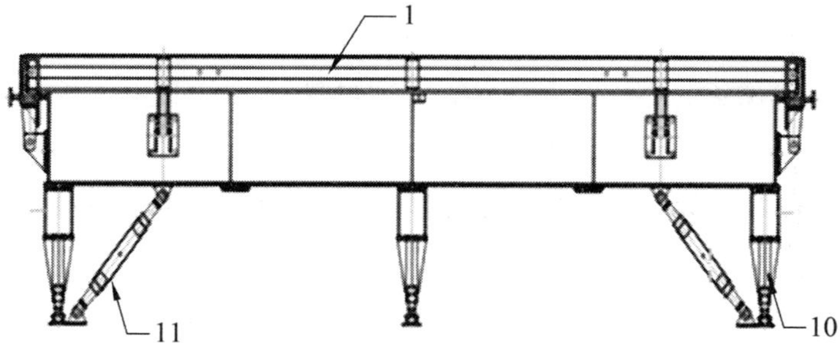

图 1　整体浇筑有轨电车轨道板模具正视图

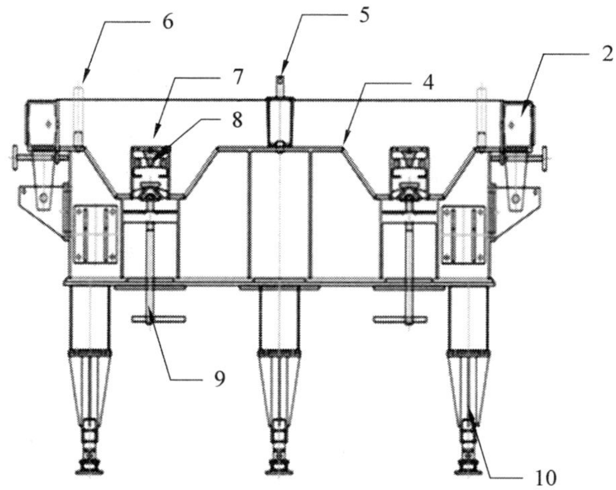

图 2　整体浇筑有轨电车轨道内模具侧视图

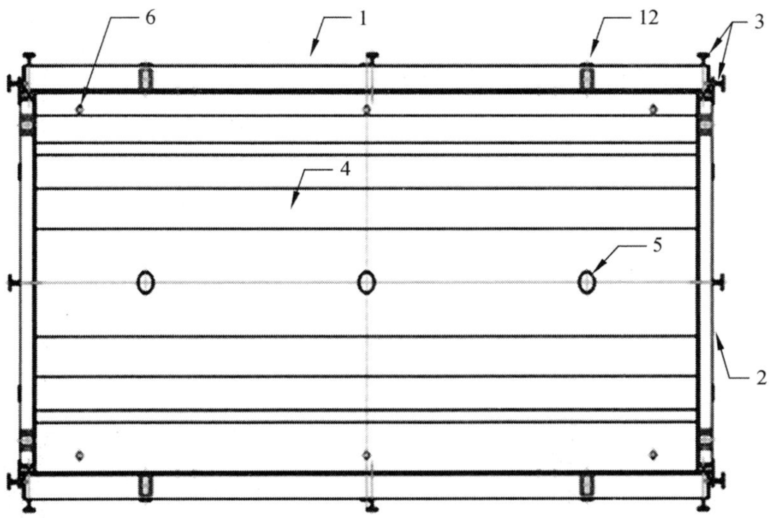

图 3　整体浇筑有轨电车轨道板模具平面图

1—长侧模；2—短侧模；3—侧模互锁机构；4—底模；5—注浆孔/观察孔定位锥模；6—排气孔定位管；7—承轨槽组合模板；8—承轨槽组合模板定位及移动机构；9—脱模丝杆；10—可调节支腿；11—撑地丝杆；12—吊装螺栓孔定位机构

参考文献

[1] 王浩川，郭志方. 对我国城市有轨电车技术发展的思考[J]. 城市轨道交通研究，2000（1）：17-19.

[2] 胥燕军，林红松，王健，等. 现代有轨电车轨道结构综述[J]. 铁道标准设计，2014，58（7）：58-62.

Android ListView 控件的技术分析*

汤富彬

【摘　要】 Android ListView 列表视图，是 Android 开发中一种常用的视图组件，在所有的 Andriod 组件中，此 ListView 控件的使用较为复杂，主要从 listview 的工作原理进行解析，分析 listview 如何实现列表显示数据，通过一个实例详细说明，滑动屏幕加载屏幕外的数据内容等技术实现方式。

【关键词】 ListView 控件；RecycleBin 机制；Adapter 适配器

一、简述 andriod 中的 listview 控件

ListView 是 Android 开发中一种常用的视图组件，主要作用是将所要展示的数据集合起来以列表的形式展示到用户界面上。

Adapter 定义适配器作为中介的作用，是 View 和数据之间的桥梁。由于 ListView 和所要展现的数据是分开的，不直接接触，所以，Adapter 的作用是把数据映射到 ListView 上，二者关系如图 1 所示。

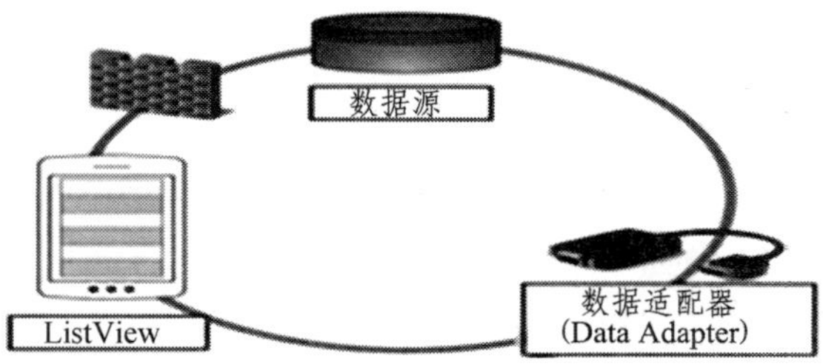

图 1　List View 的作用

二、listview 工作原理

listview 控件是一个容器，它的目的在于加载需要显示的数据，由 Adapter 负责提供容器的内容，因此可以说，AdapterView 负责采用合适的方式显示 Adapter 提供的内容。在程序运行时，当需要显示数据时，ListView 会针对目标数据项向 Adapter 取出数据，然后加载到界面上。

考虑到内存开销，listview 不可能为每一个数据都创建视图，如此将占用太多的内存资源，

* 作者简介：汤富彬，部门：信息工程学院，类别：计算机，通信方式：13438016039，电子邮箱：45582500@qq.com。

因此不能把所有数据集合的信息都加载到 View 上。ListView 不会为每一个数据创建一个视图，为了节省空间和时间，Android 采用了一个叫 Recycler 的组件。

一个工作原理的实际例子是：假如屏幕只能显示 7 个 item，那么 ListView 只会创建（7+1）个 item 的视图。当第 1 个 item 离开屏幕时，此 item 的 view 就会被拿来重用（用于显示第 8 个 item 的内容），如图 2 所示。

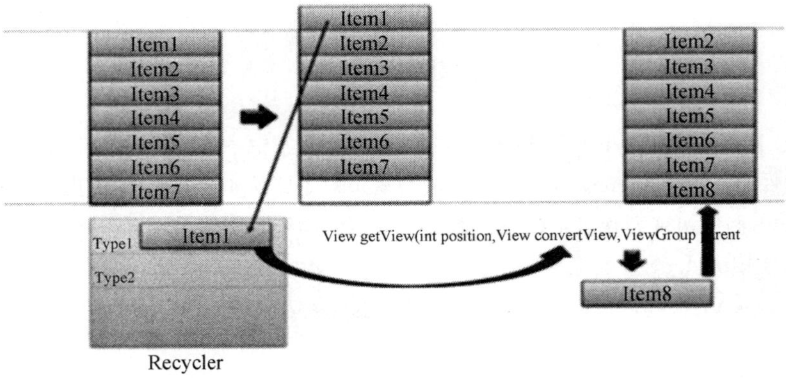

图 2　listview 工作原理实例

三、ListView 的使用技术

（一）生成方式

生成列表视图（ListView）的方式主要有两种：直接用 ListView 进行创建或者让 Activity 继承 ListActivity。

（二）xml 文件配置信息

```
<LinearLayout xmlns：android="http：//schemas.android.com/apk/res/android"
    xmlns：tools="http：//schemas.android.com/tools"
    android：layout_width="match_parent"
    android：layout_height="match_parent"
    android：background="#FFE1FF"
    android：orientation="vertical" >
    <ListView    android：id="@+id/listView1"
        android：layout_width="match_parent"
        android：layout_height="match_parent" />
</LinearLayout>
```

四、Adapter 适配器

Adapter 本质是一个接口，派生了 ListAdapter 和 SpinnerAdapter 两个子接口其中

ListAdapter 为 AbsAdapter 提供列表项，而 SpinnerAdapter 为 AbsSpinner 提供列表项，ArrayAdapter、SimpleAdapter SimpleCursorAdapter、BaseAdapter 都是常用的实现适配器的类。

ArrayAdapter 类是简单、易用的 Adapter，它的作用是将数组绑定为列表项的数据源，支持泛型操作，但也有缺点，每个列表项只能是 TextView，功能实现的局限性非常大。SimpleAdapter 实现类是功能强大的 Adapter，主要用于将 XML 中控件绑定为列表项的数据源。SimpleCursorAdapter 实现类与 SimpleAdapter 类似，用于绑定游标作为列表项的数据源，能直接从数据源取出数据。BaseAdapter 实现类可自定义 ListView，通常用于被扩展。扩展 BaseAdapter 可以对各个列表项进行最大程度的定制。

（一）使用 ArrayAdapter 实例

ArrayAdapter 是 BaseAdapter 的派生类，在自定义 ArrayAdapter 的时候，可以发现其数据类型可以自由指定，可以是基本数据类型，也可以是用户定义的对象类型，能处理对象类型的原因在于 ArrayAdapter 是使用数组中对象的 toString（ ）方法来填充指定的 TextView，所以可以通过重写对象的 toString（ ）方法来自定义 ListView 的显示。虽然它本身是一个容器，但是在添加元素等操作的时候，要将一个容器中的元素交给 ArrayAdapter，由后者决定显示形式。

1. 在 xml 文件布局上实现 ListView

```
<?xml version="1.0" encoding="utf-8"?><RelativeLayout xmlns：android="http：
//schemas.android.com/apk/res/android"     xmlns：tools="http：//schemas.android.com/tools"
 android：layout_width="match_parent"
 android：layout_height="match_parent"
 android：paddingBottom="@dimen/activity_vertical_margin"
 android：paddingLeft="@dimen/activity_horizontal_margin"
 android：paddingRight="@dimen/activity_horizontal_margin"
 android：paddingTop="@dimen/activity_vertical_margin"
 tools：context="com.example.carson_ho.adapte_demo.MainActivity">
 <ListView
  android：id="@+id/list_item"
  android：layout_width="match_parent"
  android：layout_height="match_parent"
  android：divider="#f00"
  android：dividerHeight="1sp"
  android：headerDividersEnabled="false">
 </ListView>
</RelativeLayout>
```

2. 设置适配器

在 MainActivity 上定义一个链表，将所要展示的数据加以存放在里面，构造 ArrayAdapter 对象，设置适配器。然后将 ListView 绑定到 ArrayAdapter 上。创建 ArrayAdapter 对象要指定三个参数：context 是代表方位 Android 应用的接口。textViewResourceId 为资源 ID，代表一个

TextView。数组是列表项展示的数据。

```
public class MainActivity extends AppCompatActivity {
    @Override
    protected void onCreate（Bundle savedInstanceState）  {
        super.onCreate（savedInstanceState）;
        setContentView（R.layout.activity_main）;
       ListView listView =（ListView）findViewById（R.id.list_item）;
        //定义一个链表用于存放要显示的数据
        final List<String> adapterData = new ArrayList<String>（ ）;
        //存放要显示的数据
        for （ int i = 0; i < 20; i++） {
            adapterData.add（"ListItem" + i）;
        }
        //创建 ArrayAdapter 对象 adapter 并设置适配器
         ArrayAdapter<String> adapter = new ArrayAdapter<String>（this,
                android.R.layout.simple_list_item_1,  adapterData）;
        //将 LsitView 绑定到 ArrayAdapter 上
        listView.setAdapter（adapter）;
    }
}
```

3. 添加资源文件

```
<?xml version="1.0" encoding="utf-8"?>
<TextView xmlns：android="http：//schemas.android.com/apk/res/android"
android：layout_width="match_parent"
android：layout_height="wrap_content">
android：textSize="24sp"</TextView>
```

4. 实现效果图

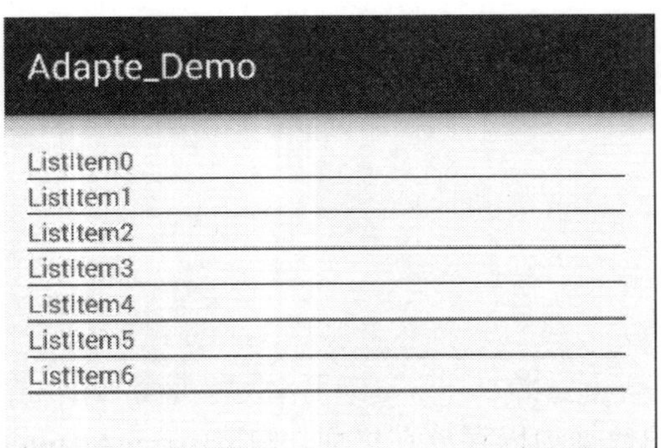

图 3 最终效果图

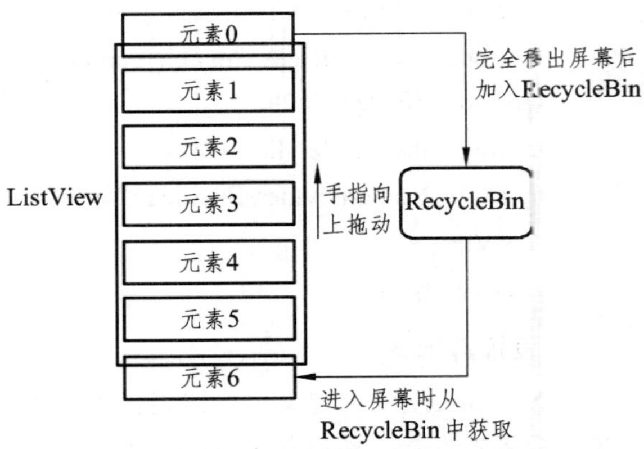

图 4 RecycleBin

（二）使用 BaseAdapter 实例

baseAdapter 是可自定义 ListView，通用用于被扩展。扩展 BaseAdapter 可对各个列表项进行最大程度的定制。

1. 使用步骤

首先定义主 xml 布局，根据需要定义 ListView 每行所实现的 xml 布局，定义一个 Adapter 类继承 BaseAdapter，重写里面的方法。定义一个 HashMap 构成的列表，将数据以键值对的方式存放在里面。构造 Adapter 对象，设置适配器。将 LsitView 绑定到 Adapter 上。再定义一个 Adapter 类继承 BaseAdapter，并重写里面的方法。使用 BaseAdapter 必须写一个类继承它，同时 BaseAdapter 是一个抽象类，继承它必须实现它的方法。

2. BaseAdapter 的灵活性

BaseAdapter 的灵活性在可以重写很多的方法，其中最重要的是重写 getView（ ）方法。

据四种重写的方法理解系统绘制 ListView 的原理。第一：当系统开始绘制 ListView 的时候，首先就是去调用 getCount（ ）方法。这个方法得到它的返回值，为 ListView 的长度。第二：系统去调用 getView( )方法，根据长度去逐一的绘制 ListView 每一行。当然如果让 getCount（ ）返回 1，就只显示一行。第三：getItem（ ）和 getItemId（ ）则在需要处理和取得 Adapter 中的数据时调用。第四：那么 getView（ ）如何使用呢？如果有 10000 行数据，不可能就绘制 10000 次，因为这样会极大地消耗资源，导致 ListView 滑动非常的慢，因此可以使用 BaseAdapter 进行优化 ListView 的显示。

3. 重写 getView（ ）的方法

第一种方法每次 getView（ ）都要 findViewById 和重新绘制一个 View，当列表项数据量很大的时候会严重影响性能，造成下拉很慢，所以数据量大的时候不推荐用这种方式。

重写 getView（ ）的第二种方法：使用 convertView 作为缓存进行优化 getView（ ）返回值是一个 View，把它作为输入参数并放到 getView（ ）输入参数里，形成反馈。这样就形成了 Adapter 的 itemView 重用机制，减少了重绘 View 的次数。这种方法和第一种相比减少了重绘 View 的次数，但是还是每一次都要 findViewById。

重写 getView（ ）第三种方法：通过 convertView+ViewHolder 来实现缓存进而进行优化 convertView 缓存了 View，ViewHolder 相当于更加具体的缓存：View 里的组件，即把 View 和 View 的组件一并进行缓存，那么重用 View 的时候就不用再重绘 View 和 View 的组件（findViewById），这种方法就既减少了重绘 View，又减少了 findViewById 的次数，因此最节约资源。

4. 具体代码实现

首先，定义主 xml 的布局，activity_main.xml。然后根据需要，定义 ListView 每行所实现的 xml 布局（item 布局）item.xml。其次定义一个 Adapter 类继承 BaseAdapter，重写里面的方法。最后在 MainActivity 里，

定义一个 HashMap 构成的列表，将数据以键值对的方式存放在里面。构造 Adapter 对象，设置适配器。将 LsitView 绑定到 Adapter 上。

五、RecycleBin 机制

正因为此机制，listview 加载成百上千的数据也不会 oom，RecycleBin 类是 AbsListView 中的一个内部类，ListView 和 GridView 都是继承它的子类，都有此机制，其代码非常精炼，大约有三百行左右，主要方法有 fillActiveViews（ ）、getActiveView（ ）、addScrapView（ ）、getScrapView（ ）、setViewTypeCount（ ）。

参考文献

[1] 孔令宏. Android 中的 ListView 控件的优化方法[J]. 电子技术与软件工程，2013（21）：270.
[2] 陈煜，周荣辉. 基于 Android 系统的手机文件管理器的设计与实现[J]. 铁路计算机应用，2012，21（9）：47-51.
[3] 范锋. Android 的架构与应用开发研究[J]. 信息与电脑：理论版，2012（5）：55-56.

自动刷发卡系统软件的开发*

徐 渊

【摘 要】 本次课题研究的主系统软件通过对各种车辆的数据信息的不同调用方式，分为四个不同的子系统进行运转来完成车道入口关卡处对不同车辆的识别、判定和处理。其中本课题研究的主要内容包括如下三点：一是实现系统的前台自动管理员和后台 informix 数据库的整体搭建。二是对本系统中特殊处理和辅助处理两个子系统的数据分析和协同工作流程的研究。三是在无人操作的前提下试用正常处理与异常处理两种判定识别类处理子系统对数据库中的各种车辆信息来进行流程判断分析。

【关键词】 自动刷发卡；informix 数据库；子系统

一、系统整体设计

在重庆高速公路现有入口收费系统硬件基础上，新增一套自助刷发卡设备，一套车牌识别系统。识别系统采用较为便宜的 CCD 摄取的图像，经 AID 转换后再输给计算机系统进行图像的预处理及识别。（注：识别方式引用《不停车取费系统介绍》）车道软件通过简单操作系统 Windows XP/Windows 2000 professional 下采用基本 asp.net 框体用 VC++语言进行编程。动态链接数据库采用 Informix Dynamic Server WorkGroup 9.2.2 数据库，完成对自助刷发卡机、车牌识别系统进行联机控制；渝籍卡车辆的自助刷卡功能和非渝籍卡车辆的按键发卡功能是依靠前台各种硬件的逻辑判断和算法计算完成的。

（一）设计目标

软件主要实现使用功能描述如下：

（1）车道软件完成基础信息的下载。

（2）实现车辆自助刷卡和按键发卡。

（3）实现后台数据的查询和调用。

（4）根据不同车辆的情况完成相对费用和消息的通知。

（二）系统架构

系统采用了四个层次的架构，分别是表示层、业务层、应用支持层和数据层。采用 TongEasy4.2 连接数据库，各层次的功能数据和函数如图 1 所示。

---

* 作者简介：徐渊，部门：建筑工程学院，类别：道路桥路专业，通信方式：15882027016，电子邮箱：619524540@qq.com。

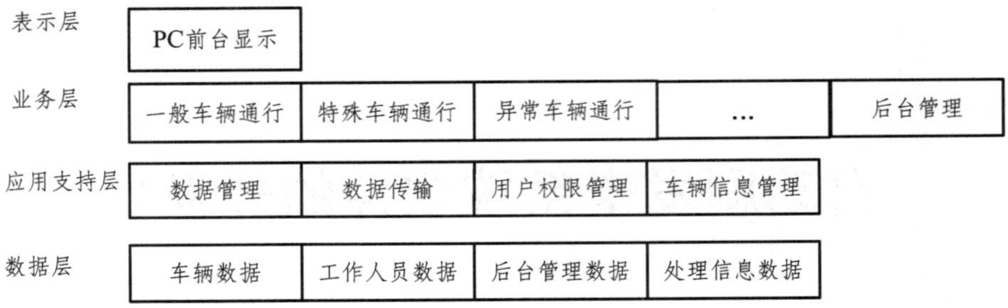

图 1　系统架构图

（三）软件环境

操作系统：WinXP/Win2000；
中间件：TongEasy 4.2。

（四）硬件环境

入口自助刷发卡系统设备主要有以下设备：
（1）车道计算机。
（2）收费专业键盘。
（3）自动栏杆。
（4）自动刷发卡机。
（5）字符叠加器。
（6）车道摄像机。
（7）声光报警器。
（8）视频分配器。
（9）车辆抓拍、通过检测线圈。
（10）交通卡读写器。
（11）车道车牌识别系统。
在入口处各种设备的布局示意图如图 2 所示。

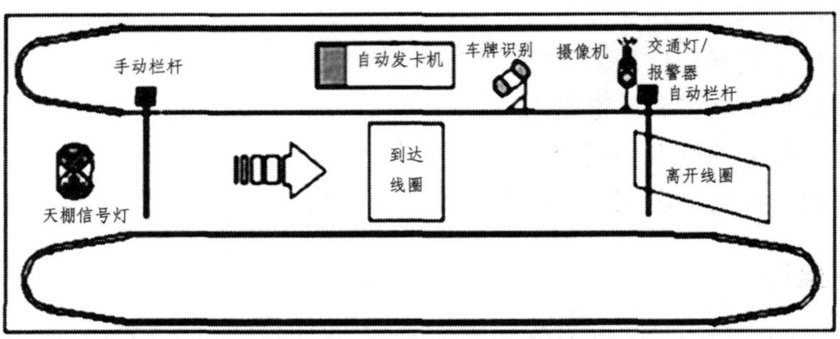

图 2　各种设备布局图

通过多年各种收费刷卡系统的实际运营，得出了刷发卡系统需要的主要功能需求，本系统结合功能需求设计了正常处理子系统、特殊处理子系统、异常处理子系统和辅助功能子系统四大子系统，然后再由各个子系统下的功能模块实现软件最终功能，如图 3~图 7 所示。

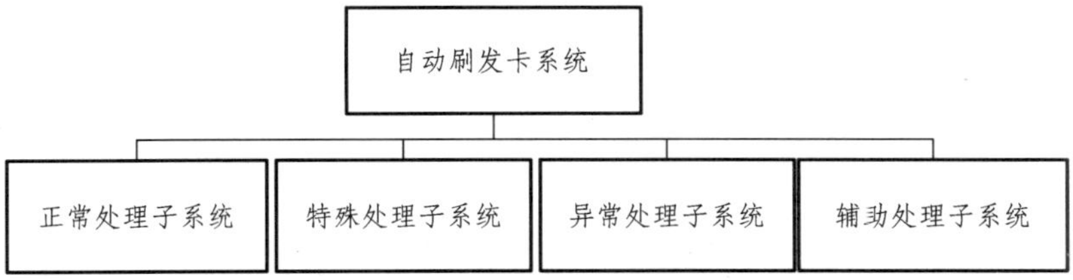

图 3　自动刷发卡系统功能组织结构图

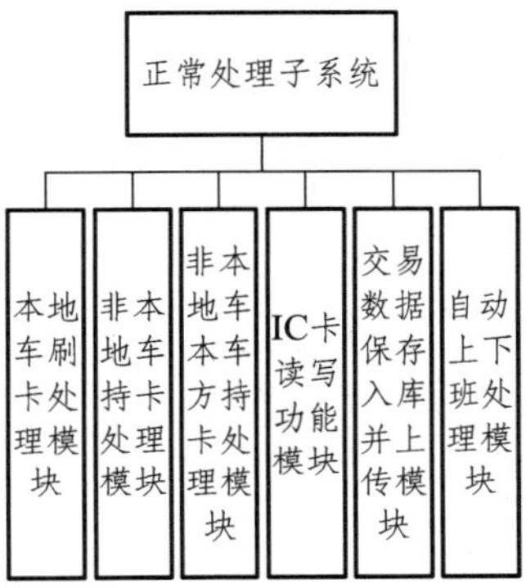

图 4　正常处理子系统组织结构图

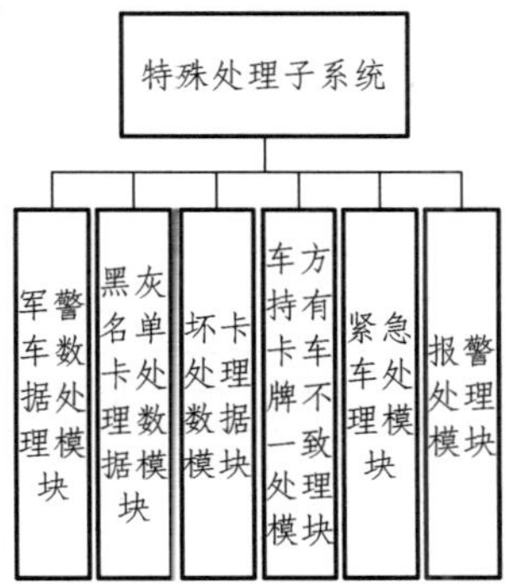

图 5　特殊处理子系统组织结构图

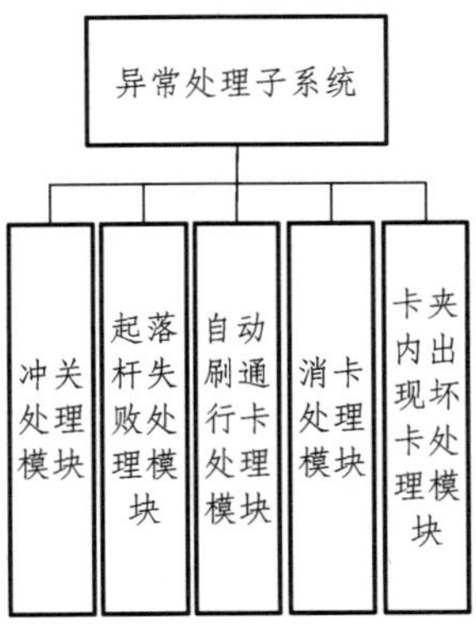

图 6　异常处理子系统组织结构

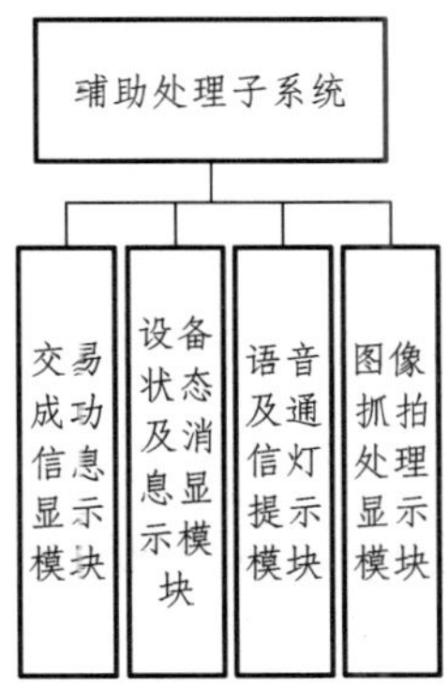

图 7　辅助处理子系统组织结构图

二、整体车道作业流程

关于这个系统的基本操作流程（见图 8）：

（1）后车进入车道，车道中的前线圈查到车辆到达信号，系统开始运转。触发 CCD 系列光学传感高速摄像器采集车牌数据和线圈采集车辆数据。

（2）只有“前车离开”并且“车辆到达”时卡机硬件才能初始化。

（3）根据车牌识别数据，系统的首次判定工作的运转。对本地车辆、非本地车车辆、军警车辆、特殊卡片车辆（如优惠卡车辆）进行硬件广播告警和卡机准备，后台系统准备经行第三种卡机数据的采集。

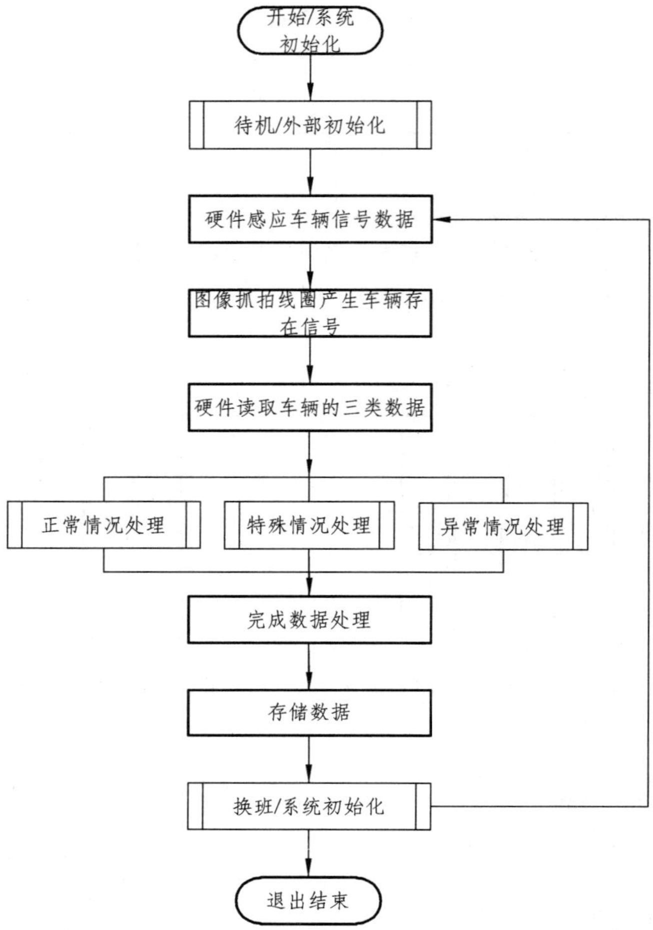

图 8　整体车道作业流程图

（4）驾驶员进入卡机区域进行刷发卡，系统采集卡机数据。

（5）系统根据以上三种采集数据进行自系统的判定，然后再进入各子系统的功能模块进行数据库的数据提取和判定计算。

（6）最后系统把结果数据返回到刷发的卡片和 Informix 数据库的相应表格。

（7）完成以上的数据记录，系统发出指令操作前台硬件放行车辆。

（8）特别要注意，系统默然刷卡和发卡两个操作动作在一辆车驶入时只允许一种实现，卡机采集的数据只会其中一种。

三、系统基本实现方法

本系统的功能的实现主要采用了数据识别和数据库调用两种方法。数据识别主要依靠分支定界的数学算法，对四次线圈采集的数据分流程进行了判定计算，以计算的结果为依据，分别在不同的情况下进入各个子系统和旗下的模块的进行处理。数据库的调用主要依靠原有的 Informix 数据库中的数据，在系统中设定输入和输出项数据，对各个功能模块进行不同指令。

（一）识别方法

1）信号识别方法

（1）车道线圈布局图（见图 9）。

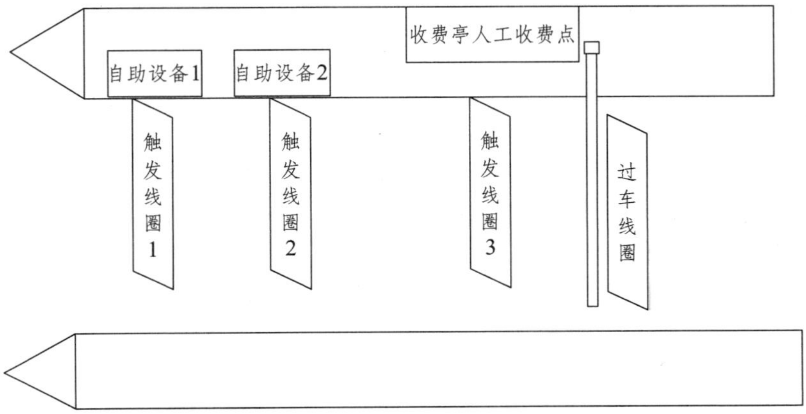

图 9　自助车道线圈布局示意图

（2）自助刷卡情况。

车辆通行时，车辆到达自助刷卡设备 1 或自助刷卡设备 2 时且感应线圈 1 或感应线圈 2 有信号时才允许刷卡，当持车方卡用户自助刷卡成功后，交易信息显示在车道界面上，车道提示当前车为自助交易车辆；为感知车辆在哪个位置，要求任意两个相邻的线圈之间的距离不能大于 3.8 m，即一个车身的长度。

（3）车道数据处理时序

① 感应 1 线圈触发。

车辆到达感应线圈 1，首先触发 IO 信号传给计算机，软件识别到线圈信号后将自助刷卡设备 1 功能打开，等待车方操作，若车方刷卡操作，刷卡设备将采用串口方式将设备读取到的信息传计算机处理，处理完毕后，返回给自助刷卡设备 1 若成功，自助刷卡设备 1 将给语音设备发送成功语音代码进行语音播报。若自助刷卡设备 1 无任何操作信息传回计算机，则继续等待。

② 感应 2 线圈触发。

自助刷卡设备 1 无任何操作信息传回计算机，则继续等待过程，车子向前行驶，离开感应线圈 1，计算机收到 IO 信号离开车道时，则关闭自助刷卡设备 1，车辆到达感应线圈 2，首先触发 IO 信号传给计算机，软件识别到线圈信号后将自助刷卡设备 2 功能打开，等待车方操作，若车方刷卡操作，刷卡设备将采用串口方式将设备读取到的信息传计算机处理，处理完毕后，返回给自助刷卡设备 2，若成功，自助刷卡设备 2 将给语音设备发送成功语音代码进行语音播报。若自助刷卡设备 2 无任何操作信息传会计算机，则继续等待。

③ 感应 3 线圈触发。

自助刷卡设备 2 无任何操作信息传回计算机，则继续等待过程，车子向前行驶，离开感应线圈 2，计算机收到 IO 信号离开车道时，则关闭自助刷卡设备 2，车辆到达线圈 3，首先触发 IO 信号传给计算机，软件识别到线圈信号后将判断刷卡队列数据记录是否有交易车辆，若有交易队列数据，此时栏杆打开，同时抓拍过车图片记录，若没有提示车方退回到自刷卡点刷卡或取卡。

④ 过车线圈落杆。

车辆经过过车感应线圈时，若当前车辆为交易成功的车辆，则通过后落杆。将车辆从队列中删除 1。若计算机数据记录里未发现当前通过车辆的交易数据，在触及过车线圈时，弹出车辆冲关报警信息。

2）事例表示

（1）线圈 1 处理算法。

首先线圈 1 采集数据通过 OXC 转码为 i_0，i=(0, 1)初始值计算：$di/dt=ri$，$i(0)=i_0$，求的判定解为 $i(t)= i_0E^{rt}$。若 i_0 的值判定计算小于 1 大于等于 0 时则 i_0 的值仍然判定为 0，此时车道处于无车待机。若 i_0 的值判定计算大于 1 时则 i_0 的值仍然判定为 1，此时车道开始工作。同理 K，M，N 值的计算原理和 i 值基本相同，所以不再进行解释。此次运转的数模图如图 10 所示。

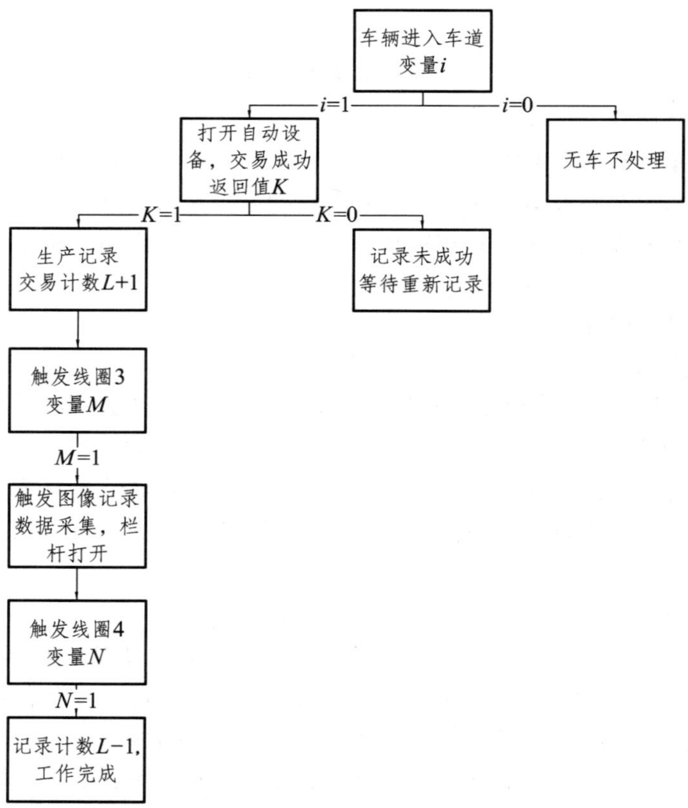

图 10　线圈 1 识别方式数模图

（2）线圈 2 处理。

在完成了上一次计算判定后若 i 为显性参数，则第 2 线圈开始工作，二阶段模块后台打开后 OB 打开，进入 j 参数的 IO 信号参数的始量数据计算。简易演示流程图如图 11 所示。

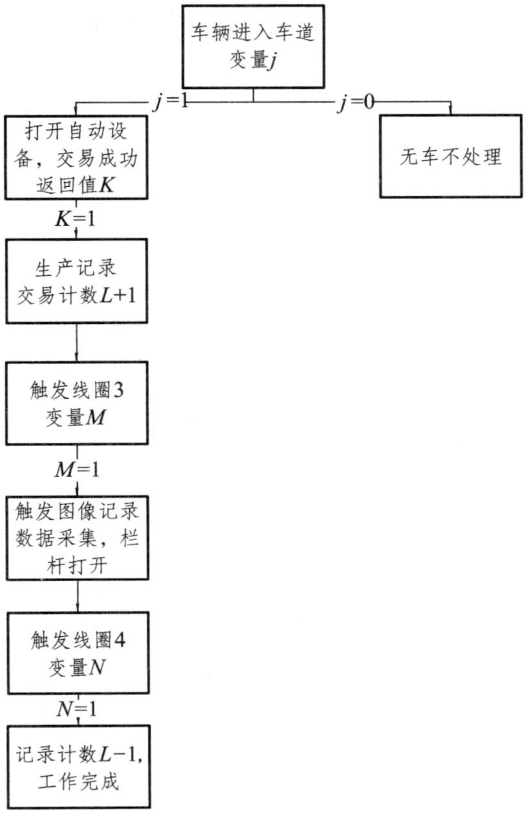

图 11　线圈 2 识别方式数模图

（二）条件数据定义

（1）入口车道交易记录（ADRKCJJL）如表 1 所示。

表 1　入口车道交易记录数据库调用表

<table>
<tr><th>功能名称</th><th>业务处理描述</th><th>输入项</th><th>输出项</th></tr>
<tr><td rowspan="4">本站资源信息</td><td rowspan="4">读取收费站定义表、班次定义表、获取系统时间产生</td><td>站编号</td><td rowspan="10">入库成功</td></tr>
<tr><td>车道号</td></tr>
<tr><td>班次代码</td></tr>
<tr><td>入口时间</td></tr>
<tr><td>收费员信息</td><td>上班时输入工号产生</td><td>收费员工号</td></tr>
<tr><td rowspan="4">卡片信息</td><td rowspan="4">读取卡片内信息</td><td>车型代码</td></tr>
<tr><td>车类代码</td></tr>
<tr><td>客货车标志</td></tr>
<tr><td>IC 印刷号</td></tr>
</table>

（2）黑名单信息表（LZKHMDXH）如表 2 所示。

表 2 黑名单信息数据库调用表

<table>
<tr><th>功能名称</th><th>业务处理描述</th><th>输入项</th><th>输出项</th></tr>
<tr><td rowspan="4">卡片资源信息</td><td rowspan="4">卡片格式定义</td><td>物理卡号</td><td rowspan="8">读卡时产生的信息与库里的信息做比较</td></tr>
<tr><td>印刷卡号</td></tr>
<tr><td>卡类型</td></tr>
<tr><td>卡属性</td></tr>
<tr><td rowspan="4">特殊情况</td><td rowspan="4">特殊情况定义</td><td>高速公路黑名单</td></tr>
<tr><td>高速公路灰名单</td></tr>
<tr><td>渝籍卡黑名单</td></tr>
<tr><td>渝籍卡黑名单</td></tr>
</table>

参考文献

[1] 杨兆升. 智能运输系统概论[M]. 北京：人民交通出版社，2003.
[2] 吴永辉，张远见，刘丰华，等. 不停车收费中的电子标签[J]. 电子技术，2005（5）：39-41.
[3] 刘勇. 不停车收费系统简介[J]. 公路交通技术，2005（3）：166-168.
[4] 陈红伟. 智能化监控在公路不停车收费系统中的应用[J]. 应用科技，2001，28（9）：24-25.
[5] 于宏军. 智能（IC）卡技术全书[M]. 北京：电子工业出版社，1996.
[6] 任曙光. 不停车电子收费系统在高速公路收费中的应用[J]. 湖南城建高等专科学校学报，2000，9（2）：42-44.
[7] 侯新容. 山西省高速公路不停车收费系统研究[J]. 中国交通信息化，2009（7）：74-79.
[8] 冯炎，景春光. 高速公路收费系统服务器容错技术研究[J]. 电脑知识与技术，2009，5（18）：38-41.
[9] 马莉. 不停车收费系统的浅议[J]. 交通世界：运输车辆，2015（1）：26-27.
[10] 赵辉. 高速公路自动发卡控制系统设计[D]. 南昌：南昌航空大学，2014.
[11] 刘全强. 虎岗高速公路无人值守自助刷发卡系统[J]. 中国交通信息化，2012（10）：90-92.
[12] 杨瑛华，金文彪. 高速公路[M]. 北京：人民交通出版社，2003.
[13] 徐帮学. 高速公路管理百科全书[M]. 公路交通科技，2000.
[14] 施昊华，张朝辉. 现代高速公路管理规章制度全集[M]. 北京：中国科技文化出版社，2003.
[15] 段仁里. ITS 机遇与挑战[J]. 中国智能交通，2003(12)：110-111.
[16] 刘林森. 全球发展智能交通势不可挡[J]. 中国智能交通，2003(9)：2-3.
[17] 孙永余. 如何实施“以人为本”管理方式促进收费站科学发展[J]. 价值工程，2012，31（21）288-290.
[18] 王亚利. ETC 电子收费系统浅析[J]. 价值工程，2011，30（16）：182-183.
[19] 刘亚娟，刘润. 电子不停车收费系统（ECT）现场检测研究[J]. 价值工程，2012，31（13）：167.
[20] 孙德强，刘伟铭. 自动发卡条件下公路收费车道的通行能力[J]. 公路交通科技，2013，30

（8）：129-133.

[21] 王恩新. 浅析我国高速公路收费系统建设[J]. 软件，2012，33（5）：95-96.

[22] 田明君，曾诚. 全自动高速公路收费系统[J]. 交通科技与经济，2008，10（6）：49-51.

[23] 江西高速公路联网收费开通[J]. 公路，2004（8）：47.

[24] 张波. 高速公路 ETC 收费方案的研究及设计[D]. 西安：长安大学，2011.

[25] 熊喆. 高速公路 ETC 收费方式综合效果量化分析研究[D]. 天津：天津工业大学，2008.

刍议智能工程综合布线系统设计与施工*

廖诗雨

【摘　要】 当今社会科技发展速度非常快，整个社会已经进入了信息化时代，智能化工程也成为了人们依赖的必然产物。而现代化的智能工程中综合布线属于根本，它改变了传统信息流通的方式，促进了计算机信息系统和网络系统的发展和完善。本文首先阐述了智能工程综合布线工程的设计原则，然后具体说明智能工程的综合布线工程的设计与施工，望能对综合布线工程的相关研究有借鉴作用。

【关键词】 综合布线；施工工程；智能化

一、综合布线工程的设计原则

现代工程中综合布线在施工中，必须按照以下原则进行：

1. 实用性

原材料和设备的选择要按照实际需要进行，目的在于保证建筑物的各种功能，尽可能地节约成本，达到实用性的目的[1]。

2. 先进性

综合布线系统已经满足了人们的需求，并且具有先进性，但是具体施工过程中，必须保证先进性和可靠性不冲突。

3. 可扩展性

目前信息技术发展速度非常快，那么建筑物未来的发展存在很多不确定因素，所以综合布线系统在进行设计时一定要保证可拓展性，不被社会的发展所淘汰[2]。

4. 易用性

不管什么类型的综合布线系统，都是由人来操作和处理，那么就需要构建出最佳的使用模式，保证设备简单易操作，提高工作效率。系统中各个环节要保证可以统一处理和控制，按照实际情况设计系统，保证其易用性。

5. 可靠性

综合布线系统在建筑物中起到了很大的作用，那么就必须保证其可靠性和稳定性，构建

* 作者简介：廖诗雨，部门：信息工程学院，类别：计算机，通信方式：15008484618，电子邮箱：173931422@qq.com。

时采用的设备要检验合格，尤其是比较精密的仪器，一定要由专业厂家进行生产。

6. 经济性

当系统满足了人们的一切需求时，重点考虑的就是其积经济性，不仅仅要考虑其成本，而且要考虑到后期的投资和维修[3]。

二、综合布线工程的设计

综合布线影响因素中最重要的就是工程设计。那么设计工作者首先要树立积极的心态，提前做好市场调查，将涉及的资料全部收集起来（建筑物的设计图纸、家装图纸、原材料、施工步骤等等），然后通过业主全面掌握施工具体情况[4]。设计时要保证安全的前提下尽可能降低其成本，保证经济性，提前预留出缓冲量。而设计方案中给出的产品，要尽可能设计为开放性的，保证其可以随时被其他专业人员所知，进而提出可行性意见[5-6]。我们将其具体注意细节总结为以下几点：

（1）对于电力、通讯以及网线等等，设计时要注意其位置，尽可能满足人们的实际需求。电气设备必须设计出最可靠的保护方案，避免出现意外情况。另外，要保证大功率电器有接地线，并且保证其电阻足够大。

（2）当建筑物外部涉及到路灯、监控探头、报警器、消防器材等等线路时，要选择比较耐用的套管保护，避免时间过长而出现破损。

（3）设计配电设备和控制系统时，必须满足各种条件，达到专业水平、

（4）电缆桥架和线槽等等复杂部位，标高设计要满足实际施工条件，尽可能地保证各种管路合理安排，避免出现缠绕现象。

（5）线路设计时要提前预留余量，保证各种尺寸清晰地表达出来，方便施工。

三、综合布线工程的施工

（一）熟悉会审图纸

准确把握设计的目的和方向，找到综合布线和其他施工的交叉处，提前做好准备，保证施工过程中不会影响到建筑物的质量和美观性，避免和其他施工出现矛盾。基于上述前提条件下，按照实际施工情况，考虑技术和设备，设计出最佳的施工方案。

（二）与土建工程的配合

对于现代化建筑物而言，综合布线系统和建筑工程质检有很大的关联。比如：在设计配管、配线以及配线架时，都离不开土建工程，要提前预留合理的孔洞，不仅仅缩短了施工工期，而且保证了建筑物的质量。涉及到钢筋混凝土建筑工程时，要在进行浇筑之前将管道、配线、接线盒等等提前预留下来，而剩下的工程可以浇筑完成以后再进行施工。表面敷设工程也要积极地配合好土建工程，保证建筑物的美观和质量。而施工的对象不会对建筑物产生影响时，就可以考虑将其放到浇筑之后施工。

（三）金属管的制作和敷设

电缆在穿套管时极易划伤，那么就要保证管口光滑没有棱角，尽可能地减少弯头的数量，单个金属管中弯头数量最大为三个，而且直弯头必须小于两个，设计的弯头越多，那么施工就越困难。而电缆的横截面积较大时，金属管道中不得出现弯头。而管与管之间的连接处要密封处理，保证其气密性。金属管线内部要提前安装拉线，方便穿线。当光缆和电缆同时存在时，要采取措施将两者分开，将光缆放置到子管中，而子管内径必须为光缆外径的 2.5 倍。

（四）线缆布线的施工

（1）线缆布放前需要先做好前期的准备工作，如：核对规格、路由以及设计等项目。

（2）布放一定要遵循平直的原则，禁止出现打圈、扭纹等现象。

（3）线缆在布放时一定要注意在起始端粘贴相应的标签，避免出现混乱。粘贴的标贴需要保持准确清晰。

（4）对于电源线、双绞电缆、信号电缆以及内部一些其他的电缆在布放的时候要注意分离，线与线之间的最小净距离必须满足设计规定的要求。

（5）电缆在设计其弯曲半径时要考虑实际情况，避免出现过大或者或小的情况，有利于其安装。

（6）选择合适的牵引端头，这样做的目的是降低线缆在布放过程中由于受力而出现扭曲的现象。通常牵引力不得超过线缆允许张力的 80%。

（五）线缆的连接施工

综合布线施工是一项比较复杂的工程，布放线缆只是其中的一部分，之后还需要对线缆进行相应的连接，这样才能形成比较完整的信息传输渠道。在连接方面的相关规定有：进行端接前，先要检查标签颜色以及数字涵盖的意思，在此基础上进行顺序连接，线缆中禁止出现接头现象。为了保证接触状况，端接处一定要牢固。连接过程应当严格遵照设计和安装手册来完成。

（六）综合布线的测试

站在施工方的角度来看测试的目的，主要有两点，即加快施工进度和为用户提供相应的质量保证。就工程角度来说，测试主要有两种：第一、线缆传输链路和通道的检测认证。其中传输链路的检验一般发生在施工过程中，施工人员在施工的同时就是完成测试，对每一个连接进行检测，保证其是正确的。而传输通道的检测认证主要是指根据事先设定好的标准来完成的，主要是查看布线是否符合规定的要求。主要涵盖了两部分测试，即连接性能和电气性能。第二、光缆传输通道在施工上可以参照电缆来完成。通常光纤纤芯部分的材料为石英玻璃，在施工过程中很容易发生破碎，因此施工人员在上手前必须先经过严格的培训，掌握其中的各项技术。在此基础上，严格遵守规定流程来进行施工。假如施工人员缺乏前期的培训，那么不可操作安装好的光纤传输系统。

四、综合布线工程的施工

综合布线系统所处的环境中往往会出现很多不可忽略的电磁干扰。干扰的来源多种多样，包括电子启动设备、荧光灯、雷达设备、电梯、开关电源以及交感性设备等。为了有效避免干扰的影响，常见的方法有以下几点：

（1）加强实施系统接地建设的相关规定，施工中要严格遵照地引入线、接地干线、接地母线等等相关规定。

（2）注重传输介质的质量，尽可能选择光纤产品，按照光进铜退的原则。

（3）对于双绞线的布置来说，禁止出现扭曲现象，因为扭曲会引发绞距不均匀，最终破坏传输的平衡性。

（4）对于建筑中某些管线的最小净距的设定必须满足规定的要求。

五、结论

现如今局域网已经发展成一种广泛应用的网络，人们也开始逐渐重视起最后 100M 的设计。所以对于网络工程的设计和施工来说，应当严格遵照打基础是最重要的，良好的基础是高楼的地基。尽管人们已经认识到了局域网络的重要性，但仍忽略了其具体的布线过程。现如今各项信息技术已经趋于成熟，相应的网络技术和施工技术的水平也越来越高，同样的网络综合布线方面也应当进一步改善。良好的布线不仅能提高智能建筑的质量，还能很好的解决干扰的问题，因此综合布线的合理设计必将成为人们重点关注的话题。

参考文献

[1] 王茜. 智能建筑中综合布线系统的设计与分析[J]. 电子技术与软件工程，2014（14）：272.
[2] 杨怡. 浅谈智能建筑的综合布线系统设计[J]. 智能建筑电气技术，2009，3（2）：92-95.
[3] 杨威，董一方. 智能建筑综合布线系统设计方法[J]. 中国勘察设计，2008（6）：39-42.
[4] 姚强. 智能建筑结构化综合布线系统的设计与施工[J]. 科技创新导报，2008（18）：16.
[5] 李伟. 智能建筑综合布线设计施工探析[J]. 技术与市场，2010，17（8）：31-32.
[6] 黄文权. 浅析智能建筑中综合布线系统的设计要素[J]. 现代制造，2011（24）：186-187.

现代物流管理理论在电商物流配送中的运用*

——以 HAR 物流成都中心为例

唐德敏

【摘　要】 当今电子商务大环境下，电商物流呈现出与传统物流不一样的特点。第一，数量波动大。平时量小，活动时数量会成 10~15 倍增长，如何解决资源运力问题成了关键。第二，电子商务环境下的物流活动信息化程度非常高，客户投诉渠道、差评种类及差评原因繁多，如何做好服务工作是关键。第三，618、双 11、双 12 已经不再仅仅是京东和天猫的活动，苏宁、国美与京东、天猫等各大电商平台活动频率逐渐趋同，如何获取市场上有限的车辆资源是关键。

【关键词】 资源整合；双赢或多赢；差异化价格策略；客户至上；扁平化管理

一、电商物流特点及电商环境对物流服务的新要求

在当今电子商务大环境下，实体店的销量走低，京东、天猫及其他社会化电商平台的销售数量在不断上升。从图 1 数据可以清地看到，2016 年电商销售比 2011 年增加了 24 倍之多。

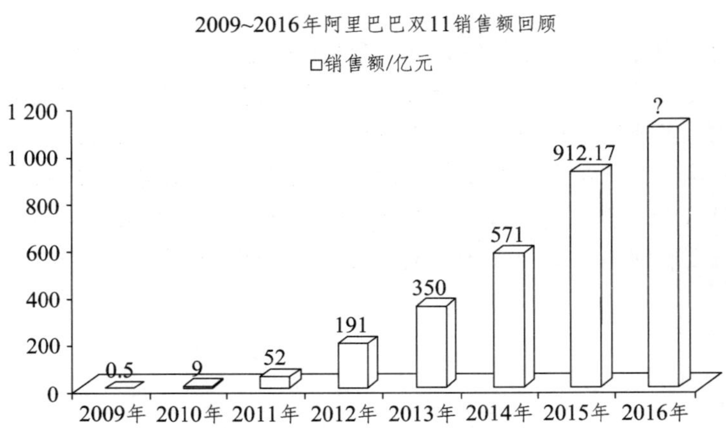

图 1　2009-2016 年阿里巴巴双 11 销售额回顾

电商物流除了总的量在增大之外，在一年或一个月的特定时期内，还呈以下主要的特点：第一，数量波动大，活动多。平时数量小，一旦做活动，数量会成 10~15 倍增长。详见图 2 HAR

* 作者简介：唐德敏，部门：物流工程学院，类别：物流，通信方式：13880836103，电子邮箱：153659319@qq.com。

成都物流中心直配全年单量分布图和图 3 HAR 成都物流中心 11 月直配单量分布图。

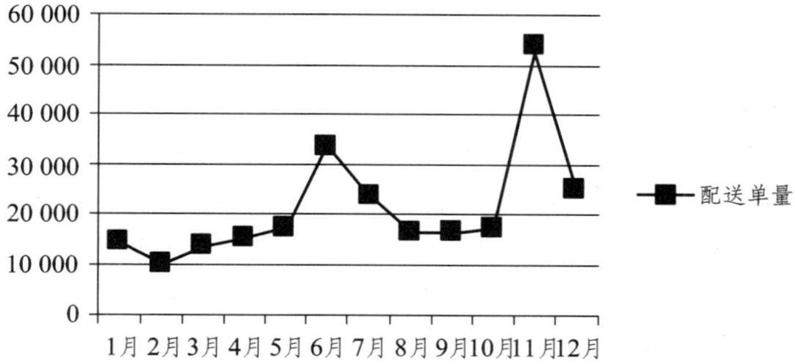

图 2 HAR 成都物流中心直配全年单量分布图

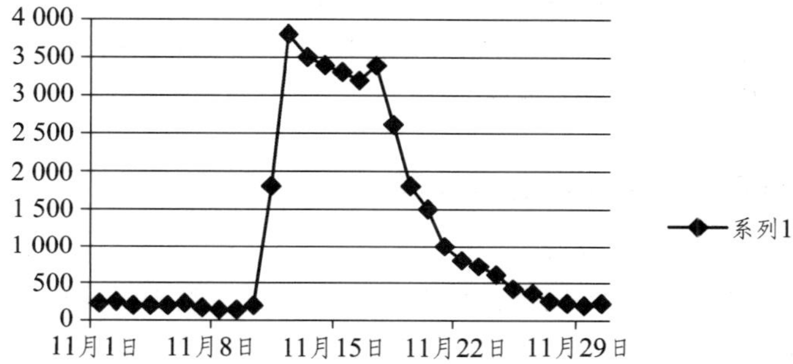

图 3 HAR 成都物流中心 11 月直配单量分布图

如何解决仓储场地、仓储设备、运输车辆、人力等资源运力问题成了关键；其次，电子商务环境下的物流活动信息化程度非常高，客户投诉渠道、差评种类及差评原因繁多，如何做好服务工作是差键。最后，电子商务发展到今天，618、双 11、双 12 活动，已经不再仅仅是京东和天猫的活动，各大电商平台活动频率逐渐趋同。苏宁、国美过去只在五一、十一、春节做活动，京东只做 618，天猫只做双 11、双 12，现在已经变成了大家都会在 618、双 11、双 12 做活动，特别是双 11 活动，各电商平台促销非常大，销售数量空前火爆，而物流市场上正常的配送车辆资源是有限的，双 11 活动期间，找到足够多的车辆资源成了配送的关键。

二、HAR 物流配送模式介绍及存在的问题

（一）HAR 物流配送模式介绍

HAR 物流为 HAR 电器的附属公司，为家电、家具、卫浴等品类的厂商、线下零售商和电子商务客户提供物流服务。HAR 物流原先服务于 HAR 集团的家电销售，其配送和安装实现了一体化。HAR 物流网点遍布全国，深入县、乡、村级地区，而更重要的是，HAR 物流的优势在于大件配送。2013 年底，阿里巴巴集团以 5.41 亿港元认购 HAR 物流 9.9%的股权以及通过认购上市公司新股的方式对 HAR 电器投资 9.65 亿元港元，获其 2%的股份。

HAR 物流始终致力于打造专业的大件物流平台，主要由分布式云仓网络、智慧云配网络、零距离交互平台、智慧物流信息平台四大版块组成。全国有 100 个物流中心，6 000 个 HUB 服务点，500 万平方米的仓储面积；可为全国 2 915 个区县提供全覆盖到村入户的配送服务。

有 15 大发运基地，22 000 辆整车在线车辆，3 300 多条对流班车专线；9 万辆车小微，18 万服务兵；八大系统支持全流程可视；年发运整车货物 4 000 万方，98%整车运输可实现 2~3 日送达，年发运零单 1 500 万方，96%零担可实现当日到货。为客户及用户提供全网覆盖、到村入户、送装同步的差异化服务。

HAR 物流可为用户提供以下物流服务：按约送达、当日达/次日达、3 小时极速达、送装一体、夜间取配、预约取件、无忧退货、开箱验机；可以根据用户需求提前预约时间，准时配送到用户指定地点，超时未到为用户免单。消费者在电商平台购买的大件商品，可享受 11 点前下单，当日 24 点前送达，11 点后下单，24 小时内送达的物流服务。预售订单付订金后提前下沉到网点，用户付尾款后，3 小时内完成入户。配送安装同步，无须收货安装多次等待。针对白天无法收货的用户及白天限行路段范围内的商品，夜间进行配送服务。用户已经签收的商品，通过天猫下达上门取件单的方式，服务人员按规则上门取回入库。客户在 HAR 平台上的所有订单，一旦用户拒收，HAR 物流负责将货物拉回。上门时同买家进行商品外观、附件数量的核查清点，买家确认无误后再签收商品。

（二）HAR 物流配送过程中存在的问题

HAR 物流主要承接了以下产品的配送：京东网上所销售的 HAR 产品、天猫网上所销售各品牌大家电、HAR 官网上所销售 HAR 品牌产品以及亿健跑步机等社会化业务。

2013 年双 11 期间，天猫及京东平台需配送货品数量大幅度攀升，HAR 物流虽然事前做好了预案，但是，还是出现了问题：

1. 仓库作业人员人手不够，业务不熟，作业效率不高

仓库作业人员数量不够，业务不熟悉，拣货速度达不到司机的需求，所有司机开车等在仓库外面，装不了货，干不了活，抱怨极大。仓库为了满足司机需求，做了一个更加错误的决定，让司机师傅自己拿单子到库房找货，自己装车，凭单出账。由于现场混乱，及部分司机素质实在太低，自己多装货，或将货装车后，不凭单出账，导致仓库 300 万左右货品丢失，仓库服务商亏损严重。

2. 配送车辆资源严重不足

尽管总公司事先给出了“双 11”活动预计订单数量，但售后网点最本质的工作是做安装、维修等售后服务工作的，这支队伍人员对电商平台“双 11”活动的爆发力预估严重不足，对市场上车辆资源掌握不够，导致“双 11”活动期间，所调配的配送车辆数量不够，不能满足活动需求，不能在规定的 4 天内将货品配送到用户手中。

3. 所配送货品没有经过系统预约，司机装上车拉出去配送的货品收货率不高

凌晨“双 11”活动一启动，总部预约中心开始打电话给客户进行预约，但晚上及凌晨，客户电话接通率极低，到“双 11”当天早上 8 点，车辆调配到现场后，实际预约出来当天需要配送的货品数量远远低于当天的运力，为了不让司机白跑，只能把系统里客户下单时自动选择当天收货的货品分配给司机出货配送，但由于没有经过系统预约，客户收货率不足一半，导致司机拉出去一车货，拉回来半车货，司机单车产值不够，挣不了钱，第二天，司机不愿意再来装货配送，导致本来不足够的运力更加雪上加霜。

4. 货物分到车后，没有做好记录，导致信息无法追踪

中心系统不能将出库货物按车辆和司机姓名进行记录，各配送网点将货物分配给司机后，也没有做好相应登记，客户电话查件，调度无法及时做出相应回复，客户满意度下降，投诉和差评增加。更严重的是，某网点有 1 000 多台货品，查不到司机信息，面对疯狂的客户查件电话，调度崩溃到只能关掉手机，不再接听电话，结果导致出现了更大批量的客户投诉和差评。

三、现代物流管理理论在 HAR 物流配送中的运用

2014 年 5 月，HAR 物流成都中心启用了 LHT 物流配送公司，该公司运用现代物流管理理论，采用专业的物流管理知识以及科学的物流管理方法，连续三年，经历了三个“京东 618”“天猫双 11”“天猫双 12”活动，使该中心的物流配送工作取得了巨大的成功。

1. 业务外包，资源整合，增加配送弹性

在前述经验教训基础之上，HAR 物流成都中心选择了找专业的 LHT 物流配送公司来做配送业务。LHT 物流配送公司经过市场调研和分析，发现，如果只用市面上的个体司机进行配送，则管理难度会非常大，且不能满足活动期间大量的车辆需求，而搬家公司工作人员有送货上门的经验，平时主要以利润相对较高的搬家业务为主，活动期间，可以以稍高的价格，让搬家公司暂停搬家业务，来进行配送作业，遂以双赢或多赢的理念，整合了 7-8 家搬家或物流公司，做日常的配送和活动时的后备资源，这样就做到了平时每天可以用 10 台、20 台车辆进行配送，活动时，每天可以提供 146 台车辆进行配送。车辆弹性非常大，解决了使用个体司机日常业务量少的时候，司机没活儿干；活动时，司机干不完的问题。

2. 差异化价格策略，壮大配送队伍

大家电配送货品，一般按体积分超大、大、中、小及特小件型结算费用，有的司机，宁愿多跑几趟，送小一点的货品；而有的司机，更愿意送超大及大件，少跑点路。有的搬家公司老板，不会仔细算账，只希望，不论件型，按数量结费；有的搬家公司老板，更直接，只希望按车辆数量结费。LHT 物流配送公司经过周密测算，采用了按数量（但配装时，会大小件基本拉平）、按整车（但必须保证每车最低不能少于 20 件货）、按件型三种结算方式，使每一种件型的货品，都有司机愿意装载配送。

3. 用户至上，以中心指标为目标，提升工作效率和用户体验

HAR 成都物流中心需要对其客户负责出库及时率、投妥率、211 及时送达率、按约送达率等配送指标，还需要减少查件、工单、投诉和差评等。LHT 物流配送公司把 HAR 成都物流中心的指标，当成自己的指标，当车辆临时出问题，不能完成出库及送达任务的时候，会不计成本另外调配车辆去装货配送；遇到特大货品、或者有特殊要求的用户，司机不能满足用户需求时，会临时抽调办公室人员单独处理。加强日常培训，及时对相关案例进行分析、总结和反思，避免配送师傅下次犯同样的错误

4. 扁平化管理团队，人性化管理员工，畅通信息渠道，增强团队凝聚力

运用扁平化管理思路，建立多个微信群、QQ 群，让天猫、京东上层管理人员可以直接与合作伙伴对话，可以直接与基层司机进行对话，畅通信息传递渠道，及时解决各种问题。节

假日、极热极冷天气，或者在员工生日、取得了比较好的配送效果的时候，负责人及时发放微信红包，金额不大，但能活跃各工作群的气氛，增强团队凝聚力，保证工作顺利开展。

5. 专业的物流知识，科学的物流管理方法，取得了成功的管理效果

天猫要求 HAR 物流中心活动后三天必须将全部货品出库。如果完全执行天猫的要求，会面临如下两个问题，一是配送公司没有足够的场地进行货物存储，二是配送公司要进行第二次仓储业务，对配送公司管理能力要求高，出错的机率会加大，配送效率会降低。

为了解决这个问题，HAR 物流成都中心仓库先进行账面上出库，实物放在仓库划出的暂存区域，LHT 物流公司另用 EXCEL 表格建立一套精确到提货司机、日期、货品、客户相关信息的表格，来解决仓库账面出库可能带来的信息跟踪不到位、货品丢失等问题。

四、现代物流管理理论指导下的 HAR 物流配送模式效益分析

采用前述现代物流管理理论，LHT 物流公司整合了成都市场上 7~8 家大家电配送资源，包揽了 HAR 物流大家电直配业务的预约、配送、代收款、再投、回访及改期货物的仓储管理等工作，改善了原 HAR 物流通过自身售后网络进行直配的运力和管理上的不足，及时有效的满足了京东、天猫等电商平台对配送服务的严格要求。通过专业的物流知识，解决了 2013 年以前 HAR 物流仓储及配送管理中存在的货品丢失，客户无法及时对配送信息进行追踪查询的问题。进一步，通过跨界发展，培养司机进行安装工作，提供了 HAR 物流的部分售后功能，为客户提供部分产品的送装一体工作。LHT 物流配送公司从每天配送一车货开始，到目前承接了 HAR 顺物流成都市场 70%大家电直配业务。在当今电商物流的大环境下，科学的物流管理思路和方法，能够促进业务增长，为企业带来效益。

参考文献

[1] 潘意志. 任务驱动法在运输管理实务教学中的应用[J]. 物流工程与管理，2009，31（7）：141-142.

[2] 徐勇. 民营快递管理实务[M]. 上海：学林出版社，2010.

[3] 中国物流与采购联合会. 中国物流重点课题报告[M]. 北京：中国物资出版社，2010.

[4] 中国物流与采购联合会. 中国物流管理优秀案例集[M]. 北京：中国物资出版社，2012.

基于人机工学研究马桶造型*

龙 钎

【摘　要】 随着国民经济的大力发展，人们的生活水平不断提高，马桶成为了普通家庭卫生间里的必备设备。可是近年来马桶的问题也不断被提及，主要集中在传播疾病和智能问题上，而解决的方式一般就是让马桶变得更加智能。然而大部分人都没意识到现代的马桶还有更突出的问题，也就是使用方式带来的痛楚和疾病。马桶作为一个与人体直接接触的设备，我们的研究方向应该立足于人，设计应该以人为本，这也就是研究方向：马桶的人机工学。

【关键词】 产品设计；马桶造型；使用方式；人机工学

一、人机工学意义

人机工学即人机工程学的简称。人机工程学现在已发展为一门多学科交叉的工业设计学科，研究的核心问题是不同的作业中人、机器及环境三者间的协调，研究方法和评价手段涉及心理学、生理学、医学、人体测量学、美学和工程技术的多个领域，研究的目的则是通过各学科知识的应用，来指导工作器具、工作方式和工作环境的设计和改造，使得作业在效率、安全、健康、舒适等几个方面的特性得以提高。

现代马桶的使用给用户带来了很大的问题，要解决这些问题，就需要重新站在马桶的人机问题上去研究。

二、问题探究

针对马桶的人机问题有两个大方向，也是根据提问者不同来划分的。

（一）内心接受马桶使用方式的

如果使用者是接受马桶现在的使用方式，也就是平坐在马桶圈上，那他们就会对马桶一些细分功能加以追求，就包括：下身清净、坐圈保温、暖风烘干、自动除臭、静音、除菌等。产品研发公司为了把握客户需求会大力的解决这样的问题，从而研发新型高端的智能马桶，但是专注研发的多了，也就难了。一个马桶毕竟只是一个马桶，附加功能太多，也会显得累赘，价格也是大幅上升。

* 作者简介：龙钎，部门：艺术与人文社科学院，类别：产品设计研究，通信方式：13689071781，电子邮箱：814271911@qq.com。

（二）内心不接受马桶使用方式的

根据调查很多不是从小接触使用马桶的用户，对马桶的使用是有抵触心理的。让这一类用户去选择蹲便器和马桶，他们会毫不犹豫地选择蹲便器，他们觉得马桶使用起来不方便，坐在上面的感觉很不舒服。下面就马桶人机相关问题进行分析研究。

1. 心理感受

用户选择蹲便器还是马桶，主要在于使用的方式，蹲便器和马桶的使用方式到底有多大区别呢？图 1 为蹲便器，图 2 为马桶。

图 1　蹲便器

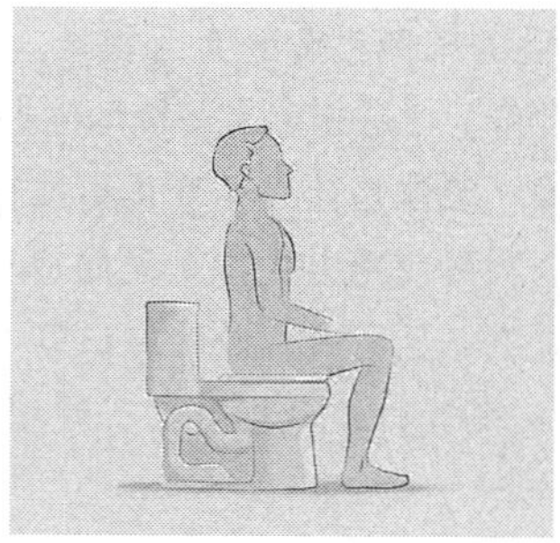

图 2　马桶

图中可以看出在姿势上、身体和腿部的角度均有不同。部分用户不习惯马桶上的坐姿，于是选择了蹲便器；但部分用户又妥协于使用马桶，于是平常使用马桶的姿势变成了以下几种，如图 3 所示。

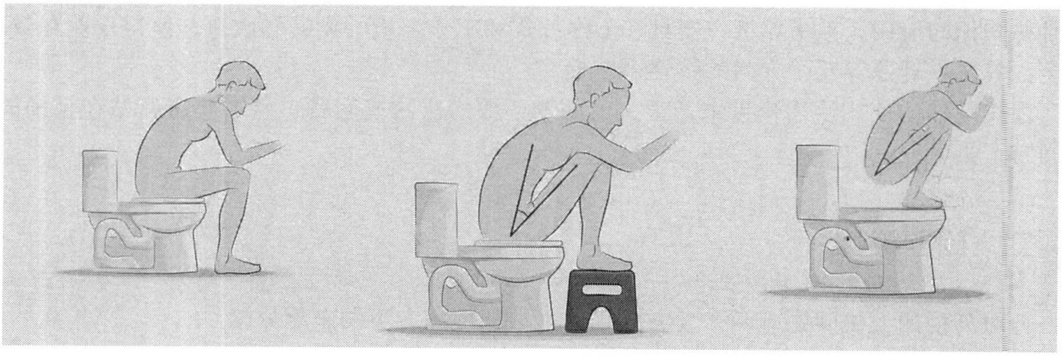

图 3　使用马桶的姿势

观察上面的使用方式，用户都在用各种方式去改变原有的水平坐姿，分析点不在用什么方式使身体与腿部的夹角变小，而是为什么要变小？

夹角的变小最直接的改善就是让用户觉得舒服，这种舒适度来源于排便的顺畅度。当然这种体验是用户的心理感受，接下来分析一下小夹角与直角的生理功能区别。

2. 生理需求

排便需要人体肛门保持大的舒张，还需要人体丹田给予气的压力，这样排污才能比较顺畅。那姿势的不同是否会对排便产生生理影响呢？

根据相关调查研究，人体呈 90 度坐姿，容易阻挡肠道畅通，使排泄受阻，甚至需加倍施力，严重的话可能造成便秘、肠燥症和肠癌隐患，如图 4 所示。

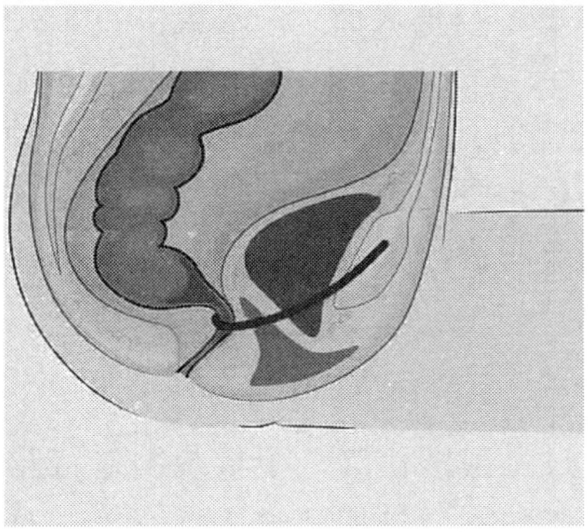

图 4　90 度坐姿肠道图解

人体呈 35 度左右是比较健康的姿势，肠道会呈舒张状态，在人类发展和历史文化中这种姿势也是最自然、正常的，其肠道图解如图 5 所示。

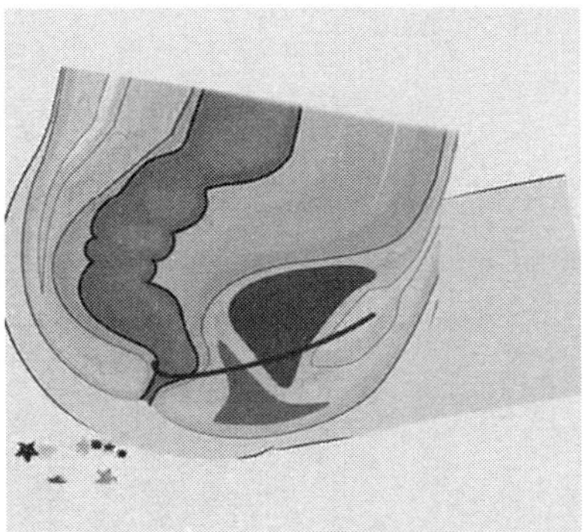

图 5　35 度坐姿肠道图解

通过以上分析不难得出结论：用户在心理和生理上都是需要 35 度的。那么我们的马桶造型也应该符合这个人机关系。

三、解决思路

（一）用户的解决办法

用户在遇到以上问题时都会用一些自己的方法来解决，例如：分腿弯腰的姿势，搭一个小凳子在脚下，直接踩到马桶上当蹲便器用等。这些方法或许能够解决问题，可是改变的是用户，也就是用户去适应设备，那马桶的设计初衷就不存在了，这样的马桶就不是必备的，设计也是失败的。

（二）马桶造型解决方法

用户需要的是 35 度，可现在市面上的马桶都是直平面，这也就是导致用户用自己的方式去解决问题，那么从产品下手去解决这个问题应该研究以下几个方面。

1. 35 度的产生

人体需要 35 度，与人体接触的马桶表面，应该倾斜的度数，需要通过实际人机测试出来，这里假设为 X 度。

X 度数的产生用什么方式合理，分析马桶的构件，有两种方式：一是改变马桶盖板，使其立向增加 X 度；二是改变马桶本身的直平面，使其倾斜 X 度。这两种方式的可行度都要通过验证，他们分属两个不同生产制造商，这里研究主体为马桶本身，所以进行改变马桶直平面斜度研究。

2. 马桶内部结构

笔者曾经在卫浴公司实习过，卫浴作为一个传统制造行业，对新产品的开发重视度是有的，但是方向大部分集中在具体功能，例如节水、噪音等，对马桶外观造型的研究较少，再加上生产工艺的制约，要做出外形独特的马桶比较困难。一般应用与马桶的材料有陶瓷和亚克力，亚克力还是比较先进的技术，大部分产生都使用陶瓷，当然陶瓷本身也拥有很多优越性。

马桶座面产生斜度，在生产上是否会有较大难度，并且会改变马桶内部结构，这样的改变是否会对马桶其他功能带来大的变化，具体还需深入研究。

（三）笔者初步方案

通过上面的分析，得出的最主要设计方向是：使马桶座面变成斜面。

下面是笔者的初步设计，如图 6 所示。

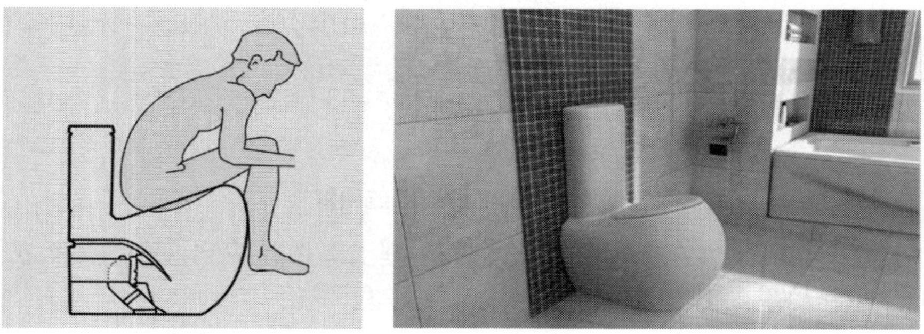

（a） （b）

图 6 斜座面马桶设计图

这里的方案只是一个初步斜面设想，正如上文分析一样，还有很多具体人机数据需要以实际测试才能得出，例如：马桶座平面斜度；马桶座平面高度；马桶内部结构；水箱斜度等等。解决这些问题最好的方式就是与企业一起进行设计研究，才能得出最好的设计结果，才能让马桶的造型设计更加符合人机。

参考文献

[1] 网络视频 座便正确坐姿。

[2] 高凤麟. 人机工程学[M]. 北京：高等教育出版社，2009.

[3] 徐宾宾. 卫浴设计 555[M]. 南京：江苏人民出版社，2011.

苏宁广汉小件仓库搬迁方案设计分析*

谢 欣

【摘 要】 仓库搬迁原是指撤离原来的所在地而另换地点。而搬迁工作是一项庞大的、系统的二程，它不仅仅是物料的简单迁移，从旧址的物料、设备的打包、卸架到新址的设计、库存布局、设备安装调试等都是一些繁琐的工作，需要花费大量的人力和物力，而搬迁工作组织和协调的好坏会对设施今后的发展产生重大影响，如何协调和安排这些工作是一个值得深入研究的问题。

【关键词】 广汉苏宁；小件仓库；搬迁方案

一、苏宁广汉小件仓库搬迁原因

（一）企业概况

苏宁云商成都大区成都公司物流小件中心库位于广汉新丰镇，目前主要为西南片区（成都、重庆、贵阳、昆明、内江）提供小件的 B2C 订单、B2B 调拨、SWL 仓配一体业务、天猫、揽件、中转、退货等业务。广汉仓库现覆盖商品品类包括 3C、母婴、超市、小家电、OA 配件等，采用库房租赁模式，库房面积约 5 万平方米。

（二）仓库搬迁原因

随着公司业务的快速发展，苏宁集团将西南地区电子商务运营中心项目落户天府新区彭山区域，拟建成代表国际先进水平的苏宁易购西南地区电子商务运营中心，是集电子商务、采购结算、数据处理、物流配送、售后服务等功能为一体的综合性区域总部，建成后将承担西南地区 B2C 的商品集中存储配送、采购结算、行政管理等综合业务。该项目按照“整体规划、分步实施”的原则分两期建设，用地面积 380 亩，仓库建筑面积约为 9 万平方米，预计 2016 年 8 月底交付。目前项目基地已建成投产，苏宁在广汉现有库房租赁时间即将在 8 月底到期。因企业为保证“双 11”活动的顺利进行，要做前期预演，所以，小件仓储计划在 8 月底正式启动搬迁至彭山物流基地项目。

二、小件仓库搬迁方案设计分析

（一）仓库搬迁应解决的问题

介于上述原因，以制订科学合理的搬迁方案并顺利完成为目的，主要应解决以下几个方

* 作者简介：谢 欣，部门：物流管理专业，通信方式：13980786237，电子邮箱：274313205@qq.com。

面的问题：

1. 搬迁总体方案制订

此次搬迁共涉及六个库，整件及散件多品类货物，因此搬迁应如何分阶段、每阶段的搬迁模式是什么，如何处理与正常业务的关系等，需要从整体的角度系统地设计制定总体方案。

2. 人员分配问题

由于此次搬迁距离较远，部分员工不愿跟着搬过去，此外新库的面积及作业规模的提升，对人员的需求会增加，而且同时要进行搬迁和正常作业，因此需要测算人员需求、岗位分工及来源。

3. 供应商的管理

主要涉及人力资源及车辆的外包，如何选择合适的供应商及确定外包任务。

4. 彭山运营基础设施的准备

解决搬迁后运营保障及后勤保障工作。

5. 搬迁现场的控制

在搬迁现场可能会遇到预计不到的各类突发事件，如何进行现场控制与协调，保证搬迁方案的顺利实施。

（二）仓库搬迁的重难点

此次搬迁主要分整托盘搬迁和拆零商品搬迁，搬迁过程中日常作业一切正常，新库及老库采用两库作业的模式。苏宁在2003年进行过一次从龙泉至广汉以仓储部门为主的搬迁，与之相比较，此次搬迁的重难点体现在以下几个方面：

1. 搬迁作业的时效性和准确性

此次搬迁，涉及的品类有母婴、超市、百货、洗化、美妆等全品类，总计220万件之多，广汉仓库至彭山青龙新库的距离为130公里，因此具有货物层次、品类多、数量大、距离远，对区域、储位的要求高等特点，不仅需要迅速搬运至新址，还要在极短的时间内迅速、准确完成上架和盘点。

2. 搬迁作业流程设计难度大

由于搬迁时间是在“8.18”刚刚结束之后，其对搬迁工作带来的影响需要事先预计。在搬迁过程中，每天2万件的发货量还不能中止，区域内应实施怎样的服务标准，新旧库应该如何衔接配合。搬迁作业相当于一次大批量多种类的出库→入库过程，环节多、风险高，要尽可能减少搬迁过程中的货损货差，需要提前设计完善的作业流程，并准备较好的应急预案。

3. 库存管理难度增大

库存中有70%是有效期管理商品，作业规模由原来的3 000件/天上升至现在2.1~2.4万件/天，是过去的7~8倍，账务处理管理难度增加。

4. 人力资源配置难度大

针对搬迁带来的员工去留问题，如何合理配置人力资源，使老员工充分发挥岗位能力，人员缺口采用何种用工形式补充，如何培训和管理，合理安排新员工搬迁工作，是本次仓库搬迁的难点。自有员工比例由原来 200 人降至 100 人，人员大幅度减少，要保证搬迁过程中作业一切正常运行，增加了人员配置的难度。

（三）仓库搬迁问题的解决措施

针对上述问题和重难点，采用的解决措施主要有以下几点：

1. 制订有效可行的搬迁方案

确定搬迁阶段及时间，根据企业运营状况、彭山新基地交付时间及确定搬迁时间；根据货物品类、性质及堆码特性确定搬迁阶段。

确定搬迁模式，根据仓库存放货物品类、形状及规模等特性，将搬迁分为整托搬迁及小件搬迁两种不同模式。

确定搬迁流程，针对不同搬迁模式，确定与之相适应的搬迁下架、打包、复核、装车等流程。

确定搬迁后勤保障措施，根据搬迁进度及流程要求，调整运营时间、进行在库商品的处理以及入库量的控制，制定发车波次，做好需求费用预算。

2. 保证人员，合理配置人力资源

一方面，对现有人员展开调研，对人员动向摸底。逐一与原小件库人员进行谈话，掌握他们的动态，了解此次搬迁人员的去留情况，以便提前做好搬迁过程中的人员安排。另一方面，整体人员配置，设置四个作业组，结合现在自有人员和外包人员来保证作业需求。

3. 做好运营和保障及后勤保障工作，保证搬迁工作顺利开展

车辆资源的准备，确定车型，测算搬迁所需车辆，从承运商引进车辆储备。彭山运营基础设施准备，解决搬迁后运营保障及后勤保障工作。实施搬迁预演，检测方案是否能够有效执行，并及时做相应调整。实施搬迁方案，现场控制、协调，处理突发事件。对整个搬迁过程进行总结，将仓库搬迁的一般路径方法进行归纳整理，形成一套可供推广的搬迁方案及操作制度。

4. 合理控制搬迁费用

对成都大区物流基地搬迁费用进行测算，其中包括搬迁运输费用、人工费用、燃油叉车费用等，合理控制搬迁成本。

二、仓库搬迁方案设计的预期成效

仓库搬迁方案的设计要确保苏宁物流广汉小件仓库顺利搬迁至彭山物流基地，应达到以下效果：

（一）保证仓库搬迁时效，确保生产顺利进行

通过前期研究讨论，鉴于苏宁物流成都 B2C 二期即将于 2016 年 8 月底投入使用，小件仓储定于在 9 月 1 日正式启动搬迁至彭山物流基地。计划分为 2 个阶段搬迁，第一阶段搬迁计

划由 8 月 28 日开始，耗时 9 天完成搬迁工作，主要针对 3#，6#以及浪度外租库整件商品，第二阶段针对 1#，2#库拆零商品进行搬迁，开始时间根据第一阶段的运作情况进行确定，初步计划 9 月 6 号开始搬迁，预计耗时 11 天完成搬迁。搬迁期间，成都小件仓库生产作业正常进行，只是截单时间做如下调整：成都仓异地始发截单时间调整如下，重庆、内江截单时间调整为 15 点，西安线调整为 15:00 截单，昆明、贵阳调整成 14:00 截单，本地取消一日三送，搬迁期间同城配送承诺全部为次日全天，截单时间调整为 18:00。

（二）降低搬迁成本

搬迁过程中，最大的成本来至运输成本。为了降低运输成本，第一，运输部门提前一个月进行询价招标，选择了最低价格作为本次搬迁的运输价格，优化了运输成本；第二，选用 17.5 m 的平板车，作为本次搬迁的主力车型，该车型可以有效提高装载量。

（三）保证搬迁过程中货物和人员的安全，提高搬迁后库存货物账务的准确率

搬迁开始分为广汉作业组、广汉搬迁组、彭山作业组、彭山搬迁组四个作业主体，分开管理，对打包下架、账务处理、捆扎包装、装饰货物、收发货物、货物上回架及人员安全等，做了明确规定，确保搬迁过程中货物和人员的安装，提高搬迁后库存货物账务准确率。

（四）总结整理出仓库搬迁的工作思路图

通过苏宁小件仓库搬迁方案设计与实施，总结整理出仓库搬迁工作的路线图，形成一个工作路线及方法，便于苏宁及其他物流企业在实践出进行推广。

总之，仓库搬迁涉及的不仅是物料、商品等实物，还要考虑到工作地点的变动，工作人员的去留和人力资源配置问题，设施设备的准备，搬迁费用的控制，进度计划的控制与协调，还要为搬迁后的优化仓库布局进行考虑。通过对搬迁方案的设计，也让我们有机会了解作为电商平台仓储中心业务类型、作业流程、人员和车辆安排等内容，不但提升了自己的业务能力，更有利于以后的教学科研工作。

参考文献

[1] 李谦，杨春雨. 南阳军分区民兵武器装备仓库搬迁工作圆满顺利[J]. 国防，2012（7）: 27.
[2] 李斌，刘帆. 上海市最大危险货物仓库整体搬迁[N]. 中国安全生产报，2015.
[3] 李浩. 上海三线建设搬迁动员工作研究[D]. 上海：华东师范大学，2010.